西方战略之父：汉尼拔的一生
Hannibal

［美］帕特里克·亨特　著
赵清治　译

北京日报出版社

注：书中所有地图均系原文插附地图

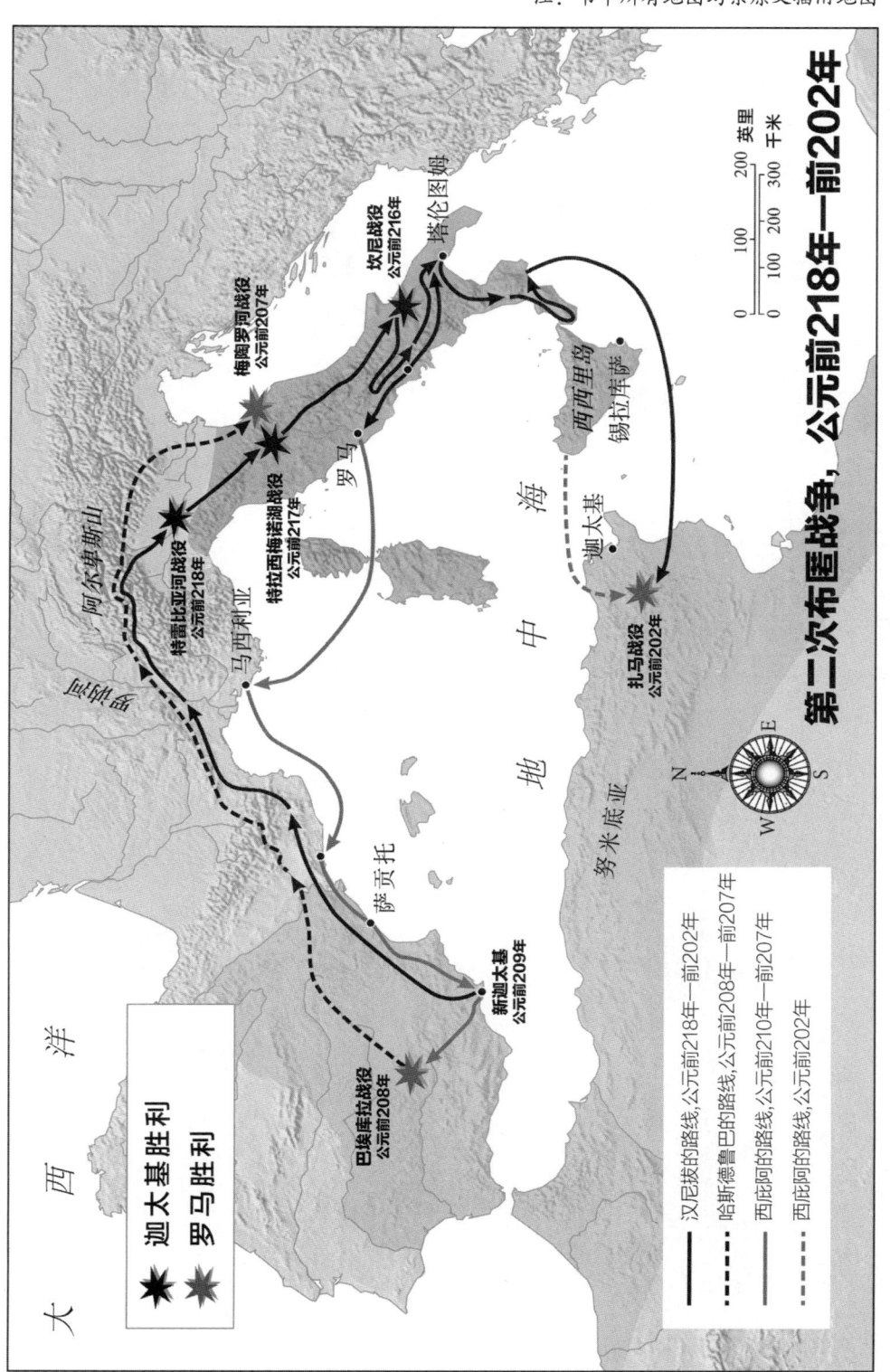

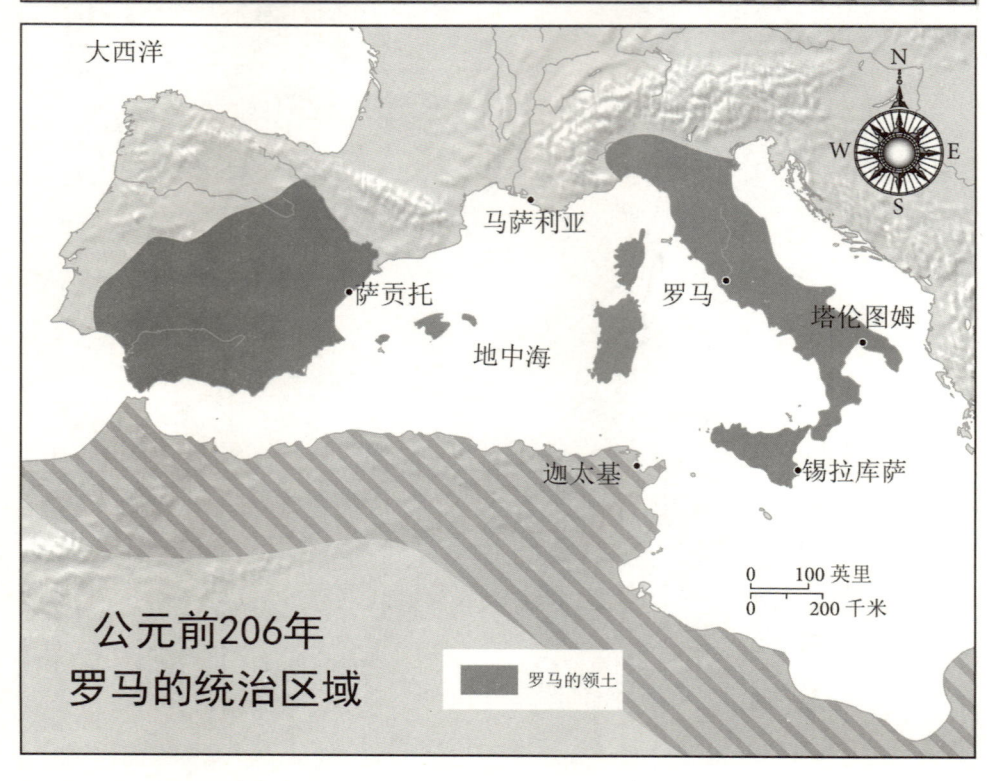

公元前219年 迦太基的统治区域

- 大西洋
- 马萨利亚
- 萨贡托
- 罗马
- 塔伦图姆
- 地中海
- 迦太基
- 锡拉库萨

图例：迦太基的领土

比例尺：0 100 英里 / 0 200 千米

公元前206年 罗马的统治区域

- 大西洋
- 马萨利亚
- 萨贡托
- 罗马
- 塔伦图姆
- 地中海
- 迦太基
- 锡拉库萨

图例：罗马的领土

比例尺：0 100 英里 / 0 200 千米

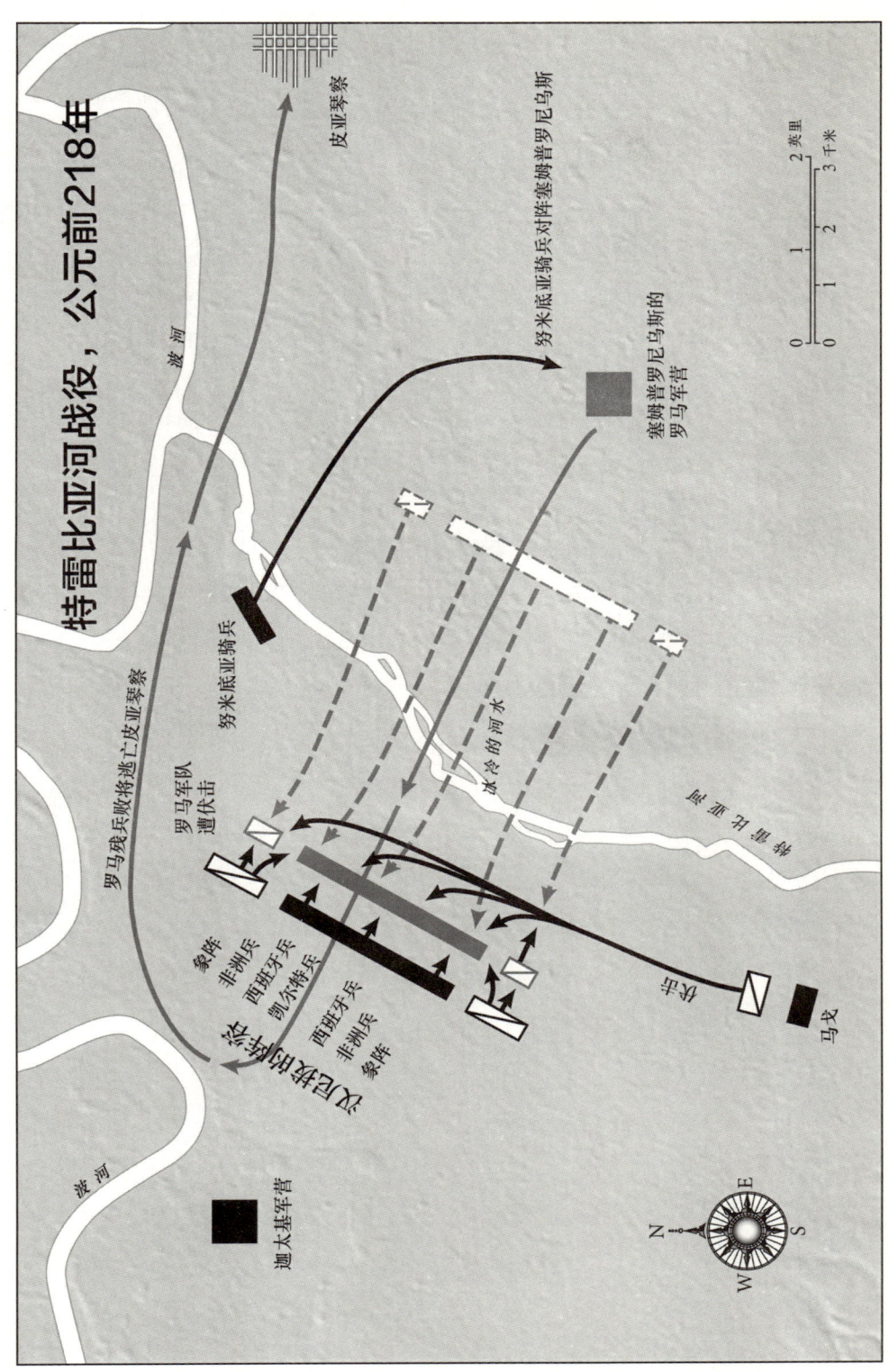

△ 详见第十一章：特雷比亚河战役

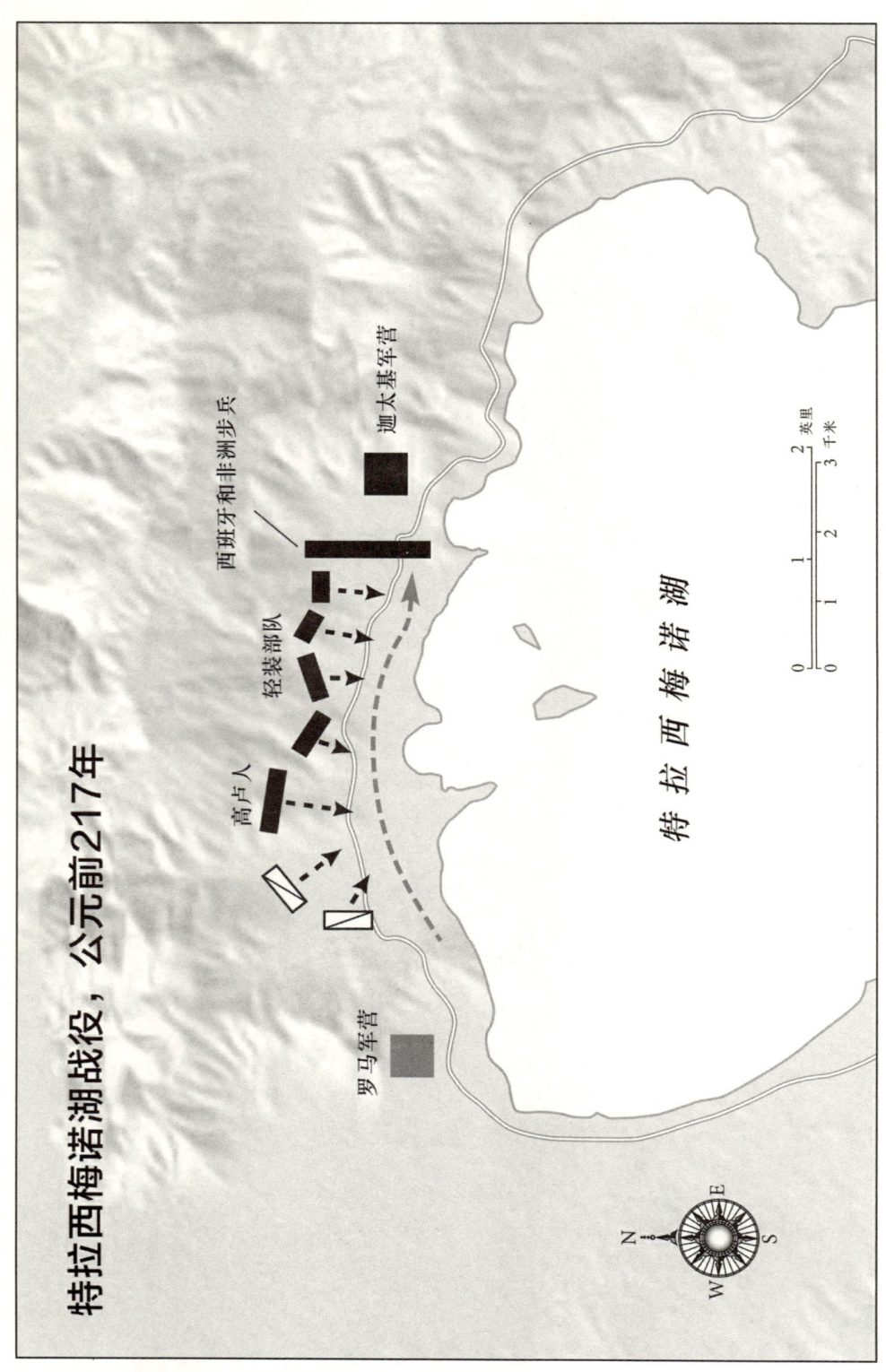

△ 详见第十三章：特拉西梅诺湖战役

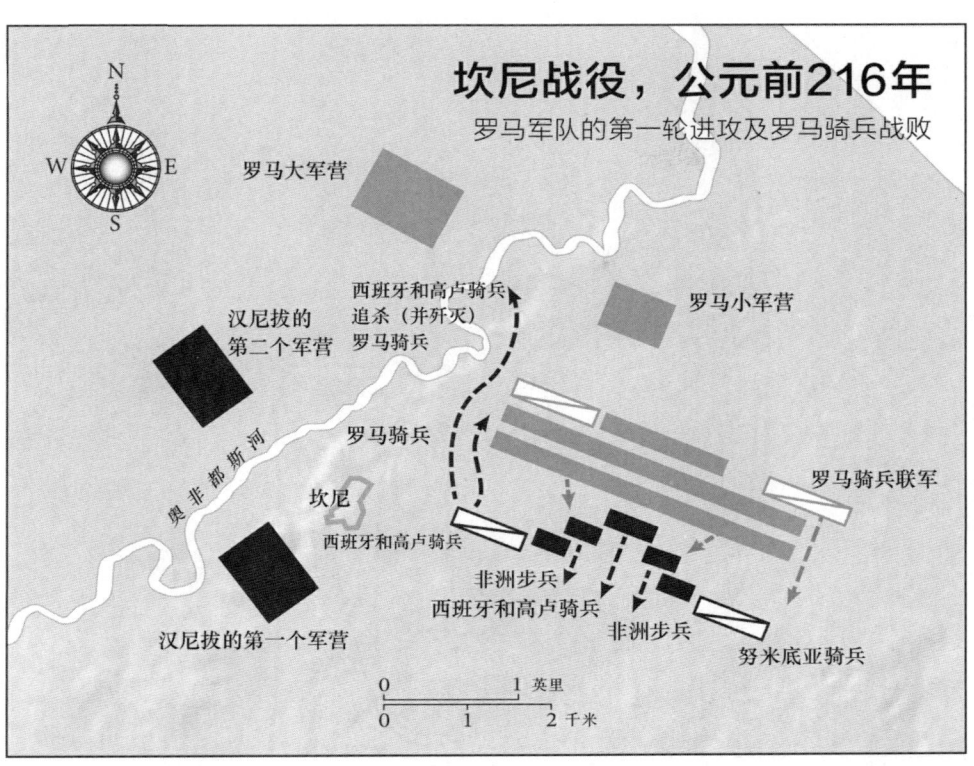

坎尼战役，公元前216年

罗马军队的第一轮进攻及罗马骑兵战败

- 罗马大军营
- 汉尼拔的第二个军营
- 西班牙和高卢骑兵追杀（并歼灭）罗马骑兵
- 罗马小军营
- 罗马骑兵
- 奥非都斯河
- 坎尼
- 西班牙和高卢骑兵
- 罗马骑兵联军
- 非洲步兵
- 西班牙和高卢骑兵
- 非洲步兵
- 汉尼拔的第一个军营
- 努米底亚骑兵

0   1 英里
0 1 2 千米

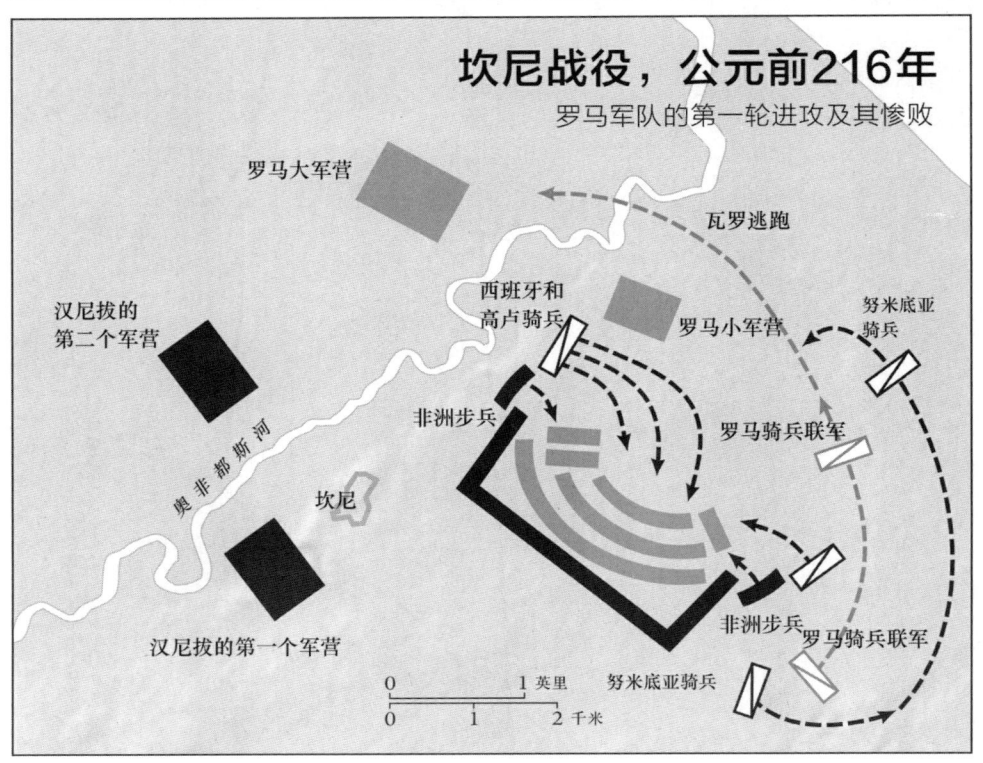

坎尼战役，公元前216年

罗马军队的第一轮进攻及其惨败

- 罗马大军营
- 瓦罗逃跑
- 西班牙和高卢骑兵
- 罗马小军营
- 努米底亚骑兵
- 汉尼拔的第二个军营
- 奥非都斯河
- 非洲步兵
- 罗马骑兵联军
- 坎尼
- 汉尼拔的第一个军营
- 非洲步兵
- 罗马骑兵联军
- 努米底亚骑兵

0   1 英里
0 1 2 千米

△ 详见第十五章：坎尼战役

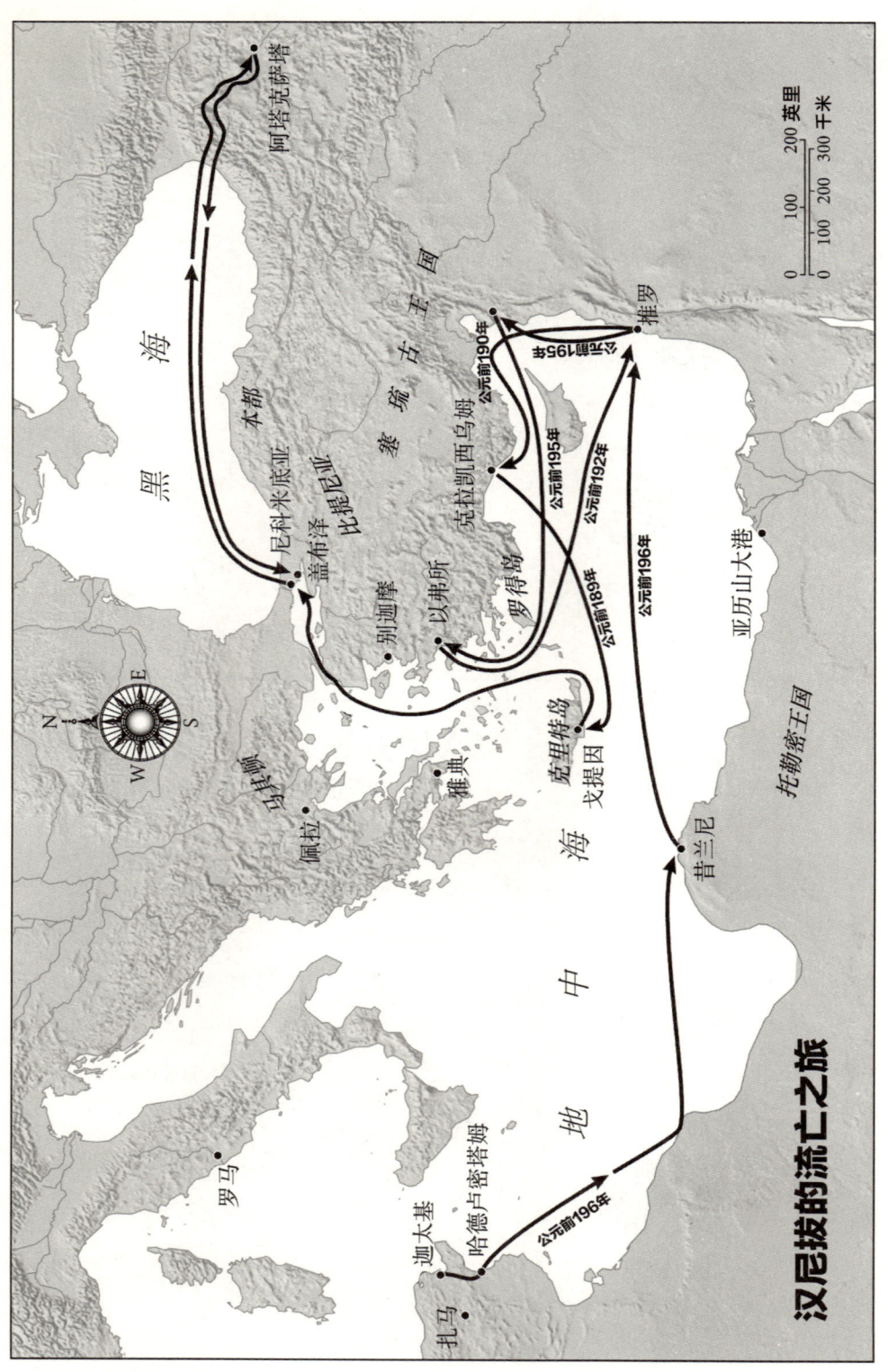

△ 详见第二十三章：流亡

献给世界上为正义而战,
并理解战争之苦的伟大战士们。

"战争也许总是爆发于地狱深处,
但即使在天堂也有战斗的号角。"

——帕特里克·亨特

目 录

前　言 / I

第一章　　誓言 / 001

第二章　　少年汉尼拔 / 013

第三章　　西班牙 / 020

第四章　　萨贡托战役 / 031

第五章　　翻越比利牛斯山 / 038

第六章　　强渡罗讷河 / 046

第七章　　阿尔卑斯山的门户 / 054

第八章　　第二次伏击 / 060

第九章　　阿尔卑斯山之巅 / 068

第十章　　提契诺河战役 / 074

第十一章　特雷比亚河战役 / 085

第十二章　亚平宁山脉和阿诺沼泽 / 098

第十三章　特拉西梅诺湖战役 / 108

第十四章　　费边·马克西姆斯及其避战术 / 119

第十五章　　坎尼战役 / 129

第十六章　　意大利南部战役 / 145

第十七章　　进军罗马 / 159

第十八章　　西班牙战争 / 170

第十九章　　大西庇阿夺取卡塔赫纳 / 180

第二十章　　梅陶罗河战役 / 190

第二十一章　罗马从意大利到西班牙全面大捷 / 203

第二十二章　扎马战役 / 216

第二十三章　流亡 / 241

第二十四章　汉尼拔的遗产 / 257

鸣谢 / 266

译后记 / 270

参考资料 / 276

注释 / 309

前　言

从少年时代起，汉尼拔就常常出现在我的想象中。几十年来，每当读到他的事迹和他那时候的历史时，我仿佛也跟随着他的脚步横跨了三大洲。但在他的故事里，我发现许多地方都是模糊不清的。古代史料在解释他的动机和行为时，常常出现令人费解或不同解释之间矛盾的问题。可岁月流逝，逝者已矣，我们能有什么办法呢？

关于汉尼拔的田野考古工作，我已经持续了几十年的时间。在过去20年里的每一年，不分春夏秋冬，我都会前往阿尔卑斯山，沿着岩石小径爬上爬下，站在山顶眺望远方。在8000多英尺[1]的高山上，即使是8月的夏季也常有暴风雪。无论是刺骨寒风，漫天大雪，还是风和日丽的日子，我都会惊叹于汉尼拔在无畏的行军和作战中面临的挑战，特别是一处我爬了几个小时才到达的远景壮观的地方——在几乎垂直的悬崖峭壁下，是森林覆盖的山坡和山脚下的平原。

时间一天天过去，疑问并没有减少，反而在不断增加，我决定前往迦太基寻求答案。在秘港，我曾捡起一个古老的骨螺贝壳，然后再轻轻地把它放到沙

---

[1] 英美制长度单位。1英尺=0.3048米。——编者注

滩上，这种贝壳就是著名的布匿贝紫染料的原料；我曾多次在西班牙城市卡塔赫纳的迦太基遗迹上徜徉，在萨贡托的城墙台阶上漫步；我曾穿过西班牙西海岸，翻越比利牛斯东部山脉，穿越曾经是古代高卢的法国，来到罗讷河和伊泽尔河谷；我曾在汉尼拔指挥作战过的所有意大利重要战场上来回跋涉，并考察过不少意大利其他地区的汉尼拔遗址；我曾多次站在土耳其盖布泽港口附近的马尔马拉海边，在熹微的阳光下，思索汉尼拔如何度过人生中的最后几天。我常常与斯坦福大学的学生一起进行田野考察工作，也多次同工程师和地质学家一起工作。为了确定汉尼拔是从哪里翻越阿尔卑斯山的，我曾仔细考察过至少30座山峰。我永远不会做一个扶手椅里的历史学家，因为我打定主意，必须亲眼观察，并努力理解我所写下的内容。

古代历史学家波里比阿（Polybius）常常是我的向导——实际上我手里总是拿着他的《通史》（The Histories），以至于书都快要被翻烂了。和他一样，我相信：如果想要更好地了解历史事件，最好的办法是尽可能多地实地考察。只要有可能，我都会努力匹配书本上的描写和实际地形，这是我的研究准则。我也参考过其他的古代史料，包括提图斯·李维（Titus Livius）丰富多彩的文字（尽管他记载的地理位置经常有问题），还有阿庇安（Appian）、普鲁塔克（Plutarch）、狄奥多罗斯·西库洛斯（Diodorus Siculus）、维吉尔（Virgil）、贺拉斯（Horace）、尤维纳利斯（Juvenal）、弗罗伦蒂努斯（Frontinus）、科尔奈利乌斯·奈波斯（Cornelius Nepos）、阿米阿努斯·马尔切利努斯（Ammianus Marcellinus）、瓦莱里乌斯·马克西姆斯（Valerius Maximus）、斯特拉博（Strabo）、卡西乌斯·狄奥（Cassius Dio）和韦格蒂乌斯（Vegetius）的文字（此处列出的不一定按时间顺序排列，而是按对我的研究的重要性大小为顺序排列），以及许多其他零碎的史料，并尽可能多地使用希腊文和拉丁文的第一手资料。从这些史料中，我得出结论：汉尼拔是历史上最伟大的军事思想家之一，因为他在面临特殊的挑战时总是能随机应变，采取不同的战略战术。几千年来，汉尼拔始终是一个引人入胜的话题，即使他身上有不少难解之谜，但人们对他的兴趣依然不减，这解释了为什么众多学者仍然在从不同的角度继续研究他。我真希望能亲眼见到汉尼拔，并当面问问他那些至今没有确切答案的问题。

帕特里克·亨特

2017年于斯坦福大学

第一章
誓 言

古罗马历史学家瓦莱里乌斯·马克西姆斯曾讲述过少年汉尼拔的故事。这个迦太基男孩经常和他的弟弟摔跤。他们的父亲哈米尔卡·巴卡（Hamilcar Barca）会自豪地对客人夸耀道："我的孩子们个个都是小狮崽，我养他们是为了毁灭罗马。"我们不知道这个故事是否真实，但可以想象，年轻的汉尼拔想讨他父亲的欢心，而父亲夸下的海口也让他感到自豪。[1]

汉尼拔大约出生于公元前247年，当时的迦太基正在与罗马进行一场旷日持久的战争。他的父亲哈米尔卡是迦太基著名的将军，常年在外东征西讨。汉尼拔的父母给他起了一个富有宗教意味的名字："巴力保佑我"（Baal be gracious to me）或"巴力怜悯我"（Baal be merciful to me）。巴力是迦太基伟大的生育之神，总是在电闪雷鸣的风暴中显现。汉尼拔的父母之所以为他起这个名字，是想把他的未来与他个人的神祇，也就是命运联系在一起。而汉尼拔征战一生的军事生涯，可以一直追溯到他出生时，其家人向诸神的献祭。

当初，腓尼基人看中了北非的迦太基（位于今天的突尼斯）优越的地理位置，并在此建造城市。他们认为这是一个理想的商贸地点。这里的天然海湾和人造港口为迦太基商船提供了避风港，只需很短的航程便可与富饶的西西里岛开展贸易[2]，贸易范围可达西班牙和地中海大部分地区。迦太基的码头被高墙环绕，从外面难以窥见其真容，颇为神秘，但少年汉尼拔却能经常看到迦太基著名的双港口。他会与家人，也许是姐姐或者仆人一起漫步，穿过这个著名港口边上异香扑鼻的香料市场。大约于公元前814年建立了迦太基的腓尼基人，很有可能是从推罗逃出来的难民，他们当时遭到了从东方的美索不达米亚地区蜂拥而来的亚述人的入侵，被迫背井离乡。作为腓尼基人曾经生活的城市，推罗以其重商主义和远途贸易闻名于世。先知以赛亚在长诗《圣经·旧约·以赛亚书》第23章的第7至8节对推罗进行了鞭挞："这是你们欢乐的城，从上古而有的吗？其中的居民往远方寄居。推罗本是赐冠冕的：他的商家是王子，他的买卖人是世上的尊贵人。遭遇如此，是谁定的呢？"迦太基继承了推罗的重商主义传统。

　　早在少年时代，汉尼拔肯定听过无数遍迦太基辉煌的历史——它曾统治了地中海西部500多年，从未遇到过挑战。除了重商主义，推罗留给迦太基的还有腓尼基字母和腓尼基语，而在迦太基的方言中，腓尼基语被称为布匿语（两种语言在今天都消失了）。

　　几个世纪以来，迦太基在地中海一直没有竞争对手，直到罗马开始崭露头角，这里的形势出现了巨变。[3]此时，意大利投下的阴影日益浓重。罗马人奉行重农主义，比迦太基人更加贪婪，他们不断地开疆拓土，希望把更多新领土置于自己的控制之下。尽管迦太基在西班牙和其他地方都拥有殖民地，但大都与商业有关。迦太基并不打算把西班牙的凯尔特伊比利亚人和其他殖民地的人们都变成迦太基人，但罗马希望在它的殖民土地上，所有人都自认为是罗马人。因此，被殖民者有可能成为罗马公民。对迦太基这个城邦国家来说，只要货物和珍宝如期从殖民地运回来，它就心满意足了，因此它允许殖民地按照自己的意愿建立政治组织。在罗马共和国，甚至奴隶也可能变得富有，经过一定的时间，他们甚至有可能变成自由人；但在迦太基，根据现有的证据，当时的奴隶从未有过这样的机会。

汉尼拔的家庭是贵族，是军事领袖和商业大亨的后裔。[4]他家的一栋别墅可能建在迦太基的山顶，午后海风拂过，清爽宜人。但最令迦太基人引以为傲的，还得数他们拥有的港口。这里有当时世界上最好的海军泊位。长方形的外港水光潋滟，周围码头上可停泊一支最多拥有220艘商船的船队；圆形的内港往往停满了军舰和满载军人的三列桨战舰（trireme）和五列桨战舰（quinquireme），这些战舰的青铜甲板在阳光下熠熠闪光。也许，少年汉尼拔曾经渴望亲自登上一艘战舰，前去参加一场人们经常说起的大海战。

汉尼拔的家庭

汉尼拔的家庭属于巴卡家族，拥有大片的农庄土地，距离北非的萨赫勒南部地区只有几天的路程，并且毗邻阿特拉斯山脉东部的森林地区，雨量丰沛，易于灌溉，因此盛产小麦。[5]更重要的是，汉尼拔的直系祖先都是军事将领和有着传奇经历的战士。按照腓尼基贵族的传统，巴卡家族成员是天生的领袖[6]，大约在汉尼拔出生那年，也就是公元前247年，哈米尔卡接受任命，统率大部分的迦太基军队。因此汉尼拔从少年时代起便目睹父亲在西西里岛不停地与可恨的罗马人作战。通过家人谈话的零星片段，这个男孩可能会逐渐明白，罗马人正在挑战迦太基的强权，试图控制这个伟大的岛屿。他的父亲在西西里岛北部海岸的闪电战中行动快速，因此从迦太基来的使者总是络绎不绝。

我们对汉尼拔的母亲所知不多，甚至不知道她的名字，但她应该出身于一个和巴卡家族门当户对的迦太基贵族家庭。和当时的贵族家庭一样，她的结婚嫁妆包括银器、土地和奴隶。在作战间歇期间，汉尼拔的父亲率领迦太基舰队返国休整了几个月，汉尼拔的母亲又生了另外两个男孩：哈斯德鲁巴（Hasdrubal）和马戈（Mago）。在汉尼拔之前，他的父母已经生了3个女儿，但她们的名字并未被史料记载。汉尼拔的父母为了让女儿们能嫁到好人家，选择了其他著名军人家庭。大女儿嫁给了波米尔卡（Bomilcar），他后来成为一支迦太基舰队的统帅；二女儿嫁给了"公正的"哈斯德鲁巴（Hasdrubal the Fair），他后来帮助哈米尔卡征服并统治伊比利亚（当时西班牙的大部分地区被称作伊比利亚）；第三个女儿后来嫁给了邻邦努米底亚（Numidia，主要位于今天的阿尔及利亚地区）的一个地方长官，虽然在迦太基的贵族圈外，却有利于建立政治联盟。由此可见，巴卡家族是迦太基一个人脉甚广、关系深厚的家族。

　　汉尼拔所受的教育和当时的贵族男孩差不多，需要特别说明的一点是，他有一位希腊语老师索斯洛斯（Sosylos），教过他如何阅读，尤其是阅读《荷马史诗》。索斯洛斯也许还教过他亚里士多德的逻辑学，因为汉尼拔很了解亚里士多德的高徒亚历山大大帝，以及他的战绩。汉尼拔还很可能了解奥德修斯，因为他和这位希腊英雄有着同样的狡黠性格，精于谋略。我们不知道汉尼拔从何时开始接受教育，但我们知道的是，索斯洛斯后来跟随汉尼拔参加了在意大利的征战。

第一次布匿战争结束

　　然而，公元前241年，在汉尼拔6岁的时候，一切都改变了。迦太基人在第一次布匿战争结束时遭到了惨败。尽管他们在战争之初取得了胜利，但后来战局被扭转。公元前264年，战争爆发后，他们曾在一系列海战中击败过劲敌罗马人，消灭了一支又一支的罗马舰队，总计700多艘战舰和10万罗马军人。但罗马人拒绝放弃。公元前244年，迦太基换了一个全新的领导层，其元老议会（The Gerousia）越来越反对将已经持续了20年的布匿战争继续拖下去。（"布匿"是罗马人对迦太基的称呼，可能是希腊词汇"Phoinikes"的缩写，最初可能是指经营"红色染料"[7]的人。这种重要的布染料取自贝类,几个世纪以来腓尼基人一直垄断这种商品的贸易。)尽管罗马人在这些年里屡战屡败,但拒不投降,终于在最后一场海战中取得了胜利。他们似乎有用不完的资源,这使得迦太基人深感恐惧。

元老议会是迦太基的行政机构。根据亚里士多德的《政治学》记载,迦太基有一套宪法,经选举产生法官。元老议会并没有当时的罗马元老院那样有权势,但在本质上和罗马元老院一样,它也是一种寡头政治。在迦太基,上层阶级由富有的商人和地主组成,因此元老议会竭力维护上层阶级商业利益,在军事行动方面则倾向于采取保守和谨慎的政策。因此,如果没有迫在眉睫的威胁,像巴卡家族这样的军人家庭经常与元老议会的意见相左。还需要指出的是,迦太基军队大部分是由雇佣军组成的,而这些人可能并非迦太基人。

公元前249年,在德兰帕农(Drapanum,今天的特拉帕尼)进行的最后一场西西里岛战役中,迦太基完胜罗马。迦太基领导人因此错误地认为,罗马人很快就会放弃他们对西西里岛西部的主权要求——那儿曾经是布匿的领土。此时,元老议会正被地主而非军人出身的汉诺(Hanno)为首的温和派控制着,他们召回并遣散了舰队,然后把许多军舰改造成了商船,并派往各处开展广泛的贸易活动。汉诺认为迦太基的未来在非洲而不是海外。与此同时,哈米尔卡仍率领着数千人的部队在西西里岛作战,并在意大利的南部地区发动了快速攻击,但迦太基的元老议会更关心和平,他们低估了罗马人不屈不挠的意志。

哈米尔卡·巴卡一直担心罗马人会卷土重来,但打击并没有很快到来。不过,一旦袭来,就是迅雷不及掩耳之势。罗马元老院收到特派间谍的报告,称迦太基正在召回军舰。在意大利,由于迦太基人对西西里岛的袭掠,坎帕尼亚南部地区的元老院元老和当地富有的地主损失惨重。因此,这些富有的罗马人制订了一项特殊的计划。由于罗马已经无力,也可能不愿再资助一支新的舰队,于是他们决定自己出钱,甚至不惜以他们的土地为抵押借钱。趁着迦太基海军缩编的时机,他们倾其所有出资建造尽可能多的新船。这些富有的罗马人是聪明的商人，要求在获胜之后才偿还借款。而在迦太基，哈米尔卡却因其鹰派的立场而被解职。这位将军派信使向国内发出警告：意大利码头堆积了如山的新木材，罗马人正在加速建造新船。但迦太基人对他的警告置若罔闻。

罗马曾在海上多次败给迦太基，但接下来的这场海战决定了迦太基与罗马之间斗争的结果。罗马人在西西里岛水域打捞出了一艘遭暴风雨损坏的迦太基船体，交给他们的木匠和造船工进行研究。意大利造船者发现了一个奇特的现象：迦太基船上的每一块木头都有编号。罗马人没花多长时间就弄明白了，迦太基的船只其实都是根据模板组装起来的，所有木材的尺寸都是预制好的，只需嵌入槽位并密封即可。因此，造船变得更容易，不再需要每艘船都派一位工程师监造，许多船可以同时组装。注重实效的罗马人迅速掌握了这项技术，用较短时间就打造了一支海军。

公元前241年3月10日，在西西里岛以西的埃加迪群岛爆发的一场海战中，罗马的新舰队在数量上完全超过了匆忙组建的迦太基舰队，一度是海上世界最强大的迦太基海军第一次被击溃。迦太基元老议会一下子失了方寸，垂头丧气，经过谈判很快就投降了。投降的条件非常苛刻：罗马人将攫取一切，迦太基将变得一无所有。迦太基之所以失败，部分原因在于汉诺领导的元老议会对维护海上强国地位的兴趣不高——不像罗马，明白自己的使命就是不断扩张。汉诺领导下的元老议会只想维持对非洲领土控制的现状。公元前241年签订的《卢塔提乌斯条约》——它以取得海战胜利的罗马海军统帅盖乌斯·卢塔提乌斯·卡图卢斯（Gaius Lutatius Catulus）的名字来命名——是对迦太基海军的永久性打击，也是对哈米尔卡个人的公然侮辱。这场灾难展现了罗马人的意图，哈米尔卡对此永远无法原谅。因为这个条约，迦太基永远失去了对海洋的垄断。哈米尔卡异常震怒，甚至拒绝参加与罗马人的谈判。

希腊历史学家波里比阿撰写了关于罗马和迦太基之间的对抗，详细地记录了投降的条件。首先，迦太基必须把所有迦太基公民从西西里岛迁走，并放弃对这个广大而肥沃的岛屿的所有主权。第二，几个世纪以来，迦太基船舶一直随意驻扎在西西里岛和意大利之间的岛屿上,但现在所有迦太基船舶和军人都必须从这些岛屿上撤走。第三,迦太基还必须切断与强大的城邦国家锡拉库萨(Siracusa)的所有联系。罗马人急于控制这个城邦国家,因为它拥有优良的港口。哈米尔卡非常清楚,这个条约将终结长期以来迦太基在西地中海航行和贸易的权利。最后,迦太基必须支付3200塔兰特白银(talents of silver)[1],其中三分之一属于战争赔款,必须立即支付给罗马。从短期来看,接受这种条件已经够可怕的了,而从长期来看,这可能等于判了迦太基死刑,因为不管这种折磨来得多么缓慢,结果都一样。哈米尔卡明白这一点,并怒不可遏。他相信迦太基能够再次崛起。

哈米尔卡返回迦太基

痛苦的哈米尔卡很不情愿地服从了迦太基方面的撤军命令,自己先行从西西里岛回国,大军随后返回。因为没有得到军饷,大批雇佣军在公元前239年哗变,而迦太基懦弱无能的元老议会还在犹豫到底是否要补发军饷。于是,从利比亚和其他地方招募来的雇佣军包围了迦太基,要求得到应得的薪酬。经过残酷的战斗,双方伤亡惨重,许多将领战死,其中包括曾率领迦太基军队在西西里岛作战的吉斯科。哈米尔卡打败了叛乱的雇佣军,其中有些人甚至曾在西西里岛与他并肩作战。随着叛军与迦太基人之间展开拉锯战,双方都饱受折磨,许多人被残忍地钉死在十字架上,竖在公众能看到的道路两侧和城墙上。哈米尔卡最后占了上风,他布下象阵践踏叛军领袖。由于哈米尔卡指挥有方,打破包围,最终拯救了迦太基,声望大振。

大约在同一时间,即公元前238年,罗马吞并了撒丁岛,年幼的汉尼拔经

---

[1] 塔兰特是当时罗马人使用的质量单位,1塔兰特在20至40千克之间,当用作货币单位时,1塔兰特表示和1塔兰特等重的白银。——编者注

历了这场新的危机。这个岛并不是根据公元前241年的《卢塔提乌斯条约》割让给罗马的,而是罗马人趁着迦太基遭受叛军围困自顾不暇,经济遭到战乱削弱时夺取的。罗马人一直对撒丁岛感到不安,因为岛上建有像塔罗城这样有数百年历史的腓尼基殖民地。有一个罗马人甚至把撒丁岛描述成"一艘锚定在意大利岸边的长舰"[8]。但在罗马占领撒丁岛之后,迦太基除了派使者到罗马表示抗议之外,什么都做不了。罗马元老院回应说,迦太基任何的敌对行为都将被视为开战。更糟糕的是,尽管条约签订很久了,罗马人又在条约里加上了一条,要求迦太基追加1200塔兰特白银的赔款。即使立场偏向罗马的历史学家波里比阿也在《通史》中指出,罗马人的傲慢举动令哈米尔卡成为他们不共戴天的仇敌,其结果是灾难性的。不久,迦太基便陷入绝望之中。[9]倍感挫折的哈米尔卡一定在家中暴跳如雷,他的愤怒不仅针对罗马,也针对他的那些目光短浅的人民。这位将军还猛烈抨击了他的对手汉诺,指责以他为首的迦太基元老议会安抚了一个贪得无厌的罗马。

公元前241年—前238年,汉尼拔的年龄在6岁至9岁之间,他静静地听着家人慷慨激昂、义愤填膺的对话,逐渐形成了自己的看法。哈米尔卡铁了心一定要向罗马人复仇。受父亲意见的影响,年幼的汉尼拔一定经常感受到这种愤怒的情绪。

汉尼拔对父亲发誓

公元前237年,汉尼拔10岁时,他的生活永远改变了。哈米尔卡终于说服了迦太基元老议会,允许他前往西班牙,那里有丰富的银矿,迦太基可以更快地筹措资金来支付罗马索要的赔款。比较倾向民主的哈米尔卡受够了以汉诺为首的寡头统治,巴不得离开迦太基。汉诺派的人也觉得正好可以与这个受民众拥戴的对手保持一段距离,在西班牙他可能不会那么轻易挑起事端招惹罗马了。像许多男孩一样，少年汉尼拔肯定热爱并崇拜他的父亲。当然他的父母也会谈论哈米尔卡和家庭所做的选择。如果父亲不想再回到迦太基，那么汉尼拔也不会愿意徒劳地等待，而是将竭力陪伴在父亲身边。

根据波里比阿和后来的罗马历史学家李维的记载，哈米尔卡带着少年汉尼拔去了一个将令他终生难忘的地方。迦太基有一些神圣的场所，例如巴力神殿（Temple of Baal）可能是举行活人祭的祭坛；名为"陀斐特"（tophet）的神圣墓地则被很多人认为可能是掩埋活人祭残骸的地方。迦太基人是否举行过活人祭是一个有争议的话题。现代学者布罗迪（Brody）指出，根据在推罗的连岛沙洲发掘出的铁器时代晚期（公元前1000年—前550年）的陀斐特遗迹，原始迦南人或腓尼基人的祖先可能有用孩子献祭的风俗。[10]但这并不一定意味着西部的迦太基民族文化完全延续了这种风俗。在闪米特语里，"tophet"的意思是"火化埋葬的地方"，甚至可能与希腊词汇"taphos"有关——它既可以指丧葬礼俗，也可以指坟墓和埋葬地。[11]学者们关于陀斐特发生的事有非常激烈的争论，正反双方各持己见，言辞尖刻犀利，各不相让。有关活人祭的故事早有传闻，历史学家狄奥多罗斯在很久以前就曾断言迦太基人实行过活人祭，但也有不少人把他的说法解释为反迦太基宗教的宣传。[12]尽管波里比阿对有关活人祭的事只字未提，但他强调接下来的这件事，将对汉尼拔的一生产生决定性的影响。

哈米尔卡和汉尼拔穿过几道由祭司看守的大门，终于进入了巴力神殿。他们跨过神圣的神殿门槛，一片死寂笼罩在周围。如果整个事件是真实的，那么汉尼拔的名字可能是关于接下来发生的事情的线索。据汉尼拔晚年时的说法，父亲把他带到了献祭的地方。根据波里比阿的原话[13]，哈米尔卡很有可能让儿子登上祭坛，用手按住绑在祭坛上的动物，一边感受其气息奄奄的身体，一边立下誓言。在少年汉尼拔的心中，这个动作把自己与献祭品明确地结合在一起了。汉尼拔明白，在巴力这样的神祇前，立下的誓言必须兑现。活着的生命在死前见证立誓者向神明的发誓，是这种献祭仪式中最庄重严肃的环节。

就这样，汉尼拔的生命被"牺牲"并献给了他的神明巴力。汉尼拔肯定很快就意识到，自己的生命都归功于神明的怜悯；之所以让动物死去，而让自己活下去，就是为了达成誓言。

整个事件的高潮，是汉尼拔的父亲要求他发誓至死不渝地仇恨罗马。汉尼拔照做了。虽然这个男孩可能还不理解其中的含义，但这种意识将会在他的一生中越来越强烈。如果波里比阿和其他人记载准确的话，那么直到汉尼拔生命的最后一刻，他都记得这一切的细节，并在去世的前几年讲给罗马的另一个东方劲敌——安条克三世（Antiochus Ⅲ）听。某种意义上，少年汉尼拔在那一天就死了。从此之后，他逐渐明白了，自己活着，只为看到罗马覆灭的那一天。

李维后来声称，汉尼拔不敬虔，"无宗教信仰"，但事实并非如此。汉尼拔后来在军事行动中表现出对罗马神谕的尊重——尽管那只不过是顺理成章地利用了其对于罗马将无法取胜的预言——并且，他肯定也信奉迦太基的神明。很明显，罗马人将永远不能完全理解汉尼拔起誓时的献身意味着什么，也不理解汉尼拔在儿时所立下的誓言将会产生什么样的影响。

同一年（公元前237年），汉尼拔准备陪同他的父亲启程离开迦太基。他将要告别他的母亲、姐姐和弟弟。此时的哈斯德鲁巴和马戈还太年幼，无法踏上前往西班牙的艰难旅程，但数年之后，他们将会前来与汉尼拔会合。也许他的母亲在迦太基有太多牵挂，要照顾其他孩子和亲属，因此没有陪在他们身边。之后，再也没有出现任何关于她的记载。

汉尼拔迁往西班牙

公元前237年，哈米尔卡带着他年轻的儿子离开了迦太基，陪同他们的是忠诚的士兵、下级军官、一小队侍从和奴隶。他们启程的时间可能是春季，因为冬季已经结束，海上航线重新开放了；也可能是夏季，因为夏季土地比较干燥，适宜于远行。人们通常在黎明时分启程，因为这样可以在一天之内走更多的路程，是一天里开始旅行的最佳时间。此时的迦太基城可能还没有醒来，除了港口的早市——渔民已经在收网，将捕获的鱼拉上来。跟随巴卡家族成员远行的，还有人数不详的迦太基军队，可能有数千人之众，其中包括从迦太基邻近的盟国努米底亚来的精锐骑兵，许多从利比亚和其他地方招募的雇佣军，另外还有驮畜、随军金属匠、厨师、供货商、平民士官（出纳员和后勤供应军官）、随军侍从、散兵游勇，以及小商贩等。

通往西班牙的行军路线有若干条，可以走陆路，也可以走海路。狄奥多罗斯认为，哈米尔卡和汉尼拔可能是从迦太基港出发，乘船沿着马格里布海岸向西航行前往西班牙的。但波里比阿则认为，他们和军队是在非洲沿陆路前往直布罗陀海峡。[14]

也许是因为好奇，少年汉尼拔在第一天晚上兴奋得睡不着觉。他一定很喜欢旅途的奇观：吵吵嚷嚷的军队里，密密麻麻的士兵高矮胖瘦不一，他们穿着不同部落和氏族的服装，唯一可辨认的是统一的迦太基盔甲。一位将军带上自己10岁的儿子行军很不常见。汉尼拔会听到粗野的笑话、军营里的歌声，看到每日提交给他父亲的报告，而令人眼花缭乱的庄重仪式更使他惊讶不已。最重要的是，这个男孩能感受到军队上下对他父亲——最高统帅的尊重。

终于，在乘船离开非洲之后，他们穿过直布罗陀海峡，岸边矗立着富有传奇色彩的赫拉克勒斯之柱（Pillars of Hercules）。在那里，岬角突起，海风吹打着悬崖。按照风俗习惯，在西班牙海岸登陆后，汉尼拔可能跟随他父亲和几位贴身侍卫，沿着小路，前往海风拂过的一块岩礁——也许就是在直布罗陀岩石上——那里有一个守护神麦勒卡特（Melqart）的祭坛，虽然孤寂荒凉，却很庄严神圣。哈米尔卡的旅程需要麦勒卡特的祝福，麦勒卡特曾经是腓尼基的故土推罗城的神祇，如今则是新冒险之神。此外，麦勒卡特还是哈米尔卡的个人保护神——他父亲的名字所尊崇的神。

哈米尔卡不会轻易透露他的真实想法，但无论他内心的想法如何，他都知道再没有回头路可走了。从直布罗陀的高处远眺，东边是蓝色的地中海，西边是常呈灰色的大西洋。毫无疑问，汉尼拔会回望非洲，但在很长一段岁月里，他将再也不会见到非洲了。此刻，在目光所及的地平线上，是波光粼粼的蓝色大海，以及远方蜿蜒曲折的海岸线，而汉尼拔看到的，却是富含银矿的莫雷纳山脉。

第二章
少年汉尼拔

波里比阿说,"愤怒"的哈米尔卡自然不甘心接受西西里岛战争的失败[1],他甘愿离开争吵不休的迦太基,前往一个可以任凭他自由行动、发挥他军事才能的新土地。迦太基与祖先腓尼基一样,缺乏尚武精神,是一个依赖雇佣军的商业社会。[2]西班牙以山地为主,拥有极为丰富的白银等金属资源和森林物产,除此之外,其漫长的海岸线还拥有丰富的渔产。当地的土壤肥沃,农业产出完全能满足迦太基殖民者的需求。

汉尼拔一定早早就明白了西班牙的资源对他父亲的重要性。虽然他可能还无法完全明白占据西班牙对于迦太基的独立,尤其是从《卢塔提乌斯条约》规定的战争赔款枷锁中挣脱出来的意义,但肯定不难听到大人们谈论过,借助西班牙的财富,实现独立是有可能的。

古代历史学家从公元前6世纪起,就在记载西班牙的矿产财富。如果汉尼拔随同他父亲巡视了莫雷纳山脉附近的银矿,他就会看到方圆数英里[1]内到处

---

[1] 英美制长度单位。1英里=1.60934千米。——编者注

都是银矿。他也会听到铁和铜制成的锤子和镐头敲击石块，探寻银矿的声音，并看到四处闪烁的银光。周围到处都是下到矿井里的木梯，每一个梯子上都会传来断断续续的敲击声和嘈杂的人声。矿区里堆满了人造矿山，空气中弥漫着灰尘。敏锐的哈米尔卡早就盯上了这里，并且很可能已经算出了积攒金银宝藏所需要的时间和人力。[3]

如果问及在公元前237年之后的短短几年里，哈米尔卡为何要恢复腓尼基昔日白银开采业务，那纯粹是因为他有着强烈的动力：还清罗马的战争赔款，以及建立一个抗击罗马的新战备银库。即使他无法活着见证这一天的到来，他也要确保汉尼拔能够看到。哈米尔卡从东到西穿过安达卢西亚（Andalucia），不仅是为了重振白银矿业，而且还要访问与迦太基有着脆弱联盟关系的凯尔特伊比利亚部落。

几个世纪以来，腓尼基人一直在探索西班牙南部地区。一开始，他们把船只停在浅滩上，宽阔的河流沿着陡峭的断崖峭壁奔涌出海。腓尼基人一直在寻找金属，正好当地的伊比利亚部落正在开采无处不在的铁矿。腓尼基商人还扩大了他们的贸易网络，带来了成品，如近东和希腊的陶器、彩色玻璃珠子、埃及象牙之类的奢侈品、香料、鸵鸟蛋、女式染紫纺织品、粗糙但实用的纺织品，以及男人用的农具等，用来交换伊比利亚的矿产和其他物品。腓尼基人很小心谨慎，生怕伊比利亚人武装起来攻击自己。当地的农产品和安达卢西亚沿岸的丰富渔产也是伊比利亚自然财富的组成部分。加迪斯（Gades，今天的加的斯）的港口沿岸坐落着许多鱼类加工村落。自公元前7世纪开始，伊维萨岛一直是一个庞大的渔业基地。

希腊哲学家波赛东尼奥（Poseidonius）写道，腓尼基人大约在公元前1100年建立了加迪斯殖民地。在汉尼拔的时代，它是一个繁荣的城市，是该地区所有腓尼基人的矿业贸易中心。这里的腓尼基子孙为他们过去的麦勒卡特神殿骄傲，正如迦太基的腓尼基人为布尔萨山上高耸的爱希慕恩神殿（the Temple of Eshmoun）自豪一样。沿岸的伊比利亚本地人借用了他们的殖民者迦太基人的神祇，或将其与他们自己的神祇进行了融合。迦太基女神坦尼特（Tanit）的形象被绘在坟墓上或铺在鹅卵石的人行道上，随处可见；她的三角裙子作为布匿宗教标志很容易辨认，甚至出现在西西里岛的塞利努斯（Selinus）一块马赛克艺术品上。

在安达卢西亚的边疆地区，生活着腓尼基人的敌对部落图尔德泰尼（Turdetani）和图尔杜里（Turdulli），他们将给哈米尔卡制造很多麻烦。凯尔特伊比利亚北部一直充斥着凶猛的部落和部族，他们常常发出威胁，要集结足够的兵力和武器突袭腓尼基的前哨基地。哈米尔卡在边境沿线的堡垒和城镇安置了一批装备精良、训练有素的军人，定期向他报告当地部落的任何异常行动。信使经常在像加迪斯这样的指挥中心和前哨之间穿梭来往，因为保证通信和保护矿场都至关重要。哈米尔卡迟早会深入安达卢西亚内部，处理凯尔特伊比利亚部落的问题。

离开迦太基两年后，哈米尔卡在安达卢西亚的北部地中海沿岸（今天的穆尔西亚市东北部）建立了殖民地阿克拉-卢克（Akra Leuke）。阿克拉-卢克坐落在邻近的白色高原下，它的希腊原名表示"白色的山峰"，后来在中世纪的安达卢斯的摩尔人王国（Moorish kingdom of al-Andalus）统治期间，"阿克拉-卢克"成了阿拉伯人口中的"阿利坎特"（Alicante），并沿用至今。

从公元前235年开始，在新建立的行动基地阿克拉，哈米尔卡似乎给他十来岁的儿子指定了一位新的老师。索斯洛斯继续教汉尼拔古希腊文，而新老师则训练他使用各种兵器。汉尼拔的新老师很有可能是一个头发斑白的老兵，他的唯一任务是教汉尼拔击剑和射箭，并且用真刀真枪而不是玩具武器来训练他。

由于跟着父亲到处奔波，汉尼拔的皮肤早已被太阳晒得黝黑粗糙。作为一名大部分时间生活在军营中的受训士兵，汉尼拔应该已经掌握了骑术。作为一名非常了解手下士兵的传奇将领，哈米尔卡意识到汉尼拔已经准备好了，可以参加战斗了。

汉尼拔在战争中学习

李维曾语带讥讽地提到,作为一名作战指挥官,哈米尔卡在他的崇拜者中享有"第二战神"的名声[4],尽管李维并不认可这个称号。汉尼拔肯定明白军官权威的重要性,也知道指挥系统在和平与战争时期是如何发挥作用的。哈米尔卡的军队训练有素,有经验丰富的骑马军官和成百上千名步兵,机动性强。哈米尔卡身边是他亲自挑选的迦太基老兵和努米底亚骑兵军官。努米底亚人善骑射,是迦太基的盟友。汉尼拔此时差不多已经具备了独立作战的能力,学会了估算在不同的地形条件下骑马和步行的速度分别有多快,并主动测试和增强自己的耐力。他从努米底亚人那里学习了如何在伪装撤退后出其不意攻其不备。经历了箭伤以及各种小冲突之后,汉尼拔最终获得了实战经验。

最重要的是,汉尼拔从他的父亲那里学会了如何以身作则,如何公平地对待每一个士兵,应该在何时鼓励部下,何时表达适当的愤怒等。从后来的军事经历来看,年轻的汉尼拔似乎很快就学会了如何控制自己的冲动,不让愤怒控制自己。他清楚应该在何时开战,何时撤退,如何选择有利作战地形,以及如何让士兵尊重他——不仅仅因为他的父亲,更主要是因为他自己的创新战略和战斗逻辑意识。由于缺乏家中女性的呵护和宠爱,汉尼拔从童年很快就进入了青春期。

也许汉尼拔在性欲旺盛的青春期曾经喜欢或迷恋过某个女人,但史料并未记录下多少名字。在汉尼拔漫长的一生中,爱情和情妇都相当私密,除了在某处简短地提到他的一个名叫伊米尔斯(Imilce)的西班牙妻子外,我们并不知道其他女人的名字。据说他在萨拉比亚时曾和一个妓女住在一起,但她的名字我们不得而知。我们也不知道他是否有孩子,这看起来似乎很奇怪,但并不难理解。汉尼拔的军旅生活居无定所,除了家庭、情妇以及后来的军事幕僚圈子之外，他没有太多时间发展其他关系。这并不是说，年轻的汉尼拔是孤独的，毕竟，他周围有众多同吃共睡的战友和军官。历史上很少有年轻人像他那样专注于这样一件事：兵法。很大程度上，汉尼拔受到的是父亲——可能也是当时最好的将军的影响。

在建立阿克拉-卢克城之后，哈米尔卡集中全部精力，打算将包括阿克拉-卢克周围和安达卢西亚剩余地区，乃至瓦伦西亚西部的全部百姓统统置于自己的统治之下。为此，公元前235年—前231年期间，他连续发动了几场战役。公元前236年左右，在卡塔赫纳湾附近，帕洛斯角周围的巴图里部落被哈米尔卡迅速征服并同化，其间，他的女婿"公正的"哈斯德鲁巴随同他作战。"公正的"哈斯德鲁巴还建立了卡塔赫纳港。这是地中海最好的天然港口之一，向东几英里外就是储量丰富的银矿，并且防护严密，能有效抵抗海盗的袭击。"公正的"哈斯德鲁巴在这里用石头修造了堡垒、几个神社和一个兴旺的殖民地社区，这些建筑的地基今天依然可见。这些工程毫无疑问得到了哈米尔卡的协助，并且可能是在他的军事工程师的监督下完成的。

哈米尔卡的头像被铸在一种新银币上，这种银币大部分从卡塔赫纳港送往迦太基，其余部分则被存了起来，作为未来战役的军费。哈米尔卡肯定告诉过汉尼拔钱的重要性，因为无论是购买食品或其他给养，还是支付雇佣军薪水，钱都不可或缺。罗马人曾于公元前241年派了一个代表团去打探迦太基开采银矿的目的[5]，哈米尔卡的回答是：为了偿还战争赔款。显然，罗马人接受了这个回答，任其自行其是。

很快，位于卡塔赫纳以北、穆尔西亚附近的马斯他尼（Mastetani）部落也进入了哈米尔卡的军事征服视野之内，并顺利取得了成功。公元前229年，哈米尔卡试图征服靠近赫里克地区（Helike，位于今天托莱多的北部）。该地区是凯尔特伊比利亚人韦托尼（Vettoni）部落的地盘，这个部落是好战的图尔杜里和图尔德泰尼部落的北方盟友。对哈米尔卡来说，问题在于谈判地点远在西班牙内陆，距离他在海岸线上的漫长补给线非常远。凯尔特伊比利亚的欧列塔尼（Oretani）部落从曼查平原向南进军，帮助韦托尼部落抵御哈米尔卡，人数远超哈米尔卡的部队。哈米卡尔前去谈判，把他的军队主力留在东部几英里远的地方。然而，由于敬畏哈米尔卡的领导力，韦托尼部落不敢攻击整个迦太基军队。汉尼拔几乎在所有的战役中都和他父亲在一起，而这次肯定也在他父亲身边。

哈米尔卡阵亡

  两百多年后，西西里岛的历史学家狄奥多罗斯写道，当哈米尔卡带着几个军官与奸诈的韦托尼部落谈判时，他遭到了伏击。这完全违反了古代战争的规则，因为双方军队理应在谈判期间休战。但凯尔特伊比利亚人并不理会这些，他们是一群野蛮人，而不是一支统一的军队。

  哈米尔卡担心儿子的安危，因为汉尼拔率领一小股侦察兵离开了大部队。此时的汉尼拔大约19岁，他的弟弟哈斯德鲁巴也在这支小分队里。根据古代史料记载，遭遇伏击时，哈米尔卡设法将敌人的注意力从他儿子率领的小分队吸引到自己身上，通过牺牲自己来营救他们。狄奥多罗斯说，哈米尔卡是在乔卡河里淹死的，当时可能还受着伤。但波里比阿的记载更简单，说哈米尔卡在被包围后，顽强地战斗到最后一个人，然后被杀。公元前1世纪的罗马传记作家科尔奈利乌斯·奈波斯写道，哈米尔卡起初与韦托尼部落战斗，但随后淹死在塔古斯河。[6]综合这些说法，哈米尔卡可能遭到了韦托尼部落的伏击，严重受伤，他设法逃生，但最后被淹死。此外，考虑到哈米尔卡是一个非常优秀的战士和战术大师，为了儿子而牺牲的做法自己符合他的性格特征。

  不到20岁，汉尼拔就失去了父亲。尽管他似乎还不够成熟，但父亲的意志和经验已经足够让他准备好承担领导责任了。虽然汉尼拔的内心一定对他父亲的去世感到非常哀伤，但他现在已经成长为一个钢铁般的战士了，而士兵的情感和心理，不该因为战斗中的突然死亡而受到任何影响。他知道，尽管自己失去了亲爱的父亲，但他必须作出正确的决定，因为士兵接受的教导是要把死亡的战友留在身后，他没有时间哀伤，只能继续前进。汉尼拔曾在父亲的身边接受过多年的军事训练，他在这方面已经做好了准备。他将继承父亲的遗志，并履行他在迦太基所立下的改变他一生的誓言：至死不渝地仇恨罗马。

第三章
西班牙

　　哈米尔卡的意外死亡，无论对迦太基的海外殖民事务还是汉尼拔个人都是一个巨大的打击。关于这件事引起的反应，无论是迦太基方面还是汉尼拔，史料都没有留下任何记载，因此我们只能猜测他们的反应。

　　哈米尔卡阵亡的消息在非洲引起了什么反应？这取决于迦太基元老议会的多数人支持哪一边：要么站在这位魅力非凡并广受爱戴的将军一边，要么站在其坚持和平主义的政敌汉诺一边。这些人只想守好家门，专顾国内事务，不愿公然出击挑战罗马。

　　"公正的"哈斯德鲁巴现在是殖民地唯一的指挥官。公元前228年—前221年期间，他有效地管理着迦太基的属地西班牙，地位逐渐得到巩固，而他的副官汉尼拔受命在伊比利亚南部采取军事行动，扩大迦太基控制下的新领土。

　　"公正的"哈斯德鲁巴作为战场总指挥和实际的统治者，更倾向于通过实用主义的外交手段来管理西班牙，而不是像哈米尔卡那样——诉诸武力和残忍的手段瓜分领土，引起凯尔特伊比利亚部落的恐惧。在这方面，"公正的"哈斯德鲁巴与迦太基的传统统治者更相似，他们都不太倾向于诉诸武力，而更喜欢通过商业合作达到目的。[1]当时的罗马历史学家昆图斯·费边·皮克托尔（Quintus Fabius Pictor）批评"公正的"哈斯德鲁巴雄心勃勃，渴望权力，他在西班牙实施的政策是造成第二次布匿战争的根本原因。而波里比阿认为，对第二次布匿战争的发生起到了"关键作用"的其实是哈米尔卡。他还提到，汉尼拔对"公正的"哈斯德鲁巴的领导十分钦佩。[2]在"公正的"哈斯德鲁巴的统治下，西班牙南部大部分地区逐渐屈服于迦太基的霸权，并享有不同程度的自治。此时，迦太基的势力西起直布罗陀大西洋沿岸的炎热南部城市加迪斯，东到地中海沿岸的卡塔赫纳（Carthago Nova，布匿人称之为新迦太基），向北可达森林覆盖的莫雷纳山脉，并在不久后便推进到了西班牙中部的塔古斯河谷，没有受到任何团结一致的敌人，尤其是罗马人的阻碍。现在，他们只能羡慕地看着迦太基人步步推进。西班牙的地方驻军逐渐被训练有素的士兵替代，提升了迦太基的军事实力，和它的商业相得益彰。

哈米尔卡制定的大政方针将继续实行。虽然汉尼拔无法再请教父亲了，也不能再接受进一步的军事训练了，但这位年轻的指挥官天生就是优秀的将才，他开始承担越来越多带兵打仗的任务，甚至率军深入西班牙的北部和西部地区。可能是因为"公正的"哈斯德鲁巴掌握与凯尔特伊比利亚人和平相处的外交技巧，汉尼拔娶了一个西班牙妻子，她就是来自比提斯河（今天的瓜达尔基维尔河）上游，迦太基盟友卡斯图洛部落的伊米尔斯公主。除了她后来可能给汉尼拔生了一个孩子（可能是儿子）之外，我们没有关于她的其他史料记录。[3]

与此同时，迦太基经营的银矿业务，以及其他在伊比利亚的贸易活动都取得了巨大成功。罗马人通过安插在迦太基的间谍、提供情报的线人，以及贸易伙伴——比如在高卢（大致相当于今天的法国）的罗讷河口的殖民地马萨利亚（Massilia，今天的马赛）——发现，《卢塔提乌斯条约》强加给迦太基的战争赔偿并没有像他们希望的那样使迦太基人痛苦不堪。此时，罗马当然也希望自己拥有一些西班牙白银，并等待时机，削弱迦太基在西班牙拥有的实力和财富。

罗马提出瓜分西班牙的要求

　　终于，征服了一些生活在伦巴第（Lombardia，位于今天意大利北部）波河流域以南的凯尔特人后，罗马人意识到迦太基因为控制了西班牙而获利太多，且威胁到了罗马的利益，开始感到不安。于是在公元前226年，一个小型的罗马外交使团来见"公正的"哈斯德鲁巴，会见地点可能在卡塔赫纳，要求他划定以埃布罗河为限的迦太基边界。如果这个外交使团确实到过卡塔赫纳，那么罗马特使就不会无视从这个港口城市流出的白银。

　　无论双方如何故弄玄虚，故意掩饰，在西班牙的迦太基人和罗马人之间还是签署了一项小条约：迦太基承认了埃布罗河边界，并且不会"为了发动战争而越过埃布罗河"。埃布罗河将西班牙漫长的东北海岸线划分为两部分，三分之二在南部，三分之一在北部，而不是像比利牛斯山脉那样蜿蜒曲折的自然边界。对于"公正的"哈斯德鲁巴和汉尼拔来说，这个不平等的条约显示了罗马的手段，暴露了它觊觎西班牙在埃布罗河上游其他地区的野心。然而"公正的"哈斯德鲁巴默许了这个条约，不过我们不知道，他这样做是为他的人民争取时间呢，还是为了消除罗马的疑虑，使它不再怀疑迦太基对西班牙其余地区抱有野心？

　　但是汉尼拔和"公正的"哈斯德鲁巴肯定不会忘记《卢塔提乌斯条约》带来的灾难，以及罗马是如何利用迦太基希望在多年战争之后实现和平，以便继续进行海洋贸易的心理，迫使迦太基放弃在西西里岛的所有立足点，甚至放弃航运。他们还记得，罗马很快便吞并了撒丁岛，而且并不依靠战争胜利或外交和约——因为撒丁岛甚至根本没有包括在《卢塔提乌斯条约》里面。相反，罗马采取了彻头彻尾的欺诈手段，秘密武装当地亲罗马势力发动叛乱，并声称受邀派军队登岛维持和平。这是一个古老的伎俩，但在历史上一直屡试不爽。

"公正的"哈斯德鲁巴和汉尼拔肯定也不会相信罗马人会遵守埃布罗河边界，但该条约让罗马很满意，并在几年之内都不再理会西班牙。

主帅更换

汉尼拔的情况再次发生了变化。公元前221年，统治西班牙5年后，"公正的"哈斯德鲁巴在与北方凯尔特伊比利亚叛乱分子的战斗中丧生，汉尼拔很快被选拔为将军。如果他没有准备好承担统领一支杂牌军的责任，那么造成的冲击就会大得多。驻守西班牙的迦太基军队成分复杂，不仅包括迦太基人、努米底亚人以及其他利比亚人，也包括已经被同化了的伊比利亚人、凯尔特人、巴利阿里群岛人、伊维萨人和其他岛屿的居民，如马略卡岛人和梅诺卡岛人，以及遍布整个西班牙半岛的友好部落。李维认为，汉尼拔晋升为将军是命中注定的。

"（军人们）觉得哈米尔卡转生在汉尼拔身上，那神态仿佛年轻的哈米尔卡。他们在汉尼拔的脸上看到了同样严肃的表情和敏锐的洞察力，同样的自信和坚定的表情。但是汉尼拔不需要时间来证明他和他父亲外表上的相似之处，仅仅外表的相似并不足以获得军队的支持。从来没有一个更名副其实的天才像他那样懂得如何赢得部下的尊重和服从……也没有任何其他领袖像他那样善于鼓励部下，使他们充满勇气和胆识……此外，他身体强壮，精力充沛，与部下同甘共苦，不搞特殊化，事实上，人们总是看见，他在晚上裹在毯子里睡觉，就像他的一个下级侦察兵一样。他的穿着也与他的部下完全相同，使他与众不同的并不是他的装束，而是他的战马和武器。最重要的是，他身先士卒，总是冲锋在前，最后一个撤出战斗。"[4]

在这段记载里，我们不难看到汉尼拔倡导的"官兵生活待遇平等"所发挥的作用，正如李维所认为的，他以此手段逐渐获得了士兵的忠诚。不像历史上在罗马或其他地方的许多贵族子弟那样追求或沉迷于奢靡生活，他使得部下不仅对他可靠的军事才能充满信心，而且相信他的个人品德。

汉尼拔的家庭教师一定给他讲过亚历山大大帝的故事，他之所以刻苦锻炼自己，很可能受到了亚历山大大帝的影响。[5] 亚历山大的老师列奥尼达在亚历山大青少年时期就教训他，不要贪图个人享受，因此，据说在通往波斯的胜利之路上，亚历山大总是像斯巴达人那样，生活简朴，意志坚定。汉尼拔十几年来一直陪伴在他父亲哈米尔卡身边，也强化了他的自律精神。每天和自己的士兵一起吃苦，进一步密切了汉尼拔与部下之间的关系。

至于部下对命令的"服从"——李维很勉强地选择了这个词来表达汉尼拔部下的反应——汉尼拔期望是无条件的，即使有时显得违反常理，使部下面临危险，他们也必须服从。但是汉尼拔的策略一再证明，他是值得军队信赖的。汉尼拔并不像亚历山大经常表现的那样藐视危险，也不认为自己是人神合体或英雄化身，而是拥有一种理解并利用他人弱点的能力。李维不得不把汉尼拔描述为一个军事"天才"，因为除非他是个天才，否则他怎么能对罗马的军队造成这样大的破坏呢？李维的唯一解释是，汉尼拔是奸诈的——这是这位罗马历史学家希望他的读者推断出的汉尼拔的个性特征。

汉尼拔在西班牙的统治

公元前221年—前220年期间，汉尼拔开始着手确立自己的权力，并测试自己的军事实力，开始控制西班牙西部边疆地区的部落，包括图尔德泰尼人、图尔杜里人和西内特人，以及北方的部落，如卢布塔尼人、韦托尼人、瓦凯依人和奥卡迪人。汉尼拔从"公正的"哈斯德鲁巴的政策中学到很多，知道西班牙白银必须在半岛周围流通。哈米尔卡也谨慎地按照预定的标准支付薪酬给他的雇佣军，同时也让他们分享征服战争的果实作为额外激励。公元前240年—前238年期间，在汉尼拔故乡发生的雇佣军战争中，他曾目睹父亲的所作所为[6]，因此他明白照顾好雇佣军是多么重要。幸运的是，西班牙有充裕的白银可以供他发放。

同"公正的"哈斯德鲁巴一样，汉尼拔立足于卡塔赫纳，精心挑选受过训练的士兵加入他的军队，并收买了一些雇佣老兵的忠诚；同时，在他使用闪电战和围攻战术征服半岛的过程中，也让其他雇佣军分享他在西班牙征服战中获得的战利品。尽管汉尼拔仍然前往阿克拉-卢克巡视——他的父亲已经在那里建立了殖民地，并在安达卢西亚外围建立了一个军事指挥所——但他更常去的是卡塔赫纳，因为那里盛产银子，因而成为迦太基的主要行动基地，同时也是和迦太基保持联系的主要纽带。尽管闪亮的银锭为他提交给迦太基的报告提供了有说服力的证据，但他总是叮嘱押运银锭船只的迦太基官员，一定要向国内报告对他有利的消息，强调他的成功。

卡塔赫纳的建立

在塞罗·德尔·莫里纳特山最靠近海港的地方，"公正的"哈斯德鲁巴用石头建造了一座具有迦太基风格的堡垒，雕刻的石块棱角分明，不少建筑地基和断壁残垣如今仍留存在这座小山上。从这座山的高处放眼望去，越过蓝色的海港，人们仍然可以看到其他山顶上的城堡或迦太基神庙。迦太基银币就是在附近的银矿铸造的，而当地的考古学博物馆收藏了一枚铸有巴力的配偶坦尼特女神的布匿银币，因此那里也可能曾有过坦尼特或陀斐特神庙。而在卡塔赫纳或其附近地区，以及在其他伊比利亚殖民地，也可能出现过这些神庙，因为在撒丁岛和西西里岛曾发现过其他早期的神殿。[7]在过去上千年的历史中，这个自然海港一直备受珍视。在15世纪—20世纪，它曾是西班牙帝国在地中海的主要口岸，后来则成为西班牙的潜艇舰队的停泊基地。

卡塔赫纳的地形和历史

当人们乘船到达卡塔赫纳港时，可以看到，在若隐若现的高原下，犬牙交错的海岸线变成了许多较小的海湾，17世纪—19世纪的炮台遗迹依稀可见，这一切都将使人们对卡塔赫纳作为史上最坚不可摧的港口的声誉深信不疑。这个港口距西班牙最富有的银矿仅几英里远，表明迦太基人在选择其海洋殖民地的位置时非常慎重，尽一切可能方便贸易。卡塔赫纳的考古博物馆展示了盛油或酒的布匿双耳罐，以及形状大小不一的家用陶器。相当一部分是从迦太基或希腊殖民地进口的，其余的则是本地仿制的。所有证据都显示，这个城市当时居住着数千名布匿人，同时也会有许多人在该城和母城迦太基之间穿梭往返。假如对卡塔赫纳的周边地区进行更多的考古发掘，甚至对当地一些更高的山峰进行考察，可能还会在已知的城墙遗址之外发现更多的巴力和坦尼特神殿以及其他服务性社区。位于卡塔赫纳西南部的环礁湖（现已干涸）在当时可以容纳整个商船队或舰队。不幸的是，几年之后，西庇阿家族率领的罗马军队征服了西班牙，将当地的迦太基建筑和该城的布匿特色基本清除殆尽。[8]

公元前230年—前220年期间，骡子驮队一直源源不断地从半岛东部的铁锈色山丘来到卡塔赫纳，每头健壮的牲口背上都驮着数百条银锭。迦太基的会计师和军需官会严密监督着这些银锭，而卡塔赫纳铸币匠则忙着冲压银币，可能大部分银币都铸上了巴卡家族的图像。汉尼拔本可以从这种充斥西班牙的白银中获得令人难以置信的财富，但他却选择将精力集中在与军事有关的经济政策上。少数留存下来的布匿银币就是在卡塔赫纳铸造的，这些银币的一面要么是年老且满脸胡须的哈米尔卡的肖像，要么是年轻不长胡须的汉尼拔的肖像。

后来，罗马人将这些银币全部融化，部分原因是不想让人们联想起汉尼拔的胜利。两位布匿天才将军的肖像，看起来就能鉴古知今，洞察一切，仿佛既能看到世界的尽头，又能看到未来。有些新的巴卡家族银币背面还铸有战象的图像，这些战象世世代代生活在叙利亚，却被带到了西班牙。在西班牙，汉尼拔因为使用象阵而取得的第一个著名胜利，是镇压卡佩塔尼部落起义，当时他用了40头厚皮大象，沿着塔古斯河一路践踏叛军。两年后他可能带着其中一部分大象前往意大利。

汉尼拔的战象也许是关于他所向披靡的诸多故事中最恒久的形象。这种庞然大物在行军途中给几乎所有人都留下了难忘的印象。大军跨越阿尔卑斯山时的场景令人极其震撼，在那里，大象会引起人们的视觉错乱。许多著名的绘画都描绘了大象与汉尼拔的军队一起在雪中的岩峰间行进的场景。

汉尼拔和大象一起行军，因为这些巨兽令人恐惧，深具破坏性。最好的战象都经过训练，以增强其本能。它们能用可怕的象牙刺穿敌人，而象牙往往被削尖或装上锋利的金属；它们能用象牙挑起并刺穿敌人，就像士兵使用矛叉一般。大象的外皮非常厚，通常达1.5英寸[1]，甚至更厚，特别是在皮肤褶皱或长出老茧的地方，因此，在希腊语中，大象就叫作"厚皮"（pachyderm）。空中飞来的长矛和箭头通常无法穿透它们的外皮，除非在非常近的距离内（但是又有谁敢靠近它们呢？）。此外，几乎所有战马都讨厌大象的特殊气味，甚至汉尼拔盟友努米底亚人的战马也不例外。尽管这些战马久经战阵，但在战象前它们也会踟蹰不前。

凯尔特伊比利亚人和后来的高卢人此前从未见过大象。波里比阿说，在白雪皑皑的阿尔卑斯山上，衣衫褴褛的高卢人第一次看到了汉尼拔的大象，避犹不及，不敢在大象周围发动攻击或伏击。

后世的人们都想知道汉尼拔的大象究竟长什么样子。这方面的古代史料主

---

[1] 英美制长度单位。1英寸=2.54厘米。——编者注

要来自波里比阿和李维,但他们恰恰没有记录这些细节。不过,这两位历史学家告诉我们,汉尼拔穿越高卢和翻越阿尔卑斯山时大约有30头大象(历史上估计的数目从27头到37头不等)。直到今天,也没有人确切知道汉尼拔使用的是哪个品种的大象,但普遍认为,这是一种亚洲象或印度象。这种大象有四五个品种,数千年来一直在亚洲(特别是东南亚)繁殖,用于使役和战斗。亚洲象很容易训练,但从未被真正驯化,只有在战争中接受了强化训练,它们才会以个体或编队的方式冲击敌阵,践踏敌人。大象是一种草食动物,成年大象可以吃掉自身体重十分之一的植物(高达500磅[1])和水,平均每天要喝30加仑[2]的水。除了在冲锋时——这时它的最高时速可达15英里——通常,它更喜欢慢悠悠地步行,时速为2至3英里。

历史上,亚历山大大帝第一次见到亚洲象可能是在公元前331年,当时他在与波斯帝国进行高加米拉战役;也可能是在公元前325年,当时他正在东征印度王波鲁斯,在远东印度河畔爆发的海达斯佩斯河战役中,他的军队遭遇了近100头战象。随后,亚历山大的塞琉古继承者从印度进口了亚洲象,并在叙利亚养殖。公元前280年[9],伊庇鲁斯的国王皮洛斯在马其顿也使用过战象。公元前3世纪,尽管大象很昂贵,但仍然经常从亚历山大帝国进口到迦太基,同样被用于战争。[10]

在古代,北非的阿特拉斯山脉也有一种体积较小的大象,即北非象,现已灭绝。这种大象也可能被迦太基人使用过,并且由于其在地理上接近迦太基,一些历史学家认为,这种大象可能正是汉尼拔所使用过的那种。

公元前221年—前219年,汉尼拔逐渐加强他的领导地位,并训练他的士兵成为世界上最优秀的战士。这是一个了不起的成就,因为他的士兵具有不同的文化背景,使用不同的语言。不过他手下的各级指挥官应该都会说布匿话,以便能够接受汉尼拔的命令并向下级传达。与此同时,汉尼拔在等待时机,囤积

---

[1] 英美制质量和重量单位。1磅=0.4536千克。——编者注
[2] 英美制容量单位。英制1加仑=4.546升,美制1加仑=3.785升。——编者注

武器和白银，为他下一步向罗马实施终极复仇做好准备。无论是他的西班牙盟友，还是他的迦太基祖国，都意识到甚至猜到了他的长期目标。

西班牙的凯尔特伊比利亚人

汉尼拔的情报信息，部分来自他从军事活动中的直接观察，其他则来自情报网络，来源包括雇佣的情报员、侦察兵，以及一些兼做间谍的商人。

受过严格训练的汉尼拔具有作出准确观察评估的能力，这种能力无疑是青年汉尼拔在西班牙的时候，在父亲的鼓励下养成的。接下来的10年里，在从高卢向意大利进军的战役中，他将这种能力付诸实践。汉尼拔正确地判断出，如果能充分发挥凯尔特伊比利亚人的长处，弥补他们的不足之处，那么这些凯尔特伊比利亚人和他们的亲属可以成为自己的盟友，即使是最坏的情况，也可能在他的军队对阵罗马军队时成为一支缓冲力量。如果汉尼拔既能赢得他们的信任，同时又能利用他们对独立的渴望，增加他们对罗马意图的怀疑，那么他就可能会组织起一支独特的军队，其作用将不仅仅是阻止罗马人的进军。一部分凯尔特伊比利亚人果然站在了迦太基一边，后来陪同汉尼拔进入意大利，成为他最坚定的老兵里的中坚力量。

汉尼拔从凯尔特文化中发现了不少东西，特别是用西班牙优质钢材制造的武器，以及凯尔特人骁勇善战、勇往直前的特点。他越接近罗马就会越多地和这类人打交道，而他对凯尔特文化的把握将使他受益匪浅。在处理与凯尔特人以及他们在西班牙和高卢的近亲的关系方面，汉尼拔比罗马人更成功，因为他经过观察和学习，知道和平时期和战时应如何和他们相处。这一切证明了，在西班牙度过的时光是汉尼拔入侵意大利的必要步骤。

汉尼拔在伊比利亚不断取得成功使一些罗马人感到担忧，但罗马元老院并不太在意，他们当时更担心的是伊利里亚（Illyria）。伊利里亚人由不同民族组成，其疆域包括今天的克罗地亚、塞尔维亚和位于达尔马提亚海岸的阿尔巴尼亚。罗马人必须赶紧优先对付这个位于他们东北方向的国家，而不是在西班牙的新贵迦太基。在过去几年中，越来越多的伊利里亚海盗威胁到了在亚得里亚海航行的罗马船只的安全，为消除这种威胁，罗马不惜代价，调动大批军队入侵伊利里亚。因此，罗马人对西班牙的野心暂时搁置了。对伊利里亚的入侵分散了罗马人的精力，公元前219年的萨贡托惨败将证明这是罗马人犯下的一个严重错误。

第四章
萨贡托战役

罗马人要求迦太基人遵守埃布罗河边界,不要逾越。萨贡托镇位于这条河南边好几里格[1]远的地方,远在罗马边界之外,大致位于卡塔赫纳和埃布罗河之间。然而,萨贡托是罗马的盟友,与罗马在高卢的殖民地马萨利亚保持着商业联系。在公元前219年之前,罗马人显然在用萨贡托防范汉尼拔,并可能利用它把西班牙一分为二。据我们所知,在"公正的"哈斯德鲁巴和罗马之间签订的埃布罗河边界条约中甚至根本没有提到萨贡托,但罗马人显然相信他们可以不受约束。

不管怎样,萨贡托最终成了第二次布匿战争的导火索。公元前220年,罗马在亚得里亚海与伊利里亚海盗作战,又分出了部分本来用于关注西班牙的精力。

---

[1] 里格是欧洲和拉丁美洲一个古老的长度单位,在古罗马定义为1.5罗马里(相当于今天的2.2千米)。——译者注

罗马的盟友萨贡托

波里比阿说，早在汉尼拔的时代之前，萨贡托就已自愿接受了罗马的保护。[1]尽管我们并不确定"萨贡托自愿受罗马的保护"是什么意思，但我们知道，波里比阿更偏向罗马。萨贡托与罗马的关系以及何时开始建立这种关系在学术界一直有争论，也许是正式的联盟（拉丁语叫"foedus"），也许是受保护的属国。波里比阿称它为联盟，而李维则说，萨贡托和罗马之间有盟友的义务关系。与此相关的问题是：萨贡托与罗马的结盟，究竟是发生在公元前226年的《埃布罗协议》签订之前还是之后？因为如果萨贡托位于罗马势力范围之外，自然就会引起迦太基的兴趣。[2]

大约在公元前220年，罗马卷入了萨贡托内部的政治争斗，它声称接到仲裁萨贡托与特伯雷迪部落之间纷争的邀请，而后者居住在西部蒙塔内高地。[3]特伯雷迪人与南方的迦太基人进行贸易，可能更喜欢迦太基人，而不喜欢海边的萨贡托人。[4]罗马人之前曾与"公正的"哈斯德鲁巴划定了南方边界，现在却断然卷入了边界之南的事务。这一次，罗马人又全面入侵了萨贡托，对汉尼拔来说，这可能只意味着一件事：他不会让曾经迦太基失去西西里岛和撒丁岛时撕心裂肺的痛苦再次发生。不需要占卜都知道，罗马肯定将在西班牙挑战迦太基。如果汉尼拔决定干涉萨贡托的事务，他可以声称自己只是维护他的特伯雷迪贸易盟友的利益。按照波里比阿的说法，汉尼拔有多种动机来采取行动：阻止罗马对西班牙的进一步征服；在伊比利亚部落间挑起恐慌；以及分配战利品来提高军队士气，并安抚迦太基。[5]一位历史学家认为，这是汉尼拔一生的转折点[6]：是接受罗马对萨贡托的干涉，还是挑战并威胁罗马呢？

第四章　萨贡托战役

汉尼拔围攻萨贡托

与自己的指挥官商定之后，汉尼拔行动相当迅速，即使当时他们的士兵正在休冬假。公元前219年早春，他集结了一支军队，从卡塔赫纳出发前往萨贡托，用了大约一周的时间行军。如果直接从北边的阿克拉-卢克进军，距离萨贡托大约是140英里；如果沿着海岸线向东北进军，然后沿瓦伦西亚湾向北走，大约是200英里的距离。

萨贡托人一定接到了侦察兵的报告，说有一支军队正在开进瓦伦西亚平原。从高高的城墙眺望远方，他们惊恐地看到了成千上万的士兵、马匹和驮畜卷起的烟尘。汉尼拔无疑在路上招募了一些当地人加入他的军队，并从当地居民那里储备了食物和其他补给。然而，萨贡托人躲在天然屏障的峭壁后面，又用石头建造了易守难攻的堡垒，并且当地居民已经把他们的所有农场动物、家畜和马赶进了城堡。当汉尼拔的军队在平原上逼近时，萨贡托人才刚刚向北边的盟友马萨利亚求助，同时也向罗马发出了增援请求，相信罗马一定会派军队支援他们。汉尼拔分秒必争，立即把这个堡垒与周围的农业地区及高原北部水源充足的帕伦西亚河谷隔离开来。

汉尼拔于公元前219年对萨贡托展开围攻。他肯定知道，再也没有回头路可走了。波里比阿认为，这一行动就是第二次布匿战争开战的原因，因为罗马人就是这样解释历史的。但对汉尼拔来说，他围攻萨贡托的主要理由是罗马人没有签订任何条约就占领了撒丁岛。波里比阿也承认这是迦太基干涉的正当借口。[7]大多数现代学者认为，罗马与萨贡托建立关系是为了阻止巴卡家族在西班牙进一步的扩张。[8]

汉尼拔决心迫使罗马人放弃萨贡托，他知道，要达到这个目的，他必须采取大胆行动，这样才可能对西班牙和高卢的凯尔特人产生影响。因此，即使他不知道罗马将如何反应，也要赌这一把。罗马正忙于进行伊利里亚战争，如果罗马不派军队来阻止他，那么在凯尔特人眼中，这就可能被看成是罗马示弱的表现。也许他能够因此证明罗马人背信弃义，不遵守他们与敌方签订的条约，比如与迦太基签订的条约，但如果罗马人放弃萨贡托，那也是对盟友不忠。[9]

公元前219年的萨贡托是一个易守难攻的山上城堡，位于高原的顶端，方圆约20英亩[1]，距离岸边约三分之二英里，面向海岸的一面是几乎垂直的陡峭悬崖，但面向内陆的一面地势比较平缓。像任何堡垒一样，萨贡托的深井和蓄水池可以在旱季提供几个月的用水，而在冬季雨量充足时又可以把水收集在蓄水池里，因此可以维持更长时间。它坚固的战墙巍峨壮观，如同修达蒂洛和卡斯蒂洛城堡一样坚固。在711年—1492年摩尔人统治西班牙时期，萨贡托城堡仍然保存完好，当时此地叫作安达卢斯。今天，断壁残垣依然可见，许多上千年前的石阶遗迹依然清晰可辨，就像它当初建成时那样令人印象深刻，难以忘怀。

如果波里比阿和李维的记载正确的话，那么汉尼拔大军对萨贡托的围攻持续了大约8个月。围攻时间之所以被拖长，是因为这个山城的东面、北面和南面的城墙几乎坚不可摧，而西面斜坡一边的城墙也很坚固。另外，最大的问题是食物供应，因为汉尼拔的军队在春季播种后就开始攻击，而冬季的粮食库存越来越少，难以维持长期的食物供应。

萨贡托人可能拥有一种防御性投掷火器：火枪。它在发射头部装上了涂有燃烧焦油的铁标枪，锋利的矛尖长达1米，可以从不同的城垛向汉尼拔的围城军队射去。后来一些研究萨贡托的罗马历史学家，如西利乌斯·伊塔利库斯（Silius Italicus），坚持认为火枪头是用"弹射器发射的"。[10]尽管萨贡托人明白，在敌军的监视下无法逃脱，也无法获得食物援助，但他们令人畏惧的高墙无懈可击，并坚持了半年多时间。据说汉尼拔在一次突袭中大腿还被标枪刺伤了。

---

[1] 英美制面积单位。1英亩=0.004047平方千米。——编者注

罗马对萨贡托遭围攻的反应

罗马人得知萨贡托遭到围困的消息后,非常担心。他们在元老院就如何处理此事进行了辩论,然后派出特使乘船抵达西班牙海岸,要求汉尼拔立即停止针对萨贡托的一切军事行动,并声称汉尼拔违反了《卢塔提乌斯条约》中"禁止一切损害罗马利益的敌对行为"的规定。汉尼拔似乎根本没有亲自接见这些特使,但他的话通过副官传达给了罗马特使,声称他只是在纠正针对迦太基的错误行为,而在先前的任何条约中根本没有提到过萨贡托。波里比阿也认为汉尼拔进攻萨贡托是错误的,因为据称《卢塔提乌斯条约》也规定罗马要保护其盟国。[11]但正如前面所提到的,汉尼拔并不这样认为。当罗马人告诉他不要卷入萨贡托事务时,汉尼拔一怒之下进行了公开反驳,说罗马曾处决了一些与迦太基友好的萨贡托人和当地人,因此已经破坏了相互之间的信任,也违反了双方达成的关于埃布罗河边界的条约。

罗马外交使节在萨贡托外遭到了冷遇,于是径直驶向迦太基。汉尼拔已经预先为这种情况做好了准备,提前向元老议会内亲巴卡家族的派系透露了消息,揭露了罗马对西班牙的真正图谋。在迦太基,汉诺派的成员投票阻止汉尼拔的鹰派战争行为,但元老议会的其他人可能因为西班牙白银的诱惑,在此事上坚决支持巴卡家族。于是,罗马使者不得不回到他们的船上。

在罗马,元老院就如何解决"罗马人民之友"[12]萨贡托的问题进行了辩论。伊利里亚战役即将结束,罗马为此付出了相当大的代价,死伤惨重,保守的费边家族坚决反对再发动一场战争。但老埃米里家族及与其对立的西庇阿家族则要求采取行动,后者在未来将因为布匿战争建立功勋。萨贡托正在遭难,但罗马却举棋不定。

公元前219年的夏天,汉尼拔从长期的围城战中抽出身来,率领一支小分队前往东北部的曼查和卡斯蒂利亚地区,平息那里发生的一场叛乱。叛乱的起因是当地的奥雷塔尼和卡佩塔尼部落的一些人拒绝迦太基的征兵计划。有人认为,[13]可能在这个时候,汉尼拔接待了一位翻越比利牛斯山脉,受邀而来的高卢特使,他代表了生活在鲁西荣附近,属于沃尔卡部落的凯尔特人。凯尔特人可能亲眼看到了发生在萨贡托的一切,他们将会记住这件事。很明显,汉尼拔已经在为未来做准备,他想评估高卢人的忠诚,并了解高卢是如何看待罗马人的。此时,他似乎正在寻找盟友,因为是时候直接挑战罗马了。

接连围攻了几个月,萨贡托的资源耗竭,士气衰退。汉尼拔把他的进攻努力集中在萨贡托以西,那里是萨贡托最脆弱的侧翼,因为高原由此逐步升高。很久以后,西方摩尔人在这里建造了城堡,其塔楼遗迹今天仍然可以看到,其中一些后来遭受过拿破仑炮火的攻击。毫无疑问,汉尼拔从多个地点发起了最后进攻,但遭受饥荒的萨贡托人决心抵抗到底。当萨贡托炮台向汉尼拔军队发射的石弹逐渐耗尽时,汉尼拔知道,这座城坚持不住了。公元前219年早秋,汉尼拔发起了最后的攻击,并取得成功。

萨贡托陷落

无论后来的传说是否被夸大,萨贡托的结局无疑都是极为悲惨的。据罗马人所说,饥饿的萨贡托人吃光了他们所有的牲畜,然后又吃掉了他们的马匹和所有其他动物,最后,打破了一个终极社会禁忌,开始同类相食。饥荒已经使许多人家破人亡,不仅穷人家庭受到影响,现在也影响到了整个贵族阶级,他们的黄金和白银已经无用,因为没有食物可供购买。

围困了8个月后,最后一面外城墙被攻破,最后一批羸弱不堪的守军被消灭,汉尼拔的军队畅通无阻地涌入城市。但当汉尼拔的军队聚集在萨贡托死寂的市中心后,他们被眼前可怕的景象惊呆了。空气中弥漫着烧焦的尸体的味道，他们不得不屏住呼吸。这支军队看到街上到处都是慢慢燃烧的尸体，许多骨瘦如柴的萨贡托人纵身投入烈焰以求一死。尽管汉尼拔现在已经习惯了战争的恐怖，但他也一定被吓了一跳。他知道，人们不会把这个惨剧归罪于罗马。也许是为了塞住人们的谴责之口，减轻自己的内疚感，或者为了平息大量的质疑，在匆匆处置完死者之后，他很快就让占领军瓜分了丰富的黄金、白银和其他贵重战利品。

在汉尼拔和他的军官监督下，萨贡托的战利品被分为了三部分：首先是幸存者，其中许多人成了奴隶；然后是可以出售的贵重物品；最后是黄金和白银制品，包括金条和硬币。究竟有多少萨贡托人参加了这个城市的保卫战，有多少人战死，没有准确数字，但根据汉尼拔攫取的战利品推算，死亡人数可能至少有几千人，剩下的萨贡托人则都沦为奴隶。汉尼拔的军队分到战利品后，留下了大量的贵重物品，准备送到迦太基，部分目的是为了收买那些不支持他的人。汉尼拔并没有留下一份战利品作为个人财富，但预留了一笔可观的款项准备用于针对罗马的作战计划。他的雇佣军、忠诚的士兵和军官们对他们自己分到的战利品很满意，如果他们继续征服，未来肯定将得到更多好处。

公元前219年的冬天，汉尼拔率领他忠诚的部队回到了卡塔赫纳，开始计划对罗马展开报复行动。

关于萨贡托凄惨遭遇的可怕消息迅速传遍了西班牙和比利牛斯山脉，并很快就传到了罗马。从阿尔卑斯山到西班牙的许多高卢人肯定得到了消息，尽管罗马通过马萨利亚一再请求他们不要和汉尼拔打交道，但都被他们拒绝。

汉尼拔正在制订一项根本计划，并将长期贯彻执行这项计划：如果你想成为罗马的盟友，请三思而后行。

第五章
翻越比利牛斯山

汉尼拔没有浪费时间去猜测罗马对萨贡托沦陷的反应。现在战争已经箭在弦上：罗马已经开始在执政官普布利乌斯·科尔奈利乌斯·西庇阿（Publius Cornelius Scipio）和提贝里乌斯·塞姆普罗尼乌斯·隆古斯（Tiberius Sempronius Longus，前260—前210）的领导下，集结旧军团，组建新军团。前者是一位谨慎老练的老将，后者是一位急性子的年轻将领。汉尼拔在卡塔赫纳集结的军队是一支联合部队，包括迦太基人、努米底亚人、利比亚人和凯尔特伊比利亚人，其中相当一部分是雇佣军。

根据波里比阿的书和其他史料的记载，一开始汉尼拔的这支军队大约有9万步兵和1.2万骑兵，规模相当大，但远不如波斯军队在薛西斯一世和大流士三世时期的规模。[1]汉尼拔军队中的士兵说着四五种不同的语言，布匿语是标准通用语。他知道亚历山大大帝的忠告，决心以他为榜样，不循规蹈矩，而要做到出其不意，机动灵活；同时他也很清楚，自己需要具备高超的管理技能，才能成功地指挥如此庞大、文化背景各异的大军。

罗马间谍报告说，汉尼拔即将启程开往埃布罗河，于是，罗马人计划派遣一支由隆古斯指挥的军队乘船前去围攻迦太基。他们还准备了另一支军队开往西班牙西部，试图把汉尼拔阻截在埃布罗河岸边。[2]

计划入侵意大利的长征

公元前219年的春天，汉尼拔召回了西班牙南部的所有士兵。为了达成未来持续几个月的行军任务，他们不仅接受了基本训练，还配备了适当的装备，并锻造刀剑，缝制皮衣。最终，这股巨大的力量汇聚成了一支军队。汉尼拔要让自己的部队清楚无误地明白他们的目标：进军意大利，并最终直插罗马的心腹地区。有些士兵会临阵畏怯然后逃跑；其他人则会发现，漫长的征途是一种冒险，也是一种诱惑，正如汉尼拔所承诺的那样，一路上数不清的战利品在等着他们攫取。

凯尔特伊比利亚人以及其他西班牙新兵需要接受严格的纪律训练，以达到合格的作战标准。一些西班牙雇佣兵可能意识到了这场行军将极为艰苦，于是在从卡塔赫纳到埃布罗河约288英里的行军途中，趁着夜色悄悄溜走了。汉尼拔的军队很可能在公元前218年暮春的时候渡过了埃布罗河，此时，远在西部的坎塔布利亚，冰雪融化形成的高水位刚刚恢复正常，而大部分的湿地仍然处于被淹没的状态。

埃布罗河

渡过埃布罗河是显示汉尼拔决心的一个重要标志。该河是西班牙的一条主干河流，由西向东流入地中海，几乎在任何季节都不容易渡河。沿海的沼泽地带将迫使汉尼拔的军队不得不绕道几英里远的内陆，可能会在凯尔特伊比利亚人的村子德尔托萨（Dertosa，今天的托尔托萨）附近渡河。激流从该村上面的高原倾泻而下，因此几乎无法逆流而行，唯一一个可以渡河的地方也被伊比利亚的部落伊雷卡维内斯控制了。[3] 汉尼拔不得不征服或贿赂这个部落，借用其船只或通过其他方式，这才使军队渡过了河。即使在夏季，埃布罗河也至少有100码[1]宽，到了三角洲，河面更加开阔，甚至有许多蜿蜒曲折的水道。

西班牙在古代被称为"伊比利亚"，意思是埃布罗河流域的土地。汉尼拔攻取萨贡托已经对罗马形成了挑战；而此时越过埃布罗河，则是一个更加明显的挑衅，表明他其实知道自己在做什么——故意跨越这样一个明确的主权分界线，就是要挑战罗马的权威。渡河需要借助当地民间的船只和人力，稳定可靠的后勤支援，至少花一天的时间，才可能把数万名士兵、牲畜和大象渡过河。此外，他们还要睁大眼睛，提高警惕，防备当地部落的敌对行动，因为这项行动是对当地部落领土的公然入侵，他们可能会发起抵抗行动。汉尼拔知道，许多伊比利亚人会把他横渡埃布罗河的行动看作一种威胁，而对罗马人来说，这等于正式宣战。尽管渡过埃布罗河将进一步削弱凯尔特人对罗马能够阻止汉尼拔的信心，但也可能激起凯尔特伊比利亚人的抵抗决心。

春末夏初，汉尼拔的军队准备渡过埃布罗河向北进军，结果遇到了相当大的麻烦：当地的凯尔特伊比利亚人和伊比利亚人狙击了他的部队。他们在5月至6月间的抵抗延缓了汉尼拔的进军计划，这是汉尼拔始料未及的。加泰罗尼亚的丘陵地形为当地的凯尔特伊比利亚部落发动伏击提供了许多藏身处，延缓了汉尼拔向北进军的速度。[4]

到了夏天，汉尼拔的盟友卡佩塔尼人对这次远征的热情骤减，这使汉尼拔忍无可忍。卡佩塔尼人属于凯尔特伊比利亚部落，因为不得已才派兵参加这次远征，结果还要他们与自己的邻居伊比利亚人作战，显然很不心甘情愿。面对比利牛斯山脉这个可怕的天堑，他们心惊胆战，因为他们从未跨越过这个障

---

[1] 英美制长度单位。1码=0.9144米。——编者注

碍，担心一去不返，再也没有回头路可走。根据李维的记载，曾有3000名来自同一个部落的卡佩塔尼步兵极力反对汉尼拔，因此被迅速遣散。[5]这种现象并不令人惊讶，因为他们是被征服后不得已才服兵役的，而现在又远离自己在西班牙中部的故乡；此外，他们很难得到战利品，因此即使是表面上的忠诚，他们也很难保持。

汉尼拔重整了军队，遣散了另外7000名凯尔特伊比利亚部落的士兵。因此，在离开西班牙之前，他损失了大约1万名士兵。为了让西班牙盟友守卫侧翼，并保持他与卡塔赫纳之间漫长的通信和供给线，他花了一大笔银子来收买当地部落。为了进一步确保这条生命线畅通，防止心怀不满的部落报复，汉尼拔还在西班牙留下了1.1万名迦太基和利比亚士兵，还有21头大象和至少82艘舰船，由他的弟弟哈斯德鲁巴指挥调动。[6]这意味着他的部队可能减少到不足7万名士兵。

翻越比利牛斯山

离开卡塔赫纳约3个月后，汉尼拔率领他的军队向北进军，通过加泰罗尼亚开往比利牛斯山。他的侦察兵此时应该已经找到了翻越比利牛斯山的最佳路线。地理环境对任何军队的后勤保障都是至关重要的，而汉尼拔深谙地形和地理环境，即使面对陌生的地形，他也能迅速发现其优缺点，找到对策，在这方面他是大师。汉尼拔的侦察兵根据当地摇摆不定的盟友或新征服的伊比利亚人提供的消息，了解到加泰罗尼亚沿海路线艰险而漫长，陡峭的悬崖直冲大海，地形极为复杂。

在西班牙方面，汉尼拔的军队将继续沿着罗布雷加特溪流北上，直到溪流的源头，沿途要穿过勒佩尔蒂隘口，两侧到处是橡树林和杂乱的松林。这里是该地区的海拔最低点。汉尼拔的军队可能在今天法国的一侧下山，进入凯尔特人的领地。在那里，山溪一路奔腾流向北方，与泰什河汇流。汉尼拔的军队在那里的某个地方越过了巴纽尔斯代勒阿斯普尔，完全进入凯尔特人的领地。勒佩尔蒂隘口在今天法国的佩皮尼昂以南18英里处。汉尼拔的侦察兵会从盟军，或被征服的凯尔特伊比利亚人、伊比利亚人和凯尔特人那里打听到，这是向北直接进入高卢的最佳路线，因此也是跨越比利牛斯山最正常的地方。即便如此，汉尼拔似乎也用了将近1个月的时间边走边打，才翻越这座高山。

公元前1世纪末，在同样的路线上，奉行实用主义的罗马人修建了连接纳尔邦高卢（Gallia Narbonensis）和希斯帕尼亚（Hispania，古代对西班牙的称呼）的多美亚大道，并且和汉尼拔当初选择这条路线的原因相同：避开沿海的海湾、悬崖和沼泽地。

汉尼拔与凯尔特人谈判

波里比阿说，当年夏末，汉尼拔和各部落聚集起来的凯尔特人（有些来自遥远的意大利波伊部落）讨论了如何共同防止罗马在高卢的阿尔卑斯山两侧扩张其领土。汉尼拔作出了承诺，并获得了让步。[7]凯尔特人相互之间不和，通常不会举行这样大型的集会，因此汉尼拔肯定说服了他们。他只是路过他们的土地，并组建一个联盟，抵抗吞并意大利后仍贪得无厌的罗马的扩张。毫无疑问，汉尼拔提供了罗马最近在意大利中部和北部扩张的充分证据。像波伊部落这样的意大利凯尔特人，他们深受罗马扩张之害，因此对此肯定表示赞同。

第五章 翻越比利牛斯山

汉尼拔从西班牙到高卢的兵力

古代历史留给现代人争论不休的一个问题是：如何计算交战各国的参战人数？参加从西班牙到高卢长征的汉尼拔军队士兵的实际人数难以核实，甚至混乱或互相矛盾。在汉尼拔到达高卢之前，他的军队人数似乎已经减少了将近一半。夏末，在高卢南部仍与汉尼拔坚定地站在一起的士兵多半是忠诚的老兵。这当然是一个典型的汉尼拔式的明智战略——保留一批忠实的北非人（迦太基人、努米底亚人和利比亚人）在西班牙做掩护，为他殿后，并派遣一批忠诚度不可靠的西班牙盟友到北非，一些士兵用来守卫迦太基，另一些则充当人质。

汉尼拔进军高卢，罗马震惊

罗马接到了盟友马萨利亚的报告，说汉尼拔已经越过比利牛斯山，并抵达高卢，这令他们非常震惊。一些凯尔特部落，如波河谷地的波伊部落，现在集体反抗罗马人在意大利北部的统治，并且带动波河谷地西部皮埃蒙特地区的因苏布雷人（Insubres）加入了他们的反叛行列。[8]他们赶走了罗马人在皮亚琴察的前哨，并将其一直赶回到罗马在穆提纳（今天的摩德纳）的殖民地。罗马人迅速修改了他们的作战计划。他们已经来不及在埃布罗河阻止汉尼拔，现在又听说他已经越过了比利牛斯山。因此，为了保护意大利免遭可能的入侵，罗马人不得不将所有的军团都驻扎在意大利。按照汉尼拔自己的标准，他的军队穿越西班牙北部和比利牛斯山的速度实在是慢得令人沮丧，但相比之下，他仍然超过了罗马人的行军速度。

汉尼拔面临的下一个巨大挑战是如何渡过从阿尔卑斯山流向地中海的宽阔

的罗讷河。幸运的是，他在河水处于最低水位时横渡了该河。但渡河之后，跨越阿尔卑斯山的挑战将会更大。汉尼拔在高卢的盟友已经警告他将面对这些障碍，并把他们数百年来翻越这座山时所走的路线告诉了他。凯尔特人告诉汉尼拔，在高海拔的山区，夏季很短暂；在秋天，山路会被大雪覆盖，而高山上的天气也是变化无常。汉尼拔向他的凯尔特盟友分发了银子，向他们许诺了更多的战利品，并从侦察兵、间谍和盟友那里收集了尽可能多的情报，于是迅速启程向罗讷河进发。

汉尼拔利用间谍进行情报收集工作

几乎所有评论家都对汉尼拔出其不意的战术赞赏有加，非常钦佩，但很多人并未认识到，他之所以能够取得胜利，是因为他擅长利用情报收集和间谍活动。在某些方面，他开了先河。[9]波里比阿说，汉尼拔并不是在对敌人一无所知的情况下翻越阿尔卑斯山的，而是小心翼翼地向凯尔特人咨询，并通过其他渠道搜集可靠的情报信息。[10]波里比阿一再提及，汉尼拔使用了许多侦察兵和先遣侦察部队。李维也曾谈到过一名迦太基间谍的例子，此人在罗马从事间谍工作两年后才被抓获，被处以砍掉双手的惩罚。[11]汉尼拔的一些间谍因为长期与罗马人接触，拉丁语说得就像当地人一样流利。他也使用说其他语言的间谍，例如伊特鲁里亚人（Etruascans，其生活区域位于今天的托斯卡纳和翁布里亚）和其他对罗马本能地保持警惕的意大利人。他肯定也雇用了当地的车夫、伊特鲁里亚的金匠和工匠、食品供应商等，并可能在罗马的盟友中有好几位潜伏得很深的间谍。他甚至可能拥有一群军妓，通常是外国女性，用"枕边吹风"（pillow talk）的方法从罗马人那里套取情报。我们不清楚情报是如何传回给汉尼拔的，因为其目的是要保密，但肯定是非常有效的。如果使用某种形式的酷刑能够榨取情报，他也会毫不犹豫地去做。

波里比阿和李维都说，汉尼拔经常在不同场合伪装起来，戴不同的假发，穿不同的衣服，但大多是为了掩饰，以至于"连他的知交都认不出他"。[12]汉尼拔肯定对"狡黠"的奥德修斯非常了解，也非常像他。汉尼拔刻意模仿的一些榜样在希腊传说和文学中很容易找到。只要他有财力，汉尼拔就支付银子，不过他会很小心，以保证他的迦太基钱币不会被追查到。

但现在是渡过罗讷河的时候了。

第六章
强渡罗讷河

汉尼拔之所以没有沿着地中海海岸进军意大利，主要因为阿尔卑斯滨海地区的山脉几乎绵延到今天的里维埃拉，其间的道路已经完全被罗马控制。马萨利亚和尼西亚（Nicaea，今天的尼斯）位于罗讷河的东出海口，前者还控制着西部海岸高地唯一相对平坦的土地。沿海岸线有众多效忠罗马的城镇和前哨站，他们会骚扰任何从其领土上通过的军队。汉尼拔当然明白，走这条传统路线，意味着一路上都要与这些全副武装的敌人作战。

汉尼拔不仅绕过了右侧的沼泽湿地和盐湖，紧贴着罗讷河河谷西部的低海拔高原前行，还避开了马萨利亚控制的罗讷河口东部地区，以便能避开马萨利亚告密者和间谍，因为这些人会向罗马报告他的行踪。他尽可能快地穿过罗讷河河谷两侧，那里是沃尔卡人（Volcae）等不太安分的部落的领地。时间大概是8月底，当地的农作物多半已经收割。

尽管有蜿蜒曲折的罗讷河，并且凯尔特人在今天法国的富尔克地区和卡马尔格湿地两岸间歇地耕种农田，但这里的植被还是逐渐从沼泽地变成了森林地带。此时，在罗讷河两岸百米以内很多地方，可能生长着杨树等落叶树种。也

第六章　强渡罗讷河

许汉尼拔的军队在向东北进军的时候曾寻找过这样的森林做掩护，以便隐蔽他的行踪，但这样做会大大减慢军队的行军速度。

汉尼拔并没有完全藏住他的行军秘密，风声已经传到了马萨利亚人，甚至罗马人的耳中。不过，汉尼拔军队较快的行军速度仍然让敌人猜不透他的行踪。大约在汉尼拔抵达罗讷河西岸的同一时间，普布利乌斯·西庇阿率领的罗马舰队也抵达了马萨利亚。这支满载军人的舰队从伊特鲁里亚和利古里亚（Liguria，今天的热那亚地区附近）出发，航行了至少一个星期，试图阻止汉尼拔从地中海沿岸向东进军——这是连接高卢和意大利的常用路线。

罗讷河自北向南流动，在一个凯尔特村庄附近岔开为东西两条支流，在河口三角洲形成了沼泽地，并最终形成了今天的阿尔勒（Arles，罗马人称作阿莱拉特）。率领大军接近这条河的时候，汉尼拔意识到必须果断行动，因为不仅会有凯尔特人试图抵抗，罗马人也可能试图拦截他。同时，罗讷河口附近的沼泽地虽然把罗马控制下的马萨利亚和汉尼拔隔开来了，但也导致了他的军队行进极为艰难，再加上沿途人烟稀少，因此汉尼拔估计罗马人可能会赶上来。普布利乌斯·西庇阿没有料到汉尼拔大军正在开往罗讷河，因为罗马人认为敌军将被沼泽地形和凯尔特人的抵抗困住。在和护民官[1]商议后，普布利乌斯·西庇阿决定派出一支300名骑兵组成的小分队，尽快找到汉尼拔。但是由于卡马尔格沼泽的存在，这个目的很难实现。

为了渡过罗讷河，汉尼拔需要在后勤供应方面有重大进展。他不仅需要一个渡口，还需要在一个地方搜集足够多的船只，并获得当地人的协助，以尽可能快的速度安全地把大批士兵和牲畜运渡过河。特别是他自己的间谍可能已经发现，罗马舰队已经抵达了马萨利亚。

---

[1]　罗马的高级军事长官。——编者注

汉尼拔准备强渡罗讷河

此时正值夏末，河流正处于最低水位，但河面仍然可能有数百码的宽度，河中心水流最为湍急。汉尼拔的军队开始集结在罗讷河的西岸，最有可能是在距离阿维尼翁几英里的地方，正如波里比阿说的那样，那里的河流是一个"单行道"，并且"从海上行军到那里需要4天时间"。[1]汉尼拔采取收买和武力兼用的方法征用现有的船只，并尽快建造新的木筏用来运送军队。尽管沃尔卡敌对部落的大部分人聚居在罗讷河的东岸，并主要以控制这条河流的运输获利，但仍然有不少居住在西岸的部落答应了汉尼拔军队的要求，向他们出售自己的船只和独木舟，并协助汉尼拔的木匠造木筏：

> "汉尼拔买下了他们所有的独木舟和小船，数量相当可观，因为罗讷河岸的很多人都在从事水运。他还从他们那里获得了适当数量的原木，以建造更多的独木舟。这样两天下来，他就有了难以计数的运输装置，与此同时，他自己的部队也在想方设法渡河。"[2]

汉尼拔之所以收购凯尔特人的所有船只和可用的木材，一个显而易见的原因是，他需要这么多的船只运送他的大军渡河；但另一个可能的原因是，他不希望让任何船只落入沃尔卡和其他部落之手，以免他们联合起来反对他。尤其是因为当地人是被收买的，并非自愿主动合作，因此这种可能性就会一直存在。

但无论出于什么原因，现在一帮沃尔卡部落的凯尔特人聚集在罗讷河对岸，试图阻止汉尼拔的军队渡河。汉尼拔考虑了所有的选项。他不能在没有安全保障的情况下强渡，因为对岸的凯尔特人正严阵以待，准备攻击他，但是他认为原地等待下去结果可能更糟糕。大批沃尔卡人和其他部落的凯尔特人聚集在河东岸，甚至可能在罗讷河两岸都有人，与其冒险渡河，不如另谋他途，于是他采取了一个绝妙的行动。

汉尼拔派汉诺到上游发动突袭，以烟雾为信号强渡罗讷河

滞留罗讷河边的第三天，汉尼拔派出了军队中最机动灵活的一部分步兵和努米底亚骑兵，以可靠的凯尔特人为向导，很有可能在黑暗的掩护下，向北进发。他任命自己的亲属，姐夫波米尔卡的儿子汉诺全权指挥这支小分队。他们从河的西岸迅速赶到河的上游，在河流分汊最浅之处（可能在今天的圣埃斯普里桥附近）临时找船只渡河。他们在一个天然屏障后面藏了一两天，等待有利时机。第五天晚上，他们从东岸悄悄地向南移动，刚好处于大批沃尔卡人的侦察范围之外。

汉尼拔已经准备好渡河了，但要等待在东岸的汉诺和他的部队发出预先定好的烟雾信号时才能行动。当到达可以向河边的沃尔卡部落发动突袭的距离时，他们就会发出信号。天还没有亮，汉尼拔把船装满了，从北边到南边，从最重的船只到较轻的小船都已整装待发。东方刚泛鱼肚白色，汉尼拔就命令他的侦察队注意观察北边发出的烟雾信号，信号表明他在河对岸布置的埋伏行动正在按计划进行。当信号传来时，汉尼拔依次发出命令，他在岸边的军队分批依次采取行动。船只立刻驶入岸边流速最缓的水流，而更重的船只则开往上游阻挡河水的冲力。

在迦太基人等待的时候，可以听到河对岸的沃尔卡凯尔特人的声音，他们挥舞着武器，其中一些人发出令人毛骨悚然的战斗叫嚣，史书上对此不乏记载。凯尔特人以为机不可失，可以轻而易举地捕获眼前的猎物，于是不顾一切地喧嚣着冲到河边。当船只接近时，他们排在前列的长矛阵将封锁河边约50码的水域，主要是警告敌船，若再前进，就会被长矛阵消灭。凯尔特人的箭射得更远，但渡河的军队可以用盾牌来阻挡或分导射来的箭镞。许多小船在后边拖

着三四匹战马，它们本来就很不舒服了，结果渡到一半的时候又被水流困住，无疑会急得发疯，因此减慢了速度。并且，即使是最快的横渡也需要至少20分钟，而此刻军队正处在凯尔特人的射程之内。渡河的大军将尽可能集体行动，并沿河形成一个统一战线。河两岸的喧嚣一定是声震云霄，迦太基人大喊着互相鼓劲，而凯尔特人则疯狂地大声呼喊。

汉尼拔对时间的把握非常完美。正当以逸待劳的凯尔特人眼盯着即将到手的猎物时，沃尔卡部队的背后突然乱作一团。汉诺的伏兵已经杀到，并放火烧了他们的营地。凯尔特人完全没有料到自己会腹背受敌，两面作战。这个可怕的发现使他们陷入了恐慌。

汉尼拔的军队渡过罗讷河

汉尼拔和第一批入侵者一起渡河。他立即向纪律严明的士兵训话，并率领他们前去迎战惊慌失措的凯尔特人。许多凯尔特人一会儿向前看，一会儿又向后看，惶惶然如惊弓之鸟。大多数人不敢恋战，连忙躲避汉尼拔率领的步步紧逼的老兵们。汉尼拔抓紧时间把其余的步兵和骑兵聚集起来，因为沃尔卡人很少抵抗，早早就已撤离。那天晚上，汉尼拔的军队在河东岸不远处安营扎寨，布置岗哨，监视任何可能潜入营地进行破坏的沃尔卡人，不过他们并没有进行骚扰。[3]第二天一大早，汉尼拔得到了确切报告，罗马人出现在马萨利亚，并派出了500名骑兵在安全距离之外侦察情况。

第六章　强渡罗讷河

大象渡河

汉尼拔当时至少有37头战象随军长征,这些大象年纪很小就从迦太基运到西班牙接受训练。为了运输这些战象,工程师们必须建造相互连接的双筏,它们看上去几乎就像是漂浮的桥梁,用绳子把这些浮桥绑在两岸的树上。更小的木筏排在一起,用绳索拖曳着连接到"桥梁"上,直到整个河面几乎都被木筏覆盖,只是在正中间许多小木筏前后穿梭往返。大象平时都非常驯良,可是上到小木筏上后就不同了,尤其当发现自己实际上是漂浮在不稳定的水面上的时候,它们不干了。这时许多大象开始乱窜,把它们背上的象夫(受过训练骑在象背上驾驭它们的人)抛入河中,其中不少人在混乱中被淹死。然而,这些大象最后还是设法把脚踏在了浅水处,甚至笨拙地游向岸边。如果水太深的话,它们会把长鼻子露出河面,而它们的头则基本上淹没在水下,以这种方式,许多大象"潜"水过河。据波里比阿记载,以及目击者的确切描述,没有一头大象损失。[4]

在高卢的冲突中,汉尼拔会见了来自意大利的凯尔特人,并遭遇罗马人

波里比阿记载了大约同时发生的其他两个重要事件。首先是来自意大利的友好的凯尔特人,在波伊部落(生活在今天的博洛尼亚附近)的马吉勒斯(Magilus)[或马格尔(Magol)]率领下,在罗讷河东岸会见了汉尼拔及其下属军官。他们表示愿意与汉尼拔的军队结盟,同时告诉汉尼拔及其部下,路上可能会遭遇一些首鼠两端的凯尔特人,对此应有所防备。汉尼拔的军队看到从远方而来的凯尔特人和他们站在一起,特别激动,备受激励。[5]第二个事件是

汉尼拔的努米底亚骑兵侦察队在返回的途中，碰巧遇上了普布利乌斯·西庇阿派出搜寻汉尼拔的侦察骑兵部队，一场冲突随即发生，双方都有死伤，迦太基损失了约200人，罗马和马萨利亚损失了约140人。[6]但是，这场发生在卡马格南部湿地的冲突实际上延迟了罗马特遣队的行动，帮助了汉尼拔渡过罗讷河。当罗马骑兵急匆匆赶回南方向普布利乌斯·西庇阿报告时，汉尼拔已经渡过罗讷河，向北挺进了。普布利乌斯·西庇阿立即率军追逐，但只发现了被遗弃的营地，而且迦太基篝火的灰烬是冷的，很久以前就熄灭了。[7]令罗马人感到震惊的是，汉尼拔的军队完全消失了，而这样的惊讶以后还要多次发生。

有人经常问到这个问题：为什么汉尼拔要避免在高卢与罗马人作战？现代军事历史学家奥约斯（Hoyos）提出了一个合理的解释：汉尼拔的目标是尽可能多地结交凯尔特盟友，无论他们是否对罗马不满，都愿意结交。"而如果在高卢领土上与罗马人作战，即使赢得了高卢人的信任并与他们结盟，或者让他们保持中立，都不太可能令那些人感到高兴，因为遭殃的首先将是他们的土地。"[8]

汉尼拔的军队向北移动

当汉尼拔穿过普罗旺斯上游进入德龙省地区时，他不时会看到东部的阿尔卑斯山脉。虽然罗讷河沿岸的地势大都很低，但汉尼拔的侦察兵和他的凯尔特向导肯定地告诉他，大山近在咫尺，只不过被云雾笼罩，看不见其真面目而已。普布利乌斯·西庇阿没有紧紧咬住汉尼拔，后者的足智多谋已经让这个罗马人口服心服。

普布利乌斯·西庇阿思考了各种可能性，并准确推断出汉尼拔不会去马萨利亚，也不会走沿海路线，并尽可能避免令人难以置信的北方路线：攀越阿尔卑斯山。然而汉尼拔将要走的那条通往意大利的路线，甚至连普布利乌斯·西

第六章　强渡罗讷河

庇阿这样身经百战的老兵也不会料到。普布利乌斯·西庇阿的凯尔特盟友肯定，虽然这样的行动在战术上是可能的，但在一年当中的这个时候翻越阿尔卑斯山将很困难，汉尼拔不会尝试。普布利乌斯·西庇阿急忙派他的兄长盖乌斯·西庇阿（Gnaeus Scipio）[1]率领一半兵力赶往西班牙，扰乱迦太基的补给线，征服凯尔特伊比利亚部落，说服他们，甚至不惜用武力迫使他们与罗马人合作。接着，普布利乌斯·西庇阿立即赶回意大利，准备迎战汉尼拔。汉尼拔的军队可能从可怕的阿尔卑斯山突然冲杀下来，但他不知道他们何时出现，从哪里出现，或者根本就不会出现。我们可以想见，即使罗马人没有控制沿海路线，汉尼拔也仍然会选择翻越阿尔卑斯山，因为他的保护神就是山神和风暴之神，他的名字正来源于此。

---

[1] 通常被人称作"老西庇阿"。后文将要出现的他弟弟普布利乌斯·西庇阿的儿子则通常被人称作"大西庇阿"。——编者注

第七章
阿尔卑斯山的门户

汉尼拔率军离开了阳光灿烂的普罗旺斯，进入越来越狭窄的罗讷河河谷。当时经过高卢的道路靠近今天罗讷河岸边的蒙特利马，尤其在德龙河畔的瓦尔德龙，可以不时向东瞥见远处阿尔卑斯山起伏的山峦。在4天的行军途中，汉尼拔并没有遇到凯尔特人太大的阻挠，但这并不意味着他们没有被紧紧盯着。这些凯尔特人绝对不想和饥饿的汉尼拔军队纠缠，因为这支军队会踏平农场，耗光资源，甚至更糟。[1]汉尼拔可能会不时地购买食品，分发一些布匿白银，而不是冒险和一帮凯尔特勇士作战。他现在不能让任何事情减慢他的进军速度。

时值9月，落叶乔木的树叶变成了金黄色，夜晚越来越冷。秋风扫落叶，沿途只见越来越多光秃秃的枝丫。前面还有许多条小溪要涉过，尽管溪水变小了，但是温度比这支军队在夏季从西班牙启程时要低得多。

汉尼拔的军队在低海拔的肥沃平原上停了下来，这个平原形成了一个巨大的三角形，在这里，伊泽尔河从东向西快速汇入罗讷河。[2]几个世纪以来[3]，这个河流交汇处都是人口众多的阿洛布罗热部落的传统边界。汉尼拔的军队现在遇到了阿洛布罗热人，他们是最大的凯尔特部落，其领地沿着罗讷河一直延伸到伊泽尔河的北部。公元前125年，罗马军队将再次遭遇由阿洛布罗热人和中央高原的阿尔维尼人组成的部落联军。阿洛布罗热部落的一个中心就在后来的瑞士日内瓦附近；另一个在今天的格勒诺布尔。[4]在罗讷河和伊泽尔河之间的这部分高卢领土最有可能就是被波里比阿称为"那个岛"[5]的三角洲地区。在罗讷河东部和伊泽尔河南部，阿尔卑斯地块开始向东北方向隆起。[6]按照波里比阿的说法，虽然攀爬阿尔卑斯山路以及接下来攀登极顶并不是这次行军唯一的合理选择，但与汉尼拔的军队之后所遇到的困难地形和富于挑战性的高海拔非常吻合。

汉尼拔调解阿洛布罗热部落内部的争端

正在此时，阿洛布罗热部落的两个兄弟在"谁应该成为部落首领"这个问题上发生了争执，据说大哥偷偷派出一个和平使团去见汉尼拔，向他提出个人请求，希望他能帮助自己登上王位。至于那位弟弟是否也寻求过汉尼拔的帮助，波里比阿并没有说。但汉尼拔同意了哥哥的请求：通过展示武力，赶走了弟弟的所有支持者。

这位伊泽尔低陆平原的新任酋长怀着感激之情，向汉尼拔的军队提供了充足的食物、新武器，还有用来应付寒冷天气的防寒衣物，包括厚重的皮靴。[7]这位酋长还派出了一个武装卫队为汉尼拔军队殿后，汉尼拔的军队对此也很感激。

大军沿着伊泽尔通道向东进发，一路上经过高卢最富饶的农场，农场里有大量的牲畜。凯尔特人的木棚里储存着大量粮食。几乎所有的耕作都在秋季停止了，连可食用的块茎和根茎也都从地里挖出来，并小心地储藏在地窖里。因为这里土地肥沃，这位酋长哥哥可以把大量剩余的农产品卖给或者送给汉尼拔。但这位酋长弟弟的情况就不同了，他的领地位于东部的山谷里，土地凸凹不平，难以耕作种植。

伊泽尔河的南岸是一片物产丰富的土地，森林茂密，但越靠近韦科尔的阿尔卑斯山，地势就越险峻。在离河流峡谷只有几英里的地方，山峰几乎垂直凸起，难以穿越。波里比阿在谈到这片土地时写道："这里陡峭的山峦纵横，难以攀登，可以说几乎无法翻越。"[8]这一点在第二次世界大战期间得到了证实，以顽强著称的韦科尔法国抵抗运动令德国人和维希政府非常头疼，难以根除。这里是阿洛布罗热部落酋长弟弟的山地领地。汉尼拔可能会在事后怀疑自己先前的决定是否正确，但如果他此时想从这里向东推进，那就太晚了。

阿尔卑斯山的入口

在今天的格勒诺布尔城外北边，有一对高耸的双崖号称"通向阿尔卑斯山的门户"，在那里，伊泽尔河从上游的狭窄山谷中汹涌流出，穿过山谷。[9]伊泽尔河的西南部是韦科尔地区的山地，狭窄的东北部则是沙特勒兹地区的山地。河谷的海拔只有600英尺，而这些陡峭的山脊平均海拔超过2000英尺，看起来就像一面面巨大的断墙。在这里，伊泽尔河水从山口涌出。

这里是伊泽尔河下游最窄的峡谷。唯一容易走的水路被挤进一个冲积的山谷，河边满是洪水带来的沉积物，连同河流本身，总宽度不超过三分之一英里。任何人都可能会感觉到这里的危险，对于非常务实的汉尼拔来说更是如此。而且麻烦不久就会到来。对迦太基人来说，更不幸的是，从山下陪他们上来的阿洛布罗热盟友将不再前行，而是从这里返回家园。[10]他们知道汉尼拔面临的困境，也知道自己在这里，会受到愤愤不平的酋长弟弟怎样的对待。

第七章 阿尔卑斯山的门户

第一个埋伏地点

这个天然的关卡完全被住山地的阿洛布罗热人控制，他们可能在今天的沃雷普建有堡垒，而那里很可能就是波里比阿所说的伏击地点。在那里，沿着山崖，视野开阔，可以看到沿着山谷任何方向的活动迹象。[11]唯一可行的路径就在他们眼底，即位于伊泽尔山谷北侧高原的底部。汉尼拔的侦察兵向他报告说，这条路不仅有重兵把守，而且意图明显，就是要阻挠他的军队通过。

然而，汉尼拔的凯尔特人向导也告诉他，阿洛布罗热人会在晚上离开他们的有利位置，回到他们的堡垒和附近的家中过夜，因为他们认为汉尼拔不可能会在天黑后前进。任何人——尤其是不熟悉当地陡峭地形的陌生人——想在夜间发起突袭，将是不可思议的冒险行动。然而，汉尼拔总是与众不同，不按常理出牌。罗马人后来也认识到这一点，不幸的是，他们将为此付出惨重代价。汉尼拔仔细制订了"以子之矛攻子之盾"的计划，从高地发动伏击，以挫败阿洛布罗热人。人们不禁好奇，汉尼拔是不是从西班牙的凯尔特伊比利亚人和高卢的凯尔特人那里学到突袭和伏击战术的——在高卢，突袭是善于利用机会的凯尔特人常用的一种战术。[12]汉尼拔此后将会对罗马人发起类似的突袭和伏击，并连连告捷。

汉尼拔把他的大部分军队都留在山下，他们的篝火照常燃烧，以吸引敌人的注意力；同时挑选精兵组成一支小分队，自己亲自率领，爬上最狭窄的道路，并在夜间占领了凯尔特人的瞭望哨所。他总是身先士卒，和士兵一起承担同样的风险，因此深受士兵的爱戴。士兵们知道，汉尼拔不会命令任何人去做连他自己都不愿做的事情。很快，汉尼拔的部下就占领了敌军守卫道路上所有的阿洛布罗热人的哨所。

天亮了，阿洛布罗热人惊讶地发现，他们所有的控制点都被汉尼拔的手下占领了。本来他们可能会放弃，可忽然发现，由于地形的限制，汉尼拔的大军不得不排成长长的行列通过狭窄的河谷，后面是运送给养的牲口队列，驮着数量令人难以想象的补给品，缓慢地沿山谷蠕动。刚开始他们还犹豫了一下，但很快便利令智昏，不顾一切了。他们成群结队地从堡垒中冲杀出来。正如斯蒂芬·阿伦所说的，这是一个典型的凯尔特作战模式，"要么大获全胜，要么一败涂地"。[13]阿洛布罗热人轻率地发起"疯狂的攻击"，他们把目标集中在驮运给养的牲口处，因为那里是士兵最少的地方。这支训练有素的队伍受地形限制，腾挪不开，一时陷入混乱，几乎被困住了。

尽管汉尼拔预料到了这样的情况可能会发生，但这次伏击一开始对他的军队来说仍然是可怕的，因为许多牲畜和士兵要么被阿洛布罗热人杀死，要么在陡峭的山路上摔死。受伤的战马不顾一切地上蹿下跳，左冲右突，把许多驮运给养的牲口撞倒在陡峭的山路边茂密的灌木丛里，凯尔特人夺走了驮运的货物，并杀死了马夫。

士兵的尖叫声和牲口的哀鸣声惊到了汉尼拔，他意识到可能会失去全部给养，于是下令撤回了所有在高地守卫道路的士兵，派一部分兵力去追逐带着赃物四处逃窜的凯尔特人，并命令其他士兵前往战斗最激烈的队伍前部增援。他的士兵四处追杀阿洛布罗热人，很快就击溃了他们，把他们赶进了树林，但是物资上的损失还是不小。汉尼拔损失了不少士兵和牲口。一开始，许多驮着给养的牲口在恐慌中四处逃散，不知所终，但他的部下慢慢地把它们聚拢在一起。他的军队继续穿越最危险的峡谷，终于来到了高山之下宽阔的伊泽尔河谷。

但汉尼拔占领凯尔特堡垒时，发现那里几乎空无一人，因为堡垒里的阿洛布罗热居民都逃到了郊区。在这里，汉尼拔不仅找到了没有在战斗中被杀死的其他驮畜，而且缴获了阿洛布罗热人为即将到来的冬天储存的所有食品。此外，他把他们留下来的牛全部牵走了，这些牛通常在城堡被围攻或战争时会被圈在城堡内。凯尔特人到处说，汉尼拔大获全胜，阿洛布罗热人一败涂地，这种宣传很有效，因此在汉尼拔的军队蜿蜒前行进入山区的过程中，再没有任何部落胆敢袭击他们。

向阿尔卑斯山进军

汉尼拔似乎已经离开了伊泽尔河谷，沿着阿克河谷由凯尔特人开辟的古老的莫里耶讷贸易路线前进。阿克河谷是凯尔特山地部落的另一条分界线，事实上许多阿尔卑斯流域都是如此划分边界的。他的侦察兵一定把这条古道告诉了他。关于阿洛布罗热人失败的消息一个接一个地传到了其他凯尔特的村庄和市镇，因此在4天的行进途中再没有人骚扰他的军队。[14]不过当这些小部落的居民看见汉尼拔军队载着不计其数的财富，缓慢地从眼前经过时，心里一定馋得痒痒的。

山里秋天的天气越来越冷。时而乌云密布，时而下起冻雨、冰雹，甚至雨夹雪，军队从早晨醒来后就不得不在霜雪覆盖的地面上跋涉。现在正进入10月下旬，当云层消散时，那些围着篝火的士兵可以看到，林木线以上被冰雪覆盖的山峰一片银白。夜里，尽管汉尼拔和每个士兵都在想，军队还要走多远，还要爬过多高的山路才能到达意大利的边境，但汉尼拔以自己的牺牲精神默默地激励着他的部下。汉尼拔不像迦太基贵族和将军那样要求特殊的舒适生活待遇，而是像他吃苦耐劳的士兵一样，谦逊地睡在坚硬的地面上，只裹着几条厚毯子。他这样做可能是有意效仿年轻的亚历山大大帝，但这一事实将永远被他的军队以及其他军队所铭记，后来甚至打动了他的敌人，并被记录下来。汉尼拔所做的一切至少都有一个战略目的，其深层意图可能是为了培养部下的忠诚，但是这种忠诚度很快就将在高耸的阿尔卑斯山上经受考验。

第八章
第二次伏击

汉尼拔对敌人非常残酷，决不宽恕。为了严厉教训凯尔特人，他用铁索锁住他们，然后拖走，但他的军队并没有在阿洛布罗热地区停留很久。他花了一天时间清点军队，照料伤员，把给养集中在一起，侦察清楚前方的道路，然后就启程了。汉尼拔狠下心肠，让他的军队沿着阿克河谷连续行军4天。起初还比较容易，因为宽阔的山谷仍然很平坦，几个士兵和驮给养的牲口可以并排行走。虽然此时已是深秋，大象仍然可以吃到充足的饲料，另外在河边也有很多植物，但随着初冬来临，饲料资源将会逐渐减少。

汉尼拔准备上山

在坚定无畏地踏上漫长的意大利征途之前，汉尼拔究竟了解什么？为什么他首先要进攻意大利？波里比阿不仅探讨这些问题，而且还非常清楚地表明：早在西班牙的时候，汉尼拔就花了很长时间研究这个问题，同时也听取了联盟部落明智的建议，例如意大利的波伊部落的建议。

> "他自己清楚地了解，阿尔卑斯山脚下靠近波河的土地肥沃，人口稠密，当地的武士在战争中英勇顽强，特别是自从以前和罗马人打过仗之后，他们对罗马充满了仇恨。"[1]

有人认为，汉尼拔对这场令人畏惧的阿尔卑斯山征程缺乏准备，但波里比阿对这种说法嗤之以鼻。他说，这位将军早就知道了凯尔特军队常用的高山通道，并且分析了多方情报，对可能的备用路线了如指掌。[2]波里比阿指出，汉尼拔知道这次远征"虽然艰难，但并非完全不可能成功"。[3]他相信，在阿尔卑斯山另一侧的波伊凯尔特人，以及其他很多人都对罗马人充满了仇恨，因此，翻越这座大山是值得的。他预计在下山的时候将会得到他们的帮助。只有罗马人会对他们的出现感到惊讶，部分原因是他们大都是具有农耕文化传统的平原居民，不太喜欢高山，希望阿尔卑斯山像一面墙那样保护他们。但事到如今，罗马人知道汉尼拔就要来了，不得不提防他将从阿尔卑斯山的什么地方出来，尽管这种努力是徒劳的。

罗马人对阿尔卑斯山缺乏了解，更糟糕的是，他们几乎没有可信赖的山谷盟友来向他们报告敌军的动向。罗马人把主力部队部署在离阿尔卑斯山很远的皮亚琴察附近的山谷，等待汉尼拔从西面出现。

由于缺乏充足的考古证据，我们仍不了解汉尼拔究竟是从何处翻越阿尔卑斯山的。[4]但不管最终选择走哪条路线，翻越这座高山对汉尼拔的军队来说都很艰难。随着山谷越来越狭窄，海拔越来越高，夜晚也越来越冷。他的军人必须用暖和的衣服、皮革或者任何能找到的毛皮来遮盖自己。脚必须裹在厚厚的兽皮里，以抵御地上渗出的冰冷湿气。

最有可能生活在阿克河谷地区的凯尔特部落是麦杜里人（Medulli），这是一个极具领土意识的部族，其首府可能位于今天的圣让·德·莫里耶讷镇附

061

近，该镇附近至少有4条通往阿克河谷的重要山路。

由于部落领地变了，与汉尼拔结盟的凯尔特人不熟悉新地形，军队随时可能误入陷阱。于是，汉尼拔对他的军队和侦察兵提出了严格的纪律要求。他会提前一天派出侦察向导小组，并且为了核实信息与分析详细地形，他可能让可靠的侦察员与凯尔特人配对。如果他怀疑报告中潜藏着任何危险，或者觉得报告不真实，他会面对面仔细盘问凯尔特人，盯住他们的眼睛，并仔细观察他们的肢体语言。

如果侦察员提供了虚假情报，汉尼拔一定会对其实行严惩，甚至会先实行酷刑，然后再将其处死，以儆效尤，保证将来能够得到可靠情报。汉尼拔是一位经验丰富的军事领袖，对情报要求直截了当，一是一，二是二，不得模棱两可，对提供虚假情报者决不宽容。研究结果表明，汉尼拔能准确把握人的心理特点，尤其是敌人的心理特点。他当然也会依赖明智的忠告以及最值得信赖的翻译人员来规划每天的行程，比如晚上在哪里驻足，如何为军队分配补给品，如何获取食物，等等。这项任务一直非常艰巨，再加上胃口巨大的大象，问题就变得更加复杂。

军队的后勤粮食供应问题

对一支正在行进的军队来说，后勤供应至关重要。后勤兵（军需官）和出纳员（会计官）必须不断从当地人那里采购食物，军队需要不断派出猎人打猎，以保证食物供应源源不断，口粮分配及时到位，否则，后勤供应就会成为一个噩梦。军队的消耗量很大，其数量之大，远非牲口长途驮运可以满足。尽管性质完全不同，但后勤供应其实也是一场日常战役。汉尼拔在通过阿尔卑斯山时，每天都要面对这个令人忧心的难题：冬天快到了，食物来源减少了。最有远见的领导人才能解决这样的问题。但即使如此，他的军队仍遭受了惨重损失，这在现代战争中是不可接受的。

根据波里比阿的记载，汉尼拔率军沿着这条路一直往河的上游行军。[5]在首次伏击战发生后的第四天早上，一帮奸诈的山地凯尔特人假惺惺地向汉尼拔献上礼物和花环作为和平的信物，并表示，他们看到了阿洛布罗热人刚刚遭到的羞辱。他们的首领甚至向汉尼拔献上了牛和人质，但同时他们可能也在偷偷计算着这支军队有多少支长矛、多少头骡子，盘算着是否有机可乘。波里比阿说，这显然是凯尔特人的一个阴谋，而汉尼拔也有些怀疑他们的意图。最后，他相信自己久经考验的敏锐的军事本能，并没有被他们卑躬屈膝的行为所愚弄。汉尼拔在西班牙生活过多年，深谙凯尔特伊比利亚文化，他知道，攻击可能在白天的任何时候发生。他在夜间布置了哨兵和巡逻队，以确保万无一失。即使对当地的凯尔特人来说，企图在夜幕掩护之下发起攻击也会非常困难。可以想见，凯尔特人肯定一直在盯着这支军队燃起的数百个篝火，等待着从有利的位置发起攻击。

如果汉尼拔走的是穿过阿克河谷的路线，那么他不久就得从某个地点渡过阿克河。在河谷上方麦杜里人的堡垒里，机警的哨兵和侦察兵将汉尼拔军队的行动看得一清二楚。随着山路越来越陡峭，这支军队走得越来越吃力，行进的速度已经大大放慢了。这支军队很可能沿着北部高原经阿克峡谷向欧苏瓦进军[6]，这是凯尔特人的道路，可以让军队以比较宽的纵队行进，直到阿克河最浅的渡口渡河时才下高原。凯尔特人的哨兵应该看到了大军正在到来，那里有几个孤立的小石山丘。在这里，考古发现了铁器时代的制品，很可能是麦杜里凯尔特人制造的。[7]

麦杜里人也许已经听到了很多关于阿洛布罗热人遭遇的报道，知道汉尼拔是如何惩罚他们的，但是看到那么多驮着食物的牲口排成一行吃力地行走，还是禁不住诱惑，这些山地凯尔特人肯定觉得这是送上门的礼物，轻易就能到手，特别是因为他们自己的食物储备和牲畜在即将到来的冬天面临短缺挑战，更是按捺不住。

当路过一些小山村时，汉尼拔会偶然看到狭窄山谷里被收割后剩下的零星的庄稼茬。他还不时会看到在森林上空飘荡的炊烟，从更高的山村中袅袅升起。他知道，这里生活着一个人口相当多的高山部落，相当于一股凶猛的战斗力量。如果当地很少有人出来迎接他，那就说明山地凯尔特人对他抱有敌意。

在森林边缘，行进中的军队偶尔会听到树枝被折断的窣窣声，那可能是如觅食的野猪之类的动物，而不是受惊的凯尔特人。不同于波里比阿，李维对色彩更感兴趣，他从这支军队的角度描写了爬山途中见到的各种奇特景色："可怕的景象展现在他们眼前：峰峦巍峨，高耸入云的山巅白雪皑皑，粗陋的小屋紧贴岩石而建，当地土人满身毛发蓬乱，饱经风霜，身体粗硬。"[8]

据波里比阿记载，汉尼拔此时觉察到了危险，加上没有凯尔特人的友好协助，他非常担心。他小心翼翼地把部队分开，特别是把驮畜行列和骑兵队伍布置在长长的行列前面，把重甲步兵布置在后面。波里比阿认为，如果汉尼拔没有这样做的话，他的军队将被彻底摧毁。

凯尔特人在山上发起第二次伏击

两天后，就在军队准备第二天在阿克河渡口附近进行最艰难的攀登时，袭击发生了。当时军队正在缓慢地穿过一个陡峭的岩石峡谷的底部，波里比阿称之为"白岩之处"（leukopetron）。[9]这个白色峡谷非常壮观，壁立万仞，四周林木环绕，郁郁葱葱，由于岩壁上的白云石和石膏剥落，形成背斜地形，几千年来都是重要地标。[10]今天的法国村庄布拉芒（Bramans）就坐落在此地。虽然在阿尔卑斯山脉的林木线以上的"白岩"多得难以计数，但这个地方的白岩非常著名，因为它被幽暗的森林所环绕，并且从其中任何一个白岩的山顶到连接高卢和意大利的主要山路之间，仅需一天的路程。

假如布拉芒就是当时的伏击地点，那么可以想象到当时的场景：隐藏在林木线的一群群凯尔特人突然从上方发动伏击,滚下或投掷石块,并且箭如雨下。一时间,人喊马嘶,一片混乱,尖叫声和岩石碰撞声混合在一起。此地空间狭小,难以腾挪躲闪,但汉尼拔的军队试图保持秩序。

凯尔特人熟悉当地的地形,他们迅速从附近的森林里集结,集中力量猛攻汉尼拔的后卫,汉尼拔布置在那里的训练有素的重甲步兵立即应战。但在最前线,大多数的驮畜和许多人被石块砸倒,他们运载的补给品遭到损坏,四处散落。这些给养对军队来说已无用处,只能留给拾荒的人慢慢捡拾。当岩石和石块落在战马周围时,受惊的马匹前腿直立,把背上的骑手掀翻在地。伤残的士兵和垂死动物的尖叫声响彻了整个峡谷。相对来说也许只有大象毫发无损,因为凯尔特人害怕这些奇怪的动物,尽可能远离它们。

许多受伤的士兵奄奄一息,汉尼拔的军队似乎在劫难逃。凯尔特人确信,夜幕降临时,他们已经把入侵者装进了瓶子里,遭受打击的这支军队不得不在这个峡谷度过一个最难熬的夜晚,黑暗中不时传出伤员的呻吟声以及牲畜的哀鸣。伏击的军队可能已经从峡谷撤回了山谷。我们不清楚汉尼拔是否被诡诈的向导带进了布拉芒的陷阱中,波里比阿对此也不确定,但这种情况并非不可能。李维声称这些向导中有人"蓄意欺骗"。[11]

尽管发动这场伏击的凯尔特人极为凶悍,但他们并不了解一支训练有素的军队将如何迅速回应。他们犯了和先前的阿洛布罗热人一样的严重错误,完全低估了这个足智多谋的将军,他有一种不可思议的能力。凯尔特人以为汉尼拔的军队被困在峡谷中动弹不得,于是安心回家,过夜休息,等待天亮后打扫战场,享受伏击的战果。

汉尼拔逃出峡谷

但头脑敏捷的汉尼拔已经计划好了他的下一步行动。最有可能的情况是，汉尼拔先派出训练有素的刺客，在黑暗中四处搜寻，把留守在山谷口的几个敌军守卫一个接一个斩首，然后静待黎明的曙光来临，指挥他的军队尽可能快地越过岩石，悄悄撤走，其余军队随后与他会合。如果伏击确实发生在布拉芒峡谷，那么最合乎逻辑的逃生路线是向东攀登，爬出峡谷，而不是沿着阿克河谷继续向北。该河谷已被凯尔特村民占领，他们可以动员起来，在这个越来越狭窄的地方阻止军队的行进。

不难想象，第二天一大早，当凯尔特人兴冲冲地返回时，发现被困的军队竟然逃走了，该有多么惊讶。他们非常沮丧地看到，剥去衣服的尸体，死去的驮畜和无法食用的给养散落在岩石和河床上。他们前所未见的一笔横财就这样从手指间滑落了。在捡走所剩无几的战利品后，他们闷闷不乐地回到了村庄。

这些凯尔特人意识到，再也不可能发动突然袭击了，并且汉尼拔其余的部队也已经陆续跟上。然而，汉尼拔并没有脱离危险，因为他现在不得不攀爬最陡峭的山峰。巍峨的山峰耸立在他的军队头顶，他们缓缓地爬上一条小路，沿途有湍急的溪流，飞流直下的瀑布撞击着巨大的岩石，四周被松树包围。受伤的士兵落在大部队后面，气喘吁吁地爬着。当他们抬头仰望时，每个人都可以看到远处极顶上皑皑的白雪和巨大的冰川。

但汉尼拔现在面临的最大难题是如何养活他的军队，因为他几乎失去了所有的后勤供应，只剩下很少的驮畜，而且可能很快就会被宰杀掉，因为它们除了驮着沿途捡到的木柴外，什么用处都没有了，即使那30多头笨重的大象也饿得嗷嗷直叫；在爬行过程中它们的叫声不时在山谷里回荡，因为它们在岩石间找不到多少青草，在这个寒冷的地方什么东西都难以生长。其他历史学家也指出，大象在高海拔山地难以觅食，特别是因为它们每天至少需要消耗100磅食草才能生存，如果这支军队要在山顶附近逗留几天的话，这将成为一个巨大的问题。[12]

有人出的坏主意困扰着汉尼拔

后来，一些罗马人编造出了一个可怕的传说，曾引起了很多争论，并且大多数学者并不认为这个故事是真的。这个故事说，在翻越阿尔卑斯山之前，有人曾向汉尼拔建议，可以考虑让他的士兵同类相食，以免饿死。这个建议据说是由迦太基的战争议会里一个名叫汉尼拔·莫诺马克（Hannibal Monomachos）的议员提出的。波里比阿对此事的评论[13]增加了这个故事的可信度，但几乎可以肯定，汉尼拔从来没有用过这种方法，因为波里比阿并没有评论这种方法是如何实施的，相反，他的意思是汉尼拔永远不忍心让部下吃人肉。鉴于汉尼拔后来因残忍无道而被夸大的名声，罗马人进行这样的宣传并不令人惊讶。[14]

汉尼拔的军队到达了高山的林木线，那里寒风凛冽，空气稀薄，只有几棵被暴风雪击打而枯萎的灌木紧贴着岩石，周围峭壁上怪石嶙峋。寒冷的山谷小径蜿蜒曲折，越升越高。疲惫的军队气喘吁吁，上气不接下气，大象在如此陌生、贫瘠的环境中自然感到紧张。远处传来的声音令人毛骨悚然，那是阿尔卑斯山中此起彼伏的狼嚎，一些掉队的士兵被远远抛在后面，然后死去，并被狼吃掉。每个人很快就会深深体会到难以忍受的饥饿，四肢越来越无力。汉尼拔意识到，在这种情况下，他的军队坚持不了很长时间，于是他站在孤立无援的军队前面，催促着他们尽可能快地向着前方白雪皑皑的雪峰挪动。

第九章
阿尔卑斯山之巅

　　一路攀爬高山峡谷，头顶层峦叠嶂，汉尼拔和他精疲力竭的士兵终于到达阿尔卑斯山的顶峰。那里气候严酷，环境恶劣，几乎找不到任何动物饲料。[1]波里比阿说，这是阿尔卑斯山最高的山口，当然这里指的是当时罗马人所知的"最高"。[2]在11月初，汉尼拔的军队已经越过了积雪覆盖的山峰。波里比阿写道：

> "在攀爬9天后，汉尼拔到达了山顶，在那里宿营，停留了2天，让幸存的军人稍作休整，并等待掉队的士兵跟上来……而此时，昴宿星已经沉落，山顶上已经覆盖了积雪。"[3]

　　昴宿星就是那个在夜间清晰可见的由7颗星星组成的著名星团。波里比阿所记录的一年中"昴宿星沉落的时节"，是指从10月下旬到11月初的时间。在高耸山峰或山体朝北的阴影中，岩崖耸立，太阳几乎无法照射，雪花开始飘飞，而积雪到了海拔8000英尺以上则终年不化。每年这个时候，随着融化的雪水逐渐枯竭，水流停止，溪流将干涸。

第九章 阿尔卑斯山之巅

为什么在汉尼拔经过的山路上发掘不到有形的文物？

汉尼拔翻越阿尔卑斯山所走的路线并不确切，有很多争议，原因之一是沿途发掘不到文物。但其实这并不难解释。任何一个在攀登阿尔卑斯山最险恶道路上死去的人，当他最后一次跌倒后，几乎身上的一切都会被立即剥去。可以想象，尽管倒下的军人可能还有意识，但他们会被急需御寒衣物的战友用刀杀死，任何稍微有点儿价值的东西都会被立即拿走。

同样，对于那些身体虚弱、无力自卫的士兵，他们身上所有的硬币、武器、青铜器或铁器等都会被拿走。军队几乎根本不会考虑在这些荒凉的道路旁边埋葬死者，因为要在满是岩石的浅土层挖坑实在是太困难、太费力了。在汉尼拔的军队下山后，任何冒着严寒来抢东西的凯尔特人都会把尸体搜个遍，拿走剩下的东西。而豺狼则会撕碎尸体，连骨头都会叼走，以便吸吮骨髓。[4]

下午天还亮的时候，军队就开始用火种点燃篝火。火种总是保存在铜器中，但在海拔8000英尺以上的高寒气候中[5]，木材和火绒很难点着。潮湿使情况变得更糟。山顶的温度很少会升到冰点以上，如果士兵的衣服是湿的，即使他们不停地来到火堆旁取暖，以免冻僵，他们的衣服仍然会被冻成冰块。当他们行走的时候，新陈代谢可能会缓解些许寒冷，但是当他们最终到达山顶露营时，他们会突然感受到刺骨的酷寒，那种可怕的酷寒令人痛苦不堪，可能是很多人一生中从未经历过的。

根据波里比阿的记载，汉尼拔的军队在天气严寒、物资匮乏和士兵疲惫的条件下，在山顶扎营，他的部下情绪极为抑郁，士气低落。波里比阿在解释这种集体精神抑郁时认为，在即将开始翻越阿尔卑斯山最艰难部分的时候，汉尼拔的军队遭到了第二次伏击，而伏击之后两天内又发生了巨大伤亡，这严重影响了士兵的心理。[6]

从极顶俯瞰意大利

为了振奋士气,汉尼拔付出了不懈努力。他把部下带到山顶营地附近令人心悸的悬崖边上。这里可能就是宽阔的克莱皮耶尔-萨文·可彻通道(Clapier-Savine Coche saddle),此地整体呈马鞍形,海拔大约8500英尺,当没有云雾遮挡视线时,可以看到山下壮丽的景色。站在这个高度,意大利尽收眼底,山峦起伏,蜿蜒如波浪,一直延伸到遥远的波河河谷平原,煞是壮观。自从新石器时代以来,人类就曾经穿越过萨文·可彻谷地,这里的雪地上甚至还留有当时人们来往的足印,而在山谷的南侧,景色更加壮观。

在这里,汉尼拔发表了著名演讲。李维记录了这个演讲内容的扩展版本,[7] 但很有可能是后人虚构出来的,因为波里比阿没有记录这样的讲话。李维甚至提到士兵的脸上写着彻底的绝望,事实可能的确如此,不过波里比阿并没有记录下这个伤感的细节。波里比阿说,为了使饥饿的士兵们振作起来,汉尼拔召集他们来到山顶,让他们俯瞰山下的波河平原,并提醒他们,那里居住的都是友好的凯尔特人。汉尼拔又指向处于地平线远方的罗马。据波里比阿说,汉尼拔用地理做了一个形象的比喻,把一个(阿尔卑斯山区)山地城堡与一个(意大利)平原城市做比较。[8] 波里比阿认为,这一聪明的激励起到了一些作用,因为疲惫的士兵现在清楚了他的意思,尤其当听说下面就是波伊凯尔特人时,他们更受鼓舞了,因为好几个月前,正是这些波伊凯尔特人陪伴他们翻越了比利牛斯山。

第九章 阿尔卑斯山之巅

艰难的下山之旅

汉尼拔在山顶严寒的天气里痛苦地等待了两天，以便让他处于崩溃状态的军队得到休息，并尽可能久地等待那些在上山时掉队但幸存下来的士兵和牲畜。两天之后，他们开始拔营，缓慢地下山。现在他遇到了不同的挑战。由于意大利东部的陡峭悬崖在许多地方几乎是垂直的，因此他的士兵可能会难以控制地滚下山，也可能会被落下的石头或者松动的岩石砸伤，特别是石头被大雪覆盖时，更是极为危险。因为登山者在爬山时身体前倾，但在下山时身体后仰，地球引力可能会成为一个作用力，推着人向下冲去。在阿尔卑斯山通往意大利东部境内的途中，有一个更加危险的斜坡。

正如波里比阿所述，汉尼拔的军队很快就被堵在了一个刚刚崩裂的岩石和悬崖边上。[9]那里无法立足，非常危险。波里比阿说，他们必须花费大量时间清理出一条道路来。

李维著名但令人难以置信的故事：醋裂岩石

李维在这里补充了一个引人入胜的著名故事，但这个故事并没有其他史料记载下来，因此多数评论家认为是虚构的。故事说，当汉尼拔的军队被滚落的岩石堵塞在狭窄通道时（李维后来的叙述和波里比阿的很不相同），军队的工程师利用一种高温和醋相结合的"巧妙"方法部分解决了问题。[10]他们把切割好的木材堆在难以逾越的岩崖上，虽然在这个海拔高度点火很困难，但在强风的帮助下终于点燃了木材。然后，被加热的岩石被军队食用的"酸酒"（sour wine，即醋）浸泡，热醋使岩石更易碎裂。这种方法可以对某些岩石，特别是碳酸盐岩或类似岩石进行处理，裂缝因此扩大。李维的故事很奇特，在他之后又被阿米阿努斯·马尔切利努斯和其他人重述，几个世纪以来引起了大量的猜测和评论。[11]

波里比阿并没有提到这一有趣的轶事，只是说，为了绕过这个障碍，士兵们开始工作，"沿着悬崖修建了一条道路，这是一个极其艰苦的任务……历尽艰辛，在饥饿的悲惨条件下，用了3天时间才让大象过去"。[12]李维则说，大树被砍伐下来。但究竟是从哪里砍伐下来的？我们不得而知。而且，波里比阿清楚地指出，他们此时仍然是在林木线以上：在阿尔卑斯山，林木线一般在海拔6000—6500英尺之间；在这个海拔以上，任何树木都很难生长。[13]

艰难的下山行程用了3天时间，艰苦异常[14]，长长的队伍顺着一条狭窄的道路前行，逐渐离开巨石散落的悬崖地带，然后下到森林地带，最后来到牧场。幸存者可能几天内都无法动弹，他们需要休息，积蓄力量，猎杀野兽，储备给养。

波里比阿说，下山途中付出的生命代价和上山时一样大，甚至更加艰难。[15]阿尔卑斯山的悬崖峭壁覆盖着积雪，稍有不慎就会滑向深渊，因此在这种恶劣的自然条件下失去的生命可能比在凯尔特人的攻击或伏击中失去的更多。在启程翻越阿尔卑斯山时，汉尼拔有3.8万步兵，8000多匹战马或骑兵，但在翻越阿尔卑斯山的过程中，他几乎失去了一半军队。如此巨大的生命损失在现代战争中是不可接受的，会被指责为不负责任，因此任何这样蛮干的领导人都会被其政府革职查办。

但是，将在外，君命有所不受，汉尼拔远离迦太基，因而不会受到任何法庭调查。即便如此，他对如此巨大的物资和人员损失并非麻木不仁，他当然很清楚这在军事方面意味着什么。他知道，攻击和羞辱罗马人的任务现在变得愈加艰难了。他将不得不严重依赖意大利的盟军凯尔特人，这是一个潜在的噩梦，因为这些部落总是反复无常，朝秦暮楚，他们的忠诚并不可靠。他是否向他亲近的军官们传达过这样的信息，我们不得而知，但他很可能向他疲惫的老兵介绍过军队的情况，而这些人知道有多少士兵在途中丧生。

汉尼拔军队的悲惨境况

波里比阿还严肃地说，汉尼拔的军队在阿尔卑斯山盘桓两周后，由于饥饿、冻伤和疲劳，这些可怜的幸存者被折磨得只剩下一口气，已经不成人形，看上去和牲畜无异。[16]冬季粮食供应困难是最困扰军队的问题。从春季到秋季，保证行进中军队的后勤供应就已经够艰难的了，而在冬季，危险则更大。[17]现在，这支被饥饿和死亡的恐惧折磨得几近疯狂的军队终于可以好好睡一觉，吃顿饱饭了，他们的梦想一度破灭，如今又有了一线希望。

在低海拔平原上充分休整了一些日子后，这些士兵会尽快把他们的噩梦抛在身后。现在他们的脚再次踏在松软平坦的草地上了。汉尼拔可能会独自一人由衷地向他的神——暴风雨中的山神巴力——献上感谢祭；他甚至可能在想，那些失去生命的士兵是否也是献给神的祭品。巴力就像他的阿尔卑斯山的岩石一样坚不可摧。

第十章
提契诺河战役

汉尼拔的军队用了大约半个月穿过整个阿尔卑斯山,从山脚到平坦的波河平原,之后,他们花了些时间休养和恢复体力。[1] 士兵们此时一定明白,这次漫长的征程将是一次单程行军,无法回头。正如有的评论所说的那样,汉尼拔的军队不太可能再返回故土了。据李维记载,汉尼拔对他的部下所作的演讲很直率:

> "北方和南方是大海,把你们包围了。你们连一艘逃生的船都没有。你们面前是波河……你们身后是阿尔卑斯山天堑,即使你们精力充沛、体力旺盛,也难以跨越……所以你们必须向前征服,否则只有死亡。"[2]

在李维的笔下,汉尼拔看起来并不那么铁石心肠,而是务实。他强调,之所以选择这条没有回头路可走的路线,是为了置之死地而后生,使军队恢复顽强作战的意志。他们必须背水一战,入侵意大利并取得胜利,因为任何其他的选择都将必死无疑。士兵们若想活下去,就必须对自己负责,而唯一的办法,就是团结一致，冷酷无情，对仇敌罗马人没有任何心慈手软。[3]

波里比阿统计了翻越阿尔卑斯山之后幸存的迦太基部队人数：非洲裔士兵（包括迦太基人、利比亚人、努米底亚人等）1.2万名，西班牙步兵8000名，以及西班牙骑兵6000名，共2.6万。[4]历史学家指出，这支侵略军实在太弱小，根本不足以挑战罗马。[5]为了扩充军力，汉尼拔将不得不竭力给凯尔特人留下一个非常好的印象，使他们有足够的信心来与他结盟。

此时，汉尼拔的军队已经在阿尔卑斯山东部集结扎营，稍事休息。这里是波河平原的发源地，汉尼拔可以在这里重新评估军队的损失。所有幸存的掉队者现在都赶上来了，但如果全部损失被统计出来，汉尼拔和他的军官们一定会非常担心这支军队目前的战斗力。

幸存者也许担心那些远远落在后面的士兵的命运，他们中许多人可能已经被躲在山上的凯尔特人杀害，或者被跟在掉队者身后的饿狼撕碎吞食。汉尼拔的军队整修了装备，缝补了身上的破衣烂衫。如果推断一下他们所走的路线，他们很有可能是在塞古西奥（Segusio，今天意大利的苏萨）附近的某个地方扎营，沿着多拉里帕里亚河谷行进。此时仍然是群山环绕，离波河平原尚有一段距离。他们在附近森林里捉野猪吃，把武器上的铁锈磨光，重新开始训练，然后启程向东，踏上进军意大利的不归路。

考古学和文字史研究都证实，属于凯尔特人的陶里尼（Taurini）部落生活在今天都灵平原边缘的波河沿岸[6]，他们的聚居地笼罩在阿尔卑斯山的阴影里。沿着波河河谷西部是陶里尼部落的村落和农田。李维也确信汉尼拔曾造访过陶里尼部落。[7]

汉尼拔的军队已经在山脚集结。他们的侦察员报告说，陶里尼部落与敌对的因苏布雷部落发生了争吵，而因苏布雷部落站在汉尼拔一边。在多拉里帕里亚河和波河交汇处的南部坐落着半城市化的小镇陶拉西亚（Taurasia），这里是陶里尼部落的农耕人口最集中之处。他们决定在该镇的西边抗击汉尼拔。

汉尼拔曾派出特使试图与陶里尼部落结盟，正如波里比阿所说的，"主动示好"[8],同时也希望激起他们的反罗马情绪。但仇外并过分乐观的陶里尼人拒绝了这样的友谊。显然,这些意大利的凯尔特人根本没有听说过阿洛布罗热部落所发生的一切。对他们来说,阿尔卑斯山的另一侧仿佛和月球的另一侧一样遥远。汉尼拔现在必须给出声明,一位历史学家称之为某种形式的"心理战"。[9]其他人则断言,虽然汉尼拔对被俘的敌人相对仁慈,但"对反抗他的人决不心慈手软"。[10]

尽管汉尼拔的士兵刚刚遭受了诸多痛苦和磨难,而且仍在恢复过程中,但经过痛苦磨砺,他们越发坚强,因此陶里尼部落根本不是对手。汉尼拔的军队包围了陶拉西亚,并在3天内把它焚毁为一片冒烟的废墟,并将陶里尼人屠杀净尽。[11]波里比阿告诉我们,应汉尼拔的要求,西部的帕达纳(Padana)部落突然联合起来,向汉尼拔效忠,因为他们很清楚,抵抗汉尼拔将得到陶里尼人同样的下场。[12]

但普布利乌斯·西庇阿已率领军队渡过波河,抵达宽阔的河谷中央,并成功地将帕达纳部落的凯尔特人分裂为两派,防止他们统一起来反对罗马。这一大胆的举措最初是成功的。即使是东部的波伊部落也被阻挠。波伊部落刚刚发动了一场起义,杀掉了很多罗马在当地的驻军,让罗马人感到很难堪。当然,他们在一年前曾派出使节前往西班牙,向汉尼拔表示欢迎。

一场残酷的教训

现在进入了一个特殊时期,罗马人和迦太基人采用各种策略,沿着波河河谷收买人心,争取当地人对自己部队的支持。普布利乌斯·西庇阿已经渡过波河,并正在从北面流入波河的提契诺河上修建一座桥梁。他集结部队训话,向他的部下强调,迦太基人是如何在他们面前仓皇逃跑,又如何选择翻越阿尔卑斯山来逃避战斗的。[13]他告诉他们,汉尼拔的部队在艰难地翻越阿尔卑斯山之后,实力已经被严重削弱,兵疲马瘦,而罗马却有着源源不断的新兵供应。他们现在应该认识到，迦太基人入侵意大利是不能被容忍的，必须迎战他们。

与罗马人形成鲜明对比的是，汉尼拔的阵前会议上也出现了一个著名的插曲，波里比阿和李维都对此作了记载，而李维的记载更富有戏剧性。[14]有些人认为这个插曲显示了汉尼拔人格中残忍的一面；而其他人则认为，这只不过是汉尼拔给他的军队上的精彩一课，他要让他们对此清楚无误。一个冬天的晚上，可能在熊熊篝火的映照下，汉尼拔把他那由身经百战的老兵组成的多民族军队集合起来。他并没有一开始就向他们发表任何鼓动性演讲，而是命令部下把戴着沉重锁链的凯尔特俘虏带上来，这些人身上伤痕累累，因饥饿而憔悴不堪。他给了这些俘虏一个机会，让他们为自己的生存而格斗，就像是在竞技场举行的生死格斗游戏，而李维这样的罗马人很熟悉这种场面。正当士兵们聚精会神之际，只见汉尼拔把最漂亮的凯尔特盔甲、丰富的武器和良马等，摆在这些俘虏面前。他们最伟大的部落酋长在出发为部民作战之前，也会把这些东西摆列在阵前。汉尼拔保证，无论是谁，只要拼死格斗，就将赢得光荣的盔甲，同时也将赢得他们渴望的奖赏和自由。谁被击败谁就会死，但由此也摆脱了残酷的奴役，从而赢得另一种形式的自由。所有被俘的凯尔特人都异口同声地喊道，他们愿意互相厮杀。经过抽签，两个人被选中，其他凯尔特俘虏则唉声叹气，因为他们没有得到这样的机会——争取胜利者的自由或一死了之。

凯尔特战士举起双臂，大声向他们的神祈祷胜利，然后开始相互厮杀。汉尼拔的目的是让部下对这两位勇士的遭遇感同身受，希望他们同情战败者，同时也为胜利者感到骄傲。死去的人被拖走，全神贯注的观众发出叹息声，汉尼拔这时站了起来，给了一个简短而直率的解释，即前文已经引述的"要么战胜，要么战死"。汉尼拔希望他的部下明白，他们在漫长的战役中将会遭受什么样的痛苦。胜利不仅仅是因盔甲、战利品和良马而产生的虚荣，更是人本身所向往的事物。即使战死沙场也是一种奖赏，能让人从痛苦中解脱出来，避免更多的痛苦。他们已经走过了漫长路途，前后被劲敌夹击，还要渡过宽阔的大河，即使为了逃避失败而当逃兵、抛弃垂死的战友或在撤退途中逃跑，他们都别指望能返回故土。因此,他们必须齐心协力,同仇敌忾,不让罗马人或其他任何人夺去他们的自由,不让自己过那种见不到朋友,回不到祖国,饱尝孤独,饱受奴役的流亡生活。罗马人败了还能逃回老家,而他们这些迦太基人、利比亚人、努米底亚人、西班牙人和其他人,却再也不能返回故乡。

据史料记载,在结束这次训话时,汉尼拔用了一个颇具讽刺意味的航海者形象来说明这场征途类似于滚滚而来的波涛:"那些对安全感到绝望的人所迸发出来的勇气,将横扫面前的一切。"汉尼拔的训话引起了部下的反思,使他们头脑清醒过来,而这正是他的目的所在。他的军队并没有被虚假的许诺所麻痹,反而因面对的现实处境而勇气倍增,变得更加勇敢。汉尼拔表扬了部下所做的和所经受的一切,并命令他们准备好在黎明时分踏上新的征途,然后解散了部队,让他们各自回营休息。

根据记载,在提契诺河战役之前,汉尼拔对部下再次作出训诫,这次训诫虽然残酷,却让人难忘。只见他一只手提着一只小羊羔,另一只手里拿着一块石头。他呼吁众神,特别是巴力为他做见证,如果他违背了自己的诺言,愿众神照着他所做的那样惩罚他,随即他用石头砸碎羔羊的头,它的脑浆喷洒在周围所有见证者身上。据李维说,这一举动说服了他的部下,"神将赐给他们胜利的希望"[15]。现在两支军队都准备好了,而汉尼拔的军队可能意志更加坚定。

提契诺河战役

今天的提契诺河地区混杂着耕地和杨树林,但在维杰瓦诺(Vigevano)[古代的维克土穆雷(Victumulae)]或洛梅洛(Lomello)周围则是地势最平坦的地区,这使得两军将领可以放心大胆地布置骑兵作战,因为宽广的帕达纳平原和波河河谷便于骑兵行动。结果两军迅速遭遇,都让对方吃了一惊。[16]

第二天,迦太基和罗马的军队都在波河北岸向对方推进,普布利乌斯·西

第十章 提契诺河战役

庇阿抢在汉尼拔之前到达提契诺河，并且建造了桥梁。就这样，西庇阿向西进军，汉尼拔向东进军。第三天，两支军队的侦察兵各自测量彼此之间的距离后，立马回头向自己的将军报告了对方将军的位置。对垒的两支军队各自安营扎寨，彻夜等待，渴望明日的战斗。拂晓时分，两军都向对方接近，想试探对方大概的兵力、位置，以及集结的单位。西庇阿和汉尼拔都投入了全部骑兵，而前者还投入了标枪队。当年冬天气候干燥[17]，两军将军刚看到驰来的敌人卷起的烟尘时，立即下令迎头痛击。西庇阿将他的标枪队和凯尔特骑兵布置在前锋的中央位置，而将机动性不强的步兵布置在后面。他一定希望自己的重骑兵能一举扫平汉尼拔步兵的核心。

但这一策略只有当汉尼拔没有骑兵在前冲锋时才能奏效。汉尼拔当然预见到了这一招。就像罗马人一样，汉尼拔也把重装部队放在前锋的中央位置，包括他的盟军西班牙和凯尔特人的铁骑和步兵。但和罗马人不同的是，他把高度机动的努米底亚骑兵布置在外翼，希望从侧翼快速包抄罗马兵。

两位将军都率军快速冲向敌阵，重装甲铁骑雷鸣般地杀向对方，两军迅速交战。当两军重装骑兵全速杀向对方时，处在前锋位置的罗马标枪队根本来不及投掷手中的标枪。

一开始，战场中心的战斗最激烈，双方打得难解难分，几乎不分上下。罗马步兵和他们的凯尔特骑兵协同作战，但由于士兵挤在一起，缺乏空间，凯尔特联军的骑兵根本没有空间回旋或冲锋，马根本派不上用场。这显然正是汉尼拔所希望的，因为他的努米底亚骑兵完全包围了成群的罗马军队，正迅速地从后方绕过来攻击挤作一团的罗马兵，践踏并冲散徒步撤退的罗马标枪手，并从他们身上碾轧过去。

普布利乌斯·西庇阿的罗马中军此时发现，他们正面临前后两面作战，而他们的后卫正在崩溃，战场上形势突然间发生了逆转。罗马盟军的骑兵赶紧跳上马四散逃命，但也有一些真正的罗马军人聚集在身负重伤的西庇阿身旁。李维提出了一个重要观点，声称那些重新集结在西庇阿周围并救了他一命的士兵，是他年仅18岁的儿子[18]率领的，而此人将成为我们故事中的另一个主角。

但真正拯救这位罗马将军一命的人，事实上可能是一个利古里亚奴隶。[19]尽管罗马人也杀死了不少汉尼拔的士兵，但罗马人的损失实在是太过惨重，以至于普布利乌斯·西庇阿不得不命令他的军队全部撤回提契诺河。他意识到，汉尼拔的骑兵实在是太厉害了，他要竭力避免全军覆没，于是拼命催促他四散逃命的军团赶紧跨过提契诺桥。汉尼拔希望歼灭更多的罗马步兵，于是乘胜追击，只是速度不够快，没能追上。

尽管受到了努米底亚骑兵的四面攻击，但很大一批罗马士兵过了桥。罗马人布置了一支临时拼凑的武装卫兵抵挡汉尼拔的进攻，他们竭尽所能地毁坏了提契诺河上的桥梁，把它拆得只剩下一副木板骨架，企图阻止汉尼拔从后面追击。汉尼拔看到这座桥已经无用了，于是把600名罗马俘虏留下来守卫这座桥，其中一些人可能是负责拆除桥上木料的陆军工兵。[20]

而普布利乌斯·西庇阿却撤退到了罗马人建造的波河桥南的皮亚琴察镇，医治他遭受的严重创伤。皮亚琴察镇有居民6000人，于公元前218年初建镇，此地原属于生活在波河河谷、靠近特雷比亚河的安纳马里凯尔特人。[21]普布利乌斯·西庇阿的士兵垂头丧气，精神萎靡不振，身体疲惫不堪，因为他们没有料到会败给实力已大为削弱的迦太基人。他们一向信赖的老将普布利乌斯不是说过，在罗讷河畔，汉尼拔的军队曾在他们面前抱头鼠窜吗？那些幸存下来的残余士兵经过漫长的翻越阿尔卑斯山长征，不是已经精疲力竭了吗？罗马人的丧生人数只能是一个概数，但可以确定这是一次明显失败，而且汉尼拔至少俘虏了600名守卫提契诺桥的罗马士兵。李维指出，提契诺河战役也是接连发生的众多战役中的第一场，充分显示了汉尼拔的骑兵在作战中的优势。[22]

汉尼拔向西行进了两天，并在宽阔的波河上建造了自己的桥梁，命令哈斯德鲁巴[1]率军紧随他过桥，并让军队向前推进，他要赶紧过桥去会见凯尔特

---

[1] 汉尼拔的副官（lieutenant），与汉尼拔的弟弟哈斯德鲁巴·巴卡不是同一个人。——编者注

特使，他们已经和平集结起来迎接汉尼拔。在罗马人撤退后的两天里，消息已经传遍了帕达纳的所有凯尔特部落，他们要么起来反抗罗马，要么被迫保持中立。现在他们都来和汉尼拔结盟。意大利北部的凯尔特部落清楚地意识到了罗马人的意图，就是强占凯尔特部落世代拥有的农田。至少一个世纪以来，因苏布雷部落一直与罗马的扩张主义周旋，现在则成了汉尼拔暂时的盟友。这些聚集在波河畔的凯尔特人现在为汉尼拔提供补给和兵源，而汉尼拔则以尊严和友谊接待他们的特使，接受他们的物资供应。[23]

汉尼拔的部队成功抵达波河南岸后，汉尼拔命令他们再向东进军，希望在那里迎击罗马士兵，但罗马人都撤退到了皮亚琴察。因此，汉尼拔将他的军队带到罗马人一眼就能看到的地方，这是一个公然的挑战。汉尼拔知道这是一个只赢不输的赌注，一是因为现在正是严冬，不适于作战；二是普布利乌斯·西庇阿身负重伤，根本不可能率兵出战。汉尼拔这么做，可能是故意给他新结盟的凯尔特盟友看的。但正在疗伤的普布利乌斯·西庇阿不为所动，知道自己目前在城墙内待着是最安全的。

于是，汉尼拔撤到了皮亚琴察以西约6英里外的地方，并在那里扎营。

凯尔特人的问题和他们对罗马的背叛

那些在皮亚琴察城内的凯尔特人看到，汉尼拔前途光明，而罗马人却突然畏缩怯战了，于是他们采取了一个奸诈的行动。他们本来是罗马人的盟友，但其中有很多人可能是被迫应征入伍才为罗马人而战的。他们在帐篷里等着罗马人在夜里熟睡，当夜深人静时，他们悄悄起来，迅速杀死身边正在酣睡的罗马人，然后逃离营地。"凯尔特人的一个可怕风俗是把敌人斩首"[24]，他们以自己典型的方式把罗马人斩首[25]，并尽可能多地带着罗马人的头颅逃出了营地。

到了黎明时分，总共约2000名凯尔特人和200名凯尔特骑兵从皮亚琴察迅速赶到汉尼拔的阵营,用他们带来的可怕的战利品——人头来邀功,证明自己已经背叛了罗马人。[26]汉尼拔欢迎他们加盟,并鼓励了他们一番,不过在奖给他们礼物并作出承诺后,就把他们送回了自己的部落和村庄。他让他们回去告诉自己的同胞们,他们在罗马营地完成了一个壮举。汉尼拔的这个举动非常精明,因为他知道这些凯尔特人为此感到自豪,并且一旦此事公开后,他们再与罗马人合作就比较困难了。他也告诉凯尔特人,既然他们现在成了盟友,他们就应该敦促自己部落的同胞加入对抗罗马的阵营,希望更多凯尔特人鼓起勇气效法他们,奋起反抗罗马人。

现在,波伊部落也来到汉尼拔阵营,并带来了用锁链锁着的3名罗马派来瓜分他们部落土地的官员。波伊人发动起义,把这些罗马官员劫持为人质,现在要把他们交给汉尼拔。但是,汉尼拔告诉波伊人,要把这些人当作讨价还价的筹码,迫使罗马人归还波伊人质,这也是波伊人最初抓获罗马官员的原因。

汉尼拔的这个策略看上去很慷慨大度,仁慈宽厚,但实际上只不过是一种实用主义策略而已。这个计谋说明,汉尼拔不仅得到了关于波伊人的很好的军事情报,而且还懂得如何与罗马人谈判,因为只要罗马人知道他们的官员还活着,就不愿抛弃他们不管。同样,只要罗马人还想讨价还价,他们就不愿意杀死波伊人质。显而易见,汉尼拔在这场战争游戏中表现得非常出色。

与此同时,普布利乌斯·西庇阿听说了在皮亚琴察军营中发生的凯尔特人叛逆行动,简直崩溃了,并担心这会对邻近的所有凯尔特人产生影响。他知道,凯尔特人普遍对罗马心怀不满,而且一直在制造麻烦,现在又做了这样的事,意味着他很难再得到他们的支持了。虽然该地区有一些凯尔特盟军多年来一直效忠罗马,并没有改变立场去帮助迦太基人,但普布利乌斯·西庇阿知道,凯尔特人总是首鼠两端,非常善变,尤其是那些刚刚和汉尼拔结盟的人,可以很容易改变效忠对象,就看谁处于优势地位。普布利乌斯·西庇阿只求凯尔特人不要为汉尼拔而离开自己的领地作战。[27]

普布利乌斯·西庇阿知道,他的罗马军队很快就会得到援兵,执政官提贝里乌斯·塞姆普罗尼乌斯·隆古斯将率领新招募的军团,从亚得里亚海沿岸的阿里米努姆(Ariminum,今天的里米尼)向西行进。他也知道,援兵都是新兵,大部分没有受过训练,他们的指挥官是由执政官改任的,也是新手。普布利乌斯·西庇阿认为,最好在冬季训练新军团,而且由于他自己的创伤还没有痊愈,身体状况不佳,因此他也知道必须等待,然后再与汉尼拔对阵。他肯定很担心,也有理由担心塞姆普罗尼乌斯为了争取自己的政治利益,将急于与汉尼拔作战,以便在即将到来的选举中再次当选执政官。

罗马再遭重击:克拉司提迪姆粮仓丢了

就在此时,罗马人再次遭到措手不及的打击,普布利乌斯·西庇阿更是苦不堪言。此时已是12月底了,尽管盟军凯尔特人给迦太基人提供了给养,但他们的食物库存还是不足。而在克拉司提迪姆(Clastidium,今天的卡斯泰焦)有一个重兵把守的罗马粮仓,存有大量粮食。克拉司提迪姆在波河以南6英里的地方,但距离汉尼拔主力驻扎的特雷比亚河附近却有几天的路程。汉尼拔派出散兵和机动部队在帕达纳一带想尽办法收集食物,而克拉司提迪姆及其要塞就在该地区,可能正因如此,汉尼拔的部下打算攻打这个粮仓。但出乎预料的事情发生了。

在克拉司提迪姆守卫粮库的驻军指挥官并不是罗马人,而是罗马人在布伦迪西姆(Brundisium,今天的布林迪西)的盟友,名叫达修斯(Dasius)。他手下的军人也不是罗马人,而是来自卡拉布里亚的麦萨比亚盟友。罗马的主要势力范围在意大利中部,而这些城市则位于南部地区,不仅如此,这些盟友在文化、语言和思想上更接近于古希腊的麦格纳格雷西亚(Magna Graecia),而不是罗马。达修斯基本上是给汉尼拔的部下打开了大门,并把几个月前罗马军队收获的粮食都给了汉尼拔的军队,而普布利乌斯·西庇阿的罗马军团本指望靠这些粮食过冬。驻守克拉司提迪姆的麦萨比亚驻军也投奔了汉尼拔，并受到了热情欢迎。

汉尼拔和罗马人都必须继续想方设法解决凯尔特人的问题。汉尼拔需要和他们结成联盟，而罗马人因为占领了凯尔特人的土地，因此引起了他们极大的憎恨，尤其是在意大利北部地区。轻松夺取克拉司提迪姆的罗马粮食，让汉尼拔看清了罗马对意大利南部腹地的控制有多么脆弱，因为达修斯和麦萨比亚人都是出生在这个地区。

第十一章
特雷比亚河战役

　　大多数历史学家，包括波里比阿，都认为罗马和迦太基军队不过是在提契诺河打了一场局部战役。与其说是一场全面战役，倒不如说只是一场骑兵战。[1]然而，这却是汉尼拔首次真正对阵一支成建制的罗马军队。

　　虽然在这次战斗中并没有任何一方取得决定性胜利，但士气低落的罗马人在许多方面都可以说是失败的一方。首先，罗马人曾以为自己胜券在握，但在战斗结束时，却看到对方取得了明显的优势。第二，事实证明，汉尼拔骑兵的实力远超罗马骑兵，特别是灵活机动的努米底亚骑兵，从后方发起攻击，摧毁了罗马军队的标枪营。第三，罗马人丢盔弃甲，从战场上撤退，在混乱中向东逃窜，渡过提契诺河，因此可以算作失败者。第四，汉尼拔俘虏了至少600名罗马人，而没有任何史料提到曾有迦太基士兵在战斗中被罗马人俘虏。第五，也许是最重要的，开战不久，普布利乌斯·西庇阿便身负重伤，很长时间不能指挥作战。最后，同样重要的是，帕达纳的凯尔特人发现了一个事实，即使在老将的率领下，罗马人仍然表现得不堪一击，这很能说明问题。因此，汉尼拔至少在驻军意大利北部期间获得了凯尔特人的支持。

提契诺河战役的结果震惊了罗马，他们在追究原因时，认为并不是汉尼拔有多么可怕——他的名字还没有引起这样的恐惧，也不是罗马的过度自信或疏忽，而更多是凯尔特人的背叛。罗马人非常信任他们的步兵，而步兵在提契诺战役后"仍然毫发无损"。[2]当塞姆普罗尼乌斯一路横穿罗马去与普布利乌斯·西庇阿会师时，他们无不信心满满，认为只要塞姆普罗尼乌斯率领他的军团杀到，胜负就已经决定了。

在提契诺河战役中，汉尼拔似乎首次运用了他著名的独特战术：用双重合围的方法挤压并粉碎罗马步兵。[3]虽然汉尼拔总是喜欢使用诡计、伪装、诱饵、伏击以及其他兵法，但他也能够充分发挥他的努米底亚骑兵的杀伤力，其效果往往令人难以置信，而有时候似乎有点过度依赖它了。然而，不管他用了多少次这种战术，努米底亚骑兵仍一次又一次使罗马将军们困惑不解，无计可施，因为他们自己的骑兵部队没有那样机动灵活。

普布利乌斯·西庇阿和汉尼拔的不同计划

提契诺河战役之后，普布利乌斯·西庇阿先逃到皮亚琴察，然后躲在皮亚琴察南部一个新堡垒里，希望挨过冬季最恶劣的时光，而汉尼拔似乎也希望过些日子再开战。另一方面，汉尼拔也完全有可能在等待有利时机，突然扑向塞姆普罗尼乌斯。几个世纪以来，大多数历史学家都认为，汉尼拔极有可能在罗马阵营里安排了凯尔特人耳目，向他报告西庇阿和塞姆普罗尼乌斯之间的分歧。[4]他可能已经听说，除了西庇阿，大多数罗马人都和浮躁的塞姆普罗尼乌斯一样过度自信。间谍还可能向汉尼拔报告了这么一个重要信息：塞姆普罗尼乌斯知道他的执政官职位将在明年到期，因此他要么利用一切机会获得荣誉，要么什么都不做。[5]而这正中汉尼拔的下怀，此人注定要被他玩弄于股掌之上。

公元前218年12月中旬，塞姆普罗尼乌斯和他的两个军团抵达帕达纳。他们从利利巴厄姆（Lilybaeum，今天的特拉帕尼）出发，经过一个多月的水陆并进，抵达意大利北部亚得里亚海沿岸的阿里米努姆。其中大部分的时间，部队沿着以罗马为起点的弗拉米尼亚大道，徒步向北进军，这也是通往波河和在那里新建立的罗马殖民地最直接的公路。虽然李维声称，他们从西西里岛一路坐船航行[6]，但事实上这不太可能。首先，此时已到了年底，不适于航行[7]；其次，波里比阿说他们是徒步行军穿过罗马的。波里比阿和李维的记录有很多地方都不一致。[8]波里比阿很少在地理上出错，因为他自己就曾沿着那条路线旅行过，而李维很少这样做。当他们的记载出现分歧时，大多数历史学家倾向于采用波里比阿的说法。[9]

提贝里乌斯·塞姆普罗尼乌斯·隆古斯

塞姆普罗尼乌斯抵达帕达纳后，和他疲惫的部队一起在普布利乌斯·西庇阿营地附近扎营，两个营地都可能靠近特雷比亚河东部，也就是今天的里韦尔加罗镇。西庇阿可能并不太乐意看到塞姆普罗尼乌斯和他的两个军团出现在那里：因为在某种程度上，他的出现实际上是对西庇阿一种不点名的批评。塞姆普罗尼乌斯在与西庇阿会谈时，西庇阿曾告诫他不要急于作战，但他不听劝阻，并在接下来的几天里匆匆准备好了与汉尼拔的作战计划。

汉尼拔和塞姆普罗尼乌斯几乎没有任何相同之处。塞姆普罗尼乌斯基本上是一个一心追求个人荣誉的政客，而汉尼拔则从里到外都是一个战士，他不是一个追求个人利益的人，而是追求民族利益的领袖。塞姆普罗尼乌斯于公元前218年与西庇阿一起当选执政官，人们希望他直接向迦太基施加压力。他最初被派到利利巴厄姆去组建一支部队准备入侵非洲。李维说，塞姆普罗尼乌斯装备了两个步兵军团与正规骑兵，1.4万盟军步兵和1600匹马。[10]他最初还拥有160艘五列桨战舰，不过后来可能减少到了60艘。塞姆普罗尼乌斯曾趁迦太基忙于别处事务无暇旁顾时夺走了马耳他岛，取得了一定的成功；西庇阿则被派往高卢的马萨利亚，打算进军西班牙，在汉尼拔到达高卢之前拦截他。因为没有取得成功，所以他很快就折回到了意大利北部，等待汉尼拔从阿尔卑斯山上下来。接着，他们就在提契诺河战役中相遇了。

西庇阿在与汉尼拔的战斗中受伤撤退，罗马元老院不得不迅速从西西里岛召回了塞姆普罗尼乌斯和他的新军团，派遣他到帕达纳。由于西庇阿在提契诺河战役中遭到惨败，而塞姆普罗尼乌斯在马耳他取得的胜利被夸大了，塞姆普罗尼乌斯显然相信他自己是更有能力的将军，并急于证明这一点。

据李维说，汉尼拔非常了解塞姆普罗尼乌斯的冲动，并很快就给他提供了一个他无法拒绝的机会，引他上钩。迦太基人已经发现，一些当地的凯尔特人试图耍两面派。这并不奇怪，因为局势仍然变化莫测，难以把握。为了惩罚他们的口是心非，迫使他们做选择，汉尼拔派出了大约2000名步兵、1000名凯尔特人与努米底亚骑兵蹂躏当地，并抢走了耍滑头的城镇所有多余的食物，这显然是轻而易举的事，当地城镇毫无还手之力。果然，这些城镇迅速露出了真面目，公开地前往罗马军营，要求出兵惩罚汉尼拔。

塞姆普罗尼乌斯听说迦太基军队突袭凯尔特人的消息后，几乎从座位上蹦了起来。他派出了他的大部分骑兵和1000名标枪手，寻找满载掠物的小股迦太基突击部队。他的罗马军队杀死了不少人，夺走了大部分掠物。迦太基人撤退到了主营地。汉尼拔派出增援部队支援这支突击队，但在战场上的人数比塞姆普罗尼乌斯的人少。不仅如此，塞姆普罗尼乌斯还派出了其余的骑兵和标枪手去抗击迦太基增援部队，现在迦太基增援部队寡不敌众，一窝蜂地撤退到了主营地。这时汉尼拔命令这一小股部队停止撤退，转身面对塞姆普罗尼乌斯，但他禁止部下攻击罗马人。

汉尼拔知道，如果他的部下根本不敢近距离面对罗马人的挑战就撤回营地，将会对他的凯尔特盟友心理上产生负面影响。两军对垒，互相都能看到对方在紧张地对峙。但罗马人意识到汉尼拔不会开战,于是他们转身回到自己的营地。

塞姆普罗尼乌斯相信,这次的试探非常关键,特别是在这场战斗中迦太基人比罗马人伤亡更多,更令他信心倍增。尽管西庇阿曾警告他要谨慎小心,因为他的新兵需要训练,应该在冬季操练,以便把准备工作做得更充分,但塞姆普罗尼乌斯等不及了,他摩拳擦掌,迫不及待要行动了。西庇阿想等到自己完全康复以后再作战,他合理地指出,凯尔特人的忠诚像水一样善变,如果他们太长时间无所事事,他们是不会一直和汉尼拔站在一起的。

但塞姆普罗尼乌斯对他的忠告置若罔闻。

塞姆普罗尼乌斯催促他的执政官同僚行动起来,正如李维所说,塞姆普罗尼乌斯热情地向下属军官发表了长篇训话,甚至可能嘲笑了西庇阿的拖延:"他们是在等待第三位执政官和另一支军队吗?"[11]塞姆普罗尼乌斯可能希望西庇阿继续疗伤,如果没有他的参与,那么罗马胜利的荣耀将完全归于他自己了!

汉尼拔也意识到凯尔特人的善变,如果等待太长时间,或者没有足够的胜仗来保持高昂的士气,他们就会轻易离开。更糟糕的是,凯尔特人可能会成群结队投奔罗马人,从而大大减少盟军的兵力,或者他们可能完全撤出,特别是当一方的凯尔特部落与另一方的凯尔特部落作战时,这种情况就更可能发生了。经历了严酷的阿尔卑斯山行军后,汉尼拔的军队人数大大减少了,因此他比罗马人更需要凯尔特人。汉尼拔还希望西庇阿不要参与战斗,这样可以更好地猎杀在塞姆普罗尼乌斯率领下缺乏实战经验的罗马新兵。

因此,虽然汉尼拔可能在战略上同意西庇阿的某些观点,但他知道,在敌人的土地上作战,他必须速战速决,在罗马人把更多兵力投入战场之前,不断转移,才能保持他的优势。[12]他明白,自己需要迅速而小心谨慎地让作战条件变得更有利于他。[13]就像任何在敌方领土上作战的将军一样,汉尼拔希望掌握战场上的主动权。他还希望他的盟友对成功充满信心,而这一点正是波里比阿所强调的。[14]汉尼拔做到了知己知彼，这要归功于安插在罗马阵营的凯尔特人提供的情报。

侦察战场

接下来的一个月，汉尼拔的军队一直驻扎在特雷比亚河谷。他发现在河的西侧，大致在迦太基和罗马的阵地之间，有一个光秃秃的平原。河岸之外，平原的视野大致开阔，一马平川，并且陡峭的河岸上生长的芦苇和灌木可以提供很好的掩护。汉尼拔意识到他可以在陡峭的河岸附近埋下伏兵，而罗马人可能只看到宽阔的开放地面，不会注意到伏兵。他明白，在宽阔平坦的地面作战，将给他出色的努米底亚骑兵提供闪展腾挪的回旋空间。

经过了两千多年的侵蚀和冲刷后，今天的特雷比亚河岸经常能达到15至20英尺的高度，但在公元前218年，河道并没有这么深，而且即使只有今天一半的高度，荆棘丛生的特雷比亚河岸也足以隐藏伏兵。[15]此时已是12月，树叶都掉光了，起不了什么隐蔽作用。

汉尼拔制订了一个作战计划，将利用这个有利地形，以及罗马人急于在开阔的平原上作战的心情。然后，汉尼拔把这个计谋告诉了他的弟弟马戈，让他完全负责执行他的谋略，诱杀罗马人。

他们一起挑选了200名最强悍的老兵领袖，包括100个骑兵和100个步兵，并在当晚与这些士兵在军营见了面。汉尼拔要求他们每人挑选10名自己了解的最勇敢的士兵，就这样组建了一支2000人的部队，骑兵和步兵各一半。这支部队随后被布置在事先安排好的埋伏地点。汉尼拔可能事先对伏击地点进行了侦察，所以选择了最顽强勇敢的军官和勇士，因为他们将不得不在寒冷的夜晚露天埋伏。汉尼拔还用预先约定的信号指示马戈第二天要采取的行动。如果一切按照计划进行，那么汉尼拔就会告诉马戈何时离开他的埋伏地点；否则，汉尼拔可能会派侦察兵和军号手藏在他的部队和埋伏地点之间的树林中，以传递信号或通知计划的变更。把握时机尤其重要，汉尼拔不能让糟糕的信息失误传递毁掉如此周密的计划。

引诱罗马人进入陷阱

汉尼拔的谋略无与伦比。他让自己的部下早早上床睡觉，充分休息。天还没亮，他们就起床了，吃得饱饱的，浑身充满力气，并在自己身上涂上油脂来御寒，因为外面正断断续续下着雨，甚至是雨夹雪。他们可能也为马匹涂上油脂以抵御严寒。他的主要计划是引诱罗马人出动。在解释了自己的战术并且许诺将奖赏每个人之后，他派遣机动灵活的努米底亚骑兵在黎明之前渡过特雷比亚河。他们收到的命令是尽可能快地赶到罗马人的地盘，向罗马军营射出尽可能多的箭头，最好还同时辱骂和嘲弄，希望能在塞姆普罗尼乌斯和他的军人吃早饭之前把他们引诱出来。汉尼拔怎么知道塞姆普罗尼乌斯会上钩呢？这实在是令人惊讶。但接下来发生的一切比汉尼拔的计划还要顺利。

汉尼拔似乎特意选择了在这一天开战，因为他知道，在罗马指挥系统中，将军们轮流发布命令，指挥军队，每隔一天轮换一次。汉尼拔一定知道，这一天是塞姆普罗尼乌斯负责指挥，普布利乌斯·西庇阿可能曾警告他不要在那天作战，此时出战凶多吉少，更何况是在恶劣的天气作战，整个晚上都在下雨，地面要么湿漉漉的，要么结了冰。但塞姆普罗尼乌斯就是不听西庇阿的劝告，一心想着得到荣耀，并大大低估了汉尼拔的实力。塞姆普罗尼乌斯的愚蠢行动正中汉尼拔的下怀。

身手敏捷的努米底亚人已经渡过特雷比亚河，并迅速冲向罗马阵地，一边策马飞奔，一边大声地嘲弄他们。塞姆普罗尼乌斯给他的几千名重装骑兵下达命令，与这些努米底亚人作战。然后，他派出6000名标枪手，并动员他的整个军队投入战斗。他轻率地认为,只要敌军骑兵看到了他的骑兵在人数上的优势,问题将迎刃而解,因为他的军队拥有压倒性的优势。然而,塞姆普罗尼乌斯命令几乎所有士兵都立即出战,连早餐都来不及吃,更没有做好御寒和防雪的准备,而这正是汉尼拔所希望的。

塞姆普罗尼乌斯曾对部下吹嘘,罗马军队在重装甲和人数方面占有绝对优势,他对此充满了信心,可以一举击溃敌军,在他的大话的激励下,罗马军人异口同声大喊服从命令,然后投入了战斗。但罗马重骑兵无法跟上努米底亚骑兵的步伐。努米底亚骑兵只是围着他们打转,他们所受到的训练就是为了这个目的。罗马步兵也无法从后面追上努米底亚骑兵,但是他们仍然可以听到努米底亚人的嘲笑声,而后者早已策马冲到前面他们的武器够不到的地方。

就这样,努米底亚骑兵左冲右突,一步步把罗马军队引诱到北方。在如此寒冷、恶劣的天气里,罗马人可能以3个队列沿着特雷比亚河岸尽可能快速有序地行进[16],前后绵延至少3英里。努米底亚人知道从哪里向西转,并赶在行动迟缓的罗马军队前面过河。罗马骑兵在步兵之前开始横渡,而罗马步兵大部分的分队(每支分队由60到100个战士组成)在努米底亚人过河以后很久才到达岸边。努米底亚人在岸边等待着,当罗马骑兵渡河时,他们立即冲向两侧,继续挑衅,嘲弄他们。罗马军队于是气势汹汹地冲入河中,但在汹涌的河水中,他们的编队完全乱了。

特雷比亚河成为杀器

经历过严寒的阿尔卑斯山的磨难之后,汉尼拔开始意识到了一个道理:既然酷寒能够摧毁人的体力,削弱军队的战斗力,那么如果他能迫使罗马人也经历类似酷寒,优势将在他这边。如果一个星期的严寒和难挨的饥饿能使他部队的力量减少一半，那么一个冰冷的冬日会对罗马人产生什么影响呢？与此同时，他可能告诉过自己的部下，他们已经经历过恶劣得多的条件并生存下来了，相比之下，这场冬季之战的艰苦实在算不得什么。

接着进入汉尼拔计划的第二个阶段。由于那天夜里雨夹雪下得很大，河水比往常更高。当他的努米底亚骑兵横渡特雷比亚河时，他们浑身涂过油脂的马匹可以经受冰冷河水的冲击；骑兵站得更高，身体大部分在水面以上，因此影响不大。但是，近1.6万名罗马步兵及其2万盟军却在没过胸膛的冰冷河水中挣扎着，汹涌的河水在他们四周涌动。努米底亚骑兵策马飞驰，而浑身重装甲的罗马骑兵根本追不上，更不用说罗马步兵了——他们浑身上下都在冷水中湿透了，并可能结了冰，难以移动。他们的身体动作很缓慢，而且也在消耗他们的热量，但现在他们不能停下来，也不能回头再走一遭。罗马军官重整了队伍，军队吃力地向前挺进。

到目前为止，一切都在按照汉尼拔的计划进行。

罗马人不仅要与人斗，更要与天气斗，与低温症斗

汉尼拔一直在等待，当他看到整个罗马军队"一步一步缓慢地"（波里比阿语）到达平原上的一个斜坡时，他开始行动了。[17]罗马步兵现在可能已经冻僵了，而且还不得不爬坡。汉尼拔首先派出了他的浑身涂过油脂的标枪兵和巴利阿里掷石兵，共约8000人，协同作战。他们前进了大约0.75英里的距离。然后，他下令他的重装步兵前进，总计2万名从西班牙、非洲和凯尔特人的土地征召来的盟军排成一条线。他把大约1万骑兵布置在侧翼，包括凯尔特盟军骑兵，远远超过罗马人所召集的，因为他们非常依赖步兵。汉尼拔还把他的大约37头战象布置在骑兵侧翼，以提供额外的保护。经过一个月的休息，这些最强壮的大象已经基本上复原了。

塞姆普罗尼乌斯终于命令他的重装骑兵撤回,因为他意识到这些重装骑兵无法与努米底亚骑兵周旋。但这是一个致命的错误,因为这让他的侧翼暴露在外。当瑟瑟发抖的罗马军团稍微组成编队后,塞姆普罗尼乌斯便试图督促他们缓慢前进,以为大军一到,那些迦太基杂牌军便会吓得四处逃散。但这根本没用。甚至战斗还没有开始,罗马军队就被寒冷而沉重的冰冻衣物和难耐的饥饿折磨得筋疲力尽。

当两军开始厮杀时,数以万计的罗马军队几乎没有剩下多少战斗力了。罗马标枪手在对付难以捉摸的努米底亚骑兵时已经失去了大部分的标枪,此刻他们浑身湿漉漉的,影响了战斗力。塞姆普罗尼乌斯似乎并没有意识到等待他的军团的厄运。

汉尼拔的军队都吃饱了,而且衣着比较暖和,来回活动只为保持暖和,而罗马士兵却中了计,被迫在恶劣的环境中运动。大批迦太基骑兵在罗马军队侧翼移动,然后向里转,挤压集结的罗马步兵的两侧。由于罗马人的骑兵已经落在后面,因此步兵没有受到保护。迦太基长枪兵在努米底亚人配合下向集结的罗马步兵发起了冲击,这些罗马步兵无处可逃,只能前进。

马戈从伏击地突然出击

突然,马戈的步兵和努米底亚骑兵联合部队离开了他们的埋伏地点,从罗马军队的后面掩杀过来。这引起了罗马军队的极大恐慌和混乱,尽管他们大多仍坚守自己的阵地。马戈的小股部队无情地攻击罗马军队殿后的步兵,这些后卫转过身来迎战马戈,惨遭屠戮。

尽管最优秀的罗马士兵在前线坚持了一段时间,其中一些士兵甚至冲破了汉尼拔军队中由凯尔特人与非洲人组成的薄弱阵线[18],但罗马人的侧翼和后方仍被击垮了。他们知道,他们不能撤退到他们的营地,因为战场上的条件太可怕，而仍在攻击的迦太基骑兵实在太厉害了，难以抵挡。这些处于前锋位置的1万名士兵（可能大部分是普布利乌斯·西庇阿的老兵）利用密集方阵冲破了汉尼拔较弱的阵线之后，抱住他们的盾牌紧挨在一起。他们放弃了阵地，保护着一些骑马的军官，如塞姆普罗尼乌斯，向北逃窜。他们一路不停地撤退了约13英里，逃往皮亚琴察，然后从桥上跨过特雷比亚河。这座桥远在第一次战役的北面。我们不知道在这场战斗和逃跑中普布利乌斯·西庇阿究竟身在何处。

战场上剩余的大部分罗马步兵被迫后退。如果这些士兵没有投降，他们会在特雷比亚河沿岸被屠杀，被汉尼拔的大象和重骑兵践踏而死。许多人在绝望之中试图再次渡过冰冻的河水，结果一定是死了。

一些迦太基士兵试图追杀逃跑的塞姆普罗尼乌斯和罗马士兵，但因为天气恶劣，他们放弃了。那天可怕的天气也给迦太基军队造成了损失，主要是凯尔特人盟军，马匹和大象也受到严重影响，可能患上了肺炎。据波里比阿的记载，几乎所有的迦太基战象在特雷比亚河战役后的很短时间内都死去了。[19]

战果总结

据估计，大约1.5万名罗马士兵在特雷比亚河战役中阵亡，数千人被俘[20]，罗马盟友凯尔特人的伤亡和被俘人数不明。[21]无论实际死亡人数是多少，这都是汉尼拔在与罗马军队作战中赢得的第一场真正的胜利，而且开创了一个先例，预示着他在未来的战斗中仍将通过充分利用罗马政策和环境取得优势，夺取胜利。

这场战役之后，意大利北部大部分的凯尔特人都转而与汉尼拔结盟。汉尼拔也做了一些非同寻常的事情，而在此之前，这只是具有希腊特色的一个现象。据波里比阿记载，他向凯尔特人许诺，如果他们接受他驻扎在那里，他将解放他们并与他们建立友好关系。他强调说，他来到此地只是为了击败罗马。

罗马人击败凯尔特人后，强占他们的土地，让他们和罗马殖民者杂居在一起，而汉尼拔则解放他们，给予他们自由。[22]

特雷比亚河战役之后，汉尼拔采取了一项政策：对待罗马俘虏相当严厉，很少让他们活下来，而对待凯尔特俘虏却比较宽仁。汉尼拔多次在没有任何惩罚或赎金的情况下释放被俘的凯尔特人，让他们回到自己的部落，这样，当他们回去后，他们可能会号召其他的意大利凯尔特人起来反抗罗马。汉尼拔知道他所做的一切所具有的宣传价值。

塞姆普罗尼乌斯根本不愿把他惨败的消息送回罗马，因此竭力阻碍一切通信。他担心这次失败会对自己的未来产生政治上的影响，于是尽可能长时间地向元老院隐瞒这次失败的消息。但是，据波里比阿记载，他最后还是不得不派出使者向罗马报告说，一场可怕的"风暴夺去了他的胜利"。[23]

罗马元老院起初相信塞姆普罗尼乌斯的报告，但随后从其他信息渠道，元老院获悉，这是一场惨败。令元老院震惊的是，汉尼拔不但没有离开该区域，而且他的军队大致上毫发无损。更糟糕的是，该地区的大部分凯尔特人现在都投奔了汉尼拔。

在特雷比亚河战役中，面对人数多于自己的罗马军队，汉尼拔通过周密的战略部署和细致的准备，在意大利赢得了他的第一个决定性胜利。他利用了罗马领导人的弱点，也利用了罗马战术的弱点，特别是罗马骑兵的劣势和罗马人对行动迟缓的步兵的过度依赖，以及对新招募组建的军团的使用。汉尼拔充分利用了自然条件，把它变成有利于自己的优势。在找到击败罗马的方法之后，他将再次使用所有这些策略。

经过这场惨败，罗马人唯一聊以自慰的是，现在已进入冬季休战阶段。罗马人也希望，当汉尼拔的军队占领凯尔特人的领土时会激起他们的愤怒，这样他们就不会迅速对罗马展开掠夺和复仇。[24]但现在，大批凯尔特人加入了汉尼拔的军队，从而在很大程度上弥补了他在阿尔卑斯山遭受的严重损失。

提贝里乌斯·塞姆普罗尼乌斯·隆古斯在遭受军事耻辱之后，执政官位置也不保了。他返回罗马，协助新当选的执政官盖乌斯·弗拉米尼乌斯·奈波斯（Gaius Flaminius Nepos）即位，并且对迦太基人发动了损失较小的战役。[25]但提贝里乌斯·塞姆普罗尼乌斯·隆古斯只是第一位遭到汉尼拔愚弄的罗马将军，他身后将不乏其人。

第十二章
亚平宁山脉和阿诺沼泽

特雷比亚河战役是汉尼拔对罗马人发起的第一次打击，他从中学到了很多东西。他意识到，可以利用自己的强项来对付罗马人的弱项；并且，他必须保持压力，继续向罗马逼近。他知道凯尔特盟友非常重要，但他们之间的盟友关系并不稳定，如果他不能保持足够快的速度，他的盟友将会失去兴趣。

即使汉尼拔已经迫使罗马承认并尊重这些凯尔特人在意大利北部的地位，但他们并不愿意原地等待，尤其不愿意只是在他们自己的领土上等着。凯尔特人的一个动机是希望从罗马人手中夺取战利品，包括食物和土地，而有些土地在几个世代以前甚至本来就属于凯尔特人，只是后来被罗马人占领。尽管此时还是冬天，汉尼拔也不得不考虑到凯尔特人的躁动情绪，既然他已经改变了古代战斗的惯例——不在冬天进行战斗，那么凯尔特盟军肯定希望他能以闪电般的速度来继续向前推进。

特雷比亚河战役后，罗马元老院征召了大批平民入伍，并组建了11个新军团，总兵力达到10万人。[1]汉尼拔急于洗劫罗马的盟友，或者找到凯尔特人之外的其他物资供应来源，以减轻他对凯尔特盟友的依赖。因为在凯尔特人眼中，他的军队既可以被看作解放者，也可以被怀疑为占领者。

波里比阿和李维都讲述了一个关于汉尼拔与凯尔特人之间关系的奇特故事[2]，但今天学界都不太相信。[3]故事说汉尼拔担心被反复无常的凯尔特人暗杀，因此经常戴不同的假发以伪装自己，防止有人谋害他。这一事件的真实性之所以值得怀疑，是因为汉尼拔刚刚击败罗马人，并给意大利北部的凯尔特部落带来了新的希望，凯尔特人试图暗杀他于理不合。正如一位历史学家明智地指出的，波里比阿在汉尼拔和布匿战争结束后至少过了一代人才访问被平定的意大利北部。迦太基刚刚被摧毁，已不再构成威胁。波里比阿看到的只是新的罗马殖民者正在砍伐树木并扩大农场，而不是凯尔特边境。好战的凯尔特居民已被驱逐出境或沦为奴隶。[4]不管汉尼拔的故事是否属实，它都透露出新盟友之间一种互相不信任的气氛。

罗马在帕达纳新建的两个殖民地，即克雷莫纳和皮亚琴察，成为抵御来敌的前锋。罗马要扩张领土，就必须吞并这个地区，否则就不会感到安全。之前罗马一直是感到安全的，但特雷比亚河战役改变了一切。现在，它必须为其半岛的战争做准备，并付出巨大的努力进行调整。

在特雷比亚河战役结束后的几个月，塞姆普罗尼乌斯和普布利乌斯·西庇阿返回罗马作短暂停留，因为他们的联合执政官任期结束了。两人都遭到了批评，而塞姆普罗尼乌斯更是遭受了一定程度的羞辱。普布利乌斯·西庇阿将很快与他的兄长一起重返西班牙，继续与迦太基作战，争夺埃布罗河北部的领土。[5]汉尼拔接连羞辱了几个罗马指挥官，使他们看上去愚蠢至极，因此他估计罗马的防卫会发生变化；但他也知道，如果罗马继续把塞姆普罗尼乌斯这样毫无经验的执政官与西庇阿这样的老将搭配，那么这种执政官轮番更替的制度仍将给他可乘之机。因此，他肯定指示他的间谍尽可能多地搜集关于两位新执政官的情报信息。

汉尼拔在占领特雷比亚河东部的西庇阿营地几个星期之后，可能暂停了对皮亚琴察附近地区的骚扰。汉尼拔这个行动相当于向凯尔特人发出了一个胜利宣言，他们看到罗马人撤出的营地现在住满了他们的敌人。[6]但他不会围攻这个城市，因为他在萨贡托围城战役中发现这种战法实在消耗太大。[7]

汉尼拔在波伊部落领地过冬

在接下来的几个月里，汉尼拔没有选择待在皮亚琴察附近，而是率领他的军队一路向东，来到了波伊部落的领地。波伊部落是汉尼拔最长久最忠实的盟友。汉尼拔还在西班牙的时候，波伊部落就曾请他帮助来抵抗罗马，可能是最早发出这种请求的凯尔特人。在与比利牛斯山脉附近的凯尔特人的谈判中，他们发挥了重要作用。波伊部落不仅给汉尼拔提供了建议，而且还帮助说服其他部落与他联合。

在波伊部落领地过冬不仅强化了汉尼拔与这个强大部落的关系，而且也有很多实际的好处。波伊部落位于城防坚固的新殖民点皮亚琴察、克雷莫纳与旧殖民点阿里米努姆之间，住在帕达纳和亚得里亚海沿岸之间。阿里米努姆是一个拥有强大军事实力的罗马城市，守卫着东海岸到罗马的便捷通道。更重要的是，汉尼拔从他的间谍那里得知，罗马人在新执政官的统治下招募组建了新军团，企图从两个方向来围堵他。

罗马还在实行"一位有经验的老将配合一位没什么经验的执政官"的制度，这给了汉尼拔再次利用这一制度缺陷的机会。盖乌斯·塞尔维利乌斯·格米努斯（Gnaeus Servilius Geminus）是一位经验丰富的军事领袖。在阿里米努姆，他重组了西庇阿和塞姆普罗尼乌斯的残余军团。塞尔维利乌斯的任务是阻止汉尼拔向东进军到亚得里亚海沿岸。第二位是新执政官盖乌斯·弗拉米尼乌斯·奈波斯，一个作战新手。他率领两个新军团和盟军进军到阿雷提乌姆（Arretium，今天的阿雷佐），面朝意大利的脊柱——亚平宁山脉的西南侧，等待汉尼拔越过亚平宁山脉进入伊特鲁里亚。根据李维记载，汉尼拔曾试图在冬天越过亚平宁山脉，但由于大雪和严寒，他的尝试以失败告终，并造成了巨大的损失。不过波里比阿并未记载这件事，汉尼拔应该不会在冬天翻越亚平宁山脉。[8]

冬雪开始融化，长时间的降雨也逐渐减少，意大利的地表已经干燥到军队可以移动而不至于陷入泥潭的程度，于是汉尼拔制订了一个计划。两位罗马执政官率军严阵以待，等待着汉尼拔的出现。他们认为，汉尼拔离开波伊部落后，要么沿着波河下游向东，再到亚得里亚海；要么向南翻越亚平宁山脉，然后在那里现身。[9]塞尔维利乌斯和弗拉米尼乌斯错误地以为他们已经把汉尼拔包围起来了。

罗马的不祥之兆

然而，罗马自身也被可怕的谣言和预兆所困扰，因为在执政官的更替过程中发生了异常事件。像之前那样，李维绘声绘色地描绘了在罗马所发生的一切。他提到了征兆和预言，似乎一切都意味着乱象即将发生，其中许多都和战争之神玛尔斯有关。[10]罗马市民报告说，有几个罗马士兵的标枪迸发出了火焰，有人看到泉水充满了血，还有人说，太阳似乎长期处在与月球对峙的位置，或两个月亮从东方升起，这些可能是反常的光学现象引起的。[11]罗马人深受占卜的影响，他们的占卜师极受尊敬，对于这些令人不安的征兆，经验丰富且善于看战争征兆的占卜师的解释是：神明在警告他们，即将发生混乱和异常情况。李维将这些不确定性和坏兆头归咎于弗拉米尼乌斯，把他当成罗马即将遭受灾难的罪魁祸首。李维是一个沉溺于占卜的罗马人典型，而波里比阿不同，他对不祥之兆在罗马引起的惊慌失措未置一词。

翻越亚平宁山脉

汉尼拔率军向南进军伊特鲁里亚，迎战在阿雷提乌姆的弗拉米尼乌斯，他作出这个选择也可能与弗拉米尼乌斯本人有关。汉尼拔似乎已经收集了关于弗拉米尼乌斯的确凿信息。也许出于这个原因，他决定向南进军到伊特鲁里亚。在任何情况下，如果选择了正确的亚平宁路线，向南行军到伊特鲁里亚可能更加直接和快速。一位历史学家认为，汉尼拔从波伊部落出发的时间是5月初。[12]

根据波里比阿的记载，[13]汉尼拔仔细考虑了他的选择，率领他的军队进军亚平宁山脉以南的博洛尼亚，然后杀向阿雷提乌姆。令罗马人感到惊讶的是，汉尼拔没有选择他们预期的沿海大道，而是选择了通往伊特鲁里亚的内陆路线。[14]因为其他路线比较长，对警惕性很高的罗马人来说，这条路线的优势是显而易见的。

许多历史学家认为，汉尼拔沿着雷诺河，从海拔只有952米的科里纳山口翻越亚平宁山脉，[15]然后沿阿诺河下到今天的皮斯托亚附近。[16]"雷诺"（Reno）这个词是从一个古老的凯尔特语词汇派生来的，可能与凯尔特语中的"莱茵河"（Rhine）同源，意思是"流动"。这条130英里长的河流向西南流去，几乎横贯整个亚平宁山脉，像蛇一样蜿蜒曲折，从博洛尼亚经过弯弯曲曲的峡谷，直到陡峭的阿诺河谷突然飞流直下。

但是，汉尼拔并没有往南或向西去，而是向东沿着阿诺沼泽向上游行进，他走这条路线令人意想不到，因为道路仍然被春季来自高山的融雪和长时间的降雨所形成的径流所淹没。如果道路是干燥的，那么这可能是一个比较直接的路线，但由于其被水淹没，因此是很危险的。汉尼拔一定咨询过了解这条路线的波伊部落向导。罗马人（或至少是弗拉米尼乌斯）相信在这个时候阿诺路线是没法走的，[17]因此对汉尼拔突然从西北方向他们杀来毫无准备。

第十二章 亚平宁山脉和阿诺沼泽

穿越阿诺沼泽的噩梦

汉尼拔用了4天时间才涉过阿诺沼泽,虽然不像他翻越阿尔卑斯山的征程那样艰难,但在其他方面同样可怕。波里比阿和李维都记载了汉尼拔的军队在这漫长的、污浊的,甚至危及生命的征程中所遭受的漫长的痛苦。沼泽地的条件一定很像但丁在《地狱篇》里所描述的悔恨之河(the River Styx)那样可怕,到处都是死水、恶臭的泥浆、成群的蚊子,以及在死水中滋生的其他贪婪啮人的昆虫。

起初,汉尼拔的军队不愿意跟随他进入阿诺沼泽。但他没有给他们留下任何选择的余地,经过深思熟虑,他给他的部队下达了一个命令。他把他的西班牙步兵和非洲兵布置在前锋位置,紧接着他的凯尔特盟友作为中军,由他的弟弟马戈率领的骑兵殿后。他还把供应给养的驮畜分散在部队中的每一个地点,使他们始终随时随地可以得到食物。

汉尼拔把凯尔特人安插在自己的亲信部队中间,因为他不相信凯尔特人能坚持到底。也许他们会在晚上悄悄开小差,但汉尼拔比他们更聪明。如果不守规矩的凯尔特人停下不走,或者试图掉头,他们也几乎逃无可逃,他们无法走岔道逃出满是泥潭的沼泽地,马戈的骑兵会阻止他们逃跑并把他们向前赶,或者威胁要践踏他们。他们无处可去,只能前进。

在波里比阿的史书中记载的这些细节[18]表明,凯尔特人曾经多次抗拒汉尼拔的命令,因此迦太基老兵不得不强迫他们尽可能留在队伍中。但这一策略只会使得凯尔特人更加不高兴,使许多人更不愿意跟着汉尼拔过沼泽地。凯尔特人对汉尼拔的怨恨一定越来越强烈,因为他们在战役的每一个阶段都表现得最差。但没有人能指责凯尔特人在战斗中表现得不勇敢。他们在为战斗做准备时表现得很疯狂,一方面是极度活跃,同时也是极度的虚张声势。

另一方面，汉尼拔对他的军队中位置的安排也显示了他对自卡塔赫纳以来一直与他同甘共苦并且纪律严明的军人有多么尊重。越来越明显的是，由于汉尼拔从西班牙补给线得到的物资逐渐减少，而且这条补给线最终被罗马人切断，因此他不得不越来越依赖凯尔特盟友，而这并不是一个理想的作战计划。穿过阿诺沼泽是对凯尔特人是否足够忠诚的终极考验。至少有一位历史学家认为，汉尼拔是故意这样做的，目的是淘汰表现最差的凯尔特人，并使剩下的人更加坚定。[19]

波里比阿通常言简意赅，惜墨如金，可是他却生动详细地描述了沼泽地的严酷条件。战士们在没过膝盖的水中艰难地跋涉，脚下是难以拔出的烂泥。[20]在浅水区和泥潭中不可能安营休息[21]，因此士兵们在沼泽地挣扎了4天基本上没有睡眠。因为需要做出巨大的努力才能往前移动，能量消耗很大，士兵们都精疲力竭。负重的驮畜遭遇凄惨，在许多情况下，可能无法从淤泥中拔出脚，无法从黏稠的泥浆中站起身。它们的蹄子长时间浸泡在水里，也腐烂了。大部分供食用的牲畜，以及驮运行李的牲畜都死了。汉尼拔似乎对损失大量牲畜并不介意，因为他知道，当他们到达富有的伊特鲁里亚时，供应将会很充裕。然而，几十年来，汉尼拔的驮畜数量时多时少，变化无常，在敌方领土上作战时不可或缺，但最终将被证明是无法克服的困难。[22]

沼泽中的环境非常恶劣，在几乎连续的行军中，陷入泥淖的动物尸体提供了唯一的相对干燥点。这些军人可以在一些被淹死的牲畜身上趴一会儿，尽可能地在水面上睡上几分钟。但即使这样，也只能是当成堆的军人根本无法前进，长长的队伍暂时陷入停顿时，利用极短的时间打个盹儿，休息一下酸疼的肌肉而已。

李维一如既往，为故事添油加醋，他说凯尔特人必须被严加看守，因为他们不愿意穿过沼泽，除非努米底亚骑兵从后面推着他们前进，否则他们就不会走。[23]李维说，许多人悲惨地死去，并声称，造成生命损失的主要原因是连续几天缺乏睡眠，他说，有时水没到士兵的脖子，而且阿诺河附近的洪水漩涡也会把人卷进去淹死。当然，汉尼拔会让大多数士兵从水较浅的地方渡河。

晚上行军条件更糟。而死水的恶臭气味也会令人窒息。在这种情况下很容易产生感染和败血症。任何已经患有结核病的人都会因无处不在渗入肺部的湿气而加剧病情。寒冷的泥浆只会变得更重，而冷水也会使体温消散。除此以外，牲畜的哀鸣声、垂死的挣扎声、发烧病人的咳嗽声此起彼伏，展现了一番人间地狱的凄惨景象，在无边的黑暗中显得尤为恐怖。除了火把以外，没有任何光线能够照亮黑暗的道路。士兵们甚至随处便溺，使得通道更加污秽不堪，臭气冲天，越发令人难以忍受。在这种情况下，由于不得不饮用肮脏的水，很容易发生霍乱。携带足够的淡水只会变得越来越难，正如英国诗人塞缪尔·泰勒·柯勒律治（Samuel Taylor Coleridge）在诗篇《古代水手的诗韵》中那句"水！水！无处不在，但却一滴都不能饮！"描绘的那样。沼泽中缺乏饮用水造成了大量士兵脱水，使军队的整体士气更加低落。

这个沼泽通道将给许多幸存下来的士兵留下痛苦的回忆，尽管汉尼拔以自己的钢铁意志无情地推动他们前进，他也一定会担心他们是否会逃走。毫无疑问，他会不断盘问他的波伊部落向导，并强迫自己保持清醒，为部下树立一个好榜样，但是汉尼拔也会非常疲倦，因为他不能放松自己的领导，而军队向前迈进又是如此艰难。长时间缺少睡眠、身心疲惫和到处弥漫的潮湿结合在一起，不仅使军人和牲畜，也使他们的领袖遭受了地狱般的痛苦，付出了惨重代价。

汉尼拔在沼泽中失去了一只眼睛

在阿诺沼泽中，汉尼拔染上了眼疾，一只眼睛或眼睑发炎。在出沼泽地4天后，他的这只眼睛失明了。李维把他的眼疾归咎于早春忽热忽冷的天气变化。[24]虽然我们不清楚究竟是什么造成了感染，但可以作一些合理推测：可能是眼中异物造成的急性结膜炎，也可能是沼泽地的微生物引起的细菌或病毒感染，如葡萄球菌或水铜绿假单胞菌和棘阿米巴。[25]医疗方法是用清水冲洗和草药膏热敷，但在当时是不可能的，因为在漫长的令人精疲力竭的行军途中周围都是沼泽水。

历史上一个值得注意的奇怪现象是，罗马人似乎对独眼的敌军将领情有独钟。其他联合起来反抗罗马统治的国王也有相似的眼疾。[26]汉尼拔不仅在阿诺沼泽失去了一只眼睛[27]，而且他的战象也死得只剩下他自己骑的那一头。据普林尼（Pliny）引述老加图（Cato the Elder）的话[28]，这可能是一头亚洲大象，名叫苏洛斯（Suros）［或"叙利亚"（Syrian）］，可能有一根象牙折断了。[29]当时流行一个称呼汉尼拔的著名绰号，不仅他的迦太基同胞和盟友，而且他的敌人都称他为"一位骑在巨象上的独眼将军"。[30]

可能在费苏莱地区（Faesulae，位于今天佛罗伦萨以东的沼泽上游）[31]，被浸泡数日的汉尼拔大军终于可以在干燥的地面上伸展四肢了。他们扎营休息了几天，然后继续向南或东南方向进军[32]，沿途未受干扰。汉尼拔一边绕过驻扎在阿雷提乌姆的弗拉米尼乌斯，一边洗劫肥沃的农场，并补充死去的牲畜和粮食，因为其中一些粮食已经在阿诺沼泽发霉，不能食用了。

凯尔特人终于为能够掠夺别人的领地而激动不已，因为自从公元前4世纪末到公元前3世纪，罗马打破了伊特鲁里亚和萨莫奈在该地区的控制之后，该地区就一直属于罗马。[33]历史学家说，通过进军伊特鲁里亚，汉尼拔希望利用伊特鲁里亚人对罗马的憎恨，就像他利用凯尔特人对罗马的憎恨一样，从而获得伊特鲁里亚人的支持以对抗他们的罗马霸主。[34]汉尼拔的凯尔特人现在利用最后的机会贪得无厌地抢夺罗马财富，作为对那些罗马军团的报复——他们过去曾洗劫了山南高卢（Cis-Alpine Gaul）。汉尼拔可能很少或根本没有控制他的凯尔特盟友对罗马实施的激烈报复。同时，他也补充了他的给养和驮畜，特别是骡子，以及他的军队急需的粮食，以便始终能够顺利地在弗拉米尼乌斯的背后活动。

汉尼拔穿越沼泽地的跋涉给他造成了相当大的损失，这是一个看似鲁莽的路线选择，因为他的许多凯尔特盟友和大部分牲畜都死了。公元前217年的春天对汉尼拔来说可能完全是一个灾难。只有当汉尼拔保留了足够的军队，而弗拉米尼乌斯没有时间准备与汉尼拔摊牌时，这种出其不意的战术才会奏效。显然，汉尼拔在罗马军队中的情报网络比弗拉米尼乌斯在迦太基军队中的情报网络要好得多。

　　汉尼拔一定大大松了一口气，因为他的军人不仅在阿诺沼泽的磨难中幸存了下来，而且凯尔特盟军最终也能抢劫到许多他曾许诺的战利品。汉尼拔穿越阿诺沼泽之举的代价高昂，也许判断此举是否值得的最好方式是看到这个事实：他在弗拉米尼乌斯意料不到的地方出现了。他计划的这一部分取得了成功。汉尼拔现在刚过30岁，已不再年轻，而且是一个从小就被战争"滋养"的男人。他最伟大的战役尚未到来。即使在毫无同情心的李维眼中，汉尼拔也是一个挺进罗马腹地的悲剧式英雄人物。

第十三章
特拉西梅诺湖战役

此刻,汉尼拔正身处罗马军队最意料不到的地方,接下来就是充分利用这个优势。军队补充了给养,粮草充足;将士们经过休整,精神抖擞。他们从富裕的伊特鲁里亚地区的农场和市镇抢掠了大量物资,同时密切关注着罗马军队及其侦察兵的任何动向。汉尼拔待在离阿雷提乌姆尽可能远的地方,用可能长达几个星期或者一个月进行掠夺。如果弗拉米尼乌斯有同样好的情报网,那么他就可能从凯尔特或其他意大利间谍那里得到消息,可以在迦太基军队刚刚从沼泽中走出来,精疲力竭时袭击并打败他们。[1]但这件事并未发生。他要么完全不了解情况,要么他的确知道汉尼拔在哪里,但因优柔寡断而贻误了战机。

据波里比阿所记载的[2],驻守在阿雷提乌姆的罗马军队已经知道汉尼拔正在伊特鲁里亚活动,几个星期以来,弥漫在村庄和农场上空的烟雾清楚说明了这一点。这种掠夺行为一定会引起弗拉米尼乌斯的注意,因为他以保护小农场主的利益而闻名,而且他的军队中的士兵大部分也是农场主的子弟,这些士兵肯定对汉尼拔的焦土政策憎恨不已。[3]

汉尼拔大部分时间行动非常迅速。他必须这样,因为这里是敌人的土地,他不能过于频繁地与兵力占优势的敌军作战。汉尼拔部队的人数相对较少，而且主要是凯尔特人，如果出现太多战斗减员，情况将变得令人绝望。他的军队必须在快速行军途中尽可能多地劫掠补给，而不能依赖行动迟缓而且很容易被罗马人截获的驮畜。

汉尼拔在伊特鲁里亚的决定和他的战前行动计划都是根据弗拉米尼乌斯的性格而确定的。[4]就目前人们掌握的资料，并不能确定汉尼拔是否允许他的军队在穿过亚平宁山区以及首次现身阿诺河谷时进行小规模抢劫，但这切合实际，因为消息会在像伊特鲁里亚这样人口相当稠密的地区迅速传播，向当地人显示他要一路开往阿诺河谷。然而，走出阿诺沼泽之后，汉尼拔似乎并没有刻意隐藏他的行踪，甚至可能在故意挑衅。也许他已经制订了计划，要在他自己选定的地方为弗拉米尼乌斯设下陷阱。汉尼拔通过意大利中部的瓦尔迪基亚纳向南移动，让人相信他似乎正在向罗马进军。[5]

汉尼拔令弗拉米尼乌斯感到惊讶，因为他继续迅速向南越过阿雷提乌姆，到达特拉西梅诺湖的北岸和湖上的小山。他已经制订了一个大胆的计划，将再次需要大自然的帮助，并利用浮躁的弗拉米尼乌斯的冲动。汉尼拔现在已经研究透了弗拉米尼乌斯，理解这一点至关重要。

盖乌斯·弗拉米尼乌斯·奈波斯的性格和履历

盖乌斯·弗拉米尼乌斯·奈波斯在特拉西梅诺湖战役之前就是一个矛盾和充满争议的人物。他野心勃勃，但资历很浅，急于证明自己，为了自己的前途甘愿冒任何风险。罗马人把这种没有贵族渊源、出身卑微的人称为"新人"。[6]和其他没有高贵祖先的新人一样，弗拉米尼乌斯似乎是他的家族中第一位进入"晋升体系"（cursus honorum）[7]的人，他被选举为官，最终进入了元老院。这样的晋升在当时很少见，但也是可能的，尤其是在公元前287年之后，贵族失去了对平民的控制权,平民获得了政治上的平等地位。[8]

但就弗拉米尼乌斯的情况来说,他完全得益于平民而非贵族的支持。在几年前,即公元前223年,他曾当过监察官[1]和平民执政官。作为一个政坛新手,他与元老院的多数贵族发生了冲突,但给他带来政治问题的更深层的原因是他对风俗习惯的公然漠视和他爱争吵的个性。他经常挑战元老院的权威,这自然地使他受到平民的爱戴。

在公元前232年护民官任期内,弗拉米尼乌斯协助通过了一项广受欢迎的土地改革计划,把刚刚征服的阿里米努姆以南的伊特鲁里亚分给在战争中损失惨重的平民。元老院自然反对这项计划,但他并没有征求他们的意见,因而严重违反了习惯法和罗马宪法。弗拉米尼乌斯也是唯一表决支持公元前218年《关于元老的克劳丢斯法》的人,该法案意在阻止元老从海外商业中谋利,此举极大地激怒了元老院的贵族。弗拉米尼乌斯认为元老们已经太富有了,并认为那些执政掌权者这样做存在利益冲突。他逾越了自己的权限,试图控制强大的元老院,但他的提案在元老院投票中被强烈地否决了。

弗拉米尼乌斯在公元前220年担任监察官期间,曾负责修建一条从罗马向北延伸的主干道,这条道路经过翁布里亚到阿里米努姆。这就是著名的弗拉米尼亚大道,其中一条最古老的罗马大道是以他的名字正式命名的。这条大道穿越亚平宁山脉,直到阿雷提乌姆以东,全程达210英里(约329千米)。弗拉米尼乌斯对这个成就感到非常自豪,平心而论,他的确具有一定的行政和财政领导才能。但这并不等于说他有良好的军事战略才能。

李维身为贵族,对弗拉米尼乌斯自然不屑一顾,充满了藐视。他认定他不配担任执政官的职务,因为他多次违反规条。弗拉米尼乌斯是一个标准的政客,非常在意公众的支持,因此他总是反应积极却并不主动出击,总是在寻求权宜之计来取悦作为他的权力基础的平民,而不是安抚元老院,无论这种权

---

[1] 监察官主要负责人口普查,还负责财务以及对公共道德的监督。——译者注

宜之计最终被证明是多么愚蠢他都不在乎。他知道，除了平民，没有人会支持他，而他的政治对手都是富裕贵族，本身就是地主或能得到商界的支持。

但作为执政官，他却像一个普通公民那样悄悄地直接去了阿雷提乌姆，竟然无视对政府官员的所有要求，贸然采取了这个行动。在元老院看来，这简直是无法无天，不能容忍。他的同僚马上派人召他回来，并吩咐如果有必要就把他拖回来。但弗拉米尼乌斯无视元老院派来的信使。这种蔑视是前所未有的。李维说，元老院歇斯底里、愤怒地宣布："弗拉米尼乌斯现在不仅在与元老院作战，而且在与神明作战！"[9]

弗拉米尼乌斯为自己辩解说，元老院的贵族会延缓他的行动，要么伪造兆头，要么用琐碎的事务缠住他，从而占用他大量的时间。我们不知道元老院是否完全了解他轻率的性格和军事能力上的不足，但鉴于最近在提契诺河和特雷比亚河战役的军事挫折，他们有可能想观察并评估他是否称职。但李维说，一个被献祭的动物在弗拉米尼乌斯面前从祭坛上跳下来，在仪式结束前逃走，鲜血溅在观众身上。这件事想必发生在阿雷提乌姆。这显然被普遍解释为"即将发生的灾难预兆"。[10]李维可能已经暗示了罗马的失败是由于弗拉米尼乌斯的狂妄自大，也是神对他的惩罚。他认为弗拉米尼乌斯对阵汉尼拔的结局，在战役开始前就已经注定了。

尽管并非每个人都完全怪罪于弗拉米尼乌斯[11]，但李维并不是唯一鄙视这位执政官的人。下面是波里比阿记载的汉尼拔对弗拉米尼乌斯的观察和发现：

"他了解到，弗拉米尼乌斯完全是一个煽动暴民蛊惑人心者，没有实际指挥作战能力却极度自负。汉尼拔估计，如果他绕过罗马军队，一直向该国腹地进军，那么这位执政官根本不会料到，他（汉尼拔）会让他徒然浪费时机，而他最害怕因此被他的部下嘲笑；另一方面，他会非常难过，并被牵着鼻子走，在焦虑中急切希望打一场胜仗，不会等待他的同事塞尔维利乌斯·格米努斯前来会合。因此，汉尼拔得出结论，弗拉米尼乌斯会给自己很多机会来攻击他。而他所做的这一切推理都是非常切合实际、合情合理的。"[12]

现代学者的普遍共识是：弗拉米尼乌斯生性急躁轻率，汉尼拔吃准了他的这一点。[13]

汉尼拔为弗拉米尼乌斯设下陷阱

李维总是热衷于随手引用征兆来预言人类的愚蠢，记载了在弗拉米尼乌斯率军追逐汉尼拔时所发生的另外两个预兆，吓坏了他手下的军官。先是弗拉米尼乌斯的马把他掀翻在地，然后是一个有鹰和军团标志的金属旗杆插在地里，可是无论旗手使了多大的力气，都无法将其拔出来。李维让弗拉米尼乌斯说出了下面的话："告诉他们，如果他们吓瘫了，无力拔出它来，那么就把它挖出来吧。"弗拉米尼乌斯的缺乏谦卑在这件轶事中昭然若揭。他没有先派出侦察兵来探清情况，就开拔了。这一定使得更懂得如何打仗的军官们感到痛苦。弗拉米尼乌斯是否真的匆匆出发，没有让他的军队花时间弄清楚汉尼拔究竟去哪里了呢？

现在已是公元前217年的6月中旬。为了确保弗拉米尼乌斯在跟踪自己，并能看到他的行动，汉尼拔向东开往佩鲁西亚（今天的佩鲁贾），而不是向南进军罗马。当日落西山，白昼将尽时，汉尼拔的最后一支军队消失在特拉西梅诺湖北边和科托纳的陡峭山丘之间非常狭窄的博尔盖托山涧中。弗拉米尼乌斯的军队保持着一定距离尾随着汉尼拔。据李维记载[14]，他们在日落时抵达，但夜幕降临时，罗马军队与汉尼拔的军队拉近了距离。罗马士兵甚至可以看到汉尼拔在远处湖边山谷的尽头扎营。他们也将宿营，等第二天早上起来再收拾汉尼拔的后卫部队。直到今天，人们仍然可以从博尔盖托山涧眺望到这个小山谷，可以在夏天看到日落，我就曾在那里观看过日落。即使小山谷处在高山的幽暗阴影笼罩下，也能看到山上的最后一抹晚霞。

但是那天晚上，汉尼拔的部队进行了转移。在黑暗的掩护下，他的部分军队分头行动，紧贴在几处陡峭的峡谷岩壁上。岩壁下的溪流从北方流进湖里。如果弗拉米尼乌斯的侦察兵向他报告了情况，那么他们看到的只是远处军人燃起的大量篝火的红色火焰。

罗马人显然没有注意到在黑暗掩护下数千迦太基人马成编制的调动，他们中的大多数人都是沿着小平原上面的峡谷向上移动的。汉尼拔会要求他们行动一定要隐蔽、安静，尽量少用火把照亮道路。汉尼拔把他的努米底亚骑兵隐藏在最靠近博尔盖托峡谷的西山上。他把他的长枪兵和巴利阿里掷石兵等轻装步兵埋伏在湖边道路之上的小山上，地点靠近今天的托罗地区。然后，他让他的凯尔特盟军埋伏在东边，紧挨着轻装步兵。最后，他的非洲和西班牙重装步兵驻守在山谷以东的营地附近，他们是唯一可能在第二天早上被敌军看到的迦太基军队。波里比阿说，尽管汉尼拔的大部分部队埋伏着，但在山下形成了一条连续的战线[15]，除了湖的尽头外，大致与湖的北岸平行。

那天晚上，弗拉米尼乌斯手下谨慎的军官们一直劝他说不要冒进，而是等汉尼拔出来，或者等他的同僚塞尔维利乌斯率领的几个军团从阿里米努姆赶来会战，因为塞尔维利乌斯应该已经听说汉尼拔在伊特鲁里亚的活动了。但弗拉米尼乌斯否决了他们的建议。

战斗号角吹响，死神在召唤

天助汉尼拔，第二天黎明时分的气候条件对汉尼拔设下的圈套实在是再好不过了。根据奥古斯丁时代的罗马诗人奥维德（Ovid）的说法，那天是夏至日，即6月21日。[16]汉尼拔可能在前几天已经看到了当地夏季一个常发生的现象：当从陆地产生的暖气团升起并遇到从水体产生的冷气团时，就会在特拉西梅诺湖北岸形成浓雾，在陡峭的丘陵包围下非常显眼。无论汉尼拔是否预料到清晨将出现大雾，但他肯定利用了大雾来更好地实施他的作战计划。他的大部分军队或者隐藏在山涧的峭壁上，或者被清晨山谷的浓雾所掩盖，没有被敌军发现。

李维说，弗拉米尼乌斯根本没有派出任何侦察兵侦察前面的情况。许多人不明白，为什么弗拉米尼乌斯在率军急匆匆进入狭窄的山谷之前，没有事先派出先遣侦察队进入托罗平原侦察一番？[17]是不是弗拉米尼乌斯只是一味地蛮干，临时制订了一个粗率的作战计划？

当发现弗拉米尼乌斯的先头部队天刚亮就毫不犹豫急匆匆地涌进峡谷，汉尼拔就知道他的计划一定会成功。他一直等到罗马军队成编队一路推进到他的由非洲和西班牙步兵组成的前线，然后军号吹响了预先规定好的出击作战的信号。在山谷四处回荡的军号声一定让罗马人迷惑了，因为他们现在笼罩在浓雾中。

汉尼拔的骑兵在罗马军的后面下山，封锁了博尔盖托峡谷，切断了敌人的一切逃生之路。现在罗马军队处于被动应战的地位：汉尼拔的军队从三面发动攻击，而南面是大湖，可能与绵延至少长达4英里的罗马纵队处在一条线上。[18]在这里，汉尼拔利用湖畔的沼泽地作为武器。汉尼拔的不同兵种似乎同时对整个罗马纵队发起了攻击。[19]罗马人猝不及防，惊慌失措，根本没有时间从行军队形转变成战斗队形。一场可怕的袭击从雾中突如其来，汉尼拔的军队的吼声，尤其是凯尔特人的吼声，和战马的嘶鸣交织在一起。巴利阿里掷石兵投出的石弹猛击着罗马人，罗马军人还没有把盾牌举起来，长矛和飞镖等抛射物便如雨点般飞来。

尽管作战英勇，战斗进行得很激烈，但罗马人的败局几乎是既定事实。在浓雾中，杀声从四面八方而来，罗马人看不到敌人，直到他们已经来到身前砍杀自己。不管罗马人转向何方，都逃不脱死亡的命运。波里比阿声称，他们

第十三章 特拉西梅诺湖战役

"以行军队形前进时被砍倒"。[20]

由于浓雾笼罩，虽然看不见厮杀的场面，但战斗的喧嚣声震耳欲聋，重击声、金属的碰撞声、呼喊声、尖叫声和呻吟声此起彼伏，混成一片。这种混乱的场面可能正是汉尼拔刻意营造的，这种场面是习惯于正规化阵型的罗马军队不适应的，而汉尼拔的军队，尤其是他的凯尔特军人却对此求之不得，他们更善于单打独斗，徒手肉搏，而不是严密组织的战斗。罗马军官试图把行军队列转变为战斗队形，但由于大雾弥漫，他们的努力收效甚微。同时也由于大雾弥漫，军官们发出的重新集结的命令无法被贯彻执行，因为他们根本看不到彼此，更不用说敌人了。许多罗马人肯定非常英勇地战斗，特别是那些受过训练的老兵，他们会战斗至死。他们的悲剧主要源自弗拉米尼乌斯的指挥无能，正如波里比阿所说的，他们"被他们没有判断力的指挥官背叛了"。[21]李维用高雅的语言描述了他们的行动，说他们把唯一的生存希望寄托于他们的刀剑，他们最终的希望并非依赖于他们的军官，而是他们个人的战斗意志和拼搏精神，尽管这一切都是徒劳的。但李维也不过是在粉饰古代历史上的一场大规模伏击战罢了。[22]

虽然汉尼拔的军队在雾中也看不清楚，但至少他们从一开始就能够控制战斗的发展方向，而罗马人，无论是个人还是集体，都像钻入了老虎钳中，三面受敌，唯一一面没有攻击的湖面同样危险。如果罗马士兵向湖中退得太远，随着身体热量的散发，他们会出现体温过低，甚至会更加减缓他们的速度。许多罗马士兵撤退到齐脖子深的水中试图逃脱，但由于身披重盔甲，许多人被淹死。而努米底亚骑兵正在他们可能试图上岸的地方等着击杀他们。波里比阿说，许多罗马人在湖中投降，他们的头勉强露出水面，举起他们的手可怜地乞求怜悯，但仍被残忍地砍倒。[23]无论是道路、平原还是湖中，汉尼拔的士兵到处都在屠杀罗马人，连湖畔浅滩的水都被罗马士兵的鲜血染红了。

战斗持续了几乎一个上午，正如李维所说的那样，这是"漫长而血腥的3个小时"。[24]如果说有一个风暴中心的话，那么它就在弗拉米尼乌斯附近。波里比阿贬低弗拉米尼乌斯，说他极为沮丧，"万念俱灰"[25]，并可能因最终意识到了自己的愚蠢而恐惧万分；而李维声称，他左冲右突，不停地奔跑，试图帮助他的核心亲军阵营的任何罗马士兵，这些人是他的精锐，他们"决心要救他的命，正如敌人竭力要杀死他一样"。[26]

弗拉米尼乌斯身着华丽的执政官服装，仪仗威严，毫无疑问被鲜艳闪光的军旗军徽环绕着，这些标志最终像磁铁一样吸引了敌人的注意。在激战正酣的当口，一位杀得性起的因苏布雷部落的凯尔特骑士认出了弗拉米尼乌斯。他可能是一个名叫杜卡留斯（Ducarius）的部落领袖[27]，策马向前，投入激战，大叫着要杀死这位执政官，为被罗马人杀死的凯尔特冤魂复仇。这是一个典型的凯尔特人行动，希望杀死敌军的指挥官，从而成为一名光荣的英雄。他策马疯狂地冲破弗拉米尼乌斯卫士的盾牌阵，手持长矛奋力刺向这位执政官，用力如此之猛，竟把他刺了个透心凉。弗拉米尼乌斯像块石头一样掉下马来。他的手下用盾牌包围并保护着他，他躺在地上奄奄一息，而那个凯尔特骑兵仍不罢手，可能还想从这位执政官身上剥下一件标志性物件，如他的羽翎头盔，作为战利品。

弗拉米尼乌斯的死讯比官方命令传播得还要快，使幸存的罗马军队陷入绝望的恐慌。一方主帅阵亡必定使一方的军队充满了恐惧，而使另一方军队士气大振。正如一位历史学家指出的那样，这种恐慌可能会恶化，因为这些士兵中的许多人已经目睹了公元前218年汉尼拔在特雷比亚河的战术突袭[28]，他们曾在塞姆普罗尼乌斯身上看到了一个浮躁将军的下场，现在同样在弗拉米尼乌斯身上看到了这种下场。

在前线厮杀的6000名罗马士兵冲出了重围，虽然浓雾弥漫，什么也看不见，但他们仍然爬上了峡谷上方的尖坡。然而，当6月灼热的阳光终于驱散了浓雾，山谷里满眼都是横七竖八的罗马士兵的尸体。此时，汉尼拔的军队正在把一群群已经投降或严重受伤无力作战的俘虏聚拢起来。关于这场对罗马人大屠杀的记忆，直到今天仍保留在一些溪流的名字中，提醒着人们当年可怕的一幕，例如有一条小河的名字就叫作桑格因内托（Sanguineto），意思是"血淋淋的地方"。

第十三章　特拉西梅诺湖战役

逃脱屠杀的6000名罗马士兵孤立无援，他们逃到了一个村庄，但很快就被包围了。汉尼拔的努米底亚骑兵指挥官马哈巴尔（Maharbal）以及西班牙步兵和长枪兵已经注意到他们逃跑了，并很快就找到了他们。罗马人投降了，以为只要丢掉武器就能保住性命。但出于精明的宣传手法，汉尼拔只释放了罗马人的凯尔特盟友，把他们送回老家，并告诉他们，他并不是他们的敌人，罗马人才是他们的敌人。

在特拉西梅诺湖战役中，罗马军队有1.5万人阵亡，另有1.5万人被俘或受伤，损失率高达75%[29]，这在古代战斗中是一个惊人的数字。整个罗马军队至少约4万人，仅6000名士兵幸免于难，丢盔弃甲，狼狈逃跑，罗马军队只剩下几个残破的军团。更具有讽刺意味的是，在开战之前，弗拉米尼乌斯曾带来了几百副镣铐和锁链[30]，准备把汉尼拔的军人作为奴隶带到罗马。现在，他们肯定被自己的锁链锁住了，因为他们做了汉尼拔的俘虏。据波里比阿记载，汉尼拔损失的部下只是罗马人死亡人数的十分之一，约1500人，不过李维则声称他们有2500人阵亡[31]，战死者主要是凯尔特人，他们面对的正是可能从头至尾一直在战斗的罗马纵队的中军。[32]

负责保卫弗拉米尼乌斯尸体的罗马人一定也很快就战死了，因为在战斗结束后，汉尼拔试图给弗拉米尼乌斯安排一个体面的葬礼，但尸体在战场上无法辨认。弗拉米尼乌斯尸体上的盔甲和华服很可能被剥去了，并可能被凯尔特人的方式斩首了。主帅可能被斩首怪异地象征着罗马军队在特拉西梅诺湖战役中群龙无首的状态。

在特拉西梅诺湖惨败之后，罗马人紧接着又遭受了一次可怕的挫折。在北方，塞尔维利乌斯听说汉尼拔在伊特鲁里亚，于是从阿里米努姆派了4000名骑兵来帮助弗拉米尼乌斯。他计划随后率领全军出发，可能是沿着弗拉米尼亚大道向南行进。[33]他希望能拦截汉尼拔，这样他和弗拉米尼乌斯就能前后夹击汉尼拔。也许塞尔维利乌斯认为，他们可以一起设下一个圈套来套住汉尼拔，但事实却恰恰相反。

117

汉尼拔在阿里米努姆布置的线人一直在观察罗马军队的行踪，向他报告罗马骑兵已经出动，于是汉尼拔立即派出了马哈巴尔与一些努米底亚骑兵和长枪手出击。第二天，神出鬼没的迦太基军队出其不意攻其不备，袭击了罗马增援部队，屠杀了一半，俘虏了另一半。特拉西梅诺湖战斗发生3天以后，罗马军队又在这次袭击中阵亡了2000人，还有2000人被俘，这对于一支像罗马常备军这样的军队来说堪称从未有过的灾难。[34]

罗马军队在特拉西梅诺湖战斗中遭到惨败，塞尔维利乌斯派出的增援部队也全军覆没，这两个可怕的消息使罗马极为震惊。失败的冲击波在整个意大利回荡。据李维记载[35]，普通市民成群结队涌向古罗马论坛，人们纷纷背井离乡，涌向首都避难，谣言四起，恐惧蔓延。号啕大哭的妇女们在城门口等待着，希望听到亲人还活着的消息。人群越来越庞大，以至于元老院不得不作出回应。财务官[1]马库斯·庞波尼乌斯用最简洁的话语宣布："我们在一场大战中被打败了。"元老院的其他裁判官[2]安排了整个议会，从黎明开到黄昏，用了几天时间辩论谁应该接替军团的领导职务，负责恢复军团。[36]正如那位财务官在罗马民众集会上所承认的，特拉西梅诺湖是一个真正的失败，罗马遭遇了前所未有的最严重危机。

如同在特雷比亚河战役中一样，汉尼拔再次利用了自然条件，即湖和雾，作为战争利器，实际上是把自然条件作为一支全新有效的军队来使用的。汉尼拔取得了前所未有的成就。他似乎已经发明了环境战术。他已经把自然条件纳入了他的作战计划，受到如此鼓舞，未来他也将再次大胆地利用自然条件。

---

[1] 罗马裁判官，低于执政官，主掌国库。——译者注
[2] 一个民选的高级别罗马裁判官，有时是军团指挥官。——译者注

第十四章

费边·马克西姆斯及其避战术

　　特拉西梅诺湖的灾难发生后，罗马人人自危，他们的信心破灭了。在这次惨败中，罗马至少有3万名战士战死或被俘，还不包括塞尔维利乌斯·格米努斯从阿里米努姆派去增援的4000名骑兵——他们在途中遭遇埋伏，全军覆没。这场灾难造成的冲击波，震撼了整个罗马意大利。更糟糕的是，罗马人现在对汉尼拔一筹莫展，不知道该如何对付他。他们曾吹嘘罗马军队有多么强大，可如今却一败涂地，一败再败：先是提契诺河战役，然后是特雷比亚河战役，如今是特拉西梅诺湖战役。一场接一场的惨败动摇了他们对罗马军队的信心。这时罗马人才终于发现，双将联合指挥军事体制——即由一名老将和一名政客联合执掌军权的体制——是一种很愚蠢的体制。

　　罗马心慌意乱，犹豫不决，但最终还是作出了一项重大决定，任命一个军事独裁官来统一军事领导权。这一决定很不寻常，因为上一次任命军事独裁官还是在公元前249年的第一次布匿战争中。幸存的执政官塞尔维利乌斯·格米努斯可能参与了这项任命，但他仍然坚守阿里米努姆，部分原因是为了防范汉尼拔。

元老院任命了老将昆图斯·费边·马克西姆斯（Quintus Fabius Maximus，前280—前203）作为独裁官执掌军权，军权因此集中在一个将领手中。他的副将是年轻的马库斯·米努西斯·鲁弗斯（Marcus Minucius Rufus），他被任命为骑兵长官，主要负责指挥罗马骑兵。米努西斯是公元前221年罗马的执政官[1]，因为费边无法选择自己的骑士统领，他不得不接受被推选出来的米努西斯。由于他们是被迫搭档，因此他们之间的关系有些别扭，而且两人之间差别显著：费边年长，出身于一个显赫的家庭，意志坚定，很有耐心，甚至有些过分耐心；米努西斯则是一个骄傲自信的政坛新星，极度活跃，热衷于热烈煽情的演讲。这些差别很快使费边和米努西斯之间产生了摩擦。

昆图斯·费边·马克西姆斯

汉尼拔从来没有遇到过一个如此谨慎的罗马对手，此人不仅和自己的风格截然不同，也不同于其他罗马将领。和西庇阿兄弟一样，昆图斯·费边·马克西姆斯出身于一个著名的罗马军人家庭——费边家族（the Fabii）。昆图斯·费边本人是一位杰出的文职公务员，在被任命为独裁官之前，曾在公元前230年担任审查官，公元前233年和公元前228年两次当选为执政官。虽然每个人都认为费边在青年时期僵硬呆板，反应迟钝，呆头呆脑，但希腊历史学家和地理学家普鲁塔克却为他辩护，说成年之后的费边在军事事务方面非常坚定，绝不动摇。费边已经参加过这场战争，因为两年前（公元前219年）他曾作为某代表团的成员，前往迦太基抗议萨贡托战役，要求汉尼拔投降，并弄清楚迦太基的动机。

公元前3世纪，费边家族赢得了三姓体制中的一项特权，在他们的名字最后加上尊号马克西姆斯，从而将费边家族这一分支确认为"最伟大的"家族。[2] 费边临危受命，在这一严重的军事危机发生后被任命为新的独裁官（一个拥有

第十四章 费边·马克西姆斯及其避战术

特殊权力的临时职位,但不等同于现代的独裁者),拥有巨大的权力,甚至可以说是最高权力。[3]虽然他此时已经大约63岁了,年纪偏大,但拥有丰富的军事经验,在当时处于大崩溃状态下的罗马政府里,昆图斯·费边是最受尊敬的幸存者。

罗马担心汉尼拔进军罗马首都,于是赶紧加固东部的堡垒;农民担心汉尼拔进攻,于是赶紧收割庄稼,逃到罗马城里。几个曾遭遇过汉尼拔的幸存者,大多可能是逃兵,即兴编造了关于这个魔鬼般的对手更有戏剧性的故事,而自己则成了光荣的老兵,减轻了耻辱感。

许多迷信的罗马人甚至回到了宗教狂热,竭力巴结讨好任何可能更好地保护他们的神明,包括向战神玛尔斯献上更加丰厚的祭祀。中断了将近两个世纪之后,12位罗马神明全都被邀参加了一场特殊而严肃的宴会——安天会(lectisternium)。[4]弗拉米尼乌斯由于不尊重宗教,所以他会战死在特拉西梅诺湖畔。因此,费边要求人们特别注意征兆,并纠正以往的疏忽,向神明公开献上大量祭品,态度举止要恭谨严肃。

费边和米努西斯加强了城防,特别是加固了城墙,锻造了新兵器,征募了士兵来驻守在这些城墙上,并招募了约4万人补充军团,其中一半是从被践踏、烧毁的北方农场招募来的经验不足的新兵。这位新的独裁官集结了他的两个新兵军团,并召集了塞尔维利乌斯的两个军团的残部,然后越过群山,向阿普利亚进发,等待汉尼拔。费边忧心忡忡,命令沿途所有城镇的居民撤离,因为他相信汉尼拔一定会抢掠这些城镇。但费边的冷酷决心被马库斯·米努西斯·鲁弗斯的过分雄心勃勃的姿态抵消,这位骑士统领确信罗马占据优势。

在接下来的几年里,费边采取了一项谨慎的策略,尽可能避免与汉尼拔发生冲突,这种策略最终为他赢得了一个绰号"拖延者"(Cunctator),这个绰号基本上是在他死后才变得著名的,但在有些人看来,这是一个臭名昭著的绰号。这一战略看上去很保守,不作为,但最终被证明是正确的,因为当时汉尼拔的能力足以摧毁他遇到的任何罗马军队。费边也相信,他可以采用各个击破

121

的战术，专挑那些出外洗劫的小股敌军，在一个接一个的小规模突袭中聚而歼之，这样的骚扰会加剧敌人的痛苦，并慢慢恢复罗马的信心。他认为，在一系列战役溃败之后，这样一系列的小成功将具有正面意义。[5]人们对汉尼拔的描写往往比较丰富多彩，但对于费边的描写则相对地有所保留。无论如何，必须承认，费边首先发起了对汉尼拔袭击有利宣传的反击战，他也是第一位知道如何尽可能安全地避免与汉尼拔冲突的罗马将军。

特拉西梅诺湖之战后汉尼拔的军事部署

在特拉西梅诺湖战役后，汉尼拔已经越过亚平宁山脉，经过现在的翁布里亚地区，到达皮塞努姆地区，并沿着亚得里亚海沿岸缓慢前进。他的部队疲惫不堪，马匹很脏。汉尼拔的政策是允许部队尽可能多地寻找补给，直到军队恢复元气，因此一直不断地夺取当地秋收后的粮食。一旦他得知罗马人在特拉西梅诺湖之战后任命了新的统帅，便采用了几手策略使罗马人对他们的新独裁官失去信任。他的计策是挑动费边来进行一场他可以掌控的战斗，正像他操纵塞姆普罗尼乌斯和弗拉米尼乌斯那样，因为虽然费边政治经验丰富，但军事经验欠缺。如果此计不成，就制造舆论，把他说成是一个怯战的懦夫。

汉尼拔沿着海岸从皮塞努姆到达阿普利亚，在阿尔皮附近扎营，而费边也在附近扎营。汉尼拔部署了他的军队进行战斗，并引诱罗马人出战，但是费边不为所动。尽管像米努西斯这样的罗马军官对费边拒不出战感到厌恶，但汉尼拔知道小心谨慎是一个优秀将领应有的品质。此刻，汉尼拔正在罗马的旧殖民地萨姆奈特明目张胆地洗劫农场财富，试图以此来羞辱费边。汉尼拔一定开始明白，费边与以前的罗马将领不同，是很难被激怒的。

汉尼拔进军的时候，一路烧杀抢掠，所到之处，火光冲天，烟雾升腾。费边尾随其后，但保持一个合理的距离，虽然双方可以看见对方，但难以接触。

第十四章　费边·马克西姆斯及其避战术

双方侦察兵之间发生了几场小冲突，费边俘虏了一些失散的迦太基侦察兵，除此之外，他让他的大部分不习战事的罗马士兵尽量远避伤害，巧妙地调动军队，以免成为汉尼拔军队突袭的牺牲品。费边命令罗马农场主毁掉他们的农场和庄稼，并从那里撤离。这位罗马独裁官竭力避免全面大战，只以小规模冲突来骚扰汉尼拔的侧翼。[6]费边也努力占据较高的地势，因为他认识到了汉尼拔的军事优势，特别在骑兵方面的优势[7]，在这方面，他和米努西斯这样的同僚就很不一样。波里比阿清楚地表明，费边和罗马人在这个时候比侵略军占有一个明显的优势，就是取之不尽的给养和兵源。[8]据历史学家估计，在第一次布匿战争后，从公元前234年起，罗马成年自由民大约有30万人，意大利盟友约60万人，再加上约200万奴隶人口。[9]这些学者也评论了罗马在第二次布匿战争中为军事动员而征用资源的非凡能力。虽然罗马在几次战役中伤亡惨重，但是即使剔除女性人口，把这一总数除以二，汉尼拔在兵源和农业生产人员方面也无法与之抗衡。正因如此，汉尼拔率领他的老兵所取得的成就便显得愈加非凡。

罗马军队在较高的山地紧跟在汉尼拔身后，汉尼拔向西越过亚平宁山脉，穿过贝内文托，进入坎帕尼亚，这里地处所有罗马土地中最富饶、最肥沃的法勒努斯平原，位于火山区，有着最肥沃的土壤。坎帕尼亚实际上是一个罗马财富的聚宝盆。汉尼拔从来没有见过这样丰富的农业物产，他很快就获得了战利品，似乎比他的军队所需要的还要多。洗劫坎帕尼亚最肥沃的农田不乏讽刺意味，因为汉尼拔不会忘记，当迦太基威胁要倾覆西西里岛的时候，正是坎帕尼亚的元老院议员发动了第一次布匿战争，西西里岛靠近他们在坎帕尼亚的罗马别墅。汉尼拔的一支部队在卡普亚附近驻扎了几个星期，这个地区到处都是汉尼拔的战利品和抢来的数千头牲口。

汉尼拔在亚平宁逗留是完全合乎逻辑的。首先，正如波里比阿所指出的，这一举动将迫使罗马作出选择：要么不得不与他交战，要么不与他交战——而这等于变相承认他是意大利的主宰。[10]这样他就可以顺势而为，又能说服更多的意大利人背叛罗马。[11]其次，保证军队的物资供应是战争的重要组成部分，只要战士有足够的食物，牲畜有足够的饲料，战争便有取胜的可能。战术必须根据食物的多寡而相应地调整。在这片土地上作战，汉尼拔的侵略军不得不更加重视后勤保障，这意味着袭击农场抢劫牲畜是必要的。此外，汉尼拔抢劫的东西越多，罗马军队占有的资源就越少。[12]

一些历史学家计算了古代军队的日常消耗量。数据表明，一位执政官率领的由几个军团组成的军队，加上盟军（大约2万人、3500匹马和驮畜）每天将消耗大约35吨小麦、25吨大麦、1万公升葡萄酒和2000公升橄榄油。[13]在合适的季节每天放牧会省下饲料，但在冬季，粮食供应压力将大大增加。收获季节刚开始的时候，军队就要计划将来的任何需要。因此，汉尼拔认为，不管要冒多大风险，必须占领坎帕尼亚，以便为他的军队获取足够的食物，他知道，这是他获取补给品的机会之窗。

李维总是抓住任何机会揭露迦太基人的奸诈和背信弃义，据他记载，汉尼拔很快就想出了一个妙计，进一步削弱人们对费边的信任。[14]和许多罗马贵族一样，费边在坎帕尼亚拥有肥沃的农田，汉尼拔从罗马逃兵或当地人那里知道了费边农田的位置。然后，他摧毁了周围所有的农场，但一点也没动费边的土地和葡萄园。据李维记载，汉尼拔随后散布谣言说，费边的农场之所以幸免于难，是因为他和汉尼拔做了秘密交易。费边深受羞辱，于是委托他的儿子昆图斯把肥沃的农田卖掉，利用这些收益来赎回罗马俘虏。[15]

不管李维的故事是真还是假，费边仍然不愿与汉尼拔交战，以至于马库斯·米努西斯·鲁弗斯几乎发动了兵变。即使是元老院也开始怀疑费边的谨慎是不是正确的战略，因为坎帕尼亚利润丰厚的物产都被汉尼拔抢走了。费边因为过于谨慎而被称为拖延者，受到周围几乎所有人的抨击。这种谣言加上轻蔑，会使许多罗马贵族感到愤怒不已，但费边无动于衷。他有极大的耐心去忍受质疑。

第十四章　费边·马克西姆斯及其避战术

汉尼拔逃离法勒努斯平原

当年秋天，费边确定，汉尼拔即将返回东部，打算带着他掳掠的大量战利品到阿普利亚过冬，用战利品中的数千头牛运输粮食，其间将通过亚平宁山脉的低地离开法勒努斯平原。费边希望把汉尼拔困在坎帕尼亚，于是派米努西斯去封锁阿庇安大道，这条大道从罗马往南通往卡普亚，沿途经过滨海的西努萨狭谷。[16]与此同时，他率军占领了位于卡西利隆峡谷的沃勒图尔努斯（Volturnus）河谷的高地，此地在卡普亚以北约3英里，这是向东走出坎帕尼亚的唯一的备选道路，他估计汉尼拔会走这条路。费边猜对了汉尼拔选择的路线，并且他相信自己已经把汉尼拔的军队包围起来。听到侦察兵报告说道路已经被罗马军队封锁之后，汉尼拔命令他的军队停止前进。夜幕渐渐降临，费边对发生的一切看得很清楚。

汉尼拔在思考该如何应付这种情况；费边则按兵不动，想知道汉尼拔会耍什么花招。显然，迦太基军队已经准备好在第二天突围。费边知道，如果汉尼拔权衡利弊，他就会明白，如果他想到达那条通道，就必须付出巨大的生命代价，他的军队将受到重创，因为费边在附近布置了4000名罗马兵把守这条道路，由于道路狭窄，防守起来轻而易举。[17]费边相信第二天早上将是一场决定命运之战，于是天黑以后便早早休息，打算睡一个好觉，他相信已经把汉尼拔套牢了，此战可能终结汉尼拔的军事活动。[18]

但汉尼拔想出了一个妙招。黄昏时分，他叫来一个供需官，告诉他让他的手下从周围的山谷地面和灌木丛中搜集并捆扎尽可能多的干柴。因为收割季节已经过去，正处于雨季之前最干燥的季节，这项工作很容易完成。汉尼拔的士兵在黑暗的掩护下悄悄工作，很快便捡了一大堆干柴。

到这个时候，大部分的罗马军人已经睡着了，只有卡西利隆道口有士兵把守。汉尼拔让他的部下从战利品中挑选了2000头最健壮的牛,并在吃完晚饭后等待他的命令。他指着离卡西利隆山口不远但离费边的主要军营有一段距离的一个山脊,告诉他们要做好记号,因为他们将在半夜疯狂地驱赶牛群到那个地点。汉尼拔的军队休息了几个小时,直到凌晨3点左右,这时罗马人睡得正香。

汉尼拔悄悄唤醒他的士兵,命令他们把2000头牛的两个牛角之间都绑上大捆的树枝,尽可能快地把它们都点燃。干枯的树枝着火了,牛也被驱使着往前冲去。看到的人会以为整个军队突然从低矮的灌木丛中冲上山脊。汉尼拔把全军集结在一起,带着其余的战利品隐蔽在卡西利隆山口下面,在毫不知情的罗马人眼皮底下安静地等待着。这个出色的妙计打了罗马人一个措手不及。

受惊的牛群带着燃烧的柴捆呼呼冲向远离通道的山脊,燃烧的火捆看上去就像数以千计的士兵打起的火炬;李维说,燃烧的牛群也点燃了山坡上的植被,造成更多的火灾,在罗马人眼中,敌人的部队似乎壮大了。[19]汉尼拔挑选的赶牛的士兵和长枪兵一道从后边和左右两边驱赶牛群,让它们聚在一起,而另一队士兵则用武器从后面驱赶牛群。负责守望的睡眼蒙眬的罗马守军发现移动的火焰后立刻跳起来,一边大叫,一边狂奔向被照亮的人群,他们以为汉尼拔派他的整个军队攻杀上来了,因为他知道这条通道有重兵防守。

被惊醒的费边的主力部队也以为同样的事情发生了,他们中的许多人都在迷迷糊糊中集结起来,试图把正往山脊爬行的牛群"大军"拦住。在黑暗笼罩下,一切都在按照汉尼拔的计划进行。与此同时,汉尼拔的军队悄无声息地向无人防守的卡西利隆山口涌去,并迅速安全地通过了。罗马士兵在匆忙中发出了如此大的噪声,以至于他们只把注意力错误地集中在逃跑的牛群上,并试图拦截,没有注意到其他任何活动。

汉尼拔早就料到了这一点,所以他选择把牛群往山脊上赶,既远离卡西利隆山口,也远离罗马军队的主营地,这样在他率军通过山口时就不会有罗马军队挡在路上。

当部下唤醒费边并报告有关移动的火把和噪声时,他认为这是一个陷阱,因此拒绝集合他的其余部队出击。[20]虽然在山脊上追逐火牛阵的迷迷糊糊的罗马兵和汉尼拔赶牛的散兵之间发生过几次战斗,但在混乱中,甚至连迦太基的长枪兵和赶牛的兵也迅速消失了。一些牛与他们一道越过山脊,逃脱了,并穿过山脊另一侧的森林,赶上了迦太基的主力部队,牛角之间的火已经熄灭了。汉尼拔派出一部分西班牙武士去与尾随而来的罗马兵作战,并陪同最后一名长枪兵返回。大约1000名头脑发热不知死活的罗马士兵在试图返回卡西利隆山口时被屠杀。

混乱的罗马军队在黎明时分重新集合。令费边和罗马人深感失望、羞辱和困惑的是,当晨光照亮沃勒图尔努斯河谷后,他们发现,汉尼拔的整个军队全部逃脱了费边的圈套,只损失了大约1000头牛。这是汉尼拔率领他的幽灵军团欺骗罗马人的最著名的一次军事行动。[21]虽然费边最初猜到了汉尼拔要走的路线,但他的迦太基对手猜得更准确,生性保守的费边不会在夜间指挥他的部队出战,免得中了汉尼拔的诡计。他的想法是正确的,正如波里比阿指出的,这的确是一个诡计。[22]费边想在天亮以后全面评估情况。[23]

汉尼拔的部队现在迅速向东移动,一路上几乎没有遇到任何抵抗,顺利地回到阿普利亚过冬。这次远征,他不仅从罗马最富庶的农业中心坎帕尼亚得到了丰厚的战利品,从而进一步挫伤了罗马军队的士气,同时也给罗马的敌人打了一针强心剂,使他们取得另一场心理上的胜利,从而增强了他们对汉尼拔的信心。

当消息传到罗马,灰头土脸的费边因让汉尼拔逃脱而受到痛批,尤其是他的对手米努西斯,更是愤恨不已。米努西斯之所以生气,并不是因为罗马的名誉受到了损害,而是因为自己竟然没能参加这次军事行动。如果过分谨小慎微的拖延者费边有先见之明,并因此推迟与汉尼拔交战,那么许多罗马人就会思考,假如他们的两支军队在这个人指挥下与汉尼拔遭遇将会发生什么情况,这使他们感到不寒而栗。米努西斯在罗马四处游说,竭力劝说所有议员,罢免费边独裁官的职位,换上别人。费边虽然备受非议,但决不动摇。他并不傻,并且知道最聪明和最让人琢磨不透的指挥官会假装是猎物,但他们才是真正的猎人,并将最终扭转局势。[24] 只要有可能,他还是会在这场游戏中等待时机。从短期来看,费边的"费边战略"给人一种示弱的感觉,因为他决定"除非罗马占有优势,否则就决不与汉尼拔交战";从长期来看,他的决策最终将被证明是明智的。[25]

第十五章
坎尼战役

即使是两千多年后的今天，当人们重看坎尼战役时，仍然会感到毛骨悚然，不寒而栗。毫不过分地说，汉尼拔"军事天才"的名声在很大程度上正是源自这场仅仅持续半天的战役。

尽管有关这场战役的史料相当混乱，甚至相互矛盾，使得还原这场战斗的过程颇具挑战性，但是在许多方面，学界已经取得了一致意见，可以对这场战斗进行比较可靠的解释。即使排除了附加在这场战斗中的夸张成分后，坎尼战役仍然是一场充满戏剧性的不可思议的战役。

这场战役发生在公元前216年8月的一天。两千多年后，同样在8月的一天，我站在奥菲都斯河（今天的奥凡托河）河谷上方的小山上，河水蜿蜒流向海岸。接着，我在狭窄的平原上来回走动了大约1英里，遥想当年的那场战役。尽管今天看起来，这里的风景如此平静，但在当年的那场战斗中，许多罗马人惨遭屠戮，命丧黄泉，令坎尼臭名昭著。

米努西斯惨遭羞辱

汉尼拔在沃勒图尔努斯河谷施展妙计逃脱后，在公元前217年的大部分时间里，两支军队互相保持了一个安全的距离，警惕地观察着对方的动向。尽管无论在战场还是在元老院，费边都受到了严厉的批评，但他在决定扎营和转移的时候依然我行我素，坚定地按照既定方针行事。在坎帕尼亚和阿普利亚之间的地带，双方发生了许多小规模的冲突和突袭，结果并不全对汉尼拔有利。但公元前217年发生的一次小冲突，或者说是小战斗，增加了汉尼拔和费边的声望，同时也显露出了米努西斯的真面目。

同年夏天，费边临时返回罗马，因为他必须参加一项宗教仪式。急不可待的骑士统领米努西斯终于有机会显示他迥别于费边的自信、勇敢和战斗意志。当时的汉尼拔军队正驻扎在距罗马155英里、位于意大利中部地区的格鲁尼乌姆（Geronium），他们经常派出小股军队在周边地区发动突袭，收集食物补给以备过冬。米努西斯袭击了汉尼拔军队中三分之一的缺乏骑兵保护、行动不便的部队，违背了费边先前制定的避免直接冲突战略。结果，在这次战斗中罗马有5000名士兵阵亡，而迦太基损失了6000名士兵。虽然他并没有取得完全的胜利，但狂喜的米努西斯向罗马发回捷报，让人觉得他似乎取得了一场重大胜利。

在罗马，许多人批评费边的避战自保策略，而这场久违的胜利使他们意识到，罗马现在终于有一位可以与汉尼拔抗衡的斗士了。罗马元老院发出一项命令，下令将骑士统领米努西斯的职权提升为与独裁官费边平等。同年秋天，汉尼拔一直在寻找机会重创罗马军队，根据间谍的情报，他发现头脑发热的米努西斯急不可待地想采取作战行动。于是汉尼拔在格鲁尼乌姆附近给米努西斯设下了一个圈套。

汉尼拔知道，自己的军队还不足以和庞大的罗马军队作战。但此时，罗马军队已经分裂成两半了,他可以把其中的一半吸引出来,在另一半驰援之前对其造成重创,从而有可能把人数上的劣势变成暂时的优势。此外,汉尼拔了解米努西斯的心理特征与他渴望战斗的冲动(经过夏季的第一次冲突后,此时的米努西斯有点儿过度自信),也了解费边的谨慎和不愿战斗的心理。因此,汉尼拔认为,他可以利用罗马军队的分裂及其将领之间的分歧。

在夜幕的掩护下,至少5000名士兵被汉尼拔分成200—300组,分别藏在主山旁边和后面的洞穴里。汉尼拔打算在那里诱杀米努西斯。

早晨,汉尼拔的军队离开了格鲁尼乌姆的安全地带,并派出一队轻装步兵公然向米努西斯挑衅。米努西斯想都没想,就投入了其麾下一半的罗马军队作战,结果侧翼遭受潜伏的迦太基士兵的突然攻击。由于这个原因,这场冲突变成了一场前后夹击的伏击战,造成了罗马军队的溃败。尽管心里有一万个不情愿,费边还是赶来解救剩下的罗马部队,只不过在到达战场之后,他并没有让军队全力投入作战,而只是小心翼翼地抢救一番就立即撤退了。同样,成功实现计划并消灭了许多罗马人之后,汉尼拔也撤出了他的军队,从而避免冒消耗兵力的风险。米努西斯遭受了如此的羞辱后被降职,重新接受费边的指挥。公元前217年12月,罗马召回他们两个人,因为费边的独裁官任期届满。汉尼拔既能大胆出击,也能在必要之时按兵不动。

罗马征新兵

和汉尼拔相比,罗马最有利的一个因素是它似乎总能征召到年轻新兵,组建新军团,其中大部分是来自农场或城市的公民民兵。战争结束后,这些士兵将回到农场或城市。为了补充罗马军队在历次战役中的减员,包括沃勒图尔努斯河战役、格鲁尼乌姆战役、特雷比亚河战役以及特拉西梅诺湖战役等,罗马将最低服役年龄降低到16岁。新军团将被补充进入一支受过训练的部队中,由费边和米努西斯指挥,用于追击汉尼拔。这支罗马的新军队在公元前216年春季厉兵秣马,准备在夏季发动一场大战,但其中一半都是从未受过训练,从未上过战场的新兵。

为了一举击败汉尼拔,罗马现在组建了一支联合部队,包括8万名罗马和盟军步兵,以及6000名骑兵,总共8个军团。[1]尽管数字挺吓人,但是只有4个军团的士兵有真正的实战经验。罗马军队广为人知的严明纪律和战斗秩序此时尚未形成,毕竟,把新兵塑造成一个个具有战斗力的作战单位需要时间操练。李维声称,几乎三分之二的联军成员是刚刚招募的新兵,大部分缺乏训练。[2]有人强调,罗马花了太多的时间招募新兵,结果整个军队在坎尼战役前几周才组建完毕,而执政官们在战役前一周才在阿普利亚加入军队。[3]如果罗马人天真地认为仅凭人数优势就足以压倒汉尼拔率领的那些身经百战、竭力在敌国本土求生的老兵,那么他们就过于乐观了,而这种乐观将置他们于危险之中。另一方面,尽管罗马军队的战斗力令人质疑,但其统帅却令人印象深刻。

卢基乌斯·埃米利乌斯·保卢斯

卢基乌斯·埃米利乌斯·保卢斯(Lucius Aemilius Paullus)是罗马"一等家庭"(类似世袭贵族)的贵族成员,出身于著名的埃米利安家族(the Aemilia family)。这是他第二次任执政官,在此之前的职业生涯堪称出色。公元前219年,他曾率军战胜了伊利里亚海岸的君主,帕洛斯的德米特里乌斯,不过由于分配战利品存在不公,他的声誉受到了一些损害。[4]作为执政官之一,他将共同指挥这支迄今为止规模最庞大的罗马军队。[5]罗马对埃米利乌斯·保卢斯的领导能力充满信心,因为他的领导能力经受过实战的检验。他是最受尊敬的将领之一,出身于罗马最古老的传统世家,人们相信他能够在战场上弘扬罗马威名。[6]据说埃米利安家族甚至可以追溯到神话传说中罗马第二任国王努马·庞皮里乌斯(Numa Pompilius),即罗穆卢斯(Romulus)的继承者。据传说,罗穆卢斯是一个孤儿，他和他的双胞胎兄弟莱姆斯（Remus）是罗马的创始人。还有一些传说甚至说埃米利安家族是埃涅阿斯之子阿斯卡尼俄斯的后裔。虽然埃米利安在民族和文化起源上与早期罗马东部的萨宾族联系最密切，但他们无疑是罗马的古老家族之一。埃米利乌斯·保卢斯此时年纪已经相当大了，可能有50多岁或者甚至有60多岁，虽然他的真实年龄难以确定，但他无疑是这个时期最年长的一位罗马军事指挥官。埃米利乌斯·保卢斯作为执政官，指挥军队的时间并不长，也许只有几个星期，而且在多数时间，他都是在开往阿普利亚的行军途中。波里比阿的记载一般来说都是可靠的，但他是在埃米利安人的赞助和支持下撰写他的史书，因此也可能影响其历史叙述的真实性。

盖乌斯·特雷恩蒂乌斯·瓦罗

盖乌斯·特雷恩蒂乌斯·瓦罗（Caius Terentius Varro）本是一介平民，却在罗马政界一路高升，并在公元前218年担任地位仅次于执政官的裁判官。他还是一个颇有名的演讲者，经常与元老院作对。史书上对瓦罗的评价颇低，但实际上他并没有那么糟糕。[7]尽管他需要为罗马在坎尼遭受的失败耻辱负一定的责任，但也许最主要的问题是新组建的罗马军队大多缺乏经验。像李维这样偏袒传统罗马贵族家族的历史学家，也有意贬低他，对他卑微的出身表示轻蔑。[8]毕竟，瓦罗作为罗马政坛的"新人"，是他家族中第一位当选并担任高级职务的人，不像埃米利乌斯·保卢斯出身于传统贵族家庭，家人可以在他死后捍卫名誉。瓦罗被当时广受欢迎的平民党选中执政，因此李维说他傲慢和急躁。他说，在坎尼战役前，费边曾警告过保卢斯，说他的同僚瓦罗蛊惑人心。[9]波里比阿虽然不大谈及瓦罗，但当谈到他的时候也是一个劲地说他又无知，又无耻。[10]我们不知道李维对瓦罗的差评有多少真实性，但在坎尼战役中，瓦罗似乎的确比保卢斯更冲动。

占领卡奴西温粮仓

阿普利亚的夏天炎热而干燥,并且几乎找不到任何粮食来养活军队,这使汉尼拔有点绝望。他知道补给即将耗尽,于是把军队迁到坎尼的南边,以便靠近卡奴西温附近肥沃的农田。他夺取了这个罗马粮仓的全部谷物和其他收获的食物,甚至可能因此避免了迦太基或联盟军人的哗变。

7月下旬,庞大的罗马军队在两名指挥官的指挥下,尾随汉尼拔穿过阿普利亚。夺取卡奴西温粮仓之后,汉尼拔甚至迫使罗马军队不得不提前与自己交战,因为罗马人也面临相同的食物和供应短缺问题。[11]此时,汉尼拔应该已经知道罗马军队中有多少是新兵了,当然想在这些新兵训练得更好之前就面对他们。因此,突袭卡奴西温粮仓可以称得上汉尼拔的一个杰出战术,目的是让罗马军队来不及做好准备就投入战斗。

备战

波里比阿说过,当士兵预料到战斗逼近时,紧张和恐惧可以消磨掉他们的勇气。像任何一个优秀的将军那样,在集结起来的庞大军队面前,保卢斯发表了战前动员讲话,强调了他们的优势:罗马步兵在人数上比汉尼拔的步兵多了几乎一倍。为了增强新兵的决心,保卢斯告诉他们,一同作战的是已服役两年的老兵,这些老兵曾在费边麾下战斗过,知道汉尼拔的战术。他还说,汉尼拔的军队已经筋疲力尽,比当初在西班牙渡过埃布罗河时的人数减少了三分之二,更何况在敌国领土作战,远离家乡。汉尼拔的许多士兵都是雇佣兵,只为报酬而战。保卢斯坦率地告诫罗马的士兵们,他们是在保卫家园,是为他们的国家、妻子和孩子而战斗。和特雷比亚河与特拉西梅诺湖战役时的悲剧不同，情况已经逆转，现在对他们有利。他勉励他们"行为举止要像个男人""没有理由不取得胜利"。[12]这大致上都是些好建议，而且针对以前的惨败讲出了一番道理。然而，历史往往反其道而行之。

普鲁塔克讲述了一个很有名的故事，体现了一些迦太基士兵对罗马军团的恐惧心理。一位名叫吉斯戈（Gisgo）的迦太基军事幕僚说，看到这么多的罗马士兵真是令人惊讶。汉尼拔无意中听到了这个议论，便说出了一句名言加以纠正，以便缓解士兵们的恐惧情绪："是的，但在那么多士兵里面，没有一个叫吉斯戈。"聚集在一起的军官们被汉尼拔的幽默逗笑了，紧张情绪得到了缓解，而后面的队伍听到笑声，也相信情况一定是对他们有利的。[13]

开战

汉尼拔用卡奴西温的食物补给完军队之后，首先在奥菲都斯河的西岸扎营，面朝北方，准备迎战罗马军队。侦察员已经确定，罗马军队正在从北方逼近。这个作战位置有一个好处，那就是从非洲吹来的季节性沙尘——"利伯齐奥"（Libeccio）——不会吹进他部下的眼中，只会落在他们的背上。相反，沙尘将影响罗马军队的视力，足以影响战况。李维明确提到了这一现象，[14]甚至连西利乌斯·伊塔利库斯也表示，这是影响战斗结果的一个因素。[15]令罗马人迎风作战，一定是汉尼拔有意为之。[16]

罗马人，尤其是保卢斯，并不希望在汉尼拔选择的平坦地面作战[17]，因为他们知道这有利于汉尼拔的骑兵。罗马军队只有6000名骑兵，非常缺乏骑兵的支援；汉尼拔的军队则有1万名骑兵。[18]在接下来的两天里，两军发生了几次小规模的冲突，汉尼拔的一些轻装步兵和骑兵骚扰了行军中的罗马部队，但罗马人在天黑前击败了他们，并造成了一些伤亡。罗马人在河的两岸分别扎营，较大的军营设在左岸。但第二天，汉尼拔就把他的军营搬到了左岸，派出努米底亚骑兵阻止罗马人在奥菲都斯河取水。在炎热的夏季大战之前供水受阻将会是灾难性的。这肯定也是汉尼拔蓄意的策略。罗马人留下一个军团和盟友大约1万人守卫营地，不参加作战。

公元前216年8月2日是决定罗马命运的一天。波里比阿说，由于执政官瓦罗的经验不足和急躁冲动[19]，他急于出战，全然不顾地形不利于需要更多空间的重装步兵的问题。天刚蒙蒙亮，瓦罗就开始指挥，在黎明时分，执政官帐篷上升起的红旗从远处就可以看到，这是作战信号。红色军旗将被证明是一个不祥之兆。罗马军队缓慢集结并分头进行编队。虽然现代历史学家对于战斗的确切地点仍存在争论[20]，但可以确认的一点是，罗马大军渡过了奥菲都斯河与那里的军队会合，集结起来形成了一条战线。罗马军队的右翼朝南面向河流，左翼面向平原。两个侧翼都由骑兵组成，其余的盟军骑兵在右边。罗马阵营的中军是8支联合军团的重装步兵，包括至少5.5万名战士，加上1.5万名投射长矛标枪（hastae）的轻装步兵（velites）的支持。很不寻常的是，罗马步兵相互间挨得很近[21]，可能是因为河流压缩了军队的空间，而这一点促成了即将发生的悲剧。不包括骑兵，罗马的战线可能有1英里宽，甚至更深，士兵因此有信心按照需要向前推进。但这种布阵并不明智，因为队伍缺乏回旋的余地，无法在需要时撤退甚至逃离。要知道，平原的宽度还不到1.5英里。[22]罗马人的这种作战计划想要获得成功，其中一个前提是不被作战能力更强、人数更多的迦太基骑兵迂回包抄，而汉尼拔靠近奥菲都斯河布阵正是出于这个目的。罗马人相信他们的重装步兵能够在第一次战斗中坚守阵地，然后利用自己人数上的优势，势不可挡地向前推进，击破人数处于劣势的敌阵。如果罗马军团是作为一个训练有素、组织严密的单位向前推进，并且他们的两支骑兵能坚守阵地，然后击溃迦太基骑兵，那么这个计划是可行的。但这个平原的空间如此狭窄，而且多数经验丰富的罗马士兵已经在特雷比亚河和特拉西梅诺湖战役中被消灭，重装步兵主要是由没有战斗经验的新兵组成的，指挥官也主要由缺乏真正实战经验的新人军官组成，这些因素造成了最终的灾难性结果。瓦罗率领罗马盟军骑兵与部分步兵在右翼作战，保卢斯指挥罗马骑兵在左翼作战，塞尔维利乌斯·格米努斯统领的重装步兵军团作为中军。格米努斯现在是总督，管理一个省，职位低于执政官，可以指挥一支军队。

汉尼拔准备就绪，立刻率领他的全部兵力迎战罗马军队，他的许多士兵本来也在奥菲都斯河对岸，此时迅速行动，根据预先安排的作战序列，各就各位面对罗马人。汉尼拔首先派出了他的巴利阿里掷石兵和标枪部队来掩护他的部队行动。汉尼拔有大约4万名步兵，比罗马步兵少至少2万人[1]。汉尼拔军队的左翼是哈斯德鲁巴指挥的西班牙和凯尔特盟军重装骑兵；右翼则是马哈巴尔或汉诺指挥的努米底亚骑兵。[23]汉尼拔亲自指挥中军，由2万人左右的凯尔特步兵和4000人左右的西班牙步兵组成。除此之外，两侧还布置了多达1万人的利比亚兵和其他非洲兵。非洲兵在这条战线的后面，罗马人看不到他们。[24]汉尼拔的战线本来就比罗马人的短，为了与罗马军队的战斗队形的宽度匹配，又不得不拉长。当每一个单位到位时，汉尼拔便指挥中军向前推进，向外凸出面对罗马人。他的弟弟马戈和他在一起，从战线后面鼓动盟军步兵。汉尼拔一定意识到了，罗马人的全部军力都将集中在这里，并且知道如果要按计划把敌人的优势转变为自己的优势，那么最重要的一点就是他必须坚守在阵地上。[25]

坎尼战役即将开始，两军对垒，场面煞是壮观，激动人心，又令人恐惧，尤其是对罗马新兵来说更是如此。战斗号角声此起彼伏，到处可闻军官激励士兵的呼喊声、祈祷声、金属和皮革的撞击声和摩擦声，以及战马的马蹄声与嘶鸣声。清晨的阳光照射在士兵们的新盔甲上熠熠闪光。从迦太基的阵地上也会出现一波声音，特别是凯尔特人发出的激昂的战斗呐喊和自吹自擂的咆哮。一些人脸上可能涂着油彩，但身上不会再有其他防护装备，许多凯尔特人会赤膊上阵作战。凯尔特人举起又长又重的铁剑击打自己的身体，发誓不惜伤残而

---

[1] 这一数字不包括守卫罗马军营的1万名士兵，他们没有参加战斗。——译者注

战。两军的许多士兵会用剑击打他们的盾牌，因此此时的喧嚣声一定震耳欲聋。汉尼拔的西班牙盟军看起来很像罗马军人，因为他们的盔甲和盾牌是在特雷比亚河和特拉西梅诺湖战役中缴获的。他们穿着白色的战袍，戴着骄傲的紫色绶带，用李维的话说"很耀眼"。[26]但他们的佩剑和罗马人的不同，他们用的是西班牙剑，也可能挥舞着邪恶而锋利的西班牙钩刀[27]，这是一种把刀和剑融合在一起的武器，靠近把手的地方比较窄，但越往前越宽，靠近刀锋的地方比较重，然后再变窄直到刀尖。波里比阿指出，西班牙钩刀"可以刺可以砍，都有致命效果"。[28]

很快，清晰的作战命令响彻了平原两侧，两军都随着骑兵的轰鸣声向前冲去。首先是轻装步兵的先头卫队遭遇，巴利阿里掷石兵从远处发射雨点般的石弹击杀击伤敌人，然后汉尼拔的中军突击部与从后面向前推进的罗马步兵交战。由于奥菲都斯河边的空间很狭窄，因此沿河布阵的骑兵没有经过通常的旋转移动，很快就交手了。据波里比阿说，骑兵下马徒手肉搏，战斗进行得非常惨烈，甚至非常野蛮。[29]尽管罗马骑兵很英勇，但经验更丰富、动作更精准、人数还可能更多的迦太基骑兵逐渐占了上风。罗马人被驱赶到无处可逃的河边，当他们转身撤退时，就在河岸上被无情地屠杀了。无论这支罗马骑兵部队多么英勇，他们都被哈斯德鲁巴的骑兵驱散，几乎被消灭；幸存者也被一路追杀，要么倒下，要么被砍倒。埃米利乌斯·保卢斯一开战就受伤了，一颗石弹击中了他的面部，巴利阿里掷石兵可以甩出时速达120英里的石弹，能击杀一个50步开外的人。[30]虽然保卢斯不再率领已被歼灭殆尽的骑兵，但他继续召集罗马步兵中军集团作战。

罗马步兵军团以密集的传统方阵奋力向前推进，挤压敌方中军较薄弱的步兵防线，在这种情况之下，这可能不是最佳的阵形，因为他们最后会被挤压在一起，成为一个单位，只有外侧边缘的士兵可以挥动武器。[31]汉尼拔军队中处于突击位置的凯尔特人和西班牙步兵凶猛抵抗，但人数上远逊于罗马人。迦太基的盟友在几乎无穷无尽的罗马人的进攻前，慢慢地开始崩溃。罗马人一定感觉到了敌人已经放弃抵抗。推进的罗马兵逐渐渗透，终于击穿了迦太基步兵薄弱的防线，虽然罗马人和迦太基人在激烈的战斗中都有死伤，但迦太基人不得不让步。

没有任何一位罗马将领认为这种情况有什么不对头，也没有人会想到，凯尔特和西班牙步兵的撤退可能是有意为之。毕竟，他们战士的势不可挡的压力似乎是迦太基中军崩溃的原因。

受伤的保卢斯可能再也无法指挥这场战役了。由于他已不在马背上，他可能看不到平原战场上成千上万士兵制造的混乱。罗马步兵现在竭力向前推进，但仍有无数的士兵从后面推挤。每行只有最外围的士兵参与实际的战斗，其余的罗马步兵挤得太近，无法使用武器。这是一种不祥之兆，因为当他们向前推进的时候，罗马人将逐渐被他们的敌人三面包围。而在另一边，即东边，面对罗马人的努米底亚骑兵也同样逐渐击溃了由瓦罗指挥的罗马左翼盟军骑兵。这场战斗本来处于僵持阶段，但哈斯德鲁巴摧毁了河边的罗马右翼骑兵后赶来助战，从罗马军的左翼盟军骑兵的后面发起攻击，战场形势骤变。罗马的左翼骑兵此刻正受到努米底亚骑兵和哈斯德鲁巴率领的凯尔特和西班牙重装骑兵的夹击。剩余的罗马盟军的骑兵，趁着尚有空间腾挪赶紧向北逃窜。瓦罗也不敢恋战，一同逃窜。努米底亚骑兵略作追击便鸣金收兵。目光敏锐的哈斯德鲁巴决定不追赶罗马骑兵，而是把注意力转向了罗马步兵，率领迦太基重装骑兵从罗马步兵背后发动袭击。罗马骑兵的溃败与被迫撤出战斗，对战场的形势起到了决定性作用。

这是坎尼战役的历史性关键时刻。战场中心的近距离战斗异常激烈，突显了汉尼拔的精明，他把人数的劣势变成了优势。到目前为止，迦太基能否取胜仍然是未知数。但是一些变量开始起作用了。大量罗马步兵不知深浅，深入到敌军的防线，但由于汉尼拔所选择的地形，所以被密匝匝地挤压在一起，而他们仍错误地以为，他们仅靠人数优势就能取得决定性的胜利。罗马骑兵已经被迦太基骑兵击败了，因此不能来帮助步兵。保卢斯受伤了，无法领导未经实战考验的罗马新兵和他们的军官。瓦罗已逃离战场,抛弃战友。直到战斗之日,罗马军队的领导层都无法团结一致。雪上加霜的是,罗马士兵干渴难耐,迎面吹来的风沙使他们睁不开眼。最后,罗马军队上下陷入了令人震惊的绝望和恐惧,这比缺乏经验的问题更加可怕。希腊历史学家修昔底德曾客观地记载了公元前5世纪的伯罗奔尼撒战争,在长达27年的战争(公元前431年—前404年)中,他曾目击并记录了战场上的压力,指出战争是"暴力大师"。[32]参加坎尼战役的士兵肯定遭受了战斗压力的典型症状,如无法控制的肾上腺素流动导致心跳加速、胃部下沉感、冷汗、虚脱、呕吐、非自愿性便溺等身体反应。[33]而我们现在知道,这些创伤综合征往往胜过战场上的勇气。

成千上万的罗马步兵深入敌阵,此刻他们被困住了。也许他们从来没有看到利比亚和非洲重装步兵部队出现在他们的两侧,只是在模糊视觉的尘沙中隐约看到敌方阵营中的西班牙士兵头戴罗马头盔或持有缴获的罗马盾牌。当哈斯德鲁巴·巴卡率领大部分返回的努米底亚骑兵从后方封闭退路时,殿后的许多惊慌失措的罗马士兵转身面对他们,而汉尼拔的利比亚和其他非洲重装步兵的两个特遣队也从两边同时向内转[34],著名的双重包围开始了。不管汉尼拔中军的撤退是真的还是假的,但现在他们停止了撤退,重新发动了进攻。汉尼拔的军队不断进逼,罗马人突然被包围了。罗马短剑[35]敌不过凯尔特长剑和向下横扫的利比亚军刀,更敌不过连胳膊和腿都能砍下来的致命的西班牙钩刀。[36]罗马步兵的重装甲(包括锁子甲、头盔、盾牌和武器)使他们无法灵活地运动,拖得他们精疲力尽。[37]罗马人甚至无法充分施展他们的武器,因此被屠杀。平原上罗马人血流成河。他们无法转身,更不用说逃跑了。这是坎尼战役的转折点。

当罗马军人意识到自己被击败,希望已经破灭时,军心涣散,无心恋战。与此同时,保卢斯负伤倒地,血流如注地坐在地上,被幸存的骑兵卫队保护起来,但他实在太虚弱,无法骑上马。有人给了他一匹马,让他骑上逃跑,但他拒绝了,命令他的部下抓紧宝贵的几分钟逃命,去向罗马报信,赶紧保卫罗马。保卢斯被迅速包围并杀死。他最后听到的是周围垂死的军人的呻吟和尖叫，罗马的骄傲沦落尘泥。

至此，可怕的战斗的喧嚣终于平息了。据李维统计，战斗结束后，有5.5万名罗马军人死于坎尼战役；波里比阿的数字是7万人。迦太基军队战死人数不到6000人。[38]这场战斗可能总共持续了6个小时，从旭日东升开始到下午3点结束。一个完整的军团幸存下来，包括留在营地的1万名被俘的罗马人和6000名骑兵的少数幸存者。4位护民官，包括普布利乌斯·西庇阿和费边·马克西姆斯的儿子，与瓦罗一道迅速赶往罗马。李维说，1.9万名罗马军人在坎尼被俘虏，相当于两个军团。[39]历史学家估计，在西方历史上，坎尼战役战死的士兵人数比任何其他单日战役战死的都要多。那一天，3万加仑的鲜血洒在了战场上。[40]

筋疲力尽的迦太基人终于能坐下来休息了。食腐的猛禽迅速降落在战场上，人们开始打扫战场，收集战利品。这项工作进行了好几天。汉尼拔肯定也加入了巡查队伍，在尸体堆积的战场上寻找受伤和战死的罗马统帅。罗马的军事领导层已被消灭。不仅埃米利乌斯·保卢斯死了，塞尔维利乌斯·格米努斯和费边·马克西姆斯手下浮躁的骑兵统领马库斯·米努西斯也死了。48位保民官中有29人被杀[41]，80位元老或经由选举产生的元老级别的行政长官被杀，胜利者在战场上收集了200多个金戒指，说明有200多位戴金戒指的罗马骑士战死。

瓦罗之所以成为幸存下来的最资深的罗马将领，是因为他临阵脱逃。为什么瓦罗早早就逃离了战场？仅仅是为了保全自己的性命吗？还是因为作为一个缺乏经验的军事将领怯战而临阵脱逃？虽然在那种情况下的勇敢是愚蠢的，但我们仍然钦佩那些勇敢的人，因为他们的勇敢能够产生正面的效果；我们鄙视那些怯懦的人，因为他们的怯懦会产生负面影响。另一方面，瓦罗的逃跑是否对战局的结果造成了重要影响？是否因为他的逃跑，才导致汉尼拔的骑兵完成从后方对挤作一团的罗马步兵的双重包围乃至合围？

波里比阿和李维用很长的篇幅辱骂瓦罗隐含着一个更深层次的动机：转移人们的注意力，从而掩盖一个难堪的真相，即保卢斯实际上是那天战场上负责指挥的执政官。[42]如果这是真的，那么历史就对瓦罗不公正了，但这仍然不能洗刷他临阵脱逃的污点。

有人做过这样的估计，在所有年龄介于18—50岁的罗马男性中，有五分之一战死在那一天的坎尼。坎尼平原上肯定恶臭无比，大批苍蝇飞来落在堆积的尸体上。受重伤的人数也有好几千，其中一些人慢慢死去，而许多人肯定很快死于发烧和败血症。李维详细描述了一些身受重伤的人是如何把他们的头埋进土里，以窒息自己，结束痛苦。他描述了一个可怕的场景：一个罗马士兵无法举起胳膊挥舞武器，于是在垂死的愤怒中咬烂了困在他下面的一个努米底亚人的脸。[43]迦太基医护人员也处死了很多因伤势太重无法救治的伤员，既有汉尼拔的军人，也有罗马人。我们不知道他们花了多少天才把成千上万的死者埋葬。

坎尼战役的后果和马哈巴尔对汉尼拔的反驳

迦太基骑兵统帅马哈巴尔敦促汉尼拔立即向罗马进军，吹嘘5天内他就可以在罗马的主神殿卡比托利欧（Capitolium）举行盛宴，但汉尼拔对此表示反对。他肯定记得，在萨贡托，他的军队用攻城武器花了8个月的时间才攻破城墙，而罗马城更庞大，防卫更严密，有着更加坚固的城墙和一个良好的供水系统，人口众多，保证了守城兵力源源不断。他的军队已筋疲力尽，而这里距罗马有250英里的道路，即使对意志坚强的老兵来说也显得太过漫长，伤员和病员就更不用说了。他们不能把伤员留下来不管，因为他们仍然在敌人的领土上。即使是主力军骑兵在5天内也难以完成征程，更不用说夺取这座城市了。[44]据说马哈巴尔反驳道："你知道如何取得胜利，却不懂得如何利用胜利。"[45]

李维声称，许多人相信，汉尼拔决定不立即进军罗马是错失良机，并救了罗马。这种说法在历史上颇为流行，有些人认同马哈巴尔和李维的观点。[46]但攻占罗马是否真正可行？我们永远不会知道确切答案，不过汉尼拔极有可能对此做过明智的评估。可以肯定的是，假如汉尼拔能够接管罗马城，历史将会重写,但那将是军事史上最大的一个"假如"了。而汉尼拔则有另一个计划和不同的野心。

当汉尼拔在坎尼大捷后开始谈判时,他为罗马俘虏的赎金定下了难以接受的价格,但释放了为罗马而战的凯尔特人,并把他们送回家。他告诉罗马人,他不是在发动一场灭绝罗马的战争,而仅仅是为了恢复迦太基的尊严,保证迦太基的生存和它在地中海地区的地位。他要求罗马达成和平条约,弥补迦太基在西西里岛和撒丁岛的屈辱和损失,并免除哈米尔卡从西班牙支付的战争赔款。该和约将使迦太基的地位恢复到公元前241年《卢塔提乌斯条约》签订之前,正是这个条约夺走了迦太基的海上贸易权。

汉尼拔还预言,如果他施加了足够的压力,那么那些在提契诺河和特雷比亚河战役之后起来反抗罗马的北方凯尔特人、罗马在意大利南部三心二意的盟友,包括一些萨莫奈人和希腊人,以及阿普利亚人、卢卡尼亚人和布鲁蒂亚人,看到罗马遭到如此惨败,处于如此脆弱的地位时,都将会转向他。在随后的几年里,他的预言被证明大致上是正确的。李维声称,在坎帕尼亚的上层阶级一般倾向于罗马,但下层阶级大多与汉尼拔站在一起。[47]

坎尼战役结束后,罗马不得不承认,不仅他们"一举击溃汉尼拔"的战略不起作用,而且企图毕其功于一役也是不可能的。这无疑证明了费边的谨慎策略是正确的。[48]然而,如果汉尼拔认为罗马人会接受坎尼惨败而彻底认输,那么他就严重误判了罗马人。在过往的战争中,被彻底击败的敌人往往放弃抵抗,这样的例子不胜枚举,也许这正是他对罗马的期望。但罗马是一个全新的民族,只会按照自己的定义来承认自己的失败。大多数罗马人认为他们的使命是不断扩张帝国,而不是仅仅回到从前的地位,只满足于一个地区强权的地位。在汉尼拔之前,皮洛士曾多次击败过罗马人,但为了胜利他们付出了高昂的代价,因为罗马从未放弃抵抗。[49]罗马也不会放弃刚刚获得的海上统治地位。尽管坎尼惨败非常可怕,但面对这样一个巨大的挫败,无论罗马感到多么痛苦,都没有给它足够的理由祈求和平,因为罗马城本身完好无损。波里比阿说,战败的罗马人勇敢地死去,虽败犹荣[50],但他没有用同样的颂词描述战死的4000名迦太基勇士。尽管李维记载了一个很流行的故事,说马哈巴尔曾贬低汉尼拔,但我们不知道在战斗结束时汉尼拔的确切思想和情绪究竟如何,他在思考什么。汉尼拔在坎尼取得压倒性胜利之后,竟然决定不进军罗马,这无疑会困扰他的余生。

第十六章
意大利南部战役

当坎尼惨败的噩耗传来时,罗马全城震动,到处是哀号和对神明的哭诉。尽管临阵脱逃,人们仍然对瓦罗和几个残兵的归来表示欢迎,毕竟那么多人都阵亡了,而他是为了罗马才设法活下来。费边和他的不与汉尼拔交战的政策得到了平反,但他和其他人一样对这次灾难感到无比哀伤。无论费边是否知道他的儿子和普布利乌斯·西庇阿的儿子的死活,在这一刻似乎都无关紧要。

现在,只要一提起汉尼拔的名字,人们就会不寒而栗,胆战心惊。尽管元老院竭力给民众打气,甚至加强了城防,但罗马仍处于恐慌之中。据说当时流行过的一个著名的短语是"汉尼拔已到城门口了"。然而,这件事实际上在近10年后才发生,当时汉尼拔直接向罗马进军,以吸引罗马军队撤离卡普亚。汉尼拔此刻会进军罗马吗?真的会发生"汉尼拔已到城门口了"这种事吗?波里比阿说,坎尼战役后,罗马人认为汉尼拔一定会出现,并小心翼翼地观察着他的动向。[1]

然而,汉尼拔并没有现身罗马。他将注意力转向了别处。[2]朝秦暮楚的罗马盟友是他的新目标,尤其是意大利南部,汉尼拔希望在那里开辟补给线,从而能接受来自迦太基的供应。因此他作出了一个重大决定,向南进军而不是向北进攻罗马,给了这个遭受重创的城市一些急需的苟延残喘的空间。正如汉尼拔所希望的那样,他在坎尼所取得的胜利瓦解了许多意大利南方人对罗马的忠诚。他想向那里的人民展现迦太基的慷慨,为他们恢复古希腊的自由。[3]意大利南部的一些城市立即投降了,而坎帕尼亚的其他城邦国家也意识到最好与胜利者为伍,于是打开了国门迎接汉尼拔。坎尼战役后,汉尼拔离开了阿普利亚,一些阿普利亚人跟随他,并首先进入罗马南部的老萨莫奈的领地,最终进入希腊城邦国家的领土。[4]

许多人一直憎恨罗马的扩张,因为他们刚被罗马征服,就被迫与罗马结成表面上的联盟,如麦格纳格雷西亚地区的一些希腊人。现在,他们脱离了罗马,和坎帕尼亚南部的卢卡尼亚人一样。在亚得里亚海沿岸,背叛罗马投靠汉尼拔的包括阿普利亚在内的许多意大利民族,以及意大利中部的萨莫奈人,他们在最后一次萨莫奈战争(公元前298年—前290年)中被征服。但在罗马之外的意大利,并非所有地区都迅速归顺汉尼拔。一部分卢卡尼亚人仍然忠于罗马,但即使是归顺汉尼拔的卢卡尼亚人也更倾向于认为自己只属于某个具体的地方[5],而不是属于某个广阔的地区,这使得汉尼拔难以与整个地区建立关系。

汉尼拔把许多被俘的罗马盟友释放回家,借此表明他的作战对象是罗马,而不是整个意大利。坎尼战役后不久,汉尼拔便派出一位出身贵族的迦太基军官卡塔罗带着一小队罗马俘虏来到首都,向罗马人申明和平条约的条件,并要求罗马对数以千计的俘虏支付赎金。[6]由于费边曾经展现出的领导能力,他第三次被任命担任执政官职务,因为似乎唯有他的军事战略是有效的。罗马拒绝谈判,拒绝支付赎金。相反,元老院征召新兵补充损兵折将的军队,并组建了4个新军团,其中甚至包括了8000名奴隶。罗马不顾一切地征召假释的罗马罪犯,许诺他们只要应征入伍,就可以取消以前的指控,并得到自由的身份。[7]罗马不顾民意,以这样一种非传统的方式迅速征召了约2.5万名新兵。为了制造武器,弥补与汉尼拔作战的武器损失,罗马人甚至拿走了神庙中陈列的战利品,有些可能很古老。[8]李维提到,为了检查每个村庄中是否还有任何身体健康且拿得动武器的罗马男性，罗马特意成立了6个征兵委员会。[9]

在某种程度上，由于战争的消耗，罗马出现了货币危机，为了重建军团不得不增税，甚至要求上层阶级捐献黄金、白银、珠宝和其他财产。为了应付严重的货币危机，罗马从锡拉库萨的希伦王那里借了一笔贷款，用粮食作为交换。战争消耗了大量的金钱，罗马甚至不得不从税吏那里借钱，黄金和白银等贵重金属之间的关系也因货币贬值而改变。甚至大块的公共土地也被卖掉了。[10]

当罗马大举征召新兵之时，汉尼拔正向坎帕尼亚进军，企图攻占奈阿波利斯（Neapolis，今天的那不勒斯）以占据其优良的港口。但是，围攻拥有坚固防御工事和优良港口的奈阿波利斯非常困难，于是汉尼拔把注意力转向了较容易夺取的卡普亚。[11]卡普亚是意大利南部的主要城市，在那不勒斯以北约21英里处。经过争论和犹豫后，卡普亚人于公元前216年冬天和次年春天之间背叛罗马，转投汉尼拔。大约1年前，当费边试图在坎帕尼亚境内困住汉尼拔时，他们目睹了汉尼拔的军队是如何疯狂劫掠的。卡普亚的统治精英在一定程度上仍支持罗马，他们之间有着相当强的同盟关系，包括通婚，但大部分普通民众支持汉尼拔。对当时的汉尼拔来说，这是一次决定性的政变。

然而，汉尼拔在奈阿波利斯南部的诺拉城遭到了挫败。负责守卫该城的是年迈的罗马将军马库斯·克劳狄乌斯·马塞拉斯（Marcus Claudius Marcellus），此人曾担任过五届执政官，并在公元前225年成功指挥了高卢战争的胜利。他加强了诺拉城的防卫，并率领一支由两个军团组成的军队，在这个新加固的城市数次击退了汉尼拔的部队。

虽然汉尼拔在意大利的土地上获得了新的支持，但这种支持并不可靠，因此他必须时刻提防背后。汉尼拔派出了他的弟弟马戈率领一半军队开往南部，争取把尽可能多的盟军领土置于自己的控制之下，并收买当地民心，招募当地民众加入他的军队。公元前215年，最南部的布鲁蒂亚人与汉尼拔的副官汉诺和希米尔科（Himilco）并肩作战，对抗主要由希腊城邦组成的雷朱姆（Rhegium）、洛克里（Locri）和克罗托内（Crotone），这些国家要么仍然效忠罗马，要么不再效忠汉尼拔。洛克里投降了，布鲁蒂亚人的盟友们非常失望，因为它已成为迦太基的地盘，因此无法掠夺该城。这些意大利南部的小城邦国家在未来10年里将成为汉尼拔的阿喀琉斯之踵，它们一直摇摆不定，反复无常，分分合合，陷于混乱，没有任何一个城邦国家能够支配其他国家。

在意大利南部，包括布伦迪西姆和巴里厄姆（Barium）[又称巴里（Bari）]在内相当多的罗马盟友[12]，拒绝与迦太基人合作，而意大利的多数地区对迦太基人的态度并不明朗，因为他们之间缺乏语言和文化上的共同性。即使是罗马处于最低谷时，他们之间也没有共同特色能把它们联合起来。相反，每个城市都只顾自己，既不理会如今已被削弱的罗马，也不关心遥远的迦太基。

据称在公元前216年—前215年期间，汉尼拔在坎帕尼亚干了一件背信弃义的事。如果属实，那么这对他的声誉将产生很坏的影响，而且将在未来给他造成困扰。当围攻庞贝城以东约10英里、坐落在沙诺河谷的努西里亚（Nuceria）时，汉尼拔曾向努西里亚人保证，他们可以投降，然后带上一两身衣服离开这个城市，此外什么都不能带。历史学家如瓦莱里乌斯·马克西姆斯、阿庇安和卡西乌斯·狄奥等人都记载说，当这座城市终于陷落时，汉尼拔把城市里的长老们关在了公共浴池里，闷死了他们；本来汉尼拔允许其他人想去哪儿都可以，却在途中杀害了许多人。后来有一些记载说，他在阿切拉（Acerra）又故态复萌，把元老院的元老扔进了深井。[13]但一向不愿放弃任何机会贬损汉尼拔的李维却没有记录这个暴行。相反，李维一再记载这座充斥着饥饿感的城市的悲惨故事，市民被允许带上一套服装离开。李维甚至还补充说，汉尼拔承诺要奖励任何加入他军队的人，不过并没有人响应他的号召。李维说，表面的慷慨是符合汉尼拔的政策的，即"平和地对待所有意大利人，但罗马人除外"。[14]一些学者相信，马克西姆斯、阿庇安和狄奥记载的发生在努西里亚的轶事是虚构的。

不幸的是，在汉尼拔接连取得提契诺河、特雷比亚河、特拉西梅诺湖和坎尼战役的胜利之后，史料中前后连贯的详细叙述不再有了。即使作为原始资料的波里比阿的记载也是断断续续的。虽然李维提供了连续的记载，但它不一定是可靠的。[15]波里比阿把自己的注意力从汉尼拔和意大利转到了希腊和东方。[16]这让我们感到很遗憾。正像考古学家理查德·迈尔斯（Richard Miles）所说的，坎尼战役后，我们非常怀念在第二次布匿战争的漫长时间里"波里比阿可靠的批评眼光"。[17]

但是卡普亚和其他被汉尼拔占领或与他结盟的城市给他带来了麻烦。李维甚至声称卡普亚使他的老兵沉湎于温柔乡，战斗力大减，并暗示该城成了"汉尼拔的坎尼"，以奢华的美酒、女人的肉体和靡靡之音掳去了他的军队的灵魂。[18]这个说法太夸张了，因为他的军队在未来10年间一直维持着战斗力。不过事实证明，维护卡普亚需要付出高昂的代价，而该城最终成为一个需要保护的累赘。汉尼拔需要快速连接迦太基的海上通道[19]，因此意大利最南端的布鲁蒂姆（Bruttium）将在未来几年里成为一个施展拳脚的战场，但该城最终并未发挥应有的作用，部分原因是当地的战士像那些在意大利南部的本地人一样，很不情愿在自己的领地上作战。即使在迦太基人的领导下，他们也不像汉尼拔的老兵那样与罗马军队作战，而他的老兵因为伤亡，人数已经在逐渐减少。[20]

汉尼拔：无可奈何的占领者？

坎尼战役后，汉尼拔派出一个代表团到迦太基报捷，但获得的结果却好坏参半。这一战缴获的战利品是引人注目的，尤其是罗马骑士的200多枚金戒指，再加上杀死了大量的罗马人，可谓战果辉煌，但在迦太基的元老议会中，却有人质疑是否真有多少罗马盟友会因坎尼战役而背叛罗马。除此之外，汉尼拔在迦太基时就一直诋毁他的那些人，比如汉诺，还指出"汉尼拔战争"的高昂代价，造成了生灵涂炭和资源枯竭，却无视汉尼拔从公元前219年以来很少依赖迦太基本土的事实。此外，汉尼拔的一些经验丰富的凯尔特勇士盟友觉得已经不再需要入侵他国了，也缺乏新的罗马战利品，因此不愿意再待在遥远的南方了。他们迫不及待地想要回到自己的部族，要求回家，因此削弱了汉尼拔在当地的军事实力，而新招募来的意大利南部士兵的战斗力远不如这些人。

汉尼拔派特使回迦太基求援。主要是因为提契诺河、特雷比亚河、特拉西梅诺湖和坎尼战役所取得的压倒性胜利，汉尼拔的特使不用费太多口舌就能说明罗马的军事力量已经被削弱了。于是在公元前215年，迦太基派来少量的增援部队加入汉尼拔的军队，包括4000名努米底亚骑兵、40头大象、一些银两和给养。同年，迦太基计划继续增加1.2万名步兵、1500名骑兵和20头大象的增援部队，以及60艘军舰的海上力量。但由于罗马在西班牙发动的新战役转移了迦太基的注意力，造成这些承诺的援助没能兑现。迦太基也希望能重新夺回撒丁岛，所以其他资源也被转移到了那里。因此，汉尼拔不得不放弃急需的增援。如果这些增援能够到位，那么他的占领就会轻松得多，他在意大利对罗马发动的战役也会更轻松。[21]直到公元前214年，汉尼拔才得到了更多的增援：波米尔卡率领的布匿舰队在洛克里卸下了军队、补给和战象。由于罗马此时已经控制地中海西部的大部分区域，因此波米尔卡率领的海军在接下来的战争中并没有发挥太大的作用。

公元前216年—前206年期间，汉尼拔既要强迫意大利南方人采取行动对抗罗马，同时也必须尊重他们的独立，因此他一直在"走钢丝"，毕竟他已经答应过要恢复他们被罗马夺走的自由。生活在意大利南部的人们不尊重遥远的罗马，但他们也并不完全信任在自家后院盘桓多年的汉尼拔。最终，汉尼拔的外交政策没有奏效，特别失败的一点是：因为支持他的占领军并非本地人，所以尽管这些所谓的准联盟朝三暮四，摇摆不定，但汉尼拔不能抢夺他们从而获得物资供应。汉尼拔已经达到了削弱罗马实力的目标，并希望罗马正式投降，但是这个目的并没有达到。[22]他是否准备好布置一支占领军来巩固他的盟友呢？罗马人采取费边的避战策略，总是在他前进的地方等待着咬住他的脚跟，而他也不可能同一时间到处灭火。正如一个历史学家所指出的，意大利很快就会真正成为汉尼拔"消耗实力和战果的监狱"。[23]

第十六章　意大利南部战役

坎尼大捷是汉尼拔军事生涯的巅峰，但正如马克·希利（Mark Healy）所指出的，"出人意料的是，坎尼战役的成功在某种程度上开始了他漫长而缓慢的毁灭过程"[24]。因为罗马人终于吸取了费边的教训：不要直接与汉尼拔作战，而是让他所占领的环境慢慢消磨他。当汉尼拔像萨莫奈人许多年前所做的那样在提法塔的山上扎营，俯瞰坎帕尼亚时，这样的效果可能还不明显。汉尼拔知道他正被三支罗马部队小心翼翼地监视着：一支部队驻扎在南边诺拉之上的萨塞拉，在那里，克劳狄乌斯·马塞拉斯守卫着那不勒斯以东的门户[25]，可能也包括那不勒斯城；另一支部队驻守在坎帕尼亚北边的提亚农（Teanum，今天的泰阿诺），由执政官费边·马克西姆斯率领，看守通往阿庇安大道的道路，并保护从北方通往罗马的内部通道；第三支军队由提贝里乌斯·格拉古（Tiberius Gracchus）率领，驻扎在沃尔图穆斯河畔的卡西利隆（Casilinum，今天的卡普亚）附近，在古代卡普亚西北部只有几英里处。另外第四支罗马部队将很快驻扎在东部，在布伦迪西姆附近的阿普利亚，由马库斯·瓦莱里乌斯·美撒拉（Marcus Valerius Messalla）率领，以保护在那里的忠诚的罗马盟友。[26]这些军队大部分都有两个目的，一是监视叛变的卡普亚，二是遏制汉尼拔，阻止他向北进军罗马。

汉尼拔还能坚持多久？在希腊，马其顿国王菲利普五世听说罗马在坎尼的失败后，同意与迦太基结盟，汉尼拔在提法塔山营地接见了他的使者。这是一个积极的发展。部分原因是罗马要求征收新的高税收。撒丁岛也因此反抗，从而得到了迦太基的支持，而这也给汉尼拔的威望加分。公元前215年初，北方凯尔特的波伊部落在普斯图姆斯·阿尔比努斯（Postumus Albinus）的指挥下，在穆提纳击溃一支罗马军队，重申其独立。这也是好消息。西西里岛希伦二世数十年来一直支持罗马，当他在90岁时死了之后，他的孙子和王位继承者，希罗尼穆斯（Hieronymus）带领西西里岛的城市锡拉库萨背叛了罗马，因此暂时削弱了罗马对位于迦太基和意大利之间的地中海的控制。[27]

这些事件可能会麻痹汉尼拔，使他忘记了用外交手段解决问题，毕竟与他运用自如的兵法相比，外交策略是他不太熟悉的一种方式。虽然汉尼拔是一个能把不同民族置于麾下的优秀指挥官，也是历史上一位极富魅力的领袖和将军，但他的强项并不在谈判。他在一个严酷的战争环境中进行侵略战争，而寻求潜在的盟友则需要进行比较公开的交流和漫长的谈判，二者之间的巨大差异是怎么强调都不会过分的。

坎帕尼亚迥异于罗马，但它是罗马结出的一个成熟的果实，而且离罗马很近，汉尼拔可以尽情品尝当地的美味，特别是富饶的火山土壤出产的丰富的农产品，更是诱人。他在率领一支侵略军在异国土地上作战，总是不得不绞尽脑汁养活他的部下，而且常常面临食物不足的挑战，因此他会尽可能长时间地保持对坎帕尼亚的控制。但局势很快将发生变化，而他的成功也不会长久。聪明的罗马人开始察觉到，汉尼拔无法用围城的方法轻易征服设防城市，因为他缺少攻城利器，而任何与罗马结盟的设防城市，要么拥有充足的淡水供应渠道和良好的食物储备，要么位于海岸边可直接接受海上供应，几乎无法征服。即使是位于塔兰托海湾的希腊小城佩特利亚，在公元前215年也抵抗了长达8个月的围攻。虽然汉尼拔对那不勒斯发动了三次围攻，但都没有取得成功，因为该城拥有良港，很容易得到货物供应，而罗马的巡逻舰队和在意大利的希腊盟友，如雷朱姆，控制了西西里岛和意大利大陆之间的墨西拿海峡。迦太基舰队在"秃头的哈斯德鲁巴"（Hasdrubal the Bald）的率领下试图支援撒丁岛叛乱，却被风暴驱赶到了巴利阿里群岛，而罗马老将提图斯曼利乌斯托尔夸图斯在公元前215年第二次粉碎了撒丁岛反抗罗马的叛乱。在第一次和第二次布匿战争之间，他曾经于公元前235年制服了该岛。另外，由马库斯·瓦莱里乌斯·拉埃维努斯统率的由50艘战舰组成的罗马舰队驻扎在布伦迪西姆，于公元前215年阻止了汉尼拔在意大利建立任何真正的马其顿联盟。

第十六章　意大利南部战役

费边战略的成功：避免直接与汉尼拔作战

　　费边·马克西姆斯明智的拖延战术正在发挥作用，开始令汉尼拔的老兵和盟友们疲惫不堪。也许汉尼拔会感到惊讶，罗马人是为什么以及如何改变了战争规则。在第一次布匿战争中，罗马人曾遭到过彻底的失败，但却在公元前241年出人意料地取得了最后的胜利；接着，在提契诺河、特雷比亚河、特拉西梅诺湖和坎尼战役中他们又遭到了彻底的失败，那么这一次，他们是否仍然要顽抗到底？这位高明的战术家是否感觉到了，把他带上巅峰的幸运之轮，现在已经开始走下坡路了？

　　如果罗马拒不应战，或者只与汉尼拔的意大利盟军交战，那么他的战术经验还会有多大用场？汉尼拔和罗马军队在意大利南部正进行着一场奇怪的战争，在这个战争舞台上，他们闪展腾挪，大肆蹂躏，双方军队你来我往，不住地周旋，但几乎没有正面交锋。每一方都在中立的领土上实行焦土政策，或惩罚对方的盟友，摧毁小农场，破坏当地的农业经济，因为他们要抢夺粮食养活自己的军队。如果汉尼拔蹂躏了罗马盟友的农田，罗马人便同样蹂躏与汉尼拔结盟的地区。这场粮食抢夺大战往往会迫使当地居民抛弃肥沃的农田而逃亡，土地荒芜，使得一向自给自足的意大利南部的农业可能因此无法完全恢复。[28]历史学家估计，在冬天，汉尼拔军队的基本口粮，每名士兵每天大约需要600克谷物。[29]如果长期食物不足，将导致士兵营养不良。很久之后，罗马政治家和作家马库斯·图里亚斯·西赛罗（Marcus Tullius Cicero）在他的哲学著作《论占卜》中曾提到过汉尼拔做的一个怪梦，他说这个梦的记载来自汉尼拔的学生科埃利乌斯（Coelius），他曾经仔细阅读过与汉尼拔同时代的希腊记录者西勒诺斯（Silenos）关于希腊的史料。

　　据说在萨贡托战役之后，汉尼拔做了一个梦，在梦中，罗马主神朱庇特命令他将战争带到意大利，并给他派了一位神人向导，那位向导警告他不要回头。在梦中，他忍不住回头看，却看到一个可怕的幽灵，浑身上下被蛇覆盖着，那个幽灵跟着他穿越意大利，造成了巨大破坏，所有房屋和树木都被毁坏了。但他在梦中得到的神启是，继续前进，不要回望。[30]这件事颇具讽刺意味，因为梦中的意象似乎是一头摇动着长鼻、冲锋时把一切都踏在脚下的战象。

汉尼拔在阿佛纳斯献祭，并在撒拉庇亚逗留

自坎尼战役以来，罗马一共增加了18个军团，累计已有10万名战士，这还不包括盟军。汉尼拔把部队从坎帕尼亚的提法塔山营地转移到亚平宁山脉另一侧的阿皮营地。随着季节的变化，这样的调动将重复多次。

公元前214年发生的两个互不相干的事件显示了这位常胜将军的另一面，他可能开始筹划自己的未来了。第一件事发生在他向库迈镇的进军途中，那里有库迈女先知的神殿。据说当时汉尼拔去那里献祭，并询问了自己的未来会如何。如果这件事属实，那么它显示，这位具有最高军事智慧的人的信心可能已经不足了。

第二件事是汉尼拔在撒拉庇亚过冬期间曾经召妓。这件事在当时大量的军事史料中都有记载，不过记述都很简短。撒拉庇亚位于阿皮和坎尼之间，据说在那里，他曾经和当地的一个名妓上床（或者她主动邀请汉尼拔同床共枕）。老普林尼和阿庇安都认为，这是他在职业生涯失意期间寻求慰藉的表现。[31]这种幽会似乎持续了整个冬天，有些人断定汉尼拔爱上了那个娼妓。关于汉尼拔与妻子之外的其他女人发生关系的记载很少见，他的妻子伊米尔斯远在西班牙，他们十多年都没有见过面了。有历史学家提出，汉尼拔并没有沉溺于寻花问柳，相反，他的欲望适度，因为汉尼拔的天性是自律和有节制的。[32]

第十六章　意大利南部战役

占领塔伦图姆

虽然罗马人采取费边战略来避免军事冲突，使汉尼拔大展拳脚的军事机会不多，但汉尼拔用行动证明自己除了能够娴熟地采用机智灵活的战略战术之外，还可以采用其他手段获利。他施展巧计，于公元前213年初冬占领了南部的主要港口城市塔伦图姆。[33]该城坐东朝西，位于塔兰托海湾，在形状酷似脚掌的意大利，正好处于脚背区域。塔伦图姆最初是一个地理位置优越的希腊殖民地，于公元前8世纪末由斯巴达人建立，因一个神话英雄塔拉斯（Taras）而得名。该殖民地起初非常富有，内港地理位置优越，位于一个防卫严密的海湾里。因此，汉尼拔非常希望得到它，使其成为迦太基增援部队一个潜在的补给基地。

公元前264年[34]，罗马人将这个旧殖民地重新命名为塔伦图姆，作为通往布伦迪西姆的阿皮亚大道的一个站点。圣彼特洛岛保护着塔伦图姆的外海湾——格兰德湾；而塔伦图姆的旧城和卫城位于同一个半岛上，守卫着巨型内港皮科洛湾的唯一入口。所有这一切都使汉尼拔特别动心，很想把它从罗马人手中夺走据为己有。塔伦图姆除了有一个筑有防御工事的狭窄地峡外，周围都受到了水的保护。在那个世纪初，该城也曾与皮洛斯联合对抗罗马。正四处受挫的汉尼拔要想凭借武力强攻夺取它恐怕很难成功。

汉尼拔也需要塔伦图姆，因为费边和罗马夺取了阿皮的阿普利亚堡垒，那是他的东部据点。东部的布伦迪西姆和西部的雷朱姆依然是牢不可破的罗马口岸，因此汉尼拔在意大利南部大半岛上迫切需要的机动性受到了限制。汉尼拔也希望与马其顿的菲利普五世联手，因此需要一个港口来开展联合行动。罗马认为塔伦图姆人太软弱，不适合承担军事任务，部分原因是当地气候温和，形成了他们慵懒闲散的捕鱼文化。海洋的氛围和照耀在数英里海面上的炎热太阳

155

结合起来，似乎使一切都显得很缓慢，给人一种懒散的感觉，与罗马市民眼中北方人的活力形成了鲜明的对比。

罗马一直对塔伦图姆抱有怀疑，认为其不值得信任，并要求当地居民送人质到罗马首都；一些人质试图逃脱，但被严厉的罗马当局作为背信弃义的典型而傲慢地处决了，这更进一步激起了塔伦图姆人的反罗马情绪。当汉尼拔到达南方，设法夺取这个罗马军队驻防的城市时，13位年轻的塔伦图姆贵族决定自己做主解决问题。他们由一个名叫费勒麦纳斯（Philemenus）的年轻人领着，假装出去打猎，在傍晚时分穿过罗马卫兵把守的城市后门。当他们到达汉尼拔的营地时，被他的哨兵抓住，带到汉尼拔的营帐。他们向汉尼拔抱怨他们在罗马统治下的遭遇，包括人质被处决，他们的说法似乎颇有道理。这些年轻的塔伦图姆人愿意将他们的城市出卖给汉尼拔，以换取更好的待遇。这个计谋正中汉尼拔的下怀。汉尼拔向这些塔伦图姆贵族保证，他将作出几个重要的让步：一、他的军队不会在城内驻军；二、他不会要求当地居民进贡；三、当塔伦图姆陷落时，他的军队不会抢劫当地居民。只有住在该城的罗马人会遭到抢劫或被迫进贡。但汉尼拔和塔伦图姆人面临的真正问题是如何让迦太基部队躲过罗马哨兵。

作为这个密谋的主谋，费勒麦纳斯在塔伦图姆也是一位出名的好猎手，那天晚上，他在汉尼拔的营地度过了很长时间，第二天一大早他回到城内，带着汉尼拔送给他的猎物，以便使他的狩猎显得大有斩获。费勒麦纳斯来到出城时走的那个后门，罗马哨兵一眼就认出他来，因为他经常从那里进进出出，所以他们认为没什么不寻常的。

这个计谋的下一阶段要求汉尼拔假装病倒了，有一段时间不能走出营地，让罗马人对此深信不疑。但随着计划细节的不断成熟，费勒麦纳斯多次从同一后门离开塔伦图姆，在夜间秘密会见汉尼拔，每次返回时都带着似乎是他猎杀的野兽或肉类。因为他总是把猎物送给罗马哨兵一部分，所以他们默不作声。最后，当一切都习以为常的时候，罗马哨兵在听到他的口哨声后就会打开后

第十六章　意大利南部战役

门，于是大计定了下来。到了晚上，汉尼拔悄悄地调动了1万步兵，其中包括2000个凯尔特人和一支骑兵部队，从塔伦图姆城外大约10英里外的地方快速行进。但他肯定把这支部队分成了两组，从两边接近这个小而防守严密的半岛。一个由80名骑兵组成的努米底亚骑兵队在中间地带侦察，如果罗马人注意到他们，他们就假装是在抢粮食。但他们也接到命令，杀死任何可能发现部队运动的人。

尼科是塔伦图姆城的另一个同谋，在该城较大的特米惕斯城门等候。时机非常关键，他们约定点火为号，当信号发出时，说明汉尼拔的两支部队在夜深人静时已经悄悄抵达城墙附近。当尼科看到汉尼拔用火发出的信号时，他便在他隐藏的门前发出同样的火光信号，就像费勒麦纳斯在他平常进出的大门附近所做的一样。城内外的火光信号在被其他人注意到之前就马上熄灭了。尼科率领的一小群塔伦图姆人突然闯入东门的特米惕斯兵营，杀死了所有哨兵，打开了大门。汉尼拔安排的部队中有一半人急速但有秩序地悄悄进入了这个城市，汉尼拔自己也在这支队伍里。然后，费勒麦纳斯带着三四个人在天亮之前到达他平常进出的后门，可能比通常早一点。但他熟悉的声音和口哨告诉罗马哨兵一切正常，他们打开了大门。他的两个同伴带着一只巨大的野猪。他一定在敞开的大门前磨蹭了一会儿，把野猪展示给慕名而来的哨兵看。据李维记载，当一个罗马哨兵正在观看他打的野猪时，费勒麦纳斯从身后一剑刺死了他，汉尼拔的其他1000名非洲士兵到达了无人防守的大门。[35]迦太基人从两边涌进了这个城市，其他的哨兵也被杀死了。凯尔特人兵分三路，每一队大约700人，由两名塔伦图姆向导带领，搜索全城。他们接到命令，严守主要街道，杀死被向导认出的任何罗马人，向导也警告任何被惊醒的塔伦图姆市民要合作，不要作声。

城里的厮杀声惊醒了许多人，到处是一片混乱。起义者用缴获的一把罗马小号在剧院吹响了集结号，把罗马士兵通通召集到设在那里的伏击圈。罗马主帅乘坐小船逃到了一座坚固城堡里，守卫着半岛顶端位于大小海湾之间的水道，自己与幸存的几千名罗马战士锁在那里，成功逃脱了城里的大屠杀。黎明到来时，市民们看到了街上被杀死的罗马人，到处都是迦太基和凯尔特战士，明白汉尼拔已夺取了这座城市。他们很快默认了这一切：除了盟友外，罗马人要么被俘虏，要么被杀，要么逃到了城堡里。

那一天，在战斗停止，社会秩序恢复后，汉尼拔召集了所有的市民开会，并以友善的言辞承诺，他们不会受到伤害。他还要求他们回家，在他们的门上刻上"塔伦图姆人"一词，这样他的部下就只会洗劫罗马人或他们的同情者。然后，他把他的部下放进城里大肆掠夺，缴获了大批罗马战利品，而塔伦图姆人正如许诺的那样没有遭到抢劫。汉尼拔信守诺言，过渡期基本上是和平的。

汉尼拔马上遭到的一个挫折是，罗马人控制了城堡，这意味着他们可以从开放的海上接受罗马救援舰队的补给。汉尼拔试图攻占城堡，但发现这个被水道部分隔绝的城堡几乎坚不可摧。更糟糕的是，他希望利用的塔伦图姆舰队也龟缩在海湾内部。足智多谋的汉尼拔设计了一种方法，使船舶不经过危险的罗马城堡，从内港驶出来。他让市民把他们的船装上车轮或滚筒，经陆地从地峡安全地拖到海上，并进入外海港，现在可以为汉尼拔所用了。[36]他还命令，把城堡周围的渠道挖深，并派兵把守，使城堡完全隔离，把罗马人牢牢锁在里面。他还希望利用塔伦图姆的舰队封锁运送到城堡的新鲜补给品。[37]通过这个巧计，汉尼拔占领了这个拥有良港和沿海通道的富裕的大城。然而，虽然梅塔蓬图姆和其他几个城市很快被汉尼拔攻占，巩固了他在意大利南部的地位，但他并没有成功地把罗马人完全赶出塔伦图姆。他们留在了城堡里，直到罗马在公元前209年同样因为内奸背叛才重新夺回该城。

第十七章
进军罗马

坎帕尼亚的卡普亚和西西里岛的锡拉库萨这两个城市现在联合起来反抗罗马,但迦太基却没有能够增援并保护其在意大利或西西里岛的盟友,原因是它既缺乏承担和远见,又已经不再控制海洋。卡普亚在坎尼战役后背叛罗马,倒向汉尼拔,深深刺痛了罗马,但是卡普亚离罗马很近,因此罗马可以动员多支军队镇压它,对它展开围攻并重新夺回了它。锡拉库萨坚持的时间比预期更长,部分原因是因为一个人的聪明才智,此人就是阿基米德。

锡拉库萨和阿基米德

锡拉库萨的国王希伦去世后,他的继任者希罗宁姆斯(Hieronymus)与汉尼拔达成了一项协议,如果汉尼拔能帮助他加强锡拉库萨在西西里岛东部地区的统治,那么作为回报,他将与迦太基联合。罗马人密切注视着这件事的发展。公元前214年,罗马元老院意识到西西里岛可能是决定迦太基和汉尼拔前途的关键,因此便把部分注意力转向了锡拉库萨。

锡拉库萨是希腊最富有的城邦国家之一,拥有大型的天然海港,可以停泊罗马的两个劲敌迦太基和马其顿的舰队,因此,罗马元老院决定采取行动,防止它成为支援汉尼拔及其盟友的迦太基供应基地。于是罗马派遣正担任第三任执政官的克劳狄乌斯·马塞拉斯前往西西里岛弹压。马塞拉斯是一个优秀的指挥官,他的军队热爱他的献身精神和强硬立场。普鲁塔克说,在抵抗汉尼拔的斗争中,马塞拉斯是罗马的利剑,而费边则是罗马的盾牌。[1]马塞拉斯手下的一些罗马士兵是在坎尼惨败的耻辱中幸存下来的。他们渴望再次证明自己的价值,而马塞拉斯则将率领他们完成自我救赎。[2]

在马塞拉斯率领下,一支罗马舰队和军队设法从海上和陆地封锁锡拉库萨,并希望利用消耗战征服它。迦太基派希米尔科率领2.5万名步兵,3000名骑兵和十几头大象前来解锡拉库萨之围。他们在希拉克里米罗亚附近登陆后,攻陷了位于西西里岛南部海岸的阿格里真托(Agrigento,今天的阿克拉加斯)。不久,这些布匿援军就在正西方的阿纳普斯河的沼泽地遭受高烧折磨,数以千计的迦太基士兵和两名将军死亡,军队大量减员导致无法驰援锡拉库萨。

马塞拉斯从公元前214年的秋天开始围攻锡拉库萨,他不仅是在攻击这座设防的城市,而且是在和历史上最伟大的工程师和数学家之一的阿基米德较量。阿基米德的军事发明使罗马人在两年间几乎毫无建树。该城的防御使罗马人,特别是罗马海军感到惊讶,由于阿基米德发明的神秘兵器,他们甚至都无法接近锡拉库萨。这些武器中有快速连发的齐射抛射弹,称为火弩;可能还有一种能把远处船舶烧毁的神秘抛物面镜[3],这种装置并非完全不可能,因为阿基米德曾写过关于抛物线的论文;他还发明了一种名叫"爪"的武器,可以突然砸到罗马战舰上,用挠钩抓住它,把船的一端高高吊起,然后猛然放下(波里比阿如此描述[4])。阿基米德甚至赢得了罗马围城将士的尊重。

锡拉库萨的内港由戒备森严的奥提伽半岛和阿瑞图萨之泉环绕并守卫着。奥提伽是以希腊语"鹌鹑"命名的,因为岛上曾有鹌鹑筑巢。阿基米德从奥提伽居高临下的城堡中，可以用他的武器保护通往外海的外港和巨大的内港。有传说甚至说他曾把装有毒蛇的篮子扔进罗马的船只里，是最早开展生物战争的人。显然，罗马这次是在与一个不同于汉尼拔的天才作战。

公元前212年，马塞拉斯终于有机会率领一支陆军从北方夺取该城。当锡拉库萨人在晚上大吃大喝，纪念希腊的象征大自然、野兽和生育的女神阿耳忒弥斯的时候，葡萄酒让他们放松了警惕，马塞拉斯乘机让他的部下成功地攻下了防守较薄弱的加里各里斯塔下的北门，那里远离人口稠密的市中心。罗马军队迅速地进入这座惊慌失措的城市，四处屠杀锡拉库萨人。马塞拉斯命令他的军队不得伤害阿基米德，可能希望用他的军事天才来对付汉尼拔。据普鲁塔克记载，马塞拉斯甚至戏称阿基米德为"几何界的布里亚柔斯"，即神话传说中的天王星的巨人儿子，他有100只胳膊和50个头，几乎无法被击败。[5]阿基米德显然没有像大多数市民那样参与狂欢，相反，当一个罗马士兵进入他的房子时，他正在琢磨着画在沙盘里的算式，当士兵命令他停下来的时候，他生气地说："别动我的圆！"罗马士兵用剑或矛把他刺穿了。李维说，这个士兵不知道这个人就是阿基米德，他的死让马塞拉斯很心疼。[6]

迦太基舰队从内港逃走了。海军统帅波米尔卡一贯逃避任何重大冲突，基本上没有对锡拉库萨提供任何有效帮助。[7]

奥提伽半岛上的锡拉库萨城堡因为西班牙军官叛变而陷落后，罗马人对这座城市的财富感到惊奇，但历史证明，锡拉库萨最大的宝藏是阿基米德本人。

由于锡拉库萨的陷落，汉尼拔不仅失去了一个盟友，而且再也无法获得迦太基对意大利战役的支持了。除此之外，他再也没有什么机会从塔伦图姆得到好处，也无法顺着墨西拿海峡追逐罗马人了。几年之后，即公元前210年，阿格里真托也沦陷了，迦太基在西西里岛再也没有机会了。

卡普亚的挫败

卡普亚于公元前215年起来反抗罗马，由于该城实在太大，也太富裕了，让汉尼拔难以轻易放弃。他希望借助这个人口众多的城市做几件大事，使之成为反抗罗马的都城，将其他城市团结在它周围，从而成为一个权力基地。但他并未能如愿，因为这个地区一直处于动荡之中，没有任何城市能够统辖其他城市，这是古希腊城邦国家及其殖民地的遗产。古代的卡普亚似乎就以懒惰和奢侈而臭名昭著，而现在他们依赖汉尼拔来保卫他们，基本上陷于瘫痪。

就在卡普亚倒向汉尼拔后不久，罗马人便开始集结军队来进攻它，部分原因是因为它是除了罗马之外意大利最大的城市，对罗马统治有着潜在威胁。公元前214年，由6个军团组成的4支罗马军队准备封锁卡普亚，因此需要汉尼拔的军队保护卡普亚的市民和基础设施。罗马军队用土墙、栅栏和木桩包围了卡普亚，也没有人能轻易来援助他们。随后，汉尼拔和罗马部队之间的突围和撤退就像一场象棋比赛，没有哪一方取得明显的胜利。远在东南方向塔伦图姆附近的汉尼拔派他的副官汉诺从布鲁蒂姆到贝内文托。汉诺避开了由盖乌斯·克劳狄乌斯·尼禄（Gaius Claudius Nero）和提贝里乌斯·格拉古率领的两支罗马部队，并在离卡普亚不太远的地方建立了一个坚固的粮库。他要求卡普亚人派出马车、牵引牛，以及他们能调动的任何其他牲口，收集他们所需要的粮食，以抵御罗马长期的围攻。起初，卡普亚人只能找到400辆车，据说汉诺曾说过"连饥饿也无法让卡普亚人动起来，连愚蠢的野兽都不会这样懒"。他命令增加粮食运输工具，但卡普亚人行动很缓慢，直到被罗马人发现之前才终于找到了2000辆大车。趁汉诺不在的时候，罗马人攻击他的粮食供应营地，夺走了所有粮食和大车，把营地洗劫一空。汉诺逃过一劫，并怀着对卡普亚人的懒惰深深的厌恶回到了布鲁蒂姆。汉尼拔随后派出2000名努米底亚骑兵帮助卡普亚。

第十七章 进军罗马

他们秘密行动,成功地避免了在卡普亚附近陷入罗马人的包围;在晚上进入城市后,努米底亚人参加了一个突击行动,早上离开城市,攻击没有防备的罗马人,他们正在收集粮食和补给,没有料到迦太基人会反击。

惊慌失措的罗马人遭受了1500人的伤亡,撤退到卡普亚外的攻城工事内。不久他们又遭受了一次打击,从东面赶来协助封锁卡普亚的提贝里乌斯·格拉古遭到伏击并被杀死。汉尼拔认为他是一个值得尊敬的对手,把他体面地埋葬了。当汉尼拔出乎罗马人意料快速回到卡普亚的时候,罗马人采取费边策略,并没有和他作战。但汉尼拔很快就离开了这座城市,因为该市仍然缺乏足够的补给来满足他的军队。他尾随阿庇乌斯·克劳狄乌斯·考德克斯(Appius Claudius Caudex)的军队向东南方向移动。汉尼拔或他的侦察兵觉察到克劳狄乌斯计划攻击卢卡尼亚,于是从卡普亚向东撤退,使得在昆图斯·富尔维乌斯·弗拉库斯(Quintus Fulvius Flaccus)的指挥下向北移动的罗马部队得以返回卡普亚,并再次围困该城。克劳狄乌斯的举动只是一个佯攻,因为在坎帕尼亚东部丘陵和山谷的某个地方,他避开了汉尼拔,并回到了卡普亚。这是费边战略的结果,罗马人很快就学会了这种猫和老鼠的游戏。出于对汉尼拔军事天才的尊重,克劳狄乌斯竭力避免直接在开阔地带与他作战,但尽可能分散他的能量和资源,将其引向别处。罗马对卡普亚的长期围攻需要汉尼拔付出无法承担的代价。

公元前212年对罗马来说是一个分水岭:尽管资源匮乏,它还是能够在战场上投入20万名士兵,在战舰上投入7万名海军士兵,几乎相当于百分之十的可用人口。[8]更看重商业的迦太基永远不会动员如此庞大的军队。当卡普亚背叛罗马倒向汉尼拔的时候,迦太基看起来很有希望,但它终究成了一把双刃剑。这个城市希望自己在这个地区称霸,而意大利南部的其他城邦国家则担心它的扩张。因此尽管汉尼拔急需这些城邦国家的帮助,但它们仍拒绝倒向汉尼拔。[9]

汉尼拔进军罗马

公元前212年—前211年，在对卡普亚的长期围攻中，汉尼拔与罗马人斗智斗勇。他试图采用围魏救赵的战术，将围攻卡普亚的罗马军队引开，于是突然折向北，向罗马进军。李维说，这种战术改变是冲动之下作出的决定，他可能梦想着完成坎尼战役后没有完成的计划。[10]据李维记载，汉尼拔向北进军，一路上烧杀抢掠，杀害难民，毁坏农田。消息传到了罗马，元老院很快发生了激烈争论，普布利乌斯·科尔奈利乌斯·阿西纳（Publius Cornelius Asina）和费边·马克西姆斯各持己见，互不相让。前者建议所有的罗马士兵都离开卡普亚，前来增援首都，而费边对此表示怀疑，他说，汉尼拔的意图并不是攻占罗马城本身，而是为解卡普亚之围。瓦莱里乌斯·弗拉库斯建议双方妥协，采取一个折中方案，于是在汉尼拔向北进军一天之后，1.5万名罗马士兵和1000名骑兵在富尔维乌斯·弗拉库斯的率领下，离开卡普亚，沿着主要滨海的阿庇安大道，迅速向北行进。由于汉尼拔烧毁了沃勒图尔努斯河上一座用浮动船和木板交叉起来建成的桥，他们的渡河计划被耽搁了。然而，富尔维乌斯可能拥有汉尼拔不具备的两个优势：一是阿庇安大道比汉尼拔的进军路线短，二是当他向罗马急行军时，没有遇到当地人的抵抗。

虽然很难还原汉尼拔究竟走的是哪条路线，但我们所知道的是，他离开时，故意让卡普亚附近营地的火继续燃烧，好让人觉得他还在那里。他沿着阿尼奥河来到了罗马以东。他的路线不确定，但我们知道富尔维乌斯是在汉尼拔之前抵达罗马的。富尔维乌斯通过卡佩纳门进入了一个惊慌失措的城市。为了方便处理事务，元老院授予了富尔维乌斯与执政官相等的权力，以便他能率领他的军队进入城市，不用依照通常的惯例失去绝对权力，因为罗马法律规定，当军事统帅率军进入罗马时，他要交出部分军权。[11]他的部队在埃斯奎琳娜门和

第十七章 进军罗马

科里纳门之间的某处扎营，也许在维米那勒山上；罗马城执政官盖乌斯·卡尔普尔尼乌斯·皮索（Gnaeus Calpurnius Piso）则在罗马城西边的卡比托利欧和阿克斯城堡附近扎营；执政官率领的其他部队则在埃斯奎琳娜门和科里纳门附近扎营，因为他们估计汉尼拔会从那里攻城。据李维记载，整个罗马充满了恐惧，挤满了逃难的农民。他们一听到汉尼拔即将打来的消息，连忙带着牲畜逃进了罗马城。元老院夜以继日地坐在会议桌旁，以便随时提供建议。城市的最高处以及沿着城墙布满了全副武装的卫兵，他们在密切注视着城外的动静。[12]

汉尼拔率领的联军包括迦太基人、努米底亚人、非洲人以及长相凶猛的凯尔特人，现在又加上了布鲁蒂亚人。这支联军渐渐出现在罗马人的视野内，驻扎在城墙上的罗马人在密切注视着。罗马人无疑试图计算出这支最可怕的敌军究竟有多少人。

汉尼拔随后从阿尼奥河行进到城北的科里纳门。他率领2000名骑兵视察了这个城门，并沿着城墙对一处防卫进行了勘察。许多刚刚入伍的罗马新兵亲眼看到这支传奇大军活生生出现在眼前，一定吓得魂不守舍了。

对汉尼拔来说，这一刻肯定特别激动人心。他围攻过许多城市，从萨贡托到那不勒斯，再到布伦迪西姆和雷朱姆，对攻城有丰富的经验。他知道，如果没有围攻设备，防守严密的城市是不可能被攻破的。他也知道，罗马的城墙又高又厚，长达50英里，防守严密，而以他的部队有限的人数，甚至连他面前这一扇科里纳城门也无法突破。更复杂的是，要围攻罗马，就必须保证他的军队的食物供应，而在敌国的土地上，这很难做到。意大利战场上的其他罗马军队也随时可能回到罗马增援。他的军队必须四处出击抢掠食物，而罗马军队不需要这样做。一位学者说："汉尼拔决定不围攻罗马，与其说显示了他的不足之处，毋宁说显示了他是一个非常伟大的将军，不去尝试不可能做到的事情。"[13]

虽然在公元前212年，罗马在战场上布置了更多的军队，但汉尼拔现在可以亲眼看到，他当初决定在坎尼战役后不进军罗马的决定是正确的。在罗马城门前这短暂的时刻，是汉尼拔一生中最伟大的瞬间呢，还是一个漫长的无奈叹息的开始呢？

汉尼拔在罗马城下几乎没有时间欣赏周遭的一切，因为富尔维乌斯立即派出了一大队罗马骑兵，可能是从另一个城门调来的，比如没有迦太基人监视的埃斯奎琳娜门。在诺拉叛投罗马的1200名努米底亚骑兵从罗马的阿文提诺山下来，穿过城市加入了罗马骑兵部队。李维说，他们在罗马城内出现让罗马市民更加恐慌，因为一些人认为汉尼拔的部队已经攻破了这座城市。[14]汉尼拔的小股部队和罗马人之间的冲突主要是对峙，敌对双方很快就回到了自己原来的位置，罗马部队回到城内的位置，迦太基军队回到阿尼奥河边。汉尼拔随后洗劫了乡下，把大量的牲畜赶到了他的营地。

在接下来的几天里，汉尼拔的军队和罗马军队两次摆好阵势，准备决战，但是每次战斗都被一场猛烈的冰雹阻止了。这是朱比特或巴力带来的春季风暴吗？这两个神都是风暴神，但对侵略者来说，这可能是一个更坏的征兆。几个世纪后，圣奥古斯丁甚至声称，这是神自己用雷电吓阻了汉尼拔。[15]雹暴可能动摇了汉尼拔的决心，他知道，即使他杀光了面前的敌军，也攻不下这个城市。汉尼拔率军转身向南开去。李维声称，汉尼拔的这个行动并不理性。波里比阿则说，汉尼拔在行军途中已经积聚了足够多的战利品，已经达到了目的。他认为汉尼拔已经迫使罗马军队解除了对卡普亚的围攻，因为罗马联军，包括阿庇乌斯·克劳狄乌斯的军队，都不得不赶来帮助保卫他们的首都。[16]

但这是汉尼拔为数不多的误判之一，因为卡普亚在公元前211年后不久就已经沦陷了。罗马人在普布利乌斯·克劳狄乌斯·普尔切的率领下仍在围攻卡普亚，只有昆图斯·富尔维乌斯·弗拉库斯从卡普亚赶往罗马增援，但善变的卡普亚人认为汉尼拔已经抛弃了他们，于是迅速投降，打开大门迎接罗马军队，希望得到宽恕。然而，他们得到的恰恰相反，罗马人是残酷的，给了不忠的卡普亚人一个惨痛的教训。镇上的许多领导人被棍棒暴打了一顿，然后被斩首。大部分市民被卖给附近曾抵抗汉尼拔的城镇当奴隶。虽然这个城市的建筑完好无损，但它已经失去了独立的地位，成为罗马的资产。当汉尼拔回到该地区的时候，意大利的南方人正由于卡普亚的遭遇而摇摆不定，他们认为他们也会遭遇相似的命运：汉尼拔最终会抛弃他们，他们会向罗马付出惨重的代价。而这正是罗马的目的所在。汉尼拔向南进军到布鲁蒂姆，而南意大利的城镇像多米诺骨牌一样纷纷倒向罗马。

塔伦图姆也于公元前209年再次被出卖，陷于罗马人之手。罗马将军马塞拉斯部署了一支军队作为诱饵，把汉尼拔引离了塔伦图姆。另外，汉尼拔不得不把罗马释放的8000名劫匪集合在一起，其中主要是布鲁蒂亚逃兵和西西里岛罪犯，在考洛尼一带从事破坏活动[17]，费边·马克西姆斯已经率领一支军队进入该地。像以前一样，城门被一个叛徒打开，迦太基军官加泰罗和他的手下及许多布鲁蒂亚人和塔伦图姆人被杀，包括原谋反的同谋费勒麦纳斯和尼科。李维说，费边·马克西姆斯希望给人的印象是，该城是罗马军队用武力攻占的，而不是由于当地人的出卖。[18]塔伦图姆遭到抢掠，3万当地人被卖作奴隶，来表明与汉尼拔合作最终没有好下场。罗马军队夺取了塔伦图姆的舰队，汉尼拔曾希望这支舰队能帮助他从迦太基获得补给，并确保马其顿国王菲利普五世安全登陆。汉尼拔曾公平对待塔伦图姆人，而罗马人却迅速采取报复措施，对塔伦图姆人施以最严厉的打击。汉尼拔虽然不是一败涂地，但他一定意识到形势已经对他很不利了。

两位罗马执政官在意大利阵亡

公元前208年，在失去塔伦图姆后，汉尼拔采用突袭方法击败了一个罗马军团，该军团正从塔伦图姆向与汉尼拔结盟的洛克里进发。那些罗马人希望加入那里的围攻部队，却不知道汉尼拔已经先行一步去解救洛克里了。汉尼拔知道罗马军队即将到来，于是把他的部下隐蔽在佩特利亚山下的道路两边。不知情的罗马人还以为他还在北方，于是跌跌撞撞地落入圈套，被两面包围。约

2000名罗马人被杀,另有1500人被俘虏,其余的则逃回塔伦图姆以保性命。这样的成功对当时的汉尼拔来说是不常见的,但更大的胜利在向他招手。汉尼拔回头进军威奴希亚,那里驻扎着由马塞拉斯率领的一支更大的罗马军队。

备受爱戴的克劳狄乌斯·马塞拉斯已经第五次当选为执政官,他现在大约60岁了。另一位执政官是他的副官,来自锡拉库萨的提图斯·昆克蒂乌斯·克里斯皮努斯(Titus Quinctius Crispinus)。他们拥有四个军团。虽然汉尼拔寡不敌众,但他还是在离罗马军队很近的地方扎营,好让他们知道他已经到达并在等待战斗。在两个营地之间有一座长满树木的山丘,汉尼拔发现它还不够大,不能在那里再建一个营地。他估计罗马人应该已经在那里布置了侦察兵,但如果他们还没有在那里设立侦察兵的话,他就可以利用那个地方来暗中监视罗马人。汉尼拔连夜派了几个努米底亚骑兵分队埋伏在山上。马塞拉斯和克里斯皮努斯认为,他们应该占领那座山丘,可惜决定得太晚了。他们上山侦察,却几乎没有做好任何应急准备,只带了不足220人同往。他们要亲自侦察这座山丘,然后派出精兵强将来占领它,从而获得比汉尼拔更有利的优势。这片树林位于敌对双方的中间地带,而林中的侦察活动从远处是看不到的。按道理这样危险的活动不应该由这些高级指挥官亲自进行。[19]这一行动暴露了罗马军队的弱点:缺乏能够当机立断、当场作出适当决策的下级军官。

罗马军队的最高指挥官正在向幽暗的树林走来,他们身披猩红色的斗篷,锃亮的盔甲闪闪发光。人们不难想象,当那些隐蔽的、训练有素的努米底亚人看到这一切时该有多么兴奋。在阴影中,努米底亚人可能和他们的马稍微保持一点距离但又不至于让它们跑开。他们抓住了前所未有的机会,等到这一小股罗马部队全部处于他们的伏击圈内,便从四面展开攻击,一时间杀声震天,同时也把罗马人的退路切断了。努米底亚人可能把注意力集中在两位执政官身上了,因此疯狂进攻,给敌人造成了最大的伤害。马塞拉斯猝不及防,一支长矛刺穿了他的身子,他从马上摔了下来,立时毙命。克里斯皮努斯也被多支标枪刺中,身负致命重伤,失血很多,与马塞拉斯同样受伤的儿子一起骑马逃脱

第十七章 进军罗马

了。至少有43名士兵在伏击中被杀或在试图逃跑时丧生。

喊杀声和尖叫声惊动了两个阵营。李维一方面对这两位执政官如此麻痹大意感到惊讶，同时也责怪他们的伊特鲁里亚警卫，只顾自己逃命，而不解救他们的上级。

汉尼拔就在不远处，得到战报后立即来到了血腥的现场。他带走了马塞拉斯的尸体，准备安排一个体面的火葬。他还带走了马塞拉斯的执政官印戒，希望将来用它再设一计。他体面地把马塞拉斯的骨灰送回给罗马人和他的儿子，因为他尊重马塞拉斯，就像他尊重其他为数不多的几位罗马人一样。克里斯皮努斯撤退到了山上，虽然现在因重伤而性命垂危，但他意识到汉尼拔一定得到了印戒，于是，在弥留之际，让手下警告周围结盟的城市，警惕汉尼拔的任何计谋。罗马印戒带有权威，用于用蜡封印，以及签署重要文件。

两位执政官无谓的牺牲，尤其是损失了战功卓著的英雄马塞拉斯，使罗马非常沮丧。坎尼战役后，他们明智的将军拒绝直接与汉尼拔交战，[20]难道罗马人还没有吸取不可低估汉尼拔的教训吗？汉尼拔用印戒派人装扮成罗马士兵，前往与罗马结盟的城市萨拉比亚。但在萨拉比亚的罗马人已经接到了警告。他们只让先遣队入城，然后关紧城门，把使者杀死。汉尼拔正在不远处等待，但当他发现自己的诡计暴露时便立刻转身离开了。

坎尼战役后，汉尼拔又赢得了几场小胜，继续在战场上显示他的优势，无论哪支罗马军队愚蠢地和他交战，都会被他击败。虽然汉尼拔将会继续在布鲁蒂姆和卡拉布里亚随意四处走动，但在这个南部边疆领土上，实际上他已成为囚徒，他将与罗马军队形成僵持局面。汉尼拔的意大利南部盟友一个接一个失去，而迦太基在西班牙的势力也开始瓦解。在西班牙进行以前那样的战役以控制该国最终将使迦太基付出高昂代价。尽管汉尼拔具有非凡的胆识和领导能力，但他与意大利南方人旷日持久的外交谈判总是进展甚微，从来都无法和他对罗马军队的辉煌战绩相提并论。[21]这样的外交斡旋需要时间，更需要一整套技巧，即使这么多年下来，汉尼拔也从未掌握这种技巧。

第十八章
西班牙战争

尽管汉尼拔入侵的速度在坎尼战役后之后逐渐减慢，并最终在意大利南部陷入泥潭近10年时间。公元前216年—前208年期间，没有发生过重大战役，因此汉尼拔无法进一步削弱罗马对意大利其余地区的控制。但在其他地方，一切都在改变。即使算上这10年中较顺利时期所发生的事件，在西班牙发生的事件也没有减轻入侵的难度。为了尽快补救在意大利发生的一切，并尽量扭转局面，汉尼拔把注意力转到西面的西班牙以及迦太基和罗马在那里进行的争夺。

战争拖得越久，总体形势就对罗马越有利。罗马人在战场上增加了更多军团，而汉尼拔军队中受过训练的士兵人数却在不断下降。军队中曾翻越阿尔卑斯山的战士，以及那些凯尔特老兵在经历了特雷比亚河战役、特拉西梅诺湖战役、沃勒图尔努斯河战役、坎尼战役，以及无数次的小冲突之后已经所剩无几了。卡普亚于公元前211年陷落，撒拉庇亚于公元前210年陷落，塔伦图姆于公元前209年陷落，从此以后，他的意大利战役所获得的支持度急剧下降，特别是当意大利南方人看见那些与汉尼拔结盟的城市在被罗马人占领之后所遭受的严厉惩罚后，更是如此。他的军队军容不整，纪律松懈，大部分都是从意大利招募来的新兵，但在公元前209年以后，获得战利品的机会大减，几乎无法和公元前218年吸引他的雇佣军前来罗马抢掠战利品时相比，而大发战争财是刺激雇佣军前来意大利的一大诱因。汉尼拔现在面对的是10万罗马大军，他们的军事统帅越来越优秀，而他自己的军队只有大约5万名士兵，其中大多数都是素质较低的意大利南部盟军。[1]

需要注意到，在公元前216年—前213年期间，罗马新增的税收和强迫性进贡给意大利造成了沉重负担，并造成了罗马的资源紧张。许多城市抱怨说，他们的资源已经被战争耗尽了，再也拿不出什么了。罗马在锡拉库萨和塔伦图姆取得胜利后，也获得了它所需要的战争资金，从这两个城市获得的巨大财富缓解了税务压力，但在意大利的30个罗马殖民地中有12个起来反抗进一步征税。元老院甚至向自己征税，缴纳家庭珠宝和私人财富以便继续进行战争。另一方面，罗马的领导层知道汉尼拔不可能无处不在，四处出击。随着费边不交战战略的实施，使汉尼拔制定的速战速决、一战决胜策略再无实现的可能[2]，罗马人现在又发明了一个高超的战术，让汉尼拔在他日渐萎缩的盟友中四处驰援。他不得不保护这么多意大利南部盟友，因为他们似乎无力自卫，而这么沉重的负担是他无法承受的[3]，因为他从迦太基和西班牙得到供应的路径已经逐渐被切断了。如果没有西班牙的银子为雇佣军发饷，如果从非洲来的增援部队人数大为减少，或者断绝，都将是灾难性的，布鲁蒂亚人和卢卡尼亚人如果得不到增援将会变得桀骜不驯，随时准备攻击除了罗马人以外的其他人，也会掠夺邻近那些汉尼拔试图结盟一起对抗罗马的城市。

当汉尼拔离开塔伦图姆，一路向北追击马塞拉斯直到威奴希亚的时候，费边·马克西姆斯不失时机利用市民反叛的机会攻占了塔伦图姆。不久，汉尼拔就试图引诱他出城。汉尼拔在塔伦图姆以西的梅塔蓬图姆附近精心布置了一个伏击战。他得到了该城头面人物的帮助，这些人前去会见费边，许诺如果他来，他们会把他们的城市出卖给他。假如费边的性格不是如此谨小慎微，这个计谋本来是可以得逞的。可惜的是，费边是彻头彻尾的保守派，不仅生性谨慎，而且相信宗教，并为此进行了占卜。占卜结果可能显示离开塔伦图姆不吉利，所以他按兵不动。他可能怀疑，梅塔蓬图姆人是不是早就效忠汉尼拔了。也许他也想知道汉尼拔究竟在哪里。他的拖延迫使梅塔蓬图姆人又来了一趟，询问他为什么还不进入他们的城市。这个举动更加引起了他的怀疑，相信这是一个陷阱。再无惊奇可言，汉尼拔意识到费边不会轻易上当，于是放弃了伏击计划。

罗马人相信，只要能和汉尼拔保持一定的距离，并把他赶到意大利最南部地区，凭借它远超汉尼拔军队的联合部队的人数优势，自己的安全就有了保证。但这并不意味着罗马不重视汉尼拔了：执政官率领的军队继续避免公开的战斗，并一步不离地紧跟在他的身后，从公元前211年开始，总是迫使他一年到头不停地转移。马其顿菲利普五世现在也完全卷入了与希腊西部、科林斯湾北部的埃托利亚人的战事，后者在罗马的支持下缠住了他，使他无法脱身。只要菲利普留在国内，不再远航到意大利并加入汉尼拔的联合部队，那么他就不会构成威胁。对迦太基来说，如果西班牙不能为在意大利作战的汉尼拔提供再补给，那么维持这个殖民地的代价就太高了。

迦太基和罗马在西班牙的冲突逐渐展开

早在10年前，在汉尼拔离开西班牙后，罗马和迦太基的目标就已经很明确了。罗马的目标是继续扩张，而迦太基的目标则是试图保持对从比利牛斯山脉以南的埃布罗河以外地区的控制权[4]，这是暂时的领土边界，而罗马早在公元前219年就声称拥有该地区。罗马舰队让迦太基人无法靠近，特别是因为盖乌斯·塞尔维利乌斯曾在公元前217年把布匿舰队赶回了迦太基，并且夺回了位于迦太基和西西里岛中途的科西拉岛（Kossyra，今天的潘泰莱里亚岛），显示了罗马海军占有完全的优势。[5]正如波里比阿所断言的那样，[6]罗马人现在集中力量，目的是打破从西班牙到意大利的供应链，使汉尼拔无法通过西班牙得到任何增援。普布利乌斯·西庇阿在提契诺河与汉尼拔作战时身负重伤，他也曾目睹了罗马在特雷比亚河的灾难，两场惨败都发生在公元前218年。但现在他已经康复了，并且由于仍然得到了充分的支持，元老院在公元前217年授予他一个准执政官的头衔，他率领罗马舰队开往埃布罗河以北约50英里的塔拉科（Tarraco，今天的塔拉戈纳）。他率领由8000名罗马士兵组成的军队与他的兄长盖乌斯·西庇阿的军队组成了联军。他们家族有从政的传统，他们的父亲，L. 盖乌斯·科尔奈利乌斯·西庇阿（L. Gnaeus Cornelius Scipio）在公元前259年第一次布匿战争期间就曾任执政官，在公元前258年任监察官。他们首次率领一支罗马部队越过埃布罗河，就萨贡托人质问题进行谈判，然后返回塔拉科过冬。从公元前217年起，西庇阿兄弟二人开始有效地切断了汉尼拔从西班牙埃布罗河周围而来的补给。迦太基曾命令哈斯德鲁巴·巴卡与他的哥哥汉尼拔在意大利会合，但西庇阿兄弟二人率领的罗马人设法将哈斯德鲁巴·巴卡缠住，使他在西班牙动弹不得。几场战役的结果证明了西庇阿兄弟二人正在执行并强化的战略是卓有成效的。

首先，埃布罗河战役发生于公元前217年。参战的罗马舰队包括由盖乌斯·西庇阿指挥的35艘五列桨战舰，加上20艘马萨利亚联军的战舰，罗马军队在数量上略占上风。迦太基联军包括两部分：陆上部队由哈斯德鲁巴·巴卡指挥，海上的42艘战舰由海军元帅希米尔科指挥。在接下来的战斗中，罗马军队发起奇袭，完全占了上风。罗马军人和马萨利亚军人受过较好的训练，而迦太基海军中有25%是刚刚招募的新兵，多数为伊比利亚人。布匿战舰停泊在河口附近，因为缺少食物，他们的船员正在岸上寻找足够的食物；罗马舰队突然杀来，许多新招募的缺乏充分训练的布匿船员一时大乱，他们试图赶紧上船并驶离。布匿舰队被打了个措手不及，有的船只甚至没有等待人员全部上船就试图逃离河口。罗马战舰排成一条弧线，马萨利亚人的战舰位于他们身后，罗马海军的五列桨战舰首先撞击布匿战舰，撞沉了4艘并俘获了另外2艘。罗马战舰上由盖乌斯·西庇阿指挥的罗马军团也与布匿战舰厮杀在一起，攻击并击败了它们。其余的布匿海军弃船逃跑，并试图游上岸，进而加入哈斯德鲁巴·巴卡在陆地上的作战。罗马人迅速缴获了23只被遗弃的布匿战舰。哈斯德鲁巴撤退到卡塔赫纳并征召更多军队，以抵抗罗马人对西班牙进一步的入侵，西庇阿兄弟的联军沿着埃布罗河大肆袭扰，严重损害了迦太基在伊比利亚的利益，而哈斯德鲁巴·巴卡在公元前216年正竭力镇压反叛的图尔德泰尼部落。

其次，埃布罗河再次被证明是一个划分布匿和罗马控制下的西班牙的重要前线。在接下来于公元前215年发生在埃布罗河南岸的德尔托萨战役中，罗马再一次取得了决定性的胜利。哈斯德鲁巴·巴卡率领的由2.5万名步兵、4000名骑兵和20头大象组成的军队再次向北行进到埃布罗河，与普布利乌斯·西庇阿和盖乌斯·西庇阿率领的3万名步兵和2500名骑兵遭遇。哈斯德鲁巴·巴卡的部队大部分是盟军，包括伊比利亚步兵和骑兵、利比亚步兵、雇佣军步兵和努米底亚骑兵，而罗马部队主要由意大利士兵组成。

即使占有人数优势，迦太基骑兵两翼也无法在战场上胜过罗马骑兵。利比亚步兵实际上击退了罗马人，并获得了优势。但是，尽管作为布匿中军的伊比利亚步兵也同样回头反击，很像汉尼拔的凯尔特步兵在坎尼战役中所做的那样（更可能是汉尼拔的策略之一），但伊比利亚人的前锋还是崩溃了，然后在撤退中逃离，这完全改变了战场上的力量对比。迦太基骑兵发现无法在小冲突中对敌军实行包抄，同时看到自己的中间步兵崩溃了，于是也转身撤退，撇下了已被隔离惨遭围歼的利比亚步兵。

尽管利比亚人顽强作战，并重创了罗马人，但罗马的步兵和骑兵联合部队最终还是击垮了他们。哈斯德鲁巴·巴卡被迫率领他的伊比利亚部队全速撤退以保安全，他的骑兵和多数大象也一并撤退，但他的利比亚步兵被消灭了。西庇阿兄弟占领了布匿军营，但没有追击哈斯德鲁巴·巴卡。令迦太基人感到不安的一个趋势是，战象已经变得无用，因为罗马人已经学会了如何压制它们，避免它们的冲击，或用火箭惊扰它们。

哈斯德鲁巴·巴卡一路撤回到卡塔赫纳，不再冒险到埃布罗河，他需要在西班牙南部招兵买马，补充他的军队。罗马现在开始认真招募凯尔特伊比利亚人了，因为罗马已经拥有埃布罗河，而许多原来支持迦太基一方的部落在罗马人赢得埃布罗河和德尔托萨河三角洲两次战役的胜利后也给予罗马更多的尊重。哈斯德鲁巴·巴卡被迫与哈斯德鲁巴·吉斯戈（Hasdrubal Gisco）共同统治西班牙，后者现在指挥着自己的军队，巴卡家族对西班牙的控制结束了。

虽然普布利乌斯·西庇阿和盖乌斯·西庇阿在塔拉科拥有常年军事基地，但在几年间，他们不断对埃布罗河南部直到萨贡托以及内陆地区发动了多次侵袭。迦太基在埃布罗河和德尔托萨河战役中损失惨重，在一场战役中主要损失的是海军，而在另一场战役中的损失则是陆军，其结果是，在坎尼战役后局势对汉尼拔不利的关键时刻，任何在意大利新招募的援军都无法到达他那里。公元前215年之后，哈斯德鲁巴·巴卡不能再去意大利了，因为他现在需要把全部军队留在西班牙，以尽可能保持迦太基对埃布罗河南部的控制，而罗马似乎越来越强大，西庇阿兄弟成功地征募了更多凯尔特伊比利亚雇佣军与迦太基作战。

哈斯德鲁巴·巴卡的弟弟马戈现在也在西班牙指挥着第三个布匿军团。假如哈斯德鲁巴·巴卡没有在埃布罗河和德尔托萨两场战役中失利的话，那么这支军队最好部署在意大利。但即便如此，这种优势也没有保持多长时间。为了减轻汉尼拔在意大利制造的压力，罗马在迦太基周边不断挑起事端，因此哈斯德鲁巴·巴卡奉命从西班牙撤回到北非。他的任务是于公元前213年解迦太基之困，消除一个威胁，因为努米底亚西部马塞西利部落（Massaesyli，在今天的阿尔及利亚）的酋长西法克斯（Syphax）已于公元前218年接受了贿赂，答应支持罗马。罗马军事顾问训练了他的军队，然后，他把一支军队带到东部，袭击了迦太基的东努米底亚盟友，特别是在他们的酋长加拉统治下的马塞西利人。

哈斯德鲁巴·巴卡率军在北非成功击败了西法克斯，杀死了3万名西努米底亚人，并迫使这个酋长逃到了他在西部的领土。东努米底亚部落酋长加拉的儿子马西尼萨曾作为人质在迦太基长大，并因其表现受到称赞，他率领3000骑兵部队协助对抗西法克斯的战役，当时他还不到25岁。[7]然后，在公元前212年之前，他率领骑兵和哈斯德鲁巴·巴卡一道返回西班牙，与西庇阿两兄弟的罗马军队作战。

在公元前213年—前211年期间，哈斯德鲁巴·巴卡一直为争夺西班牙与西庇阿兄弟作战，他从卡塔赫纳基地出战，而西庇阿兄弟从塔拉科出战。罗马人和迦太基人都努力让更多凯尔特伊比利亚人加入自己一方与对方作战。哈斯德鲁巴·巴卡拥有卡塔赫纳的银子，从而使他可以利用贿赂取得一些优势，但罗马人很难缠，很可怕，而罗马人取得的每一个胜利，不管多么小，都能迫使更多的凯尔特伊比利亚人选择背叛迦太基，支持和效忠罗马。

老西庇阿兄弟二人战死西班牙

公元前212年，西班牙终于传来了难得的对迦太基利好的消息。当罗马军队从他们在塔拉科的基地深入西班牙的时候，迦太基的军队并没有抵抗他们，而是试图保持他们对凯尔特伊比利亚盟友的控制，因为在埃布罗河失败之后，许多凯尔特伊比利亚人起来反叛迦太基。在随后的两次战役中，西庇阿兄弟分头率军追击分散的迦太基部队。西庇阿兄弟认为，因为迦太基军队拆整为零，他们可以利用这个弱点。

西庇阿兄弟花了7年时间阻止哈斯德鲁巴·巴卡及其他布匿部队离开西班牙，去缓解汉尼拔的意大利之困，他们远离自己平常的活动区域，深入到南方，并一直渗透到明确的迦太基内陆领土安达卢西亚和卡塔赫纳的西南地区。他们招募了2万名凯尔特伊比利亚雇佣军来扩充他们的3万人的罗马军队。比提斯河上游战役由伊洛尔卡战役和卡斯图罗战役组成，此地是两军交战之处，也是西庇阿兄弟二人命归西天之处。他们把联军一分为二，普布利乌斯·西庇阿决定率领他的2万人罗马军队，加上凯尔特伊比利亚军队，在卡斯图罗附近攻击马戈·巴卡1万人的军队。努米底亚王子马西尼萨率领他的骑兵在卡斯图罗附近骚扰普布利乌斯军的前锋，然后西班牙酋长印地比利斯率领7500名伊比利亚士兵阻断了他的后方。普布利乌斯·西庇阿留下2000名战士看守营地，率领1.8万名士兵经过一夜行军以后，于黎明前赶到战场，使7500名伊比利亚人陷入惊慌失措之中。但是，虽然起初看起来罗马人能够速战速决，取得胜利，但伊比利亚人很顽强，使战斗拖延到马西尼萨率领他的3000名努米底亚骑兵赶到救援两翼。普布利乌斯·西庇阿没有想到，这场两面作战拖住了他的罗马军队，然后马戈和哈斯德鲁巴·吉斯戈的联军也赶到了，开始屠杀寡不敌众的罗马人。卡斯图罗战役结束时，一些罗马人逃离，其中包括守卫营地的罗马人，但大多数罗马人战死了，普布利乌斯·西庇阿也在其中。公元前212年的比提斯河上游战役是迦太基在西班牙取得的最后一场重大胜利。

　　盖乌斯·西庇阿已经率领他的军队，其中包括许多凯尔特伊比利亚人，前去攻击哈斯德鲁巴·巴卡的营垒，并没有意识到他弟弟的命运。哈斯德鲁巴·巴卡没有采取行动出战，而是与他的军队坚守在营垒以策安全。但是马戈和哈斯德鲁巴·吉斯戈的联军在歼灭普布利乌斯·西庇阿的罗马军队之后，转向北方去追击盖乌斯·西庇阿。当盖乌斯·西庇阿听说布匿部队将要到来，可能也担心他的弟弟已经战死，但他正在面临另一个严酷的事实，他的凯尔特伊比利亚雇佣军在伊洛尔卡附近纷纷逃跑。他知道，他现在面对的是在他们自己的领土上作战的两位经验丰富的将领，自己寡不敌众，处于严重的劣势。于是盖乌斯·西庇阿急忙向北撤退，企图回到埃布罗河，但是马戈和哈斯德鲁巴·吉斯戈的联军在伊洛尔卡赶上了罗马人。哈斯德鲁巴·巴卡现在也率军赶到了，罗马人面对3支迦太基大军，形势令人绝望。罗马人试图在短时间内在一座岩石山顶加固一个营垒，但没有成功，因为无法在石质地上挖掘，修筑土围子。

像卡斯图罗战役一样，罗马人在伊洛尔卡战役中也遭遇了惨败，3支布匿军队从四面八方攻破了他们匆忙用辎重和马鞍修筑的路障，屠杀了罗马人和他们的将军盖乌斯·西庇阿。在比提斯河上游战役的卡斯图罗和伊洛尔卡两场作战中，罗马人不仅失去了他们的两位将领，还失去了大约2.2万名战士。在追究失败的原因时，李维声称，西庇阿兄弟过分依赖他们的凯尔特伊比利亚雇佣军，但哈斯德鲁巴·巴卡用银子贿赂了他们，他们便逃跑了。[8] 大约8000名罗马人逃到了塔拉科，当他们最终把失败的消息传回罗马时，罗马人崩溃了。罗马人在西班牙的利益也受到了损害，这一损失在罗马被视为国难。[9] 也许更糟糕，罗马认为，西庇阿兄弟的战败和阵亡是一场灾难，罗马失去了埃布罗河南部的所有西班牙地盘，想必也包括萨贡托，甚至塔拉科也岌岌可危，将面临布匿攻击的危险。[10]

卡普亚在第二年重回罗马之手，随后，元老院派出了执政官克劳狄乌斯·尼禄率领1万人的军队，于公元前211年随同舰队离开了普特奥利，并抵达塔拉科附近，以加强埃布罗河以北地区的军事防务。哈斯德鲁巴·巴卡在摧毁了西庇阿兄弟的军队之后，感到了一些安慰，于是离开埃布罗河地区冒险北上。但是，克劳狄乌斯·尼禄在加泰罗尼亚比利牛斯山脚下的一个名叫"黑石"的峡谷里出人意料地包围了哈斯德鲁巴·巴卡，当时他可能正在奥塞塔尼部落地盘上煽动反抗罗马的行动。哈斯德鲁巴·巴卡用了一些外交手段与克劳狄乌斯·尼禄进行了斡旋，寄希望于尼禄的贵族大度。他许诺如果能放他走，他将与他的军队一起安全离开西班牙。可尼禄知道这个人是哈米尔卡的儿子吗？在随后的几个夜晚，克劳狄乌斯·尼禄犯下了愚蠢的错误，哈斯德鲁巴·巴卡在进入正式谈判之前，一个接一个地派信使向他提出了不同的建议。而实际上，哈斯德鲁巴·巴卡在黑暗的掩护下悄悄地疏散了他的部队，士兵一个个溜走了，甚至大象也一只接一只离开了。哈斯德鲁巴·巴卡请求推迟到最后一天举行一个私人宗教仪式,而浓雾掩盖了当晚剩余部队的活动。终于,天亮了,尼禄的手下看到的是一个废弃的迦太基营地。尽管罗马人展开了追击行动,但哈斯德鲁巴·巴卡在逃跑过程中只和敌人发生了几次短暂的小冲突[11],把他的部队一路往埃布罗河南部撤回,一直撤到西班牙中部,敌军再也追不上的地方。

第十九章
大西庇阿夺取卡塔赫纳

公元前210年,普布利乌斯·西庇阿的儿子[后来被称作"阿菲利加努斯"(Africanus)[1],后文将简称他为大西庇阿]大约26岁。他很可能是坎尼战役的幸存者,当时大约只有20岁。通常,这个年龄指挥军队还太年轻,虽然他出身于一个贵族家庭,属于当时最好的罗马军人家族——科尔奈利·西庇阿家族(the Cornelii Scipiones),但他还没有足够的时间在晋升体系内爬上足够高的级别。波里比阿断言,大西庇阿在公元前218年提契诺河战役中曾救助过身负重伤的父亲,当时他十七八岁。[2]而李维同样讲了一个很有名的传奇故事,说年轻的大西庇阿在坎尼战役中曾任指挥官并幸存下来;在卡奴西温,他在其他幸存者面前举剑发誓,永不背弃罗马。[3]另一些人则认为,这一举剑发誓的传奇故事是后来经过加工修饰而成的,可能是李维添加了故事情节,因为波里比阿并没有提到它。但大西庇阿的确可能参加过坎尼战役,甚至当时可能是埃米利乌斯·保卢斯手下的一个非常年轻的军团司令官。[4]

由于西班牙现在需要新的领导来填补大西庇阿的父亲和叔叔留下的空缺,因此罗马执政官盖乌斯·富尔维乌斯·森提马卢斯(Cnaeus Fulvius

Centimalus）和普布利乌斯·苏尔皮基乌斯·加尔巴（Publius Sulpicius Galba）组织了元老院特别选举，选举年度执政官、裁判官和监察官，希望选出一位能够应付西班牙挑战的领导人。大西庇阿曾是一名军团司令官，[5]在公元前213年之前的几年里只是一个贵族市政官[1]，但他肯定还没有成为一个有权统率军队的执政官或裁判官。

李维曾为大西庇阿写了一部圣徒传记，波里比阿也对他有很多正面评述，他们都把大西庇阿比作斯巴达的立法者利库尔戈斯。[6]受他们的影响，许多历史学家[7]都记载了这样的一幕：年轻的大西庇阿坐在神殿里沉思，并与罗马的神灵沟通。他们也谈到了相关的"梦"，梦中有神灵干预，使事情向有利于他的方向发展。如果大西庇阿预先知道他未来可能承担的角色，那么他当然也计划好了，尽其所能影响公众舆论，使人们得出对他有利的结论来。当时有个传说，说他的出生是一个奇迹，是复活的亚历山大[8]；天降大任于斯人，他将在完成其神圣使命过程中吉星高照，机会连连。他对此既不肯定也不否定。一位军事历史学家清楚地表明，波里比阿的意思应该解读为"一个仅依赖梦想和征兆采取行动的人不可能赢取这样一个帝国"，因此不能低估大西庇阿过人的智慧。[9]但大西庇阿无疑是难以捉摸的，他的心理非常复杂，甚至总是对宗教持怀疑态度。对大西庇阿钦佩无比的波里比阿明白这一点，现代历史学家也可能认识到，大西庇阿在公开场合表现出的"宗教"虔诚只不过是一种说服众人的手段，谈不上才华和洞见。即使是李维也说他"让部下做好了思想准备"，他很有可能用了相当长的时间精心构思了某种想法，并把它灌输给部下，而波里比阿也接受这种观点，即大西庇阿故意"灌输给部下这样的信念，即他的计划来自神启"，因而不会有人提出批评。[10]大西庇阿是历史上最精于策划的领袖，不仅精心计划战斗，而且精心计划如何使部下服从于他的意志。大西庇阿知道许多人会服膺于宗教，但不一定服膺于理性，因为信仰的力量往往胜过理性推理

---

[1] 一种负责监管市场的政务官。——译者注

的力量。这是毫无疑问的,后来的马基雅维利可以解释这一点。[1]

不管大西庇阿是不是在西班牙统率罗马军队的唯一候选人,可以肯定的是,他是西庇阿家族的主要继承人,而且似乎已经当上了族长,尽管他此时仍然只是一介平民,而不是高级官员。毕竟,对于一个罗马将军来说,在西班牙作战并不容易,因为资源供应不足,无法与拥有庞大资源的迦太基人相抗衡。他参加过提契诺河和坎尼战役,有过实战经验,但他的任命却和他本人一样非同一般。从某种意义上说,这表明他父亲和叔叔的不幸阵亡使罗马陷入了某种绝望之中,而他之所以能被选中做统帅,其他因素也起了作用,比如贵族家庭对元老院的控制。森都利亚大会[2]不可能选他,但正如一位历史学家所指出的,决定可能早就作出了,森都利亚大会的正式表决只是走走过场,使之合法化而已。这位历史学家进一步指出,选择大西庇阿的过程非常神秘,而在西班牙只是确认一下名字而已。他的父亲和叔叔已经与凯尔特伊比利亚部落建立了友好关系,因此选他领军可以继续保持这种关系,对罗马有利。[11]大西庇阿被任命为西班牙总指挥官,实际上是总督,除了指挥在塔拉科和埃布罗河北部的1.8万人的罗马军队外,他又得到了另外1万名步兵。他率领30艘战舰,离开了罗马的奥斯提港,于公元前210年末在埃姆珀龙(Emporion,位于今天加泰罗尼亚的安普利耶斯)登陆。

---

[1] 马基雅维利(Machiavelli,1469—1527),意大利政治家和历史学家,以主张"为达目的可以不择手段"而著称于世,马基雅维利主义(machiavellianism)也因此成为权术和谋略的代名词。——译者注

[2] comitia centuriata,又称百人团大会。会议负责选举执政官、副执政官和监察官,同时投票表决是否参战或媾和。——编者注

第十九章 大西庇阿夺取卡塔赫纳

大西庇阿占领卡塔赫纳

年轻的大西庇阿采取大胆而英明的战略，于公元前209年攻占了卡塔赫纳，几乎和汉尼拔的方式一模一样。这是一个标志性事件，预示着他未来一定胜券在握。他的父亲和叔叔在公元前212年战死，如此巨大的损失似乎增强了他的决心，不仅要为罗马争取更大的胜利，也要为家族报仇雪耻。有一种迷信说法，他的家族遭遇不幸是幽灵在作祟，如果人们认为他的家族是为神所厌恶的，那么他的家族名声就会受到玷污。大西庇阿肯定知道，在公元前210年的冬天，3支驻扎在西班牙的迦太基军队相互间超过数百英里的距离。一支部队由哈斯德鲁巴·吉斯戈率领，在南加迪斯附近活动；另一支由马戈率领，驻扎在卡塔赫纳以西的卡斯图罗附近；最后一支部队由哈斯德鲁巴·巴卡指挥，很有可能与卡佩塔尼部落一起驻扎在西部，此处位于西班牙中部的托莱多附近的塔古斯河源头，即埃布罗河的西南部和卡塔赫纳的西北部。[12]

由于通往卡塔赫纳的道路畅通无阻，不仅没有迦太基部队沿路看守，而且280英里只需要10天的行军路程，于是大西庇阿制订了一个大胆的行动计划。这是一个巨大的冒险，但如果精心策划，也是一个伟大的行动，波里比阿说，他将一举成名。[13]卡塔赫纳是西班牙最好的港口，极为富有。[14]卡塔赫纳储存的银锭可能比迦太基国内储存的还要多，因为西班牙银矿就在其东部几英里以外的劳尼翁。北边的穆尔西亚和红色的洛维多利亚山之间还有其他银矿，不少离卡塔赫纳都不到一天的步行路程，可见其富裕程度。波里比阿指出，迦太基本身对卡塔赫纳非常依赖，这个城市增强迦太基的实力，却对罗马造成了损害。[15]这个值得争夺的目标看似难以拿下，其实防卫却很松懈，因此对大西庇阿来说，成了一个难以抗拒的诱惑。若能拿下卡塔赫纳，将有助于大西庇阿实现宏大的政治抱负，切断汉尼拔从西班牙获得任何补给的希望，使其既得不到银子,也得不到伊比利亚盟友的支援。[16]因此,大西庇阿并没有向罗马申请许可,只向他的朋友,罗马海军统帅盖乌斯·莱利乌斯(Gaius Laelius)分享了他的计划,防止消息泄露给迦太基军队。迦太基人认为卡塔赫纳远离罗马军队,又濒临大海,因此会非常安全,几乎立于不败之地。开始时,大西庇阿的军队只是迦太基军队人数的三分之一,寡不敌众,正如历史学家阿德里安·戈兹沃西(Adrian Goldsworthy)所说,他的总兵力"还不如"战场上3支迦太基军队中的任何一支。[17]

大西庇阿布置了3000名步兵和500名骑兵守卫埃布罗河,由马库斯·尤尼乌斯·西拉努斯(Marcus Junius Silanus)负责指挥。大西庇阿命令莱利乌斯的舰队在戴尔托萨附近的埃布罗河口集结,然后率领2.5万人的部队和2500名骑兵迅速出发踏上征途,罗马舰队可能隐蔽他们的海上行程。虽然波里比阿和李维说这段旅程花了一个星期,但根据这次行军的距离,可能需要一个多星期才能到达目的地。[18]他的军队行进得非常快,而且大部分是秘密行动。他的先遣侦察兵可能杀死了任何发现他的军队行踪心怀敌意的人,因他们可能会向迦太基人通风报信,甚至可能向西部和南部战场上的迦太基军队通风报信。大西庇阿率军抵达后,迅速在城防坚固的卡塔赫纳城东部扎营。当时,卡塔赫纳位于一个向东伸展的扇形半岛上,拥有一个狭长的地峡。卡塔赫纳海湾的南部有一条通向外海的通道,还有一个潟湖从北面保护着这座城市。在现存的罗马剧场,人们可以很容易地看到古城残余的5座山丘,那里曾经是神圣的区域,坐落着迦太基城堡。根据波里比阿的记载,这座城市的城墙方圆只有4500码左右。[19]最令迦太基人惊讶的是,罗马舰队首先从北部绕过巴娄斯角,然后向西航行,并从南部进入海湾港口,准备从海上对朝南的城墙发起攻击:大西庇阿的军队将主要从东部陆上的地峡发起攻击。

罗马人迷信,爱解梦,关心预兆,大西庇阿充分利用了这些,精心策划宣传策略,把自己打造成为一代传奇。根据关于大西庇阿众多广为流传的故事,他曾对自己的军队说,他在梦中得到启示,尼普顿(Neptune,罗马神话中的海神)

将助他一臂之力。但是，即使这些故事被夸大了，对于当地渔民来说，仍然是解释得通的。因为当地每天刮风，降低了潟湖水面，因此在退潮时湖水非常浅。[20]

这场战役突显了迦太基的西班牙政策中一个最严重的问题，造成失误的原因要么是由于卡塔赫纳距离迦太基太远，要么是由于在西班牙负责指挥的是3位相互争执的将军，缺乏明确的领导，或存在其他一些缺漏。为什么卡塔赫纳的守城士兵如此之少？他们真的以为这个城市固若金汤，易守难攻？还是他们以为罗马正把精力集中在遥远的塔拉科和埃布罗河，因而对此城不会构成威胁？波里比阿说，迦太基人做梦都没有想到有人会袭击这座城市，因为当时他们几乎控制了整个西班牙。[21]迦太基首先派出马戈手下1000名经过训练的迦太基士兵设法击退莱利乌斯从海上发起的攻击，因为他指挥的罗马军队已经包围了沿着海湾出口的城墙，剩下的2000位市民负责守卫沿着地峡面向陆地的城墙。

大西庇阿从陆上对城东的城墙发起的攻击并没有完全取得成功，一开始他就被击退了。正如波里比阿所指出的那样，正常的攻击后需要1天左右的时间来恢复战力。大西庇阿同时从地峡和海上发起攻击，其中一个目的可能是想把敌人的注意力引离潟湖。但下午的时候，大西庇阿看到海水如塔拉科渔民描述的那样，正在从北边的潟湖通道退潮，于是命令500名士兵携带梯子，悄悄涉过浅水攀爬城墙。这支刚刚组建的小部队发现那里的城墙没有防备，便爬了上来，很快就进了城。对于一个曾经是如此小心翼翼地处理自己与海洋环境关系的迦太基文明来说，这实在是太奇怪了，太不可思议了，甚至有某种讽刺的意味。人们普遍的共识是，卡塔赫纳的潟湖只让人产生一种水很深的错觉，因为从远处测量水深是非常困难的。

波里比阿和李维对"尼普顿的助攻"的看法略有不同，因此不少人一直对此争论不休。[22]虽然最近仍然有人讨论过这一现象，但迄今为止最能说得通的分析表明，这种现象是潮汐、盐水浅滩和从海岸向海面吹的风综合作用的结果。[23]虽然卡塔赫纳海湾的深水港可能是一个比较好的防御措施，但是罗马舰船仍然可以长驱直入抵达这里。因此，总而言之，卡塔赫纳所谓的固若金汤很可

185

能是一种错觉。

大西庇阿在梦中向海神尼普顿的祈祷增强了他在罗马驻西班牙军队中的地位,当他的士兵蹚过潟湖时,他被认为是神一般的领袖。不管情况如何,一个历史学家对波里比阿的说法做了一个很好的解释。他说:"把大西庇阿的成功归因于他自己的深谋远虑,而不是海神尼普顿意外的帮助。"因为他听了塔拉科渔民的解释后,得知了潟湖的深度可以改变这一自然现象。[24]这也有力地证明了,早在罗马共和国建立谍报服务之前,大西庇阿就已经能够使用军事情报,史料也显示,他善于利用军事情报,并从汉尼拔身上学会了如何收集情报,也完全能够亲自仔细甄别情报并据此制订相应的计划。[25]

罗马人爬上潟湖沿岸不设防的城墙,迅速向东移动,并杀死了任何抵抗者,同时也帮助打开了大西庇阿正在攻击的地峡大门。他的部下手持龟甲盾牌[26],同时用大斧头在大门上乱砍,结果从海路发动进攻的部队和从陆地进攻的部队差不多在同一时间会合。罗马军队横扫了整个城市,将其余的迦太基人逼退到城堡那里。迦太基人看到满眼都是四处抢掠的罗马人,很快便投降了。波里比阿指出,罗马人并没有抢劫,而是按照他们的习俗,杀死任何胆敢挡路的人,连动物也不放过,以便在混乱中制造恐怖。[27]

即便不算上迦太基国库的银子,在卡塔赫纳缴获的战利品也非常多。在把财宝运送到重兵把守的城市广场之前,其中一些已经被分配到大西庇阿的部队了。罗马缴获的战利品包括黄金、白银和大批军用装备,如弩炮。卡塔赫纳的一部分银锭和金条可能是巴卡家族的私有财产,储藏在那里,但现在所有这些都消失了。大西庇阿带走了迦太基指挥官马戈以及元老议会和元老院的几个高级成员作为战犯,由盖乌斯·莱利乌斯负责看管。[28]罗马释放了大约300名西班牙人质回他们各自的部落,并赠予他们礼物,条件是他们答应说服自己的部落与罗马结盟。该城的许多奴隶得到许诺,如果他们效力于罗马,将在战争结束后获得自由;然后,大西庇阿分配他们工作,或者在缴获的18艘迦太基战舰上划桨,或者被补充到莱利乌斯的罗马战舰上。无论在危急关头,还是在承平时期，罗马都曾使用奴隶作为划桨手，并在服役结束后释放他们，这种做法在当时可能并不是独一无二的。[29]

大西庇阿精明过人，总是能把他的所谓仁慈怜悯、宽容大度变为传奇四处传扬，据说他曾保护一个沦为人质的妇女免遭强奸，还拒绝了某个人献给他的一个美丽的西班牙少女，并释放她回到她的父亲和未婚夫身边，而她的未婚夫曾希望用金钱赎回她。[30]李维可能又在这个故事上加了些点缀，说大西庇阿把她的赎金作为结婚礼物还给了那位年轻的未婚夫，以便更顺利地从他的部落招募新兵。[31]大西庇阿在一天内就攻占了卡塔赫纳，不仅证实了该城防卫薄弱，只有1000多名迦太基士兵和市民被迫抵御进攻，而且证明迦太基人犯了一个严重错误，他们以为该城是无懈可击的，因为它城墙坚固，又被水环绕，实际上潟湖水很浅，只给人一种安全的错觉。大西庇阿的谋略很快就与汉尼拔不相上下了，他从他那里学得很好（尽管汉尼拔决无意教导他）。

卡塔赫纳对罗马人来说一直占有重要的战略地位，它曾是布匿建立的贵重金属生产基地和仓库，后来成为西班牙东部的3个罗马军事指挥中心之一，另外两个分别是之前在塔拉科和埃姆珀龙建立的军事基地。[32]

巴埃库拉战役

在轻取卡塔赫纳后，大西庇阿又在公元前208年的巴埃库拉完胜哈斯德鲁巴·巴卡，这是他在西班牙取得的第一场胜利。他现在控制着埃布罗河和卡塔赫纳南部的西班牙广大地区，这场战役发生在比提斯河上游地区，距离他父亲和叔叔惨死的地方不远。哈斯德鲁巴·巴卡有2.5万多名伊比利亚士兵，而大西庇阿则拥有一支大约3.5万名士兵的军队。这一次，迦太基人和伊比利亚人被困在陡峭的山谷中，大西庇阿封锁了通往巴埃库拉的道路和进入山谷的门户。哈斯德鲁巴·巴卡命令自己的军队抢占高地，但过了几天，他惊讶地发现，大批罗马人爬上了山脊，从三面包围了他。大西庇阿曾试图把这个行动弄得像是少数部队发起的佯攻，然而哈斯德鲁巴·巴卡放弃了他的营地，设法率领他的大部分部下撤退。哈斯德鲁巴·巴卡败北，当他的营地被罗马人占领时，他的许多伊比利亚雇佣军和轻装部队士兵战死，他的行李和补给也被罗马人夺取。

在巴埃库拉战役中，哈斯德鲁巴·巴卡大约损失了6000名士兵，另有1万人被俘，而大西庇阿损失了不到2000名士兵。大西庇阿没有追击撤退中的哈斯德鲁巴·巴卡，哈斯德鲁巴·巴卡率领他剩余的军队向西进军，此时他仍拥有一大笔贵重金属储备，包括金子和银子，用来支付报酬给他的雇佣军。最后一次失败的消息传到了迦太基，他们现在知道已经失去了西班牙。迦太基随后下令哈斯德鲁巴·巴卡前往意大利，去协助汉尼拔。哈斯德鲁巴·巴卡可能于公元前208年年末启程，尽量不经过罗马的疆土，尽可能向西部和北部移动，到大西洋附近的加利西亚，翻越比利牛斯山脉的西段到达高卢。他还接到命令，带着剩余的金钱去招募尽可能多的凯尔特雇佣兵。大西庇阿现在控制了卡塔赫纳银矿及其丰富的出产，在没有卡塔赫纳和银矿的情况下，迦太基再也无法从西班牙大部分地区获得收入，布匿收入大减。[33]

汉尼拔在直接对抗的战场上仍然所向无敌，并在几场伏击战中消灭了罗马的高级将领，如马塞拉斯和克里斯皮努斯，还击败了任何敢于抵抗他的罗马军队。西庇阿兄弟在西班牙战死是另一个罗马悲剧，并在短期内影响了西班牙，但这场悲剧可能刺激了大西庇阿，并很快导致了卡塔赫纳被征服，迦太基失去了对西班牙的控制。

迦太基失去了卡塔赫纳金银库，紧接着，加迪斯也于公元前206年向罗马投降[34]，迦太基很快失去了西班牙的全部控制权，损失几乎无法估量，其金银财富以及来自伊比利亚盟友的兵源供应一去不复返了。汉尼拔被迫自谋生路，此时留在意大利已经成为这个饱受战争蹂躏地区的负担。公元前207年后，在意大利南部再没有出现巴卡家族的新钱币或布匿硬币，在一定程度上证明了迦太基已经失去西班牙的事实。[35]很难统计在公元前221年之前，汉尼拔究竟从西班

188

牙得到了多少银子，但有人估计过西班牙矿场银子的日产量，仅百部罗一个银矿就多达135公斤。[36]现在迦太基永远失去了西班牙丰富的贵金属。相比之下，从迦太基转送来的一点银子实在是微不足道。[37]

在迦太基失去西班牙之后，汉尼拔知道，他对付罗马的选项就像他在意大利的权力基地一样正在萎缩。他没有港口，没有新的银子，越来越依赖于三心二意的布鲁蒂亚人和卢卡尼亚人，而不是他的老兵，因为这些老兵都太老了，也太疲惫了，人数也在锐减。然而，当他的弟弟哈斯德鲁巴率领一支新军从西班牙来到意大利后，仍然有希望。

如果哈米尔卡能够活着看到他的两个在意大利的土地上活跃的"狮崽"儿子，一个在南部，另一个在北部，他肯定会感到自豪。这甚至可能会稍微缓解第一次布匿战争带给他的痛苦记忆。作为一个武将，哈米尔卡知道，由商人主导、奉行重商主义的迦太基在当时投降得太过匆忙。

第二十章
梅陶罗河战役

公元前208年的春天,哈斯德鲁巴·巴卡在西班牙的巴埃库拉被大西庇阿击败,但他的军队并未遭受很大损失,他接到迦太基的命令,与他的哥哥汉尼拔在意大利会师。这一次,他决定放弃西班牙,因为罗马正在那里确立自己的统治地位。虽然哈斯德鲁巴·巴卡遵守了命令,但他一定感到遗憾,因为他知道,失去西班牙丰富的银矿和铁矿是迦太基人无法承受的损失。公元前208年的秋末,哈斯德鲁巴·巴卡避开大西庇阿的军队,率领他的迦太基和凯尔特伊比利亚联军,在埃布罗河西部的加利西亚源头附近,翻过海拔较低的坎塔布山脉。哈斯德鲁巴·巴卡和汉尼拔的军队有几个明显的区别,其中之一是哈斯德鲁巴·巴卡没有努米底亚骑兵,而他的哥哥总是把这个优越的战术武器的巨大优势发挥到极致。[1]学者对他的士兵总数存在争议,他可能拥有1.5万名士兵和15头大象。[2]

哈斯德鲁巴·巴卡经过高卢南部向东进军,并在那里越冬,沿途招募了很多凯尔特新兵。因为他从西班牙开始行动太迟了,路上要花很多时间,还要率领一支军队在意大利西部过冬,所以这并不是最好的行动计划,并且罗马人早已得到警报，从而有充足的时间做准备。罗马人的盟友马萨利亚人警告他们，哈斯德鲁巴·巴卡要来了。哈斯德鲁巴·巴卡在公元前207年春天越过了阿尔卑斯山。波里比阿说，哈斯德鲁巴·巴卡到达意大利比汉尼拔容易，而且更快。[3]阿庇安说，哈斯德鲁巴·巴卡越过阿尔卑斯山所走的路线和10年前他哥哥走的是"相同的道路"。[4]虽然这并非完全不可能，但有几个原因决定了这其实不太可能发生，其中包括：道路是否易走，沿途有无敌人，比如仍然充满敌意的阿洛布罗热人的抵抗等。因此，更有可能的是，哈斯德鲁巴·巴卡走的是海拔较低的道路，如蒙热内夫尔道，不仅更容易走，而且能够避开阿洛布罗热人。

哈斯德鲁巴·巴卡在波河河谷

哈斯德鲁巴·巴卡离开阿尔卑斯山后，在帕达纳地区向东移动，但在防卫森严的皮亚琴察遇到了阻碍，并延宕多时。不久前（公元前218年），这里曾经是罗马的前哨基地，提契诺河和特雷比亚河战役后，普布利乌斯·西庇阿和其余的罗马士兵曾经撤退到该城。哈斯德鲁巴·巴卡试图围困这个罗马殖民地，希望用饥饿迫使它投降。当他等待的时候，他可能在想，如果能攻下该城，他就可以在这个地区赢得更多凯尔特人支持他的新入侵。作为帕达纳、波河谷地［后来被称为加里亚·西萨尔皮娜（Gallia Cisalpina）］和阿尔卑斯山一侧高卢地区的凯尔特人聚落中的第一个罗马殖民地，皮亚琴察的城防经常遇到威胁，多次遭到凯尔特人和利古里亚人的进攻。[5]西部的因苏布雷部落和东部的波伊部落一直对皮亚琴察构成威胁，哈斯德鲁巴·巴卡希望把这两个部落与其他部落一起紧密地团结在自己身边。

但哈斯德鲁巴·巴卡对皮亚琴察的包围徒劳无功，可能是因为罗马人学会了在被围困的情况下尽可能坚持足够长的时间，而他自己的资源则被白白浪费，没有收到任何效果，于是他解除了围困，放弃了占领皮亚琴察的希望。大约在他离开该地区的时候，他可能已经招募了8000名利古里亚士兵。[6]

公元前207年的春天，汉尼拔一直惦记着他弟弟在意大利北部的部队，并希望他们两军联合起来，绞杀罗马人。哈斯德鲁巴·巴卡迅速越过阿尔卑斯山，他可能对此感到惊讶，并可能会以为哈斯德鲁巴·巴卡的围攻会持续更久，所以他的时机被打乱了。更糟糕的是，汉尼拔在卢卡尼亚的格鲁门图姆（Grumentum，位于今天的新格鲁门托附近）[7]不断遭到罗马军队从后方发动的攻击，当时他正在沿着阿格里河上游向南部的布鲁蒂姆进军；盖乌斯·克劳狄乌斯·尼禄指挥的罗马人紧紧把他咬住，使他不得脱身。罗马人的目的是把他困在南方，而他的士兵和资源在许多冲突中逐渐消耗。

罗马人也清楚地知道，意大利的大部分地区都在巴卡家族的两兄弟率领的军队控制之下，他们二人分别在意大利和西班牙成功地战胜了罗马军队。李维后来甚至提出，那是他们的父亲哈米尔卡的幽灵在帮助他们。在第一次布匿战争中，罗马人很难把哈米尔卡赶出西西里岛，毫无疑问此人给罗马人留下了深刻印象。[8]罗马人尚未完全动员，但他们的大部分计划是不让汉尼拔和他的弟弟会合，并进入意大利的心脏地带，或者让他们都远离罗马。只要哈斯德鲁巴·巴卡远在帕达纳，而汉尼拔滞留在卢卡尼亚或布鲁蒂姆，那么前景就不那么可怕，但如果那把"战术钳子"莫名其妙地冷不丁地来到眼前，就可能发生另一个像坎尼战役那样的灾难，那将是可怕的。毫无疑问，制造这样的灾难也是汉尼拔、哈斯德鲁巴·巴卡和迦太基孜孜以求的目标。

在皮亚琴察之战后，哈斯德鲁巴·巴卡派了6位信使，包括2个努米底亚人和4个凯尔特人，带着一封密信，骑马向南，踏上了长途旅行，前往他预计汉尼拔要去的地方，要求他在去往意大利的中途与他会师，而那个地方显然"在翁布里亚"。但哈斯德鲁巴·巴卡犯了一个非常愚蠢的错误：这些信使不熟悉地形和道路，也没有意识到汉尼拔正在不断地跑来跑去"灭火"，或前去援助他的盟友。信使沿着塔兰托湾几乎一直跑到意大利最南端的海岸，但到了塔伦图姆他们迷了路。这几位信使计划在梅塔蓬图姆附近的某个地方找到汉尼拔，因为他们知道塔伦图姆已经在公元前209年被罗马人夺回了,但他们被比较熟悉当地地形的罗马巡逻队发现并抓获。信使迷了路并被俘虏是一大失误,而当这封信在信使身上被搜出后,这个错误就变得更加严重了。哈斯德鲁巴·巴卡在密封的信中说的都是大白话,直截了当,可能非常详细地描写了他所走的路线。更糟糕的是,本来这封信应该用密码写成,或者最好只用口头形式来传达,可惜都不是,信很可能是用布匿语写成的,因此很容易被罗马的军事译员翻译出来。无论对信使的审讯是否用了酷刑,但是一旦罗马人阅读并根据信的内容采取行动,损害就无法避免了。这封信一级一级往上送,最后到了克劳狄乌斯手里。他立即将这封信送到罗马,在那里他建议采取果断行动。

汉尼拔当然从来没有收到过这封信,也许他根本不知道有人给他送过这封信,他只知道他的弟弟在意大利北部的某个地方,但他不知道具体细节,因此无法和他取得联系。这一困境的讽刺之处在于,汉尼拔在公元前207年的整体地位相对于公元前218年—前216年那段时间是多么不同。之前,他有足够的军事情报网络,到处都有他的间谍,包括许多会两种或三种语言的凯尔特人或心怀不满的当地意大利雇佣军人,他们可以融入不同的社区,包括那些必须供应罗马军队的人。汉尼拔现在的通信线路更缺乏计划、更脆弱、很容易受到干扰。[9]他的资源也更加有限,显然他没有太多银子来购买重要情报,因此他的军事情报显然大大减少了。[10]

上下团结一致的罗马现在所需要的是采取一个大胆的行动。执政官马库斯·李维·撒里纳托尔(Marcus Livius Salinator)率领一支军队出发迎战哈斯德鲁巴·巴卡。如果他选择了沿海航线,他应该是向北行军。这支军队最终将在阿里米努姆附近与波尔基乌斯·李锡尼(Porcius Licinius)指挥的两个军团会合,实力大增。如果哈斯德鲁巴·巴卡跨过亚平宁山脉而来,那么马库斯率领的军队将与来自伊特鲁里亚的另一支军队会合。这支部队曾经由背负污名的盖乌斯·特雷恩蒂乌斯·瓦罗指挥,瓦罗曾放弃坎尼,导致罗马军队惨败,但此人在平民中仍颇有人气。因此,几路罗马军队希望在亚平宁山脉一侧围堵哈斯德鲁巴·巴卡,并强迫他选择路线,或者退到亚平宁山脉以西,或者沿亚得里亚海海岸向西,并在这两条路线周围布下重兵把守。[11]哈斯德鲁巴·巴卡现在的兵力大约3万人,他沿着波河河谷一路向东,走的可能是艾米利亚大道,这样他就要沿着亚得里亚海沿岸航线向南经过阿里米努姆。[12]在那里,执政官李维·撒里纳托尔和裁判官李锡尼率领的罗马联军将狙击他。罗马元老院还担心,哈斯德鲁巴·巴卡会挑起伊特鲁里亚人起来反叛罗马,而那个地区的叛乱时机已经"成熟"。[13]

更具有戏剧性,也更加重要的是,另一位执政官,盖乌斯·克劳狄乌斯·尼禄,在公元前207年的晚春随汉尼拔到了格鲁门图姆。当他在5月中旬截获了哈斯德鲁巴·巴卡活动的消息后,便把他的军队向北移动了大约100英里,来到卡流苏门(Canusium,今天的卡诺萨迪普利亚),非常接近汉尼拔取得大捷的坎尼。罗马人和汉尼拔之间玩起了猫捉老鼠的游戏,你来我往展开了拉锯战。在格鲁门图姆之后,汉尼拔也转向北,跟随罗马人回到卡流苏门。克劳狄乌斯·尼禄在5月下旬很快说服了意见不一的元老院,允许他迅速率领一支秘密部队迎击哈斯德鲁巴·巴卡,并对汉尼拔完全封锁消息,使汉尼拔以为哈斯德鲁巴·巴卡和他的军队仍然在附近。这种罗马式的欺骗似乎是抄袭汉尼拔的战术,如果放在公元前218年—前216年这段时间是不会实施的。

盖乌斯·克劳狄乌斯·尼禄

盖乌斯·克劳狄乌斯·尼禄生于一个最古老最受尊敬的贵族家庭,即克劳迪亚氏族,随着第二次布匿战争的展开,他逐渐成长为一个越来越合格的罗马将军。公元前214年,克劳狄乌斯·尼禄曾在诺拉效力于英勇的执政官克劳狄乌斯·马塞拉斯,他们是亲戚,而当时的汉尼拔正竭力保护坎帕尼亚,这种经历对于这名成长中的军官是一个有益的训练。后来,他经历了罗马精英阶层必然遵循的晋升之路，曾担任军事裁判官和文职地方行政官。[14]尼禄在公元前212年和公元前211年曾参加对卡普亚的围攻。[15]正如前一章所讨论的那样，马塞拉斯率领的罗马军队曾于公元前214年击退了汉尼拔的一支军队，也许克劳狄乌斯·尼禄当时就是马塞拉斯手下的一名军官，他发现，尽管汉尼拔非常出色，但并不是不可战胜的。[16]克劳狄乌斯·尼禄是一个善于学习的罗马军事领导人，在格鲁门图姆战役中他甚至聪明地使用了汉尼拔的一些战术来对付汉尼拔，他把一些士兵隐蔽起来，从两个方向夹击汉尼拔。李维说，这个战术就是将计就计，"照葫芦画瓢"。虽然不是很具有罗马特色，但它给汉尼拔造成了困难，消耗了他的部队。[17]

无论他的野心是什么，克劳狄乌斯·尼禄设法打消了元老院的顾虑，元老院曾担心他不管汉尼拔，向北去进攻哈斯德鲁巴·巴卡，如果汉尼拔得知消息尾随而来，趁机进攻罗马，结果可能是灾难性的。他从自己的军队中挑选了6000名最好的士兵，耐力出众、武艺高强的罗马老兵精锐和1000名同样出色的骑兵随他出征。他把其余的部队留下防备汉尼拔，在一天深夜静悄悄地匆匆踏上了征程。

从威奴希亚到梅陶罗河

从威奴希亚到梅陶罗河之间的距离超过300英里，克劳狄乌斯·尼禄率领的小股部队很可能是沿着离亚得里亚海沿岸不远，但肯定是在亚平宁山脉以东的内陆道路进军的。为了尽快到达目的地，他们日夜兼程。[18]为了保持速度，部队轻装前进，因此他们的许多给养都是当地百姓提供的，当地农民看着他们在肥沃的农田间行军，于是慷慨帮助他们，显然是为了取得他们的保护。一些食物来自亚得里亚海当地的皮切尼人[19]，这些人从来不支持汉尼拔。罗马士兵基本上只带上了他们的武器，只是在饥饿的时候才吃东西。虽然我们不知道行军的时间有多长，但根据他们的步行速度，至少要7天。即使在从阿普利亚向北穿过安科纳的乡间农场，也不可能每天步行超过30英里。安科纳是皮塞努姆的一个主要城市，从公元前4世纪初就是希腊锡拉库萨的一个殖民地。在阿普利亚和安科纳之间的乡间，在平坦的海岸平原之上有许多连绵起伏的丘陵，不管尼禄的军队是沿着山脊还是在海岸平原上行进，他的行进速度如此之快，以至于汉尼拔的侦察兵可能并不知道他连夜率军出征。即使汉尼拔注意到7000名罗马士兵很长时间不见了，他仍然可能无计可施，因为仍有大量罗马军队驻扎在威奴希亚，由军团长[1]昆图斯·凯提乌斯指挥，可能是在卡流苏门地区的总督富尔维乌斯·弗拉库斯手下的一支部队。即使汉尼拔得知了消息，他可能也已经无法追击了，因为在威奴希亚和卡流苏门之间的罗马军队总数达到了3万人，形成了一道"屏障"。[20]

从一开始，克劳狄乌斯·尼禄就先派特使骑马通知他的同僚，正在哈斯德鲁巴·巴卡附近扎营的高级执政官李维·撒里纳托尔。哈斯德鲁巴·巴卡也到了阿里米努姆南部，靠近梅陶罗河的塞纳附近，离弗拉米尼亚大道不远处。[21]塞纳，也称作塞纳加利亚（或称作森纳加利卡）[22]，是意大利海岸边的一个罗马殖民地，沿着安科纳附近的米萨河，位于以前塞农部落的领土内。现在的塞尼卡利亚镇在梅陶罗河的亚得里亚海入海口以南约10英里处。哈斯德鲁巴·巴卡显然知道附近有李维·撒里纳托尔和李锡尼指挥下的罗马联军。

夜里，克劳狄乌斯·尼禄的军队尽可能神不知鬼不觉地悄悄到达。虽然他们是从南方而来，但他的侦察兵肯定会告诉他，抵达时要采取一个迦太基人觉得最不可能的角度，他们可能直接从海边来，并从东部进入。为了完成这一骗局，李维·撒里纳托尔的士兵与新到来的士兵共用帐篷，这样罗马军营就像以前一样：没有增加新帐篷，住的地方也没有明显扩大，到了白天，迦太基侦察员看到的并无异样。[23]尽管罗马人住得很拥挤，很不舒服，但这个具有汉尼拔特

---

[1] 贵族或元老院阶级出身的罗马军队高级军官，负责指挥一个军团。——编者注

色的诡计几乎完美无缺。李维·撒里纳托尔主张仔细研究作战的时间和地点，二人共同指挥作战；而克劳狄乌斯·尼禄无视部下的疲倦，坚持第二天就立即进行战斗。李维对此表示反对。

克劳狄乌斯·尼禄坚持要做到出其不意攻其不备，并说服了他的同僚。这样哈斯德鲁巴·巴卡就不会发现他现在面对的是一支更庞大的军队，因而他取胜的机会渺茫。在李维的叙述中提到了克劳狄乌斯·尼禄在战斗前的演讲和恳谈，这位将军在开战之前的高谈阔论很像修昔底德的言辞，表明这是一个按照前例所撰写的富有文学色彩的故事。[24]克劳狄乌斯·尼禄鼓励他的手下，在他们离开威奴希亚之前，要把自己看成是一个为胜利作出贡献的小砝码；即使一点一滴的改变也将是决定性的。除了最初的出其不意，他们的存在将使哈斯德鲁巴·巴卡坐卧不宁。在战前的晚上，尼禄强调，要保持轻快迅捷的进军步伐，对他们来说，要跨过一半多的意大利国境，这样就能保证他们的战略成功；任何延迟都会使这次行动成为鲁莽的冒险。只要身在南方的汉尼拔仍然蒙在鼓里，没有觉察到有什么异常，形势就会对他们有利。拖延与哈斯德鲁巴·巴卡的作战会给巴卡家族两兄弟留下更多的时间，消除罗马军队对他们的双重优势：一方面南方的罗马阵营将置于汉尼拔的威胁之下，因为他们可用的兵力减少了；另一方面，也起不到集中优势兵力，出其不意地打击哈斯德鲁巴·巴卡的效果。

清晨，罗马军队在不远处开始行动。哈斯德鲁巴·巴卡的军营离罗马军营可能仅半英里远。李维讲述了一个关于哈斯德鲁巴·巴卡的著名故事[25]，在一小队骑兵的保护下，他仔细观察了罗马军队的阵容，看到一些老旧的盾牌和一些瘦弱的马匹。这两个现象对他来说似乎都很不寻常，因为他没有见过这种情况。经过一番精明的推论，他怀疑对方的军队实力得到了加强，于是派出侦察员跑了很长的路到罗马军营进行侦察。但他们回来报告说，罗马营地还是相同的规模，没有增添新的帐篷。这位经验丰富的将军对显然自相矛盾的报告感到不安，他命令部下不要马上投入战斗，撤回营地，并寻找其他证据核实情况。

哈斯德鲁巴·巴卡很快就找到了答案,一份报告说,罗马军队的号角声有异样:一个军号在执政官马库斯的营地吹响,但在裁判官李锡尼的营地却有两支军号响起。军号声肯定是不同的,以区别执政官和裁判官。哈斯德鲁巴·巴卡经验丰富,很容易把二者区别开来。这说明他可能已经产生怀疑了:两位执政官都在这里,而一天前只有一位。许多人说,这种细节过于清晰,不可能是虚构的,但哈斯德鲁巴·巴卡现在有一个难题需要解开,弄不好会带来多方面的不利影响。他能以弱势兵力与一支罗马联军作战吗?他面对的新执政官的这支军队是否已经打败了他的哥哥汉尼拔,所以他们才会动员起来共同对付他?他来意大利是不是太迟了?他给他哥哥写的信被截获了吗?无论答案是什么,都不是什么好事,都对他不利。哈斯德鲁巴·巴卡当天避开了战斗,并开始向西南方向撤退,迅速行进到远离塞纳的距离,以便想出一个万全之策。一些评论家认为,哈斯德鲁巴·巴卡迅速撤退到梅陶罗河使他的军队陷入惊慌,并把他们战斗的决心变成了恐惧,在这种情况下计划战斗是再糟糕不过了。[26]自此以后,一切都乱套了。

哈斯德鲁巴·巴卡雇用或者抓获了一些当地的向导,以帮助他避开去塞纳时曾走过的沿海路线,并在当天主要向西行进。该地区的地图,包括卫星地图都显示,在距离海岸10英里的梅陶罗河上游,有着许多扭曲的"U"字形河道。而在当时,许多地方都是茂密的树林。从现在梅陶罗河北岸的卡尔奇内利向上,这些古老的"U"字形河岸大都非常陡峭,河两岸的山地高原上布满了洪水冲刷而成的小河沟,与河岸相连。[27]但那些向导是不可靠的,也许他们曾许诺带领他到安全之处,或到一个大的渡口,但他们并没有遵守诺言。他们甚至有可能效忠罗马,并希望将哈斯德鲁巴·巴卡带入一个死胡同,然后溜之大吉。

罗马人紧追不舍,但哈斯德鲁巴·巴卡希望趁着黑夜掩护采取他的下一步行动。他可能有一个选择,在夜幕掩盖下逃到布满森林的山丘地带躲藏起来,也许他打算沿着梅陶罗河主流一直深入到其亚平宁山上的发源地,从那里他可以越过山脉，但我们难以确定当时他究竟是怎么打算的。[28]无论如何，罗马人太靠近了，汉尼拔的弟弟想逃脱而不被发现是不可能的。

哈斯德鲁巴·巴卡可能对他哥哥汉尼拔的处境感到惴惴不安，因为他没有赶来会师；相反，敌方军队却赶来与他遭遇。他的军队在逃奔，对于他的盟军凯尔特人和他的向导来说，这是一个不祥的预兆。他的两个向导很可能不想和他的军队一起被俘虏，于是趁着黑夜逃跑了，导致撤退计划遇到了大麻烦。哈斯德鲁巴·巴卡现在被迫顺着切入高原的河道前行，这是在黑暗中他唯一能确定的地形和方向的线索。在弯弯曲曲的河谷中，哈斯德鲁巴·巴卡可能一直在寻找一个能够涉水过河的地方[29]，这样他可以与他的军队找到一个相对安全的地方。但没有向导，他的军队在陡峭的蜿蜒曲折的河道里迷路了，因此罗马人第二天早晨很容易就赶上了。李维曾特别提到"迂回曲折的河流"[30]，暗示哈斯德鲁巴·巴卡的撤退现在已经深深地进入了老梅陶罗河河套（oxbows）。他的许多凯尔特人要么在途中抛弃其余正在行军的部队散去，要么已经在哈斯德鲁巴·巴卡最初计划休息的地方建起了营地，但他发现敌军紧紧追击过来，便放弃了这个计划。许多凯尔特人可能停下来和他们的部落同胞一起睡觉了，当哈斯德鲁巴·巴卡的指挥系统开始崩溃时，他们重拾对部落内部旧有的忠诚，当然他们也喝了很多酒，昏昏欲睡。[31]凯尔特人可能一群一群地睡在峡谷上方或者河流的上游。哈斯德鲁巴·巴卡在黑暗中率领其余的军队坚定地勉力前进。罗马人截住了哈斯德鲁巴·巴卡，部分原因是他们的侦察兵一直追踪着这支军队，而不是顺着河道走，因此罗马人可以避开弯曲的河套，沿着高原前行，他们知道弯曲的河套最后还会折转回来，如果他们有合适的本地向导，就可以少走弯路。许多罗马军队可以直接从塞纳过来，缩短了一半的距离，因为派往前沿阵地的侦察兵从安全距离观察到了哈斯德鲁巴·巴卡部队的运动方向，并向他们报告了敌情。

第二天早上，疲惫的哈斯德鲁巴·巴卡发现自己被困住了。具有讽刺意味的是，这一天大概也是夏至，甚至可能是汉尼拔在10年前赢得特拉西梅诺湖战役的同一天。他不得不面对密密麻麻严阵以待的罗马军队。他可能已经走出了所有的河套，也可能还没有走出来，但他背对的是梅陶罗河谷陡峭的山坡。除了背水一战外，他别无选择。他试图在狭小的空间里集结他的军队，把他的西班牙军队布置在他的右手边，把他的15头大象布置在最远的边缘，把剩下的凯尔特人布置在他左边的山坡上。

哈斯德鲁巴·巴卡知道，罗马人会发现很难在上坡时作战，而他强悍的西班牙部队将在较低地面上面临强攻。李维·撒里纳托尔的军队面对的是哈斯德鲁巴·巴卡的西班牙军人，尽管西班牙人寡不敌众，但他们勇敢地战斗，寸步不让，对来犯者格杀勿论。波尔基乌斯·李锡尼的军队面对的是哈斯德鲁巴·巴卡的中军。起初，战斗处于胶着状态，双方难分伯仲，因为哈斯德鲁巴·巴卡利用他的凯尔特人占据的陡峭地形，发挥其优势，试图抵消人数上的劣势。这也是他的哥哥常采用的战术。但由于没有时间逃脱，哈斯德鲁巴·巴卡没有办法为罗马人设下隐藏的伏击，而汉尼拔经常这样做。

布匿战象基本上没有什么用处，而且难以控制，在狭小的空间里横冲直撞，给迦太基人造成的破坏和给罗马人造成的破坏一样大。6头大象被直接杀死了，有的是在战斗中和骑手一起被杀死的，有的则是被它们背上的骑手悲惨地杀死的，骑手用锤子把钉子刺进它们的头骨，因为它们转而攻击迦太基军队。至少4头大象冲破了所有罗马战线，漫无目的地在乡间徘徊，直到后来被抓获。这些大象要么被它们的骑手抛弃，要么一些骑手在穿过罗马战线的路上被挑下杀死了。战象需要开阔的地面才能发挥冲锋陷阵的优势，而在陡峭的河谷根本无法发挥作用。

克劳狄乌斯·尼禄很快意识到他无法在山坡上战胜凯尔特人，而且由于地势陡峭，无法绕到他们的右侧去发动攻击，于是他灵机一动，机智地改变了战术。他把相当数量的后卫部队撤下来，剩下的人继续与凯尔特人交战，并把一支小部队移动到李维·撒里纳托尔战线后面的最左边，那里的地面比较平坦，也比较开阔。现在，哈斯德鲁巴·巴卡作战经验丰富的西班牙军队受到了两面夹击，他们正在与前面的李维·撒里纳托尔的军队战斗，但后面却受到了克劳狄乌斯·尼禄的攻击。事实证明，克劳狄乌斯·尼禄的这个举动对梅陶罗河战役的胜负起到了决定性作用，无论西班牙人和哈斯德鲁巴·巴卡本人多么坚定，他们在两边绞杀之下都难以抵御，伤亡惨重。正如波里比阿所说的，他们被"切成了碎片"。[32]当西班牙人被消灭后，凯尔特人在无情的攻击下放弃了抵抗，一些人甚至在看到战场形势骤然转变时便脱逃了。哈斯德鲁巴·巴卡现在知道大势已去，这场战斗败局已定，他采取了一个自杀式举动，勇敢地冲进战斗最激烈的地方，战死了。他宁愿选择光荣地死去，也不愿做俘虏，戴着枷锁在罗马游街示众。

罗马人洗劫了迦太基营地，杀死了沉睡中的凯尔特人，他们几乎毫无招架之力。罗马人收集战利品，清点战俘。这也许是罗马在意大利的第一场重大胜利，他们对这一胜利感到欢欣鼓舞。曾经强大的巴卡家族的哈斯德鲁巴·巴卡已被杀死，可能很快被斩首，减轻了罗马多年来遭受的挫败感。胜利的消息传遍了其余的军队，罗马士兵的情绪顿时亢奋起来，消息沿着弗拉米尼亚大道闪电般地迅速传到罗马。尽管之前可能有些谣言先传到了罗马，但报捷的信使来到后，这个城市很快就明白了一切，罗马打了大胜仗。人们从报捷的骑兵军官脸上和神态上看到了喜悦和信心，信使一路喧哗直接进入了元老院。罗马临时宣布，为庆祝梅陶罗河大捷，全国放假一天。到处都在欢呼，人们冲上大街，冲向市中心，庆祝自己终于摆脱了头顶挥之不去的阴霾。虽然漫长的战争远未结束，但大多数罗马人觉得太阳似乎从未如此灿烂辉煌。

克劳狄乌斯·尼禄率领他疲惫的军队迅速向南开去，回到了威奴希亚，尽可能快地行进。这一行动大约在两周内完成，汉尼拔还不会得到任何关于他弟弟失败和战死的消息。除非古代世界的军事情报人员飞马报信，而且借助高超的驿站系统和间谍，否则徒步走完300英里路程肯定需要两周的时间。特别是罗马人用尽一切手段对汉尼拔封锁消息。虽然勇敢的执政官克劳狄乌斯·尼禄是这场胜利的主要功臣，但因为罗马的贵族政治，他并没有得到应得的荣耀，也许这并不奇怪。相反,罗马把这场胜利归功于他的同僚执政官李维·撒里纳托尔,因为他指挥了一支规模更大的军队。在这个时候,克劳狄乌斯家族的风头被埃米里、法比、科尔奈利以及其他家族完全盖过了。克劳狄乌斯·尼禄是否感到自己的胜利果实被他人窃取了,自己为他人做了嫁衣裳?我们可能永远也不会知道,因为他一直光荣地在军中服役,基本上默默无闻。[33]另一方面,因为他尽职尽责,迅速返回到威奴希亚战场,因此没有陪同李维·撒里纳托尔胜利回到罗马,而后者受到了英雄般的欢迎。

根据波里比阿比较可信的统计,死于梅陶罗河战役的迦太基和凯尔特军队人数可能只有1万人(和李维的数字不同)[34],其中的"迦太基人"还包括西班牙和非洲军队。[35]一些被俘的重要的迦太基人军官被扣留以便勒索赎金。在这次失败之后,凯尔特人几乎不再是迦太基的盟友。罗马人在战斗中只损失了2000人,而梅陶罗河战役是自坎尼战役以来最没有悬念的战役,并戏剧性地逆转了战局。梅陶罗河战役成为战争的转折点,它一方面提升了久经战争考验的罗马的信心,另一方面也使汉尼拔所取得的一连串令人难以置信的胜利成果化为乌有。汉尼拔驾驶着迦太基战车费尽心力所积累的资本瞬间便被挥霍一空。对罗马来说,巴卡家族入侵意大利的双重威胁所造成的长期恐惧终于被解除了。

此时汉尼拔在一定程度上仍然被罗马军队包围着,同时他自己的情报网络由于资金和资源不足而失灵,因此汉尼拔在罗马得到消息之后才得知迦太基在梅陶罗河战役中的惨败。尽管李维·撒里纳托尔把胜利之功据为己有,但克劳狄乌斯·尼禄拥有一个他所不拥有的战利品。也许下面的故事是真的。故事说,汉尼拔坐在营地里自己的帐篷内,可能正在思考他的弟弟究竟在哪里。恰在此时,一个罗马骑兵特使来到。在双方休战的情况下,按照外交惯例,敌军特使是允许进入军营的。罗马骑士把一个麻袋扔进了他的帐篷里,汉尼拔一惊,看到了他弟弟血淋淋的头颅。汉尼拔惊呼:

"呜呼哀哉!迦太基休矣!"

第二十一章
罗马从意大利到西班牙全面大捷

在梅陶罗河战役之后,罗马人终于长嘘了一口气,元老院下令举行为期3天的感恩祈祷活动。在遥远的威奴希亚,克劳狄乌斯·尼禄曾经向汉尼拔展示过一些他被俘的非洲士兵,他们都戴着铁链。也许这一幕让汉尼拔感到震惊,但他决不会让罗马人感到一点满足的。汉尼拔很快就离开了布鲁蒂姆,尽管罗马军队并没有在那里追击他,却从几个方向基本把他包围了。目前,汉尼拔只有两个小港口可走:一个是意大利"脚背的大拇指"——塔兰托湾西部的克罗顿(他从梅塔蓬图姆撤出了驻军);另一个是意大利的"脚趾"——距离更远的洛克里港,位于南部多山地区的爱奥尼亚海岸,与雷朱姆城相对。然而,公元前205年,当大西庇阿进军西西里岛时,雷朱姆城却帮助他从汉尼拔手中夺取了洛克里港。随着罗马财富的膨胀,汉尼拔的领地和影响力持续减弱。正如一位学者所观察到的:"最终,罗马人将在战场上获胜,因为无论罗马领导层多么无能和分裂,参军打仗都成了所有拥有雄心壮志的公民成长的一部分。"[1]

203

汉尼拔在雷朱姆和他的青铜匾

在公元前206年—前205年的这段时间里,汉尼拔独自在意大利的"脚面"地区活动。此时进入了一个没有战事的平静阶段,他有足够多的时间来反思。他剩下的领土和盟友已经不多了,不需要他来保卫。罗马的军队并不追击,而是和他保持一定的距离。汉尼拔是否觉得罗马现在可能不再把他视为严重威胁了呢?

这个时候,汉尼拔做了一些颇令人费解的事情,让人难以理解其中的战略战术价值,而这种情况还是第一次发生。他在拉西尼姆角(Cape Lacinium)的朱诺神殿竖立了一块青铜匾,波里比阿和其他人都曾亲眼见过这块铜匾。此神殿位于今天的科隆纳角,岁月沧桑,铜匾早已不存,神殿也只剩下遗迹。

根据皮尔奇港发现的混合了腓尼基和伊特鲁里元素的早期金匾[2],汉尼拔的腓尼基祖先认为朱诺[或尤尼(Uni)]是他们的女神阿施塔特(Astarte)在意大利的化身。罗马诗人维吉尔曾在其诗歌《埃涅阿斯纪》中用了一些神话象征描写了朱诺和狄多女王之间的恋爱关系。因此,汉尼拔作为一个迦太基人,在朱诺神殿里举行这样的奉献应该说是合乎礼仪的。[3]汉尼拔的铜匾是用布匿文和希腊文写成的,内容究竟为何不得而知,但如果李维的记载正确的话,那么它记录了汉尼拔的一些个人成就以及他自己对所成就的事业的反思等。[4]波里比阿曾看见过铜匾,据他引述,铜匾上列出了汉尼拔军队的实力[5],包括公元前218年长征时的军队人数等。

一些人认为,这块铜匾是一个纪念牌匾,纪念一个伟大的抱负[6],回想起来,这个抱负大部分未能实现。另一些人明智地注意到,李维的文字故意对这块铜匾进行了一番艺术联想,"表明汉尼拔在意大利的成功故事结束了,过去属于汉尼拔,而未来则属于大西庇阿"。[7]不管李维在他的叙述中表达了什么,都自有一定道理。如果汉尼拔现在花时间仔细思考他在充满敌意的意大利逗留的15年光阴的话,那么他肯定想留下一些文字来记录他的作为和影响,而他的敌人则希望抹去他所有的痕迹。如果这是对汉尼拔的准确评估的话,那么他一定认真思考过自己的处境。他的弟弟哈斯德鲁巴·巴卡刚刚战败被杀,他自己却被围困在布鲁蒂姆,动弹不得,而迦太基再也帮不了他了。

伊里帕战役:迦太基放弃西班牙

直到公元前206年,西班牙仍然是一个战争舞台,因为迦太基把将军的头衔授给了汉尼拔最小的弟弟马戈·巴卡,和哈斯德鲁巴·吉斯戈一道在卡塔赫纳的西部和南部作战。罗马建造的伊里帕城靠近今天瓜达尔基维尔河上游的塞维利亚,位于卡塔赫纳以西大约275英里,距离西班牙南部海岸只有60英里,表明罗马人已经深深渗入曾经完全由迦太基控制的西班牙根据地。

大西庇阿刚刚扎营,便遭到了分别由马戈和马西尼萨率领的两股努米底亚骑兵部队的袭击。大西庇阿对此早有防备,并在一座小山后面集结了自己的骑兵,大队骑兵从山后俯冲而下,迦太基骑兵不敢招架,掉头逃窜。如果李维的记载可信的话,那么罗马和迦太基军力大致如下:迦太基军队大约拥有5万名步兵和4500名骑兵。[8]根据波里比阿的记载,罗马军队人数大致与此相等,拥有步兵4.5万人,和相等数量的骑兵。[9]双方摆好阵形,但并没有全面开战,几天来只是双方的轻装步兵和骑兵发生过几场小规模冲突,互探虚实,弄清对方的强项和弱点。哈斯德鲁巴·吉斯戈指挥迦太基军队作战,大西庇阿则在观察他的部署策略,并发现迦太基在清晨集合部队准备作战的速度颇为缓慢。他还观察到,哈斯德鲁巴·吉斯戈把他的利比亚重装步兵放在他的战斗编队的中心,战象在两侧。于是大西庇阿决定制订一个狡猾的计划,即使是汉尼拔大概也会对此印象深刻。[10]

大西庇阿在战斗开始前模仿迦太基战线布置自己军队的战线，他的军队比哈斯德鲁巴·吉斯戈的军队晚到战场，目的是让敌方错以为罗马军队很懈怠、懒惰。他还把他的罗马重装步兵布置在中锋，把他的西班牙军队布置在侧翼。这种安排一直持续了好几天，使敌人心里以为这将是实战时的阵形。[11]大西庇阿可能从他父亲和叔叔的死亡推断，他们之所以战死，是因为伊比利亚人被敌人收买后抛弃了他们，因此他不能过于信赖伊比利亚人[12]，但他不想让迦太基人猜到他的真实意图。

大西庇阿现在布置好了他的陷阱。他为此精心计算了最佳作战时间，那天，他在黎明前开始行动，确保他的军队早早起床吃饭。然后，他派出他的轻装步兵（包括轻装步兵和散兵）骚扰迦太基阵地，并抵达准备战斗。以前，大西庇阿的行动总是慢腾腾的，以至于任何战斗都是在当天晚些时候进行的。这其实是为了蒙蔽敌人。因此，罗马军队这么早就开始挑战让迦太基人大吃一惊，来不及吃早饭便匆忙集合，在混乱中开始迎战。但是大西庇阿隐藏了他的阵线，因此敌人基本上看不到，因为黎明前的黑暗隐藏了他所做的改变，而他完全颠倒了他先前的部署，正如波里比阿所说的，与先前的阵容"恰恰相反"。[13]波里比阿是研究大西庇阿战术的专家，他的说法是可靠的。波里比阿对军事战略非常感兴趣，似乎还写过一本关于兵法的书，不过书已经失传。[14]令迦太基人惊讶的是，大西庇阿军队的中心不再是由罗马重装步兵，而是由伊比利亚军队面对哈斯德鲁巴·吉斯戈的非洲步兵构成的核心。迦太基统帅对此什么也做不了，因为大西庇阿一早就开战，使他猝不及防，也没有时间来改变他的编队。当大西庇阿的军队前进到距离迦太基部队只有500英尺的时候，他不仅把他最好的罗马重装步兵放在侧翼，骑兵和轻装步兵在他们身后，而且他还实行了一个非常规的调动，而这种调动需要他的部队严格执行。

他的下一项命令被不折不扣地执行了。大西庇阿的战线突然变得很宽，因为伊比利亚军队背后的罗马重装步兵展开后，可能几乎使他们原来的宽度增加了一倍，因此两军对垒时肯定比迦太基的战线要宽得多。大西庇阿命令部下要在规定的时间内统一行动,于是罗马步兵的两个侧翼按照命令同时向内转向90度。左翼的步兵队伍在大西庇阿率领下向右转,而右翼的步兵队伍在尤尼乌斯·西拉努斯和马库斯·塞普蒂默斯率领下向左转。迦太基军队因此陷入了一个钳形夹击运动中不得脱身,和坎尼战役的情形很相似,不过他们中并没有人目睹过坎尼战役,而这一次的战法则是由罗马人采用的。

哈斯德鲁巴·吉斯戈的伊比利亚军队面对训练有素的罗马重装步兵的两面夹击迅速溃败了。尽管哈斯德鲁巴·吉斯戈的中军由经验丰富的非洲步兵组成,却几乎派不上用场,因为大西庇阿的伊比利亚军队阻止了他们。这些伊比利亚盟军无处可去,更重要的是,他们拒绝战斗,只是躲在他们的盾牌后面。[15]他们在战斗中的存在现在似乎只是做做样子,拖住迦太基中军。与此同时,这个迦太基核心开始遭到四面八方的攻击。剩余的迦太基军队早已精疲力竭,包括他们的统帅哈斯德鲁巴·吉斯戈和马戈,可能也包括马西尼萨,开始慢慢地撤退,但当他们身后的迦太基阵线一个个崩溃后,他们加速逃跑,以尽可能避免大灾难。

如果不是因为一场突然而至的猛烈风暴阻止了罗马人的追击,迦太基军队在伊里帕战役中的损失将会更加惨重。当哈斯德鲁巴·吉斯戈的残兵败将撤退到今天的瓜达尔基维尔河上一座小山上的时候,幸存的迦太基伊比利亚盟友撤出了。迦太基人用石头加固他们的新营垒,但在他们的伊比利亚盟友晚上离开之后,哈斯德鲁巴·吉斯戈和马戈兵分两路前往南方的海岸城市加迪斯,这是迦太基在西班牙的主要口岸和最后的基地之一。吉斯戈和他的舰队航驶向非洲,而马戈则留了下来。正如一位历史学家所指出的,大西庇阿研究了汉尼拔的战略战术,明白了兵不厌诈的道理,他知道如何与敌人硬碰硬,也知道如何恃强凌弱。[16]大西庇阿花了几个月时间缓慢地回到塔拉科,一路上开展外交斡旋,访问伊比利亚盟国,送给他们丰厚的礼物,以确保能得到他们的一点效忠,从而缓和权力从迦太基过渡到罗马过程中的紧张。

伊里帕战役是罗马和迦太基在西班牙的最后一场大战,这场战役证明大西庇阿是一个令人畏惧的出色的战略家。尽管李维在其历史记载中一直鞭挞汉尼拔在运用兵法谋略上的欺诈行为，但他却赞扬大西庇阿运用同样的诈术为绝顶聪明，颇具讽刺意味。但总的来说，李维对使用诈术持保留态度，并暗示这种手段在某种程度上是"非罗马传统"。罗马人在战争中应该直来直去，方能显示出男子汉大丈夫气概。当然，李维的立场反映了他对汉尼拔以及几乎一切迦太基事物的偏见。

马戈·巴卡试图在加迪斯重建迦太基的立足点，但伊里帕战役的结果使加迪斯人相信，迦太基在西班牙的统治已经终结了。他们告诉马戈，他应该离开了。一些抵抗的城镇如卡斯图洛在围攻之下投降了，而这则成为迦太基在西班牙上百年影响和绝对统治的绝唱。大西庇阿留下了西拉努斯等副官控制西班牙的重要城镇。在西班牙，暴动和叛乱仍会不时发生[17]，大西庇阿还去了一趟非洲从事外交访问，构思他即将实施的非洲总体计划。大西庇阿作出的规划越来越英明，而他注定将胜利回到罗马。

大西庇阿的非洲间谍之行并争夺努米底亚的合作

大西庇阿清楚地认识到，必须把战争从意大利扩展到迦太基，但他知道，他必须谨慎行事，因为存在反对派，特别是元老院里保守的费边党，他知道他们在领土问题上目光短浅，固守意大利中心主义。起初，大西庇阿的宏大计划的曙光只是在外围显露，因为现在有这么多的威胁被消除了，罗马有能力更加公开地涉足北非了。罗马显然已经把汉尼拔困在了布鲁蒂姆，而且在哈斯德鲁巴·巴卡在梅陶罗河失利后，再也没有其他迦太基军队胆敢进军意大利。更有甚者，西班牙现在已处于罗马控制之下，并日益强大。

早先，为了防止汉尼拔的新盟友从东部来增援他，罗马成功离间了马其顿的菲利普人与希腊的艾托利亚人。同样，在北非，他们利用马塞西利部落的努米底亚国王西法克斯为迦太基制造麻烦，直到哈斯德鲁巴·巴卡击退了西法克斯。据李维记载，大西庇阿知道努米底亚人是不可靠的，如果他们自己的利益没有得到满足，他们就不会与迦太基建立真正的永久性的合作关系。文学天才李维用典型的近乎讽刺性的语言描写道，像大西庇阿这样的罗马人知道，"野蛮人"努米底亚人是善变的：

"与野蛮人签订条约没有用处，他们根本不会重视条约和协议，也不会遵守条约和协议。"[18]

由于西班牙不再是战区，因此，如果罗马有意向非洲的地中海沿岸地区"秀肌肉"，把战争扩展到该地区，那么，它就必须在非洲大陆有可靠的盟友，否则这一招将无异于自杀。一些罗马人，比如大西庇阿，认为努米底亚人是建立联盟的最佳人选，这将帮助他们在非洲站稳脚跟，同时也会削弱迦太基。

大约在这个时候，西法克斯决定在努米底亚再次试水。在被哈斯德鲁巴·巴卡赶出努米底亚东部后，他选准了时机碰运气。此外，在努米底亚，并不是他一个人在动摇，犹豫不决。马西尼萨也看到了迦太基在伊里帕战役后的命运，并且在观察西班牙的风向，暗中决定改换门庭，因此在公元前206年他亲自在加迪斯与大西庇阿举行了秘密会谈。[19]

在北非，西法克斯在平静了一段时间之后再次吸引了罗马的注意力。也许是他向罗马提出了倡议，也许是罗马自己作出的决定，反正大西庇阿经过精心策划，现在已经调整战略重心，把注意力全部转移到了北非。大西庇阿先派他的朋友莱利乌斯前往会见西法克斯，受到了礼貌但有所保留的接待。西法克斯坚持，他只会与一个统帅谈判，而他这种要求是正当的，因为作为一个国王他想得到应有的尊敬和严肃的对待。

因此，大西庇阿不得不孤身一人来到北非，相当于一个罗马间谍，执行一个快速而危险的任务；他是前往敌人领土的特使，但没有完全的外交豁免权。

他寡不敌众，不仅可能遭到敌人的袭击，也可能遭到不效忠于任何一方的部落的袭击。毫无疑问，这项任务紧张、刺激、充满了危险，也令人兴奋，大西庇阿的随从队伍人数很少，很不起眼，只有2艘五层橹船。他们很快就被淹没在广阔的北非地平线上，目的地是今天的阿尔及利亚的一个海港。当大西庇阿第一眼看到北非大陆时，他肯定思绪万千，情绪一定很激动，尤其是当他和部下惊讶地看到，一支小型迦太基舰队就尾随在他们身后，更让他颇费思量。大西庇阿可能会认为，这一切都是一个诡计和圈套，因为哈斯德鲁巴·吉斯戈几乎同时到达，尽管人们大呼小叫拿起武器准备战斗，但直到他们到岸边停泊，都没有发生战斗。原来大西庇阿和哈斯德鲁巴·吉斯戈都没想到会碰到对方，他们都是来争取西法克斯和他手下众多努米底亚人支持的。我们可以假设，在与西法克斯会见时，哈斯德鲁巴一定会回忆起过去努米底亚和迦太基之间的手足情谊，但李维则不厌其烦地大谈了一通大西庇阿带给西法克斯的礼物多么昂贵，让这位努米底亚国王多么满意，云云。

大西庇阿似乎在敌人地盘上出色地完成了这个艰难的外交任务。在西法克斯的餐桌上，他的魅力是如此难以抵挡，甚至连哈斯德鲁巴·吉斯戈也被迷住了，尽管他心里颇不舒服。这个来自罗马的大西庇阿，他的家人曾在西班牙被哈斯德鲁巴·巴卡所杀，也正是这个异常严厉但聪明过人的罗马人，在伊里帕战役中击败了哈斯德鲁巴·吉斯戈本人。如果李维没有夸张的话，那么来自罗马和迦太基的这两个不共戴天的仇敌现在不仅坐在同一张桌子上吃饭，甚至还有可能坐在同一个沙发上像知己一样聊天呢。[20]大西庇阿不仅个人才华出众，而且热情、自然、礼貌、机智、外交手腕娴熟，能使他的敌人和他的主人都放松下来。西法克斯很高兴，两大强国的统帅在他的饭桌上争夺他的效忠，使他努米底亚王室的虚荣心得到了满足。据说李维为了强调大西庇阿的魅力，曾引述哈斯德鲁巴·吉斯戈对此人的评论，说"迦太基不应该花工夫去钻研我们究竟是如何失去西班牙的，而应该搞明白我们将如何保住非洲"。[21]尽管这位迦太基将领非常老练，不至于表现得过于幼稚，但哈斯德鲁巴·吉斯戈可能仍给西法克斯留下了一个印象,最好与大西庇阿建立友谊,以避免战争,而这位迦太基人可能对此不会抱太大幻想。另一方面,大西庇阿可能认为西法克斯实际上比较灵活善变,而这一点很快就表现出来了。西法克斯并没有断绝与迦太基旧有的联系。

但是,哈斯德鲁巴·吉斯戈也并非一筹莫展,他很快就打出了一张牌,使大西庇阿无法轻易取胜。哈斯德鲁巴·吉斯戈知道西法克斯的兴趣已经转移,便希望煽起余烬,做出最后的努力来挽回局势,他把自己待字闺中、学识渊博的女儿索福尼斯巴(Sophonisba)许配给这位国王为妻,希望他继续带领他的百姓保持对迦太基的传统信任和忠诚。索福尼斯巴并不仅仅是一个花瓶,更是一个拥有智慧和能力的美女,有着她自己的判断力。她尽其所能地控制西法克斯,不仅仅为了她的神明和国家,也为了她的王后地位。哈斯德鲁巴·吉斯戈以索福尼斯巴安全受到威胁为由,强迫西法克斯警告大西庇阿不要来非洲。不管迦太基是否从一开始就一直支持整个计划,但它也认为索福尼斯巴与一个友好的国王结婚是件好事,他毕竟统治着邻邦的一个大部落。然而,索福尼斯巴的故事将会再次发生转折,因为马西尼萨后来重新插了进来,在罗马的帮助下要求得到索福尼斯巴。马西尼萨的父亲加拉国王已经去世,于是他离开西班牙前去继承王位,但他的上位被推迟了,因为西法克斯代表迦太基袭击了他的国家,他需要罗马的帮助。现在,老国王西法克斯有了一个可以炫耀的年轻貌美的妻子,一方面使他激情澎湃,另一方面也加强了他与迦太基的联盟。

大西庇阿胜利告别西班牙

大西庇阿的长期计划在这一天终于实现了,也许他有点迫不及待要离开西班牙,但他似乎并没有显露出来。所有的罗马人都在为他在西班牙的成就感到欢欣鼓舞,他对此很清楚,因为他竭力做到广而告之,使得家喻户晓,人人皆知。迦太基遭到打击，其军队被赶出，许多人被迫回家，或在其他地方找到活动基地。在迦太基放弃西班牙之后，马戈·巴卡被命令前往意大利去援助汉尼拔。他离开加迪斯，前往梅诺卡岛，然后航行到热那亚的利古里亚，在那里他花了几年时间试图招兵买马。

当大西庇阿于公元前206年年末离开塔拉科时，他率领一支由10艘船组成的舰队返回罗马，从西班牙带回来了一笔惊人的珍宝。这些珍宝主要是从迦太基银库（例如卡塔赫纳的银库）收集的，有的是从被遗弃的军营里缴获的，有的则是从现在被罗马控制的西班牙银矿采集的。

元老院在罗马城外，在战神广场附近的白罗纳神庙（the Temple of Bellona）内接见大西庇阿，因为一个军事统帅是不允许带着武器或士兵进入市内的，并且要放弃军权。[22]元老院给了大西庇阿一个宏大的讲坛，让他向观众亲自讲述他5年来在西班牙所取得的成就，他如何一步步削弱了迦太基的力量，直到其一无所有。[23]据李维记载，大西庇阿提醒元老院，当他抵达西班牙时，他面对的是四名战功卓著的迦太基将领和四支常胜的迦太基军队，但他最后把他们全消灭了，赶走了，没有留下一个迦太基士兵在那里。他的战果实在是出类拔萃，无比辉煌，在几代罗马将领里绝无仅有，元老院挑不出任何毛病，也无法否认大西庇阿所说的任何内容。大西庇阿可能话语坚定，但尽可能谦虚地说出来，以减轻嫉妒或恐惧感，因为有人可能害怕他的地位由此蹿升。他也许希望自己能带着战利品在罗马大街上耀武扬威地游行，但他不能提出这样的要求，也许他会感到些许失望，但他必须深藏不露。

因为他是一位军事统帅，但不是执政官，因此按照风俗习惯，不允许在罗马城举行凯旋仪式。大西庇阿把马留在城外，徒步穿过罗马的街道。根据李维记载，在他前面，是满载西班牙战争战利品的大车缓缓驶过，包括即将充入国库的厚重的礼物：14 342磅银锭和大量银币，总价值差不多100万蒂纳尔（denarii）[24]，约合今天的5800万美元。人们如何知道确切的金额呢？如果大西庇阿监督了计算过程，他会确保没有一盎司被漏掉，因为这不仅是重要的记录，而且也将在整个罗马城被人称道。尽管这份厚礼绝不是向公众行贿以换取他们的赞美,而大西庇阿也尽量使之显得大公无私,但没有人会天真到认为如此的慷慨赠予没有任何内在的动机。波里比阿已经提到过,他在西班牙的早期也曾制定过宽宏大量的政策措施。[25]虽然相互间可能没有明确的联系,但大西庇阿显然知道他在做什么,并期望得到相应的回报。李维描述过,在罗马人民自发地对他表示强烈支持之后,官方迅速采取行动,嘉奖了他的贡献。

大西庇阿很快就获得了另一种形式上的胜利,他赢得了公众的赞扬,人们把他作为英雄来欢迎。现在,成千上万的人涌上罗马街头,要目睹这位英雄,人们向他高声欢呼,在他们心中,罗马的神明早在公元前205年就拣选了他作为执政官。正像他在西班牙所保证的那样,他向罗马主神朱庇特献上了100头公牛作为祭祀,成群的人聚集在那里观看。大西庇阿即将作为执政官前往非洲的垫脚石西西里岛,因此,对他来说这实在是一个完美的公关活动。而在元老院仍然有强大的反对者以及费边一党,这些人可能已经嫉妒并怀疑大西庇阿。也许他们心里在琢磨,尽管罗马不允许选举贿赂,但是否可以用"野心"这个相关的词来形容这个人呢?[26]毫无疑问,元老院,尤其是费边,担心大西庇阿会试图通过直接向人民发出呼吁,来规避他们的权力,从而对他们构成威胁。如果是这样的话,他们将不得不抢占先机,任命他全权负责非洲事务,从而至少使表面上看起来局面还在他们控制之下。大西庇阿现在是声名大噪,而且实至名归,罗马的权势人物对此心知肚明。

《西卜林神谕集》呼召东方神祇到罗马的神谕

李维总是喜欢谈论神谕和天启,他曾不厌其烦地谈论公元前204年天降石头一事,由此引起一阵席卷罗马的迷信之风,但是他却不太谈论《西卜林神谕集》(*The Sibylline Books*)中的另一个预兆和解读,这个神谕呼吁把东方崇拜的西布莉女神（the goddess Cybele）的神社，从古希腊王国别迦摩（Pergamum）附近安纳托利亚的佩西奴斯（Pessinus）迁到罗马。[27]《西卜林神谕集》说，要把外国侵略者从意大利赶走，就必须请西布莉来到罗马，但没有指明侵略意大利的外敌究竟是指谁。有人认为显然就是指汉尼拔。[28]

这一切表面上看起来不是罗马传统，但实际上具有很强的罗马特色，奇怪的是，李维对这一切也不置一词。部分原因是在亚洲，西布莉女神被尊称为"伊达山的大神母"（the Great Idaean Mother of the Gods），这件事几乎是汉尼拔在拉西尼姆角的朱诺神殿立匾仪式的陪衬。更重要的是，西布莉早在罗马神话特洛伊起源之前的历史中就已出现。罗马特使由5艘战舰护送，在德尔斐停留，当地人仍用甲骨观兆，预言吉凶，他们发现，别迦摩的阿塔鲁人对罗马人很友好。据李维记载，别迦摩的附庸国王阿塔鲁的王室成员甚至陪同他们到佩西奴斯，在那里他们获得了西布莉的圣石。这可能是流星，因为据说是"从天堂来的"。圣石将被品德最高尚的罗马公民接受。

很多历史学家都记载过《西卜林神谕集》中西布莉的故事，包括奥维德、阿庇安和李维等人。[29]李维还指出，元老院选择了在西班牙去世的盖乌斯·西庇阿的儿子卡尔沃（Calvo）接受圣石，讽刺作家尤维纳利斯也确信他是最有资格迎接位于奥斯提港雕像的罗马人，是她"无懈可击的接受者"。[30]此人是大西庇阿的表弟，这是西庇阿家族的崇高荣誉。文艺复兴时期的艺术家安德烈·曼泰尼亚（Andrea Mantegna）在他创作于1505年—1506年的浮雕式灰色装饰画精品中讲述了这个故事，名叫《西布莉崇拜引入罗马》，贵夫人克劳迪娅率领麾从队伍前往迎接。在阿庇安笔下，她是一个有德行的女人，当船陷进泥里的时候，她把腰带绑在上面，几乎只手牵拉着那艘载着神像的小船前行。

大多数关于引进西布莉信仰的历史和文学叙事也告诉我们，大西庇阿的家庭被选为最有资格迎接圣母女神西布莉的罗马家庭，以恢复并加强罗马与特洛伊的历史联系。大西庇阿曾在公众面前精心表现出自己的宗教虔诚以及与神明的联系，因此，这决定了他本人不会否认其家族与即将来到罗马的西布莉信仰中的神性拯救有关系。这种与神明的关系将提升他自己的形象，从而承担将战争扩大到非洲的重任，为此他可以努力使意大利摆脱汉尼拔的侵扰，以实现先知预言中的一部分。

大西庇阿似乎越来越多地在模仿汉尼拔。他也和汉尼拔一样，从青年时代起就具有非凡的知人善任能力。但是当汉尼拔整天窝在布鲁蒂姆无所事事，无仗可打的时候，他在战争中的影响也在不断衰退，而大西庇阿的影响则与日俱增。波里比阿对历史细节稍微作了裁剪，李维的裁剪较多，但即便如此，只要看看大西庇阿在伊里帕战役中所显露的战术天才，以及他在争取迦太基的西班牙老盟友马西尼萨和北非的西法克斯时显示的娴熟外交手腕，就足以让人对他肃然起敬。他是否巧妙地施展手段左右人民对自己的看法和迷信，其实无关紧要；尽管那里的外部环境往往超出他的控制，但他通过多年的精心策划，运用极为巧妙的操纵手段，一步一步实现了自己的目的。事实证明，他超群的智慧和非同寻常的自信，加上狡黠精明的政治智慧，使他获得了成功。正如一位军事史家所指出的那样，大西庇阿每次都有一个不同的对手，"'每次都用一项新战略'似乎是大西庇阿的军事格言"[31]，尽管他的许多战略战术都借自汉尼拔。大西庇阿已经把注意力集中在迦太基，但也不会长时间忽略非洲。大西庇阿坚定地相信，把汉尼拔赶出意大利的最可靠的方法，是把战争带到迦太基。汉尼拔可能是一只笼中狮，但为了安全，最好离他远点，毕竟他仍然是一头狮子。

第二十二章
扎马战役

公元前205年—前204年,罗马全力以赴把汉尼拔隔离在布鲁蒂姆。此时,西班牙对迦太基已经不再重要,不能再为迦太基的战争提供银子了,那么基本上不用在作战计划中予以考虑了。罗马人逐渐认识到,既然已经从迦太基的威胁中幸存下来,那么现在就应该把目光投向非洲。在那里,迦太基最初的盟友努米底亚倔强任性,不太可能支持他们的老主人。大西庇阿毫无疑问支持这种观点。

随着罗马在战场上不断取得成功,战争格局发生了很大的变化,罗马人可以提出一些令人信服的论据来瓦解努米底亚人和迦太基的联盟,比如质疑迦太基继续发动战争的能力。它严重依赖盟国,如努米底亚人和雇佣军。意大利北部的凯尔特人曾经是汉尼拔的盟友,在罗马处于溃败状态时曾获得过丰厚的战利品,但现在他们也变得谨慎了,因为汉尼拔在意大利仅剩下一个立足点,过去的收益已经大为减少,他答应恢复凯尔特人在意大利霸权的承诺也无法兑现了。

第二十二章　扎马战役

大西庇阿迫使元老院把战争引向迦太基

　　迦太基军队及其盟军带来的战争威胁已经比以往任何时候都更小了，大西庇阿终于在公元前205年向元老院说明了他的计划，说服他们在非洲发动战争，从而迫使迦太基召回汉尼拔。对许多罗马人来说，这似乎是合情合理的，但他的提议还是引起了争议，包括来自费边派系的反对，有人可能心里嫉妒大西庇阿的成功，有人则可能担心把汉尼拔留在布鲁蒂姆无人防守可能有危险，或者两者兼而有之。大西庇阿辩称，汉尼拔一直肆无忌惮地在他国土地上烧杀抢掠，但摧毁敌方土地与看到自己的土地被火和剑蹂躏会产生巨大的心理反差。意大利已经被蹂躏了近20年了，现在应该休养生息，而让非洲成为战场；应该让迦太基从其国门看一看罗马人长期遭受的苦难。[1]

　　元老院的一些人，比如昆图斯·富尔维乌斯·弗拉库斯声称，大西庇阿只是把他的计划说给他们听听而已，目的则在于把他的法案呈现在百姓面前，而这些百姓已被他的魅力牢牢吸引住了。为了显示自己仍然大权在握，不至于被人视为软弱，元老院确认了大西庇阿的执政官职位，授权他统治西西里岛，同时命令他便宜行事，如果需要的话，他可以进军非洲。大西庇阿似乎总是坚持严格的道德操守，在公众面前表现得清心寡欲，对个人欲望的满足看得很淡[2]，因此，元老院找不到可指责之处，也无法不满足他所陈述的愿望。

备战西西里岛

洛克里是汉尼拔在意大利所拥有的少数几个城市之一，但该城在公元前205年年底背叛汉尼拔，归顺了罗马人。汉尼拔失去了一个宝贵的前哨基地和爱奥尼亚港，该城以著名的普洛塞庇娜神殿（Temple of Proserpina）与和风而驰名，但迦太基发现该城并不容易统治，因它有着自己独特的风俗习惯，波里比阿后来对此也很了解。[3]大西庇阿派出一支由3000名士兵组成的罗马部队，在护民官和他的特使普莱米尼乌斯（Pleminius）率领下占领了该城，但他们对该城的处置和统治非常暴虐，下手很重，当地民众怨声载道。罗马检察官马库斯·波尔基乌斯·加图对此予以证实，他于公元前204年前往元老院汇报，而费边·马克西姆斯如获至宝，因为他仍在寻求控制大西庇阿的方法，并在寻找任何借口来限制他的权力。当元老院的调查人员来到西西里岛时，大西庇阿正忙于准备他对非洲的入侵。他的军容和军事训练太出色了，令人印象深刻，因此他得以免于谴责。

大西庇阿对非洲作战进行了周密的计划，物资调配严格，进行了适当的登记造册，以供应预计为期两年、人数多达3万的作战行动，不过实际人数究竟是多少存在争论。[4]大西庇阿统率的罗马军队中，最核心的部队由坎尼战役幸存者组成，这些军人经过再三的训练，渴望通过一场胜利洗刷失败的耻辱，从而证明自己的价值。对非洲的入侵将由40艘运载士兵、武器、围城器械和口粮的运输船完成。[5]将近两个月的淡水和食物都被包装好了，甚至连面包也已经烤好了。为了安全地从西西里岛到达非洲，将军本人亲自举行了必要的海祭，祈求神灵保佑，虽然长途奔袭120多英里的水域有点危险，但在实际航程中并没有遇到迦太基海军的抵抗，可能是由于迦太基的资源匮乏，海军实力下降，也可能是因为迦太基缺乏准备，或者是其他一些未知的原因。

第二十二章　扎马战役

大西庇阿在非洲登陆

罗马舰队一开始可能打算在突尼斯海湾东侧的阿苯角登陆，但它转向西部并在距尤蒂卡城不远的法里纳角登陆，可能是因为季节性大雾而延迟，也可能是有意为之，以使迦太基措手不及。塞克都斯·朱理乌斯·弗罗伦蒂努斯（Sextus Julius Frontinus）是公元1世纪极受尊敬的罗马元老院元老，曾写过一部兵法书。他曾讲述过一则轶闻，但真实与否很难确定，其中讲到大西庇阿善于使用征兆，把坏事解释成好事："大西庇阿跟随军队从意大利来到非洲，但在下船时不小心跌了一跤，士兵们惊呆了。但他以自己稳健和高贵的气质，把他们的担心变成对他们的鼓励，他说：'恭喜我吧，弟兄们！我已经重击了一下非洲。'"[6]虽然弗罗伦蒂努斯讲的这个故事几乎肯定是假的，但它的确符合大西庇阿在调动部下积极性方面的娴熟技巧。

大西庇阿围困尤蒂卡

在罗马舰队登陆后不久，当地海岸就空无一人了，当地居民逃到附近的尤蒂卡，甚至逃到南方的迦太基。这个城邦国家可能是几十年来首次关上了国门，因为在这场战争中它第一次感觉到形势突变，大难临头。大西庇阿在距离尤蒂卡不远处安营扎寨，而罗马舰队很快就从它停泊的海域对尤蒂卡实施封锁。

事实是，尤蒂卡早在成为迦太基一部分之前，就曾是腓尼基的殖民地[7]，城防坚固。大西庇阿曾希望速战速决，攻下该城，从而建立一个比较安全的非洲基地，但是该城久攻不下，使他备受挫败。他试图在陆上使用攻城炮塔[1]攻城，但

---

[1] 一种加固的木制塔楼，里面装载攻城战士以便对城墙发起攻击。

无法取得很大进展，从海上攻击该城也没什么效果。45天后，一个突发情况使他的注意力转向了别处。由哈斯德鲁巴·吉斯戈和努米底亚国王西法克斯率领的由步兵和骑兵组成的迦太基联军赶来解围，其人数比入侵的罗马军队更多。大西庇阿被迫撤回他的军队，到附近海角有城墙环绕的营地过冬。

大西庇阿现在仔细思考采用另一种方法。尽管这个国王与迦太基人索福尼斯巴结婚了，但他还是想把西法克斯从迦太基的联盟中分离出来，怎么才能做到这一点呢？于是他引诱西法克斯举行私下谈判。西法克斯从自己的利益出发，要求罗马从非洲撤出，相应地，汉尼拔也从意大利撤出。努米底亚人之间存在着激烈的竞争，因此西法克斯似乎希望此举一石三鸟，同时达到几个目的，既可以设法摆脱他的对手马西尼萨，也可以让罗马人离开非洲，对努米底亚人来说，和一个已经遭到削弱的迦太基打交道要比与一个崛起的罗马打交道好一些。大西庇阿明白这一点。

西法克斯依然摇摆不定，双方特使不时你来我往，但态度都不明朗，都在玩游戏，等待对方反应，大西庇阿对这种状况感到满意。大西庇阿派遣训练有素的军官作为军事间谍，伪装成仆从或奴隶，仔细观察努米底亚和毗邻的迦太基营地。大西庇阿的情报搜集与汉尼拔许多年前在意大利所做的很相似，当时汉尼拔在罗马军营中以及一些心怀不满的当地人和凯尔特人中拥有深厚的情报资源，而大西庇阿现在的情况与此很相似。

大西庇阿在公元前203年年初搜集到的情报非常有用，他发现，敌军精神懈怠，士气低落，迦太基和努米底亚人都渴望达成一项条约。大西庇阿正确判断出敌人对战斗准备不足。此外，迦太基军队被安置在木屋里，而努米底亚人则住在用芦苇编成的棚子里，而且并不总是在用栅栏围起的军营里。现在大西庇阿的行动更像狡猾的汉尼拔，而不是按部就班循规蹈矩的罗马人，他施展巧妙的掩饰，假装用战争器械再次封锁并包围了尤蒂卡。由于敌军营地是由高度易燃的干木材和芦苇搭成的，因此大西庇阿计划在需要时同时放火焚烧两个敌军的营地，然后趁乱杀死那些从焚烧的房屋中逃出来的睡眼蒙眬的士兵。7英里外的敌军在入夜后上床睡觉了，他们以为敌人离得很远，自己是安全的。罗马军营吹响了熄灯号，假装发出归营上床睡觉的信号以便使敌人可以听到。而大西庇阿则派出了一支秘密部队趁着夜色悄悄来到敌人的营地。[8]

在夜幕掩护下，大西庇阿率领军队在午夜时分到达敌营，他悄悄地把部下分成两部分，一部由他的副官莱利乌斯率领，跟随马西尼萨前往西法克斯的努米底亚营地，而他自己则率一部前往哈斯德鲁巴·吉斯戈的营地。莱利乌斯和马西尼萨的骑兵很快就冲进了西法克斯和他睡梦中的努米底亚营地，因为他们大部分都睡在寨子外；他们纵火焚烧营地，营地很快就被火焰吞没了，罗马人和盟军都骑着马穿过营地，挥刀砍杀被惊醒的努米底亚人。迦太基营地的士兵被周围的大火烧得晕头转向时，大西庇阿以同样的方式杀死了他们。最终，尽管他们的统帅西法克斯和哈斯德鲁巴·吉斯戈得以及时逃脱，但努米底亚人和迦太基人遭遇了惨败，数以千计的士兵被杀或被俘虏。这一行为似乎显示了大西庇阿的奸诈，而李维对这种做法持否定态度，在他的记载中曾反复提到"背信弃义"是唯一描述迦太基人的合适词语。[9]大西庇阿无情地追杀敌人，他们为自己的疏忽大意付出了沉重的代价，因为他们来不及拿起武器自卫便被无情地赶走并屠杀了。在取得胜利之后，大西庇阿横扫了北非当地的城镇，最后回到尤蒂卡重新展开围攻。但这种按兵不动是暂时的，因为大西庇阿和迦太基都不能让这场入侵混沌不清下去。

大平原战役：迦太基再遭惨败

迦太基仍然财力雄厚，因此在短短几个月内便迅速招募了另一支3万人的雇佣大军，其中4000人是从西班牙南部招募的最后一批仍然反对罗马的凯尔特伊比利亚人。这一次，新组建的迦太基军队聚集在尤蒂卡西南的巴格瑞达斯河（Bagradas，位于今天的迈杰尔达[10]）岸边一个平坦的大平原地区，再次与西法克斯国王以及哈斯德鲁巴·吉斯戈设法招募到的努米底亚人一同作战。

大西庇阿军队的侧翼是他最机动灵活的由马西尼萨率领骑兵，其他3条罗马战线是：速度较快的轻装步兵（hastati，新兵列）为前线；受到较好保护的步兵（principes，主列）为第二线；重装步兵（triarii，老兵列）为后方线。大西庇阿派马西尼萨率领他的骑兵向迦太基阵线发起猛攻，几乎就像亚历山大用飞行楔子阵成功地对付波斯国王大流士三世那样，成功地压制住了迦太基的战线。大多数迦太基步兵四散奔逃，怯战的迦太基骑兵也不敢耽搁，赶紧夺路逃走，大西庇阿的努米底亚人把大部分迦太基人赶出了战场。这样只剩下了老练的西班牙雇佣军步兵，他们稳住阵脚，猛烈地反击人数相等的大西庇阿轻装步兵新兵列。然后，大西庇阿派出他的第二和第三阵线的重装步兵，从后面向左右两侧移动。这是汉尼拔擅长使用的包抄战术，这样，凯尔特伊比利亚人被三面包围，战斗中遭受了重大损失。只有少数凯尔特伊比利亚雇佣军以及哈斯德鲁巴·吉斯戈和西法克斯率领的散兵得以逃脱。哈斯德鲁巴·吉斯戈逃到了迦太基，而西法克斯则逃到了努米底亚城市西尔塔。迦太基得知大西庇阿彻底战胜了迦太基军队，元老议会召开会议，商议最安全的救难计划。

索福尼斯巴的悲剧

马西尼萨和莱利乌斯向西南方向的努米底亚进军，马西尼萨的目的是夺回西尔塔，该城在被西法克斯占领之前曾经属于他的部落。马西尼萨也希望俘虏这个国王美丽的妻子，因为索福尼斯巴曾被许配给他。这种"偷妻"行为在努米底亚人中并不乏先例，他们在历史上一直被描绘成性急而浪漫的人。然而在罗马人眼中这种行为是野蛮的。[11]马西尼萨和莱利乌斯发动突袭，西法克斯彻底失败，从他的马背上被抛下，被马西尼萨和莱利乌斯生擒。马西尼萨要求莱利乌斯允许他去西尔塔，不要任何罗马人陪同，在那里他也成功地把索福尼斯巴暂时弄到了手，并在匆忙举行的仪式上与她成婚，以防止罗马人把她带走。

但这位高傲的迦太基女人知道她的命运。大西庇阿坚持把她当作战利品解送到罗马，并声称他这样做并不是为了自己，而是为了罗马。得知这个消息时，她甚至抱着他的膝盖乞求一死。尽管马西尼萨希望她能既接受自己俘虏的身份，又接受他的求婚，但她拒绝作为一个迦太基人被当作战俘送到罗马，成为凯旋式上一景，并服毒自杀。根据阿庇安的记载，毒药显然是由马西尼萨提供的。[12]另一种说法则是，马西尼萨认为如果他不能拥有她，别人也不能。她的故事作为历史悲剧已成为同情她遭遇的艺术大师的创作主题，彼特拉克的史诗和伏尔泰的戏剧描写过她，曼泰尼亚和伦勃朗的绘画描绘过她，亨利·珀塞尔和克里斯托弗·格鲁克在歌剧中描写过她。虽然马西尼萨失去了索福尼斯巴，但他很快便接管了西法克斯的努米底亚王国。这位国王不得不忍辱含垢，和他失去的妻子遭遇不同，他很快就会作为囚犯被押解去罗马。情迷心窍的努米底亚胜利者马西尼萨曾试图拯救索福尼斯巴，但出于反复无常的天性，他却给了她一剂毒药。尽管如此，大西庇阿为表示对马西尼萨的敬意，仍把努米底亚王国的权杖交给了他。至此，迦太基几乎再没有任何努米底亚盟友了。

两支迦太基部队被大西庇阿和他的努米底亚盟军击败，这样的灾难发生后，迦太基非常害怕，并请求达成和平协议。这在一定程度上是一种拖延战术，同时也在打它剩下的最后一张牌：从意大利召回汉尼拔，拯救非洲。尽管汉尼拔被困在布鲁蒂姆，军事情报资源今非昔比，但如果他一直关注着非洲的事态发展，他甚至可以猜到这孤注一掷的策略。当然，汉尼拔最初设想的战略肯定是希望速战速决[13]，不管他的祖国多么吝啬、小气，他久拖不决的入侵战争毕竟已经耗费了大量资源，他自己的战争储备金库已近枯竭，迦太基也失去了耐心。

汉尼拔被召回迦太基

汉尼拔现在不得不放弃他经过许多场战斗才胜利占领的辽阔区域，他当初几乎可以在那里随意徜徉，但现在他的地盘已经缩小到意大利西南端一个荒芜的半岛。他首先必须确保把所有派不上用场的意大利盟军部队打发回家，这些人离开了意大利和他们自己的家乡便再也靠不住了。然后汉尼拔不得不做一些更加艰难的事情：他被迫屠杀所有他无法带走的战马[14]，这样罗马人就不会捕获它们并利用它们对抗迦太基。对于一个将军来说，摧毁这些宝贵的资产心里一定很不是滋味，这些战马没有死在沙场，而是无谓地死去。狄奥多罗斯·西库洛斯断言，听到垂死战马的悲鸣，任何人都会感到痛心。即使是像汉尼拔那样铁石心肠的人可能也受不了，不会在现场目睹这样的杀戮。关于这次屠杀的记载确实突显了战争的残酷，也突显了像汉尼拔这样的将军是多么冷酷无情。

马戈之死

在布鲁蒂姆，汉尼拔不能确定他的弟弟马戈是否能从利古里亚的热那亚赶来与他会合，这里有几个原因，其中一个原因是他自己已陷于孤立，另一个原因是罗马力量的增强。汉尼拔的疑虑很快就被证实了。在大西庇阿已经把战场引向非洲之后，罗马人从阿里米努姆到阿雷布置了4个军团阻截马戈·巴卡。公元前203年，马戈试图指挥利古里亚人和残余的迦太基军队，甚至用上了战象，在米兰附近与罗马军队的4个军团作战。但战斗开始后不久，他便腿部受伤，从马背上跌了下来，然后可能又受了伤。战场形势很快急转直下，没有他的指挥，他的军队被打败了。马戈逃到热那亚的船上，最后在海上因伤势过重而死。汉尼拔得知这个消息后非常伤心。巴卡家族的两只雄狮已经倒下了,只有最凶猛的第三只雄狮依然在战斗。

汉尼拔离开意大利

迦太基向汉尼拔的运输车队提供了足够的保护,并成功地把他带回国。汉尼拔从爱奥尼亚海岸出发,亲眼看着意大利海岸向后退去,回顾在意大利度过的16年峥嵘岁月,他一定浮想联翩,他的这段征战历程将永远吸引着历史学家进行研究探讨。李维的结论是,汉尼拔是带着怨恨和遗憾离开意大利的,[15]但即便真的如此,这也是李维的典型做法,就是尽可能地贬低汉尼拔。然而,汉尼拔的感觉可能确实像李维所描写的那样:这并非罗马削弱或击败了他,而是由于他自己的人民和他在迦太基的敌人所导致的结果。他在迦太基的政敌汉诺只能通过摧毁迦太基来打倒巴卡家族。

忆往昔,汉尼拔有超过三分之一的光阴是在意大利的土地上度过的。开始的3年他取得了闪电般的成功,战果辉煌,充满了希望,使罗马不得不屈服。但过去的13年却是一系列缓慢而令人沮丧的循环,有时向前迈出一步,也许接着便后退两步。他在罗马的土地上失去了两个兄弟,但并没有达到他的终极目标,迫使罗马把主权让渡给迦太基。虽然他从来没有放弃他对自己父亲所起的誓言——永远与罗马为敌,但现在他面对一个更大的障碍。罗马现在已经扭转了局势,占了上风,一开始动作缓慢,但现在其意图已经很明显,大西庇阿把战火烧到了非洲,直接威胁到了迦太基的生存。

当汉尼拔的舰队接近非洲时,他一定会百感交集,他的一生中大部分时间都不在自己的家乡,不在自己童年生活过的迦太基城。他是否会有一种近乡情怯的感觉呢?对这个他几十年从没见过的地方,他是否还保有一种深沉的、发自内心的忠诚呢?他是否会像他的父亲一样,感到自己被迦太基软弱的领导层所作出的决定出卖了？汉尼拔当然可以总结一下迦太基在制定策略时所考虑的所有情况，根据这些情况，迦太基可能会选择一个权宜的、保守的，但不那么大胆的政策路线，也许不难预料，迦太基只想成为一个商业强权，而不是军事强权。虽然迦太基曾试图增援他的军事战役，主要是增援他弟弟率领的部队，但汉尼拔知道，如果不能阻止大西庇阿，迦太基会怪罪于他，让他承担大部分责任，但随着他的部队再次踏上非洲的土地，他也可能不用承担终极的责任。

公元前203年秋，经过精心盘算，汉尼拔率领大军在迦太基以南数百英里的突尼斯的莱波蒂斯（今天的莱姆塔）[16]登陆。跟随他的剩余老兵人数可能在1.5万—2万之间，其中包括：巴利阿里人、利比亚人、迦太基人、西班牙人和凯尔特人，以及布鲁蒂亚人的精锐。他最初跨越阿尔卑斯山的老兵究竟还有多少人存活下来是个未知数，但肯定所剩无几了，即使有少数侥幸存活下来，他们中的大多数年纪应该在30多岁[17]，或者像他一样，已经40多岁了。这将使他们至少比一般军队的平均年龄大10岁。这些老兵当然作战经验非常丰富，但可能不会再有足够的体力坚持进行一整天的战斗了。或许事实真的像李维记载的那样，汉尼拔曾经怨天尤人，但他太聪明了，尽管知道大势已去，英雄末路，但他不会让他的部下知道他的情绪有多么低落。

汉尼拔集结大军迎战大西庇阿

尽管迦太基急需汉尼拔保卫其领土，但在大西庇阿向他发起进攻或者他自己迎战大西庇阿之前，他设法在当年秋天和冬初争取到了一点机动时间。除了来自意大利的老兵外，他还能确保另外2.5万名士兵，包括巴利阿里岛民，他弟弟马戈招募的利古里亚人和其他非洲雇佣军，但只能召集3000—4000名骑兵，而且大多数都是努米底亚盟友的新兵。汉尼拔早在意大利就已经把那些无用的士兵从军中剔除了。除了那些可能拒绝去非洲的士兵外[18]，他用自己老练的眼睛

第二十二章　扎马战役

分辨出，有些人已经无法长期作战，因为他们已经太老了，有些人也不能离开意大利，有些人则因为有其他事情要办而摇摆不定（根据李维的说法，他们是怯战而无法保持忠诚[19]），因而无助于他的战争努力。因此，汉尼拔可能把他的常备军规模缩减到了一半大小。他知道他缺乏骑兵，虽然他也拼凑了80头战象，但这些都是年轻的野兽，没有经过战斗训练；无法代替曾在他的最出色战役中发挥过决定性作用的机动灵活的努米底亚骑兵。最终，他集结了大约4万名步兵[20]，其中大约一半没有实战经验，约三分之一是老兵。

当汉尼拔被迦太基召回来保卫这座城市时，他迟迟不让他的部队作战，因为知道他们还没有做好准备，无法对抗大西庇阿训练有素的军队。但是，当他终于明白了马西尼萨的努米底亚骑兵即将与大西庇阿的军队会合，他的军队面临巨大危险时，他决定迅速进军，并试图在马西尼萨与大西庇阿会合前拦截住他。然而，汉尼拔未能及时赶上大西庇阿，因为大西庇阿已经远在努米底亚的西部边缘，而汉尼拔则不得不在短时间内从锡德拉湾赶到迦太基东南部，距离可能有几百英里。

大西庇阿已经拥有大约2.8万名经过训练的步兵，其中包括一些参加过坎尼战役的老兵，他们曾被流放到西西里岛，但是现在他们意志坚定，激情澎湃，为荣誉而战，因为大西庇阿已经拯救了他们。[21]在马西尼萨赶来增援前，他也有2000名骑兵做好了战斗准备。汉尼拔可能不了解大西庇阿骑兵的完整情况，但他非常清楚努米底亚人在战斗中的凶猛。马西尼萨与大西庇阿会师时带来了6000名努米底亚步兵和4000名骑兵。汉尼拔派出间谍去评估罗马军队的情况，但大西庇阿抓获了他们。这位罗马将军没有杀死或折磨他们，而是让一位罗马军官带他们参观他的营地，亲眼观看他的所有备战工作并判断他的实力，以便他们能回去向汉尼拔提交一份完整的报告。也许这是在马西尼萨到来之后发生的，而这将使汉尼拔得出一个更加令他沮丧的评估。[22]大西庇阿的这个狡猾而大胆的举动对汉尼拔的军队产生了预期的效果：大西庇阿明显知道自己的实力占优势，因此才会如此肆无忌惮，他显然胸有成竹，似乎对结果充满了信心。这本来是汉尼拔策略中的一部分,但现在却由这位大师最好的学生学到并复制了:知己知彼,与敌人打心理战。汉尼拔也很精明,在战斗开始前就能感觉到结果不妙。

汉尼拔和大西庇阿在战前会面

两位杰出的将领事先都对战斗结果有强烈的预感,这在历史上是罕见的事。战争的残酷心理往往仅仅被淡化为枯燥的统计数字。在战斗中,一方从肉体恐怖和精神摧残中解脱出来,另一方虽然精疲力竭,却兴高采烈,因此战争看起来就像是一场只有输赢的体育赛事。但人们不应忽略的是,交战双方对供给线的规划和控制,斗智斗勇,千方百计对对手进行恐吓和欺骗,否则就同样是幼稚的。

有人从波里比阿的记载推断,就在大西庇阿取得扎马战役胜利之前,罗马便确定了目标,要借大西庇阿之手实现世界霸权的目标。[23]

大西庇阿也许可以算作史上最出色的战争策划者之一,他在扎马战役之前便计算了一切可能的有利因素,打算充分加以利用,助他获胜,但汉尼拔这方面的认识一点都不比大西庇阿逊色。之前,汉尼拔的最佳策略一直是迅速分析他现有的直接选项和敌人的弱点,然后当机立断,出其不意,并把削弱敌人信心作为他的战斗计划的一部分。[24]汉尼拔通常能够使用计谋和伏击攻击敌人,使敌人闻风丧胆,但现在他终于遇到了一个强劲对手大西庇阿,此人不吃这一套,因为他自己也是谋略大师。

在扎马,汉尼拔知道他无法做到出其不意攻其不备。迦太基所能提供的援助太少,无法帮助他取得胜利。在大平原上,环境和地形对他不利,反而有利于兵强马壮、人数占优势的罗马骑兵,而这个战场正是罗马人选择的。过去罗马失败的弱点——训练不足,绝大多数是新兵,骑兵缺乏机动性——现在通通成了汉尼拔的弱项。大西庇阿要么是通过贿赂,要么是通过外交手段,反正以前曾是汉尼拔军中悍将并帮助他取得胜利和成功的努米底亚人，现在大都站在了罗马一边。汉尼拔可能并不怯战，但他在扎马集结的新军队的士兵肯定怯战。军事历史学家里德哈特感叹道："关于战争的最深刻的真理是，战事通常取决于敌方统帅的思想，而非取决于他们部下的躯体"。[25]在坎尼战役后，李维借大西庇阿之口说出了一番话，集中体现了这种情绪，据他记载，当时大西庇阿痛斥了卢基乌斯·凯西里乌斯·梅特卢斯（Lucius Caecilius Metellus）和他幸存的罗马军人的逃跑行为，指责他们可能犯下了叛国罪。据说大西庇阿在提到坎尼战役中罗马败军的恐惧和失败主义思想时，曾说道，"敌军阵营里绝不可能会出现这种想法"。[26]绝望的感觉将在战争中困扰着战士，先是在公元前218年—前216年期间困扰着罗马人，现在则是在公元前205年—前203年期间困扰着迦太基人。波里比阿准确地评估道，在扎马战役之前，经历过尤蒂卡失败后，迦太基的军队已经"在精神上战败了"。[27]

汉尼拔派出的间谍被大西庇阿礼貌地送了回来，并全面报告了罗马军队的备战情况，于是，汉尼拔冷静客观地估计了一下大西庇阿的信心，认为这位罗马将军的自信并不是像以前的罗马将领那样的过度自信。大西庇阿善待间谍的行动令人惊讶，消息一定不胫而走，像野火一样蔓延到迦太基阵营，并加剧了恐惧气氛。汉尼拔知道大西庇阿对他军队的影响，他钦佩大西庇阿的勇气和表现出的雅量。汉尼拔很快得知，马西尼萨的努米底亚骑兵部队已经加入了罗马军队，大西庇阿甚至可能希望汉尼拔知道这个消息。于是，汉尼拔要求大西庇阿和他会面，希望能避免灾难，同时也想亲眼见识一下这位新的最值得尊敬的对手，然后作出自己的判断。

在开战前，汉尼拔和大西庇阿各自带了几位助手，举行了一次重要会议，有关这次会面的著名故事揭示了两位指挥官的很多情况。虽然两人都能说对方的语言，但为了有效地交谈，他们似乎使用了翻译：两人都不想有一点结结巴巴，表达不清自己的意思，也不希望对方根据自己的口音判断自己。李维说，汉尼拔和大西庇阿一见面，因互相尊重对方而说不出话来，但汉尼拔打破了沉默，他本应该说："我在特拉西梅诺湖和坎尼时胜券在握，今天轮到你了。"[28]但波里比阿一如既往，只是强调汉尼拔说命运无常，自己流年不利等。[29]汉尼拔年长大西庇阿12岁，可能试图利用年龄和经验差异，期望这个年轻人服膺于他的声望，希望在心理上占上风。

但汉尼拔知道，这一次迦太基很难取胜，特别是考虑到罗马骑兵在努米底亚盟友加入后，优势明显，因此汉尼拔要求双方遵守迦太基打破休战协定以前双方达成的和平条款。为了保持迦太基的自由，汉尼拔提出，迦太基将放弃所有对西班牙、西西里岛、撒丁岛以及意大利和非洲之间所有岛屿的主权要求，但这是一个空洞的让步，因为罗马现在已经实际控制了这些地方，而且大西庇阿不需要冒作战的危险就可以为罗马解决这个问题。在迦太基攻击罗马特使之后，罗马已无法律义务继续遵守这些条款，反而有权提出更多要求。大西庇阿实际上是说，"达不成协议"，并指出，汉尼拔明白罗马人实力占优势。大西庇阿反而要求迦太基，要为打破休战协定负责，向罗马投降，否则就在战场上一决胜负。李维重写了大西庇阿冗长的讲话，在结束时，他对汉尼拔说："准备战斗吧，因为显然你发现和平是不能忍受的。"[30]汉尼拔当然希望得到和平，只是他无法忍受罗马提出的和平条件。大西庇阿提议，如果迦太基对所夺取的罗马货物和罗马特使遭受的虐待给予赔偿，可以考虑重新谈判。但汉尼拔和大西庇阿都不会作出任何让步。[31]他们回到各自的阵营，可能是在离会面所在地不太远、肉眼就能看见的地方。两人都知道，战斗迫在眉睫。

扎马战役

根据波里比阿的记载，两位将军在战前向各自的军队训话，分别使用了不同的激将法。大西庇阿告诫他的部下，要记住他们最近取得的胜利，而不是回想过去遭到的失败。他说眼下他们别无选择，只有背水一战，结果要么征服，

第二十二章　扎马战役

要么死亡。他警告他们说，除了胜利或死亡，其他任何结果都将以可怕的囚禁而告终，因为在非洲没有安全的藏身之地，所以如果战败，他们将无处可躲，几乎不可能有人从遥远的地中海赶来解救他们[32]，因为他们远离祖国，深入迦太基领土。大西庇阿说，那些以坚定的决心殊死战斗的战士将夺取优势，因为他们除了绝处求生，别无选择。在战场的另一边，汉尼拔则提醒他的部下，他们过去在意大利曾取得过一系列胜利，但没有提及他们最近在西班牙、意大利南部和非洲遭到的挫折和失败。他告诉他们，他们面前的罗马人脑海中充满了失败的记忆，这种记忆将削弱他们的战斗力。此外，汉尼拔还让他的中级指挥官用他们自己的语言对操不同语言的部队训话。他们还用恐惧来激励部下，特别针对迦太基人训话，要他们思考一下，万一失败，他们的妻子和孩子将会遭遇什么。他们鼓励全军将士，要保持他们战无不胜的荣誉，因为在汉尼拔领导下，他们曾经取得了特雷比亚河战役、特拉西梅诺湖战役和坎尼战役的胜利。[33]

两位伟大的将领会面一天后，第二次布匿战争的最后一战打响了。时间大概是在10月中旬，当时天气比较干燥，有利于部队的部署和战马的运动。扎马大约在迦太基西南约85英里处，靠近迦太基和努米底亚模糊的边界，在今天的突尼斯境内，需要5天的行军才能到达。今天的扎马地区是一片地势宽阔的平原，介于两个大部分时间干涸的河床——苔莎河和西里亚纳河之间，靠近迈克塞尔（Maktar）、塞巴比阿尔（Sebaa Biar）和勒姆萨（Lemsa）3个村庄。[34]大西庇阿的位置似乎比汉尼拔更接近水源，而这将影响战斗的胜负结果。

汉尼拔拥有的军队人数可能多达4万，在人数上占有一定优势，但许多是刚刚入伍的新兵或最近刚刚招募的雇佣军。汉尼拔的骑兵仅有4000人，还是在一个名叫泰凯乌斯（Tychaeus）的努米底亚小王子不久前率部加盟后才达到的人数。汉尼拔还有80头战象，但这些象都很年轻，未经过训练。迦太基军队的组成成分非常杂，除了迦太基人，还有在意大利就加入汉尼拔军队的利比亚人、巴利阿里人、凯尔特人、利古里亚人（从马戈部队来的）和西班牙人，其中还包括布鲁蒂亚人和卢卡尼亚人以及他的老兵。[35]汉尼拔知道，大西庇阿现在的骑兵比他能凑集到的多一半，占有优势，并且从自身经验也能知道，罗马的努米底亚骑兵是熟练的。

即使面临诸多不利条件，但战斗的结果也并非必输无疑。汉尼拔根据他的军事实力布阵。从天亮时开始，这场战役将有利于迦太基，因为罗马人将会在战象冲锋时面向东迎着太阳。但是，如果战斗持续很长时间，进入白天，随着天气越来越热，迦太基人就不得不迎着刺目的阳光作战。

汉尼拔煞费苦心地思考着自己的布阵和可能的结果，他把他的80头战象和一些轻装散兵布置在前锋位置上，希望战象的冲击会引起罗马军队的恐惧和混乱，并击破罗马的中军。紧接着他把1.2万名雇佣军放在第一线，其中不少人可能已经受过某种形式的作战训练。在他们的身后，他集结了至少8000到1万名征召的利比亚和迦太基新兵，虽然其中许多人很年轻，训练不足，但他们将为自己的家园而战，这是激励他们的一个主要动力，也是他们不同于雇佣军的心态。汉尼拔把他从意大利带回来的老兵放在最后，距离其他战线几百米远。汉尼拔从意大利带回来的老兵人数可能高达1.5万人，这些人机动能力最差，需要保留他们的实力，除了布鲁蒂亚人，他们可能是战场上最年长的了。在他的侧翼，汉尼拔布置了他的4000骑兵，把他的努米底亚盟友布置在他的左侧，把另一半迦太基骑兵布置在右边。

从他的布阵情况来看，汉尼拔似乎已经准确地预料到，大西庇阿将会试图用他占优势的骑兵进行包抄，但他希望他的骑兵能把大西庇阿的骑兵引出战场。[36]汉尼拔要求他的骑兵承担沉重的任务，尽管他们人数占劣势，但只要能够拖住人数上占优势的罗马骑兵，并坚持足够长的时间，那么汉尼拔步兵人数上的优势就会发生作用。假如汉尼拔能在拥有更多的骑兵或者更多的大象之间进行选择的话，那么他肯定会选择骑兵，但他没有这样的选择。汉尼拔和大西庇阿都知道大象可能会受惊。

大西庇阿为可能的结果进行了充分筹划，并专门设计了一种战术，以抵消战象的冲击力。[37]他还把他的罗马军队按照他在公元前206年在西班牙的伊里帕战役和公元前203年在尤蒂卡西部的大平原战役中使用的相似的3条线来布阵。他把装备最轻的哈斯塔提步兵布置在最前线，紧随其后的第二阵线是他的装备较重的布灵吉佩斯步兵，他的老兵列是装备最重的步兵，组成了他的第三条战线，部署在布灵吉佩斯步兵后面，以防止战象进入他的战线之间。马西尼萨的努米底亚骑兵将布置在步兵的右翼，而莱利乌斯则率领他的意大利骑兵位于左翼。到了这个时候，大西庇阿希望莱利乌斯像他的左右手一样作战。记录显示，两位将军，汉尼拔和大西庇阿，似乎都在模仿对方来布阵，谁也无法欺骗对方，谁也不敢在战术上冒失。[38]

大西庇阿制定了一个针对大象的独特战术。从他在西班牙与迦太基人作战的经历，他知道这些野兽总是难以驾驭的。[39]但是大西庇阿对汉尼拔的大象考虑得比他在伊里帕对付哈斯德鲁巴·吉斯戈的大象还要慎重。[40]现在他把他的罗马士兵分成不同的机动灵活的小分队，每队60—100名士兵，当战象迎面直冲过来时，他们迅速闪到两侧，把战象引进空空的人廊。[41]除非这些士兵受过严格的训练，几乎同时举起盾牌来阻挡大象，否则后果将不堪设想。大西庇阿可能已经实践过这些战术，而且可能在训练时躲过了间谍窥探的眼睛。如果这些大象直接通过为它们做好的人廊，一直向前冲去，就可能在军队战线后面被处理掉。大西庇阿把他非常机动灵活的轻装散兵布置在小分队之间，以隐藏他的阵列之间出现的小间隙，或者以小组形式出现在阵前以及小分队之间。当大象冲过来的时候，这些轻装散兵会尽可能快地从缝隙中跑回来。

这一精明的布阵想要取得成功，很大程度上取决于两个因素：一是小分队要经过严格训练；二是指挥官知道何时让部队闪到两侧，以及闪到多远的距离。这一策略可能表明，罗马步兵支队在士兵队伍中留下的空间比平时大，也说明3条战线彼此间非常接近，使大象无法从左边或右边穿过夹缝。在战场上，军队的集合必须有效地执行，而宽广的扎马平原使这个新的回旋成为可能，正如大西庇阿设计的那样，这里的地形与坎尼比较狭窄的地形不同，在坎尼，罗马军队被挤压在一个狭小的空间，结果死伤惨重。[42]毫无疑问，大西庇阿意识到，不管他提前做了多少准备，他都在与一个出色的对手打交道，此人可以在激战正酣的战场即兴发挥。

军号吹响，战斗的第一阶段开始了。罗马士兵击打他们的盾牌，发出战斗呐喊，而集结的迦太基军队的呼喊声混合着各种不同的语言。李维说，罗马人的喊声更响亮，但恐怕不一定如此，因为他们人数比迦太基人数少，但迦太基军人用这么多不同语言发出的声音只会使得喧嚣声更加嘈杂混乱。然而，李维要表达的意思并非如此，他认为，战前鼓噪对双方士兵的精神影响是有所不同的：汉尼拔的部队发出的是不和谐的噪声，因此尽管声音更响亮，但可能达不到任何预期的效果，因而没有明显的意义；而罗马军人的战前鼓噪声音一致，因此听起来肯定更加可怕。[43]

汉尼拔的大象和突击队伍向前冲去，扬起冲天烟尘，希望一举冲破罗马阵线。但当战象发现前面有障碍物时往往难以控制，不少战象犹豫之下便转向了右边；当罗马步兵支队按计划敞开一条通道时，许多大象便顺着向前冲去。一些大象确实对罗马前线造成了伤害。正如波里比阿所指出的那样，如果罗马军队面朝东方的太阳，那么熹微的晨光反射在金属盾牌上甚至可能使一些年轻的大象感到不安，而它们也不习惯于号角和喇叭的喧嚣。[44]有些转向右边的大象从未撞到罗马人，相反，这些大多数未受过训练的大象却疯狂地冲进了迦太基的战线，并在那里践踏迦太基士兵，造成了巨大的破坏和混乱。汉尼拔的大多数战象都没有发挥应有的作用，本来希望用它们对罗马阵线造成巨大冲击，但这个目的并没有达到。因此，战斗的第一阶段没有按照汉尼拔的预定方式进行。

大约在同一时间，在马西尼萨和莱利乌斯指挥下的罗马优势骑兵部队压倒了迦太基及其盟军的骑兵部队，迫使他们后退，特别是在大象打破了步兵阵线之后，莱利乌斯和他的罗马骑兵对迦太基骑兵的右翼发动了攻击，对他们造成了压力。李维说，横冲直撞的大象迫使迦太基骑兵逃离战场，而不是和罗马骑兵作战。[45]汉尼拔曾设想，如果他的劣势骑兵撤退到他的侧翼，而罗马人追逐他们，那么罗马骑兵将被引离战场，无法包围汉尼拔的步兵。只要迦太基骑兵能

第二十二章 扎马战役

与敌军骑兵交战,这个计划就奏效了,但骑兵作战很快就结束了。

步兵作战的初期阶段也令汉尼拔失望。尽管迦太基步兵人数占优势,但汉尼拔前线盟军雇佣军的冲击并没有冲破纪律严明的罗马军队防线。相反,却败于大西庇阿训练有素团结一致的新兵列、主列和老兵列的前锋。汉尼拔的第一线雇佣军随后撤退到了第二战线,第二战线是由迦太基和利比亚新征召的新兵构成的,缺乏作战经验,看到撤退的士兵涌入自己的阵线,一时大乱。这些雇佣军从未在汉尼拔指挥下战斗过,他们在奋力推进的罗马军队面前根本没有招架之力,节节败退。罗马军队自从西西里岛以来已经形成了一个凝聚性很强的军队,在大西庇阿勇敢领导下还没有被击败过。那些迦太基雇佣军不得不设法逃离罗马人,却无处可逃,因为他们被第二战线新征召的迦太基盟军挡住了退路。在混乱中,为了保住自己的性命,这些绝望的雇佣军开始自相残杀,攻击第二战线上的迦太基盟友来摆脱罗马人。

因为罗马步兵的数量现在基本上与汉尼拔指挥下的第一和第二战线人数相等,罗马军队的优势开始显现,因为他们受过更好的训练,作战能力更强。在第二条战线上未经训练的迦太基军队陷入了混乱和集体恐慌,因为他们夹在他们的第一和第三条战线之间,备受挤压。第一条战线上的雇佣军迫使他们向第三条战线的意大利老兵推进,但这些老兵拒绝后退。因为汉尼拔把他的老兵留在后面作为必要时的储备力量,但是他留在头两条战线和第三条战线之间的空间很快就消失了,因为罗马人密切配合,步步紧逼,继续向前推进,而大象现在已经没有太大威胁了。

现在,许多绝望的迦太基人和雇佣军被他们自己的军队杀死,他们彼此之间大多不认识,他们的将军也看不到,因此无所顾忌,在混乱中自相残杀,或者被更有组织的罗马军人所杀。为了阻止溃败,第三战线上的意大利老兵用他们的长矛阵组成了一面墙,不许迦太基士兵和雇佣军再往后退。这些老兵最后迫使他们的盟友不是左冲右突,而是首先填补骑兵撤出后留下的侧翼,他们中许多人随后集体逃出了战场。但汉尼拔还是施展手段,设法把他乱作一团的军

235

队聚拢在一起，基本上阻止了溃逃，防止造成更大损失。

在战斗的第二阶段，汉尼拔把他的军队合并成一条战线，而大西庇阿则继续命令他的军队向前推进，让他的新兵列保持在中心位置，由主列和老兵列组成的另外两条战线分别位于他自己的左右两侧，也形成一条战线，这样汉尼拔便不能包围他们。不同之处在于，大西庇阿的步兵现在位于他的两侧，而汉尼拔最初位于第三条战线上的意大利老兵则构成了他防线的坚强核心。两军现在都在全力交战，而汉尼拔战线中央的那些足智多谋的老兵本来可以扭转这一天的战情，因为他们大多体力充沛，而面对的是由轻装步兵组成的较弱的罗马中军。汉尼拔的雇佣军步兵及其迦太基同伴正遭受来自两侧的罗马重装步兵的强大压力，但他们可能暂时被他的意大利老兵的勇气所激励。两位大师级战略家，大西庇阿和汉尼拔都权衡了各自的优势，以对抗敌人的弱势。这场战役似乎一时陷入了胶着状态。

但在第三个阶段，战场形势骤然大变，占优势的罗马和努米底亚骑兵击败了势单力薄的迦太基及其盟军骑兵。罗马人和努米底亚人现在从后方回到了战斗中，因为他们伤亡人数很少，凭借在马背上更大的机动性，他们开始从背后大肆掩杀汉尼拔的军队。这再次成为占优势的骑兵决定胜负的一场战斗，骑兵似乎扮演着一锤定音的终极决胜角色。这场战斗的结果类似于坎尼战役，但怪诞之处在于，老师成了失败者，而学生则是胜利者。

波里比阿认为，在扎马之战中，汉尼拔军队的阵亡人数高达2万，另有2万人被俘虏[46]，而大西庇阿可能只损失了大约2000人。[47]也许是因为西面的太阳照在了迦太基士兵的眼睛上，也许是因为他们没有足够的饮用水，因为大西庇阿先到达扎马并控制了水源，但这些是否成为影响战斗结果的因素，我们可能永远不会知道，但即便如此，这些因素对迦太基的失败的影响肯定是最小的。扎马是汉尼拔的滑铁卢，和拿破仑一样，这是他与他的死敌之间的最后一场战役。

在扎马的灾难结束时，汉尼拔带领一小队骑兵逃脱了，这些骑兵也许一直留在他身边，也许是在战斗结束后回到他身边的。他向东逃去，但不能返回迦

第二十二章 扎马战役

太基,因为在那里他只能面对他同胞中的敌人。于是他向东逃到了远在120英里外的哈德卢密塔姆(Hadrumetum),也就是今天突尼斯的苏塞(Sousse),他家族的庄园在那里。[48]大西庇阿随即洗劫了迦太基营地,很快带着他的俘虏和大批战利品,以战胜者的姿态回到了尤蒂卡,并派他的舰队向迦太基提出罗马的要求。

几周之后,汉尼拔终于回到了迦太基,提交他的报告。这是他36年来首次访问迦太基。他告诉迦太基法庭,他已经输掉了这场战役,也输掉了战争。他告诉长老们,唯一的补救措施是寻求与罗马达成和平协议,并支付任何赔偿。于是,迦太基派了一艘船前去会见大西庇阿的船只,寻求和平,船上装着橄榄枝和使者的标志,用以保护船员,说明他们都是信使,而不是士兵。谦卑的使者将目睹大西庇阿的胜利。与半个世纪前的第一次布匿战争一样,一场决定性的战役决定了迦太基的命运。但与以前的战役不同的是,这次失败发生在他们自己的家园,而不是在海上。因此这次失败一定被认为更具灾难性。哈米尔卡曾对第一次布匿战争和公元前241年的赔偿协议提出过抗议,但他的儿子在扎马惨败后并没有提出这样的抗议。

在扎马战役中,大西庇阿设计了一种巧妙战术,使战象变得毫无用处或者更多地伤害汉尼拔自己的队伍。他可能从军事情报或努米底亚盟友那里得知,这些难以驾驭的牲畜可能是迦太基的第一波攻击力量。骑兵实力的不对等也是一个主要因素,为此大西庇阿可能琢磨了一段时间,为增强骑兵力量,他也许曾贿赂过努米底亚人,也许他曾故意制造一种让某人欲罢不能、意乱情迷的情况,如挑起马西尼萨对索福尼斯巴的爱欲和对西法克斯的复仇欲望。

相反,在迦太基一方,汉尼拔刚刚从意大利返回,在公元前203年秋天至次年秋天,直到扎马战役之前他都没有机会召集足够的努米底亚骑兵,或将他的新军队训练成为一个整体。大西庇阿的军队得到过更好的训练也是一个重要因素,因为他训练部下已经近两年,并且曾率领其中一部分人在西班牙参加过战斗。汉尼拔的军队数量的少许优势起不到什么作用,因为他的许多军人并没有像大西庇阿的军人那样参加过战斗。

波里比阿说，汉尼拔作为一个实战经验丰富的优秀将军在扎马战役中已经尽其所能了。他知道战局对自己很不利，因此曾在战前试图与大西庇阿谈判，努力通过外交途径解决问题。尽管他在过去一直屡战屡胜，但他还是明白了战争的许多可能性和意外的情况。因此，当他没有其他选择时，他接受了挑战，并在战前和战斗期间尽可能制订最好的计划。汉尼拔可能明白，战斗的结果将是罗马的全面统治。[49]扎马战败使迦太基陷入绝望之中，正如坎尼惨败使罗马陷入绝望一样。但事实证明，坎尼战役只是罗马遭遇的一个挫折而已，而扎马之战则开始了迦太基亡国的进程。[50]大部分人都会同意汉尼拔的这个坦诚的看法，即他的失败决定了历史的进程。正如一位历史学家所说的，扎马战役"是欧洲历史上最重要的（战役）之一"。[51]

扎马之战的后果

公元前202年秋天，大西庇阿在突尼斯会见了来自迦太基的10位毕恭毕敬的使者，大西庇阿的上司要求对迦太基施加比公元前241年所受的更重的惩罚。迦太基现在还可以继续作为一个主权国家存在，没有遭到罗马的军事占领，但它的活动范围将受到严格限制。它已经放弃了对西班牙、西西里岛及其群岛的所有要求，而现在它也不得不接受条件，把它的舰队减少到10艘三列桨战舰，它的大象必须全部移交给罗马，条约明确禁止迦太基在非洲以外发动战争，即使在非洲进行任何战争，它也必须事先得到罗马的允许。

公元前241年的《卢塔提乌斯条约》只要求迦太基支付3200塔兰特白银，但新的战争赔款则达到了1万塔兰特白银，以分期付款的方式在50年内付清。迦太基还必须送给罗马100名人质，由罗马当局亲自挑选，都是年龄介于14岁到30岁的年轻人[52]，并且可以轮换或替换。迦太基还必须释放所有罗马囚犯，相当于从迦太基监狱释放4000个罗马奴隶,其中有一些是贵族,如特伦蒂乌斯·奎略,他也在罗马凯旋的行列中,跟在大西庇阿身后。有人计算了赔偿金的价值,根据最新的估计,这57.2万磅的白银价值超过1.83亿美元。[53]这不会使迦太基全国破产,但它惩罚的只是普通百姓,增加了他们的税负,因为赔款并不是来自国库,因此汉尼拔后来向长老会提出抗议。[54]有趣的是,许多追究战争责任的现代战争赔偿方案即使不是原文照抄这个迦太基条约,至少在实质精神上源自它。[55]

当迦太基的船只在海湾被烧毁时,许多迦太基人痛哭流涕,全城民众眼睁睁看着为他们带来贸易财富的主要工具被付之一炬,被大火吞噬,大西庇阿和他的军队可能也在现场监督。如果汉尼拔也在那里目睹了大火,他肯定痛苦不堪,他现在是一个败军之将,而不是一个曾经让罗马颤抖多年的常胜将军。在他成年的生活中,汉尼拔第一次没有了军队。[56]

大西庇阿在扎马的胜利使元老院的一些人担心,他可能会试图实行旧式的雷克斯暴政。[57]对大西庇阿持批评态度的李维甚而提到了这几个词语:"王的"("皇家"或"帝王")、"王政"("统治"或"王国")。[58]但这种担心是多余的,大西庇阿只满足于击败迦太基,将其领土纳入罗马控制之下。

罗马元老院于公元前201年年初批准了大西庇阿的任期。他作为驻非洲总督,一直在那里驻扎到公元前201年年末,然后抵达西西里岛的利利巴厄姆(Lilybaeum),一路凯旋穿过意大利,直到他作为非洲征服者驾驶着战车抵达罗马。此后,他将被称为非洲征服者大西庇阿。[59]

汉尼拔并没有作为败军之将被迫与大西庇阿一起去罗马。也许大西庇阿觉得,罗马人看到汉尼拔可能会感到不安,甚至会削弱大西庇阿自己的胜利者形象。另外,他可能认为,把汉尼拔这样的危险人物带到罗马可能不太明智,因为大西庇阿知道,汉尼拔像他自己一样狡猾。也可能出于对对手名誉的尊重,大西庇阿允许汉尼拔留在他的祖国。他可能认为汉尼拔是唯一有足够实力的人,能够让迦太基走上稳定的道路,并按时缴付其战争赔款。

扎马战役后，迦太基立即于公元前202年就条约条款与罗马进行了谈判和斡旋。在投票时，迦太基元老议会只有一位长老反对该条约，他的名字可能叫吉斯戈。据报道，愤怒的汉尼拔一把抓住这个持异议者，把他从演讲台上扔了下来。汉尼拔的迦太基同僚非常愤怒，一致反对他的人身攻击，他不得不作出道歉，一方面为离开迦太基这么多年而道歉，另一方面他又表示，在元老议会面前他的表现是一位军事领导人的行为，而不是作为立法者应有的行为，他也为此道歉。但他也提出了一个令人信服的论据，即罗马本来可能对迦太基采取更加严厉的行动。李维记录了这个事件，显然这个消息传给了大西庇阿和罗马。[60]

李维还记载了一个轶闻。[61]当第一批赔偿的银子到期，即将送到罗马时，许多迦太基人羞愧得哭了，但汉尼拔却发出了苦笑，可能揭示了他对迦太基商业霸权的蔑视，他们从来没有完全支持过他，而现在必须付出代价。这场旷日持久的冲突被称为"汉尼拔战争"，因为迦太基不止一次地拒绝过他。[62]汉尼拔也知道，把这场战争说成是他自己的战争在许多方面是准确的。

借汉尼拔之口，李维对他为什么苦笑作出似乎早就准备好的反驳。汉尼拔说，他只是为迦太基遭遇的不幸而苦笑。波里比阿提醒我们，长期以来，汉尼拔一直得到罗马的幸运女神福尔图娜（Fortuna）的保护，但现在他不再信任她了。[63]汉尼拔警告说，迦太基很快就会发现，更大的麻烦还在后面，相形之下，这个战争赔偿实在不算什么。

第二十三章
流 亡

汉尼拔一直想把罗马赶回意大利大陆，并恢复迦太基在地中海的霸权，但扎马战役粉碎了他的梦想。从此以后，他再也没有与罗马正面打过仗，再也没有打过一场胜仗，再也没有指挥过一支军队。事实上，在余生三分之一的光阴中，他面临的最大挑战已经变成如何维持迦太基的苟延残喘，以及如何保住自己的性命。他已经40多岁了，已不再拥有青春的精力、体力和耐力了，也没有了一个年轻人的渴望和自信，不能再像当年那样站在阿尔卑斯山的极顶俯瞰意大利，指点江山，并在后来许多年里勇往直前，所向披靡。即使在迦太基，他的未来也显得很黯淡。

扎马之战的结果使罗马成为当时世界上无可争议的最强大的国家，控制着通往地中海的跳板，其霸权不容置疑，因此，公元前202年也是古代世界历史的一个转折点，是一个时代的终结。[1]实际上，在公元前201年之后，虽然迦太基不得不支付巨额战争赔偿，海军被削减，但是并没有损失太多财富。迦太基建立的贸易网络仍在继续运作，商船来往于北非和黎凡特之间的南地中海沿岸以及地中海东部沿岸地区贩卖货物，而罗马几乎没有涉足这些地区。罗马烧毁了迦太基的大部分舰队，这当然不是象征性的惩罚，但在罗马人烧毁迦太基船只时，迦太基的许多商船并没有停泊在自己家乡的港口里。迦太基的领导层相当狡猾，因此可能蓄意保存下这部分船只，及时对许多船长发出警告，要他们留在国外，不要在罗马征服者授权破坏船只的当口返回家园。

毫无疑问，公元前201年之后罗马仍对迦太基保持着警惕。罗马当局对待为汉尼拔而战的意大利人非常严厉，那些来自拉丁盟友的"叛徒"被斩首，而罗马逃兵则被钉在十字架上。罗马的元老院，甚至大西庇阿的政敌都允许他让汉尼拔活下来，可能不仅仅是默许他这样做，还有别的考虑，不仅因为大西庇阿仍然沉浸在胜利的欢乐之中，而且也因为他令人信服地论辩，应竭力争取和平，而不是招来战争。

汉尼拔在最初可能会尽量避开迦太基的公众视线，花了些时间修缮他在哈德卢密塔姆的旧家族庄园。在那里，汉尼拔甚至可能雇用了一些以前的士兵或雇佣军种植大片的橄榄树，此地邻近现在的苏塞[2]，具体地点应该在埃尔·杰姆（El Djem）［古代的蒂斯德鲁斯（Thysdrus）］附近向南约40英里的地方，这个地方后来成了罗马著名的大规模橄榄油生产基地[3]，因为它靠近航道。关于汉尼拔种植橄榄的说法是后来史料（公元4世纪）记载的，如果属实，那么他可能是为了防止无所事事的士兵再次扰乱迦太基，因为在第一次布匿战争之后，雇佣军就曾给迦太基造成了很多麻烦。[4]

在扎马战役之后的几年里，汉尼拔的遭遇难以详细描述，因为这方面的史料大大减少了。虽然他不再是罗马明显的军事上的敌人，但罗马间谍仍然会相当严密地监视他在家里的一举一动，不过这种监视并不总是那么公开，因为罗马史家认为，在公元前201年以后他的威胁已经不大了。也许他已成为一个活着的传奇人物，但汉尼拔仍然能够为罗马制造更多的麻烦，特别是在没人发现的情况下。当汉尼拔被允许承担更多角色，发挥更大作用，尤其是当他的正直和廉洁可能威胁到迦太基领导层的利益时，这些人便非常担忧。

在扎马战役之后的头几年，汉尼拔在迦太基的角色相当奇怪，也很矛盾。

他不再渡海远航，反而成了国内人们熟悉的身影，他在国家事务中一定经常出头露面，而人民比较担心的是国家事务，而非寡头统治。尽管他服从罗马的经济制裁，并保证按时支付赔款，作为一个平民主义者，他试图改革迦太基，但在内心深处，汉尼拔可能仍记着他对自己父亲所起的誓言。就像维吉尔在《埃涅阿斯纪》[5]里描写的那样，狄多灵魂的伤口虽然看不见，但复仇之火仍在她心中燃烧，那是她自杀式火焰的预兆。汉尼拔对罗马永远的敌意仍在燃烧着他的生命，这种仇恨深藏不露，外人很难发现，因为他聪明地把它深藏在心中。

汉尼拔现在无疑已经成了一个有标记的人，一个引人注目的人物，当他在迦太基四周来回走动时，总会有眼睛在后面盯着他。他知道，虽然他表面上已经被击败了，但如果他仍被视为罗马最大劲敌的话，那么他迟早难逃一死。汉尼拔知道，他现在周围已没有军队保护，一个罗马刺客甚至愤怒的迦太基人就可以在光天化日之下或神不知鬼不觉地迅速结果他的性命，因为他在罗马和国内的敌人那里都已经声名狼藉。

汉尼拔成为迦太基执政官

虽然我们几乎不可能理解扎马之战后汉尼拔的动机，但是他有几种方法可以改变他的角色，淡化不久前刚刚发生的一切，淡化他作为罗马活着的劲敌的形象。也许他打算成为迦太基政治家以提高自己的身价，这样罗马就会看到他是具有各种能力的人，并可能因此获得某种外交豁免权。但这当然是在走钢丝，比较冒险。要达到这个目的，最好的途径肯定不能通过一直和他作对的元老议会，而是获得一个像执政官这样的民选官职，这是一个在某种程度上相当于法官的公共首席裁判官，是腓尼基和迦太基一个握有仲裁权力的官职。[6]执政官这个词和《圣经·旧约·士师记》里的"士师"是同源词，其职权范围也和圣经中的士师相似。[7]在《圣经》中，摩西、撒母耳和参孙以及在君主制之前带领以色列人的其他领袖都被称作士师。[8]在环地中海地区，士师作为一个官职概念甚至被希腊语借用来指代行政长官，比如在斯巴达。[9]

公元前196年，汉尼拔充分显示了自己的实力，被人民议会选为执政官[10]，走上了从政之路。这个职务任期通常只有一年[11]，除非再次当选。基本上由贵族、商人和地主控制的元老议会并不希望汉尼拔成为执政官，他们一直憎恨自哈米尔卡以来巴卡家族领袖在人民中享有的声望。对汉尼拔来说，担任执政官的一个好处是可以在公众面前树立个人形象，使迦太基的政治恢复理性，不再公开挑战罗马的利益。虽然他在战争中失败了，但作为一位将军仍享有荣耀，只要他能发挥自己的作用，帮助迦太基信守承诺，继续支付赔款，那么起码在表面上汉尼拔可能比较安全，不会再受到伤害，因为他不再被视为罗马的威胁了。

有人认为，汉尼拔担任新职务在某种程度上可能是一个烟幕弹，但我们对此很难断定，因为他似乎是以认真的态度对待这个职务的，工作勤勤恳恳。罗马人也许还没有完全被蒙蔽，更别提抱持实用主义态度的大西庇阿了，但是对一头不再咆哮的狮子，还能怎么提防呢？现代军事历史学家德克斯特·卡斯蒂列罗·奥约斯是对汉尼拔分析得最透彻的学者之一，他认为，罗马对汉尼拔的态度非常暧昧，因为他既是一个可怕的敌人，又是一个令人尊敬的足智多谋的领袖。[12]但大西庇阿在公元前199年担任元老院监察官和元首（元老院领袖）后，坚持用理性的方式处理迦太基事务，并努力使其保持稳定。

一些记录在案的事件说明了汉尼拔的新策略，现在他不再作为军事统帅寻求罗马承认迦太基自古以来对海上和贸易垄断的领土要求，而是作为一个政治家不懈地工作，以维持迦太基的主权。

当汉尼拔任执政官时，他传唤一位迦太基官员到人民议会开会，这是一名当选的终身专职法官（不是执政官），但他无视命令，拒绝在人民议会现身。因为这位法官属于反巴卡家族一党，而且以前曾在金融事务上对人民行事傲慢，因此汉尼拔逮捕了他。这位官员被带到了人民议会，而不是元老议会，因为元老议会不会定他的罪。相反，汉尼拔公开谴责了他，并迅速在人民议会上提出了一项新法律，规定任何人都不可连续两年担任法官。[13]

由于大西庇阿的立场，罗马对迦太基采取宽仁态度，只要求迦太基支付战争赔偿，而不是对它进行完全的征服，并暂时使迦太基保有其主权，这在一定程度上是因为许多罗马平民想要和平，并相信大西庇阿的判断。[14]他们希望有一个决议，能够减轻他们身上的经济负担，并减少在北非的军事占领。让迦太基背上沉重的赔偿负担，这样他们自己就不用一直省吃俭用了，因为他们几十年来一直生活在贫困中，要组建新的军团，就要征收新税。

公元前196年—前195年这段时间发生了一件事，终于激怒了反巴卡家族派系。事件之所以发生，是因为元老议会内部发生了权势寡头挪用公款的情况。作为执政官，汉尼拔一直关注财务账目，包括土地和海运税在内，他指出，一些富裕的元老议会成员存在逃税问题，利用漏洞非法逃税，同时挪用了委托给他们的公共资金，从而在个人获利的同时，把税收负担和赔偿罗马的责任加在人民身上。在人民大会上，汉尼拔公开表示，如果这些富裕的元老议会成员把偷漏的税还给国家，就将有足够的资金支付给罗马的赔偿金，而不必再给老百姓个人带来更高的税收负担。汉尼拔向人民保证要施行正义，并信守诺言，在人民大会上起诉了几个富有的罪犯。

元老议会中一些犯了罪的统治者非常愤怒，不仅因为他们个人的偷窃行为被发现并被要求偿还，而且因为巴卡家族在挑战他们的寡头统治。他们寄了多封信件到罗马元老院，谴责汉尼拔，声称他与塞琉古国王安条克三世秘密交涉，煽动抵抗罗马，损害罗马利益。元老议会还指责汉尼拔与安条克密谋发动针对罗马的战争。大西庇阿不相信这种指控，但在罗马元老院中他显然是少数派，最终，反对大西庇阿的一派取得了胜利，并派出代表团前往迦太基，要求汉尼拔解释对他的指控，并要把他带到元老议会接受谴责，甚至可能得到更糟糕的对待。迦太基元老议会成员可能不太担心汉尼拔会把国家再次带进战争，但更可能担心他的权力和领导力。罗马传记作家科尔奈利乌斯·奈波斯同样坚持认为，汉尼拔估计这个罗马代表团会逮捕他，并把他带回罗马[15]，这种担心并非没有道理。

对自己的同胞，数十年来唯一的斗士，迦太基统治者采取的卑鄙手段表明，汉尼拔对其国家领导层在整个战争中的评估是非常准确的：在意大利，在他最需要支持的时候他们剥夺了他的资产。这也可能暗示，他们在扎马战役之前也可能并非全力支持汉尼拔，这也就说明，如果在第二次布匿战争中迦太基领导层完全站在汉尼拔一边支持他，他肯定还将取得更大的成就。迦太基也可能以为汉尼拔通过征服战争积累自己的财富，牟取暴利[16]，但这样的想法是不现实的，而且也不是汉尼拔这样严于律己的人干得出来的。

罗马元老院派往迦太基调查汉尼拔的代表团中包括汉尼拔的几个敌人，也许有大西庇阿，特别是盖乌斯·塞尔维利乌斯·凯皮欧（Gnaeus Servilius Caepio）和马库斯·克劳狄乌斯·马塞拉斯，后者是公元前208年在意大利遭到汉尼拔伏击而阵亡的伟大罗马将军马库斯·克劳狄乌斯·马塞拉斯的儿子。李维可能有点同情汉尼拔，明确表示"无论汉尼拔采取的行动在百姓中怎么受欢迎，他得罪了大批贵族，因而他所做的一切都被抵消掉了"[17]。然而，按照李维的惯性思维，他倾向于相信汉尼拔也在暗中进行反抗罗马的工作。更有可能的是，现在汉尼拔做了迦太基的执政官，有了新的资本，他还拥有了新的情报收集能力，以评估其他地中海国家对罗马在意大利以外日益增长的权力基地的看法。汉尼拔是否利用自己新的影响力建立了一个阴谋网络，我们不得而知。但汉尼拔当然明白，无情的罗马不会止步于扎马战役，也不会让迦太基在北非自行其是。

罗马于公元前195年夏天派出代表团到迦太基，借口是元老院派他们前来解决马西尼萨的努米底亚人与迦太基人之间的矛盾，但汉尼拔对他们的真实意图了解得很清楚。作为执政官，他掌握着官方情报资源，因此对所发生的一切非常了解。他完全明白，该代表团的领导并不是大西庇阿的支持者，并意识到，在迦太基，他的生命处于危险之中，既受到自己同胞的威胁，也受到马塞拉斯的威胁。马塞拉斯作为罗马贵族，可能想为他惨死于伏击战的著名的父亲报仇雪耻。汉尼拔后来受到的指控表明，唯一可能的真相是，汉尼拔在接到通知那一刻就准备逃走了，但并不一定是负罪而逃，而是因为他知道长久以来有人一直蓄意要陷害他。

汉尼拔逃出迦太基

公元前195年夏天的一天，汉尼拔白天在人们面前表现得安之若素，但他在等待着夜幕降临。他没有像往常一样回家，而是来到迦太基的一座城门，在那里，他的马夫牵着几匹马与他会合。从此汉尼拔永远离开了迦太基。他连夜策马驰骋，并在途中更换马匹，不停地奔驰了整整一个通宵，大约跑了100英里，到达锡德拉湾边上他所拥有的一个海滨庄园，位置在今天的凯布迪耶角的切巴附近。在那里，一艘船在悄悄地等着他，随时准备拔锚起航，这无疑是他事先计划的一部分。这艘船把汉尼拔带到离斯法克斯很近的塞西纳岛上，但在那里，汉尼拔被腓尼基船上的商人认出来了，不得不即兴编了一个说得过去的理由向他们解释他为什么会在那里。他告诉他们，他是在出使推罗的途中。这话说对了一半，因为他确实是前往推罗的，但不是被迦太基官方派遣的，而是去寻求安全庇护的。此时在迦太基，他的房子被搜查了，但汉尼拔却不知所终。

在塞西纳港，为了欺骗商人及其船员，汉尼拔举行了一场祭祀仪式，并精心设计了一个狂欢聚会。他慷慨地花钱买了大量的酒，让大家一醉方休，因此，除了参与他秘密逃亡计划的人，其他所有人都喝醉了。因为正值盛夏，汉尼拔要求其他海运商人把船帆借给他们，为参加聚会的所有船员和船长遮挡炎热的太阳。狂欢持续到深夜，码头上充斥着嘈杂的狂欢庆祝的喧嚣声，大家都喝得酩酊大醉，目光迷离。此时，在黑暗的掩护下，汉尼拔登上了一艘早已准备好的鼓满风帆的船，悄悄地驶入黑夜，花了一周时间径直驶向推罗。剩下的船只因为没有张帆，即使发现了也无法追赶。一位历史学家用讽刺的口吻评论道:"迦太基最伟大的儿子汉尼拔在狄多的腓尼基母亲城市找到了避难所。"[18]据传说,600年前狄多曾从那座城出走。

流亡推罗

如果科尔奈利乌斯·奈波斯所说的细节是可信的,那么在汉尼拔逃往推罗后,迦太基元老议会可能立即采取了针对他的进一步敌对行动,不仅没收了他的财产,而且把他的房子夷为平地,并宣布他为逃犯。迦太基可能派出了两艘船,试图追上并抓住他。[19]即使奈波斯所说的不完全属实,但元老议会采取一些惩罚性措施也是可能的。汉尼拔从迦太基出走是明智的。最有可能的是,他一直在悄悄地把大量的私人财产转移到迦太基以外的安全地方,甚至可能转移到哈德卢密塔姆之外,有一部分可能转移到了海外。这笔财富中有一些可能本来是汉尼拔个人战争金库剩余的西班牙银子,另外就是从他的家族在北非的庄园而来的任何流动性资产。这些财富肯定早就装到了前往推罗的船上,一接到通知就立即起航。至于他的家人,我们不知道是否有人与他一起出逃。

汉尼拔知道,罗马一直很担心马其顿国王菲利普五世所造成的问题。罗马与艾托利亚联盟(Aetolian League,希腊城邦松散的联邦)联手,在公元前211年曾阻击过菲利普,直到公元前197年罗马将军提图斯·昆克蒂乌斯·弗拉米尼努斯(Titus Quinctius Flamininus)才在西诺塞法拉战役中最后击败他。罗马也对安条克在叙利亚模糊不清的目的保持警惕,并为此采取了适当的防范措施,因为安条克挑动自己的敌人对抗罗马,而他自己并没有明确表示效忠谁。菲利普被击败后,安条克曾试图把自己的领土从色雷斯进一步扩张到希腊。靠近罗马的小亚细亚的古老城市,特别是爱奥尼亚的士麦那(Smyrna)和特洛德的兰普萨库斯(Lampsacus,以特洛伊为中心的地区),请求罗马保护它们。安条克在外交上抵制罗马对亚洲的任何入侵,并在公元前196年告诉惊讶的罗马使者,他打算巩固与托勒密埃及王国[1]的关系,并把他年轻的女儿嫁给了托勒密五世[20],他在考虑政治和军事选择时,基本上是让罗马保持猜疑,摸不清他的真实意图。

与他离开迦太基时的情况相反,汉尼拔在推罗显然没有遇到冷遇,或被视为国家的敌人;我们不知道这究竟和安条克有多大关系。[21]汉尼拔在推罗的所作所为留给后人的大多是猜测。腓尼基人建立的推罗是迦太基的母城,也曾经是迦太基的早期殖民地。推罗的贸易财富在《圣经·旧约·以西结书》第27章第9节和33节有简要记载:"迦巴勒的老者和聪明人,都在你中间做补缝的,一切泛海的船只和水手,都在你中间经营交易的事。""你由海上运出货物,就使许多国民充足;你以许多资财、货物,使地上的君王丰富。"毫无疑问,汉尼拔想知道迦太基是否也失去了希望,很快就像《圣经·旧约·以西结书》第26章第5节的诗句中所说的那样"成为列国的掳物"。[22]虽然推罗现在的实力大减,但它经营的贝紫染料行业一直长盛不衰,它依赖这个行业以及远海贸易积累了传奇般的财富,并把迦太基变为殖民地。它不仅存在于诗性记忆中,也存在于史实记载中。[23]尽管推罗处在塞琉古王国统治之下,属于叙利亚周围的塞琉古国王的统治者安条克的附庸城市,但它在贸易方面仍然保持着一定程度的突出地位;它的一部分贸易是与其女儿城市迦太基进行的,另一部分则是通过黎凡特的供应线进行的。[24]

人们似乎忽视了一个基本事实,在汉尼拔担任执政官期间,为了维持迦太基的经济健康发展,他把工作重心放在了推罗与迦太基之间的长期贸易关系上,所以,当元老议会在罗马控告他试图与安条克勾结制造麻烦时,他需要进行一些必要的谈判。而在推罗,汉尼拔可能计划尽快见到安条克,但在短暂会见了这个国王的儿子后,他最终离开了推罗,并于公元前195年秋天在爱琴海海岸的著名城市以弗所(Ephesus,位于今天土耳其的塞尔柱克附近)正式会见了安条克。

---

[1] 亚历山大大帝的继任者托勒密在埃及建立的王国。——译者注

塞琉古帝国的雇佣军抵抗者

　　安条克从公元前195年一开始就在如何处理与汉尼拔的关系上遇到了难题。一方面，他还没有准备好与全力东扩的罗马对抗，也不想挑起一场战争，将罗马人带入他的世袭领地或他们声索的地盘。但另一方面，如果罗马人知道汉尼拔是安条克的军事幕僚，他们可能就不敢贸然进犯，因此汉尼拔是安条克手上一张无与伦比的王牌。[25]但汉尼拔的动机则是阻挠罗马在地中海东部的扩张。因此在几年时间里，这个国王与汉尼拔的关系基本上是若即若离，保持着一定的距离，而他自己的军事高层肯定憎恨汉尼拔的声誉，也不愿听他的建议，一方面因为他是一个外国人，另一方面因为他是一个有着传奇般实力的可怕人物，他曾指挥过一支庞大的有着多元文化背景的军队长达数十年。安条克甚至会想，军事幕僚一职发挥的作用毕竟有限，汉尼拔能满意吗？也许安条克也觉得让这样一位经验丰富的老将留在自己身边是一种威胁。

　　安条克很为自己的塞琉古军队感到自豪。他的大军装备精良，仪仗华丽，军人身着闪闪发光的昂贵装饰品，士兵人数甚至超过了罗马的军队。但是，当安条克问汉尼拔对他的军队印象如何时，汉尼拔似乎语带讥讽地回答道："是的，这支军队将能满足罗马人的胃口，因为他们很贪婪。"因为他认为这支军队徒有其表，无能，低效，很可能成为罗马的战利品，而不是一支令人畏惧的军队。[26]如果这个记载是真的，那么这种蔑视不太可能讨得安条克的欢心。即使是汉尼拔短暂的领军时间通常也只限于海战，与更有经验、精通海战的罗德岛海军作战。实际上，他更精通指挥陆战，而非海战，因此在海战中经常遭到挫败。紧张的战斗环境也会使他精疲力竭，因为他现在差不多60岁了，在这个年纪，大多数久经战阵的士兵都已退伍，或告老还乡，在尽可能和平安宁的条件下疗伤。[27]汉尼拔的荣耀时代早已成为过去，他一定经常在想，罗马该有多么希望它昔日的劲敌早日消失得无影无踪。

公元前192年，安条克自称"真正的希腊自由斗士"，并以罗马和艾托利亚联盟之间的最佳调解人自居。罗马被激怒了，宣称它在国际争端中"从未接受过外部仲裁者"的仲裁。[28]按照罗马的解释，安条克在希腊聚集大军以及他的意图意味着战争不可避免。双方的决战是在海上进行的，汉尼拔可能指挥过一支小舰队，但被击退了，而在陆地上，公元前190年—前189年，罗马取得了压倒性的胜利。战争失败使安条克付出了沉重的代价：他不仅被迫放弃了对希腊的所有要求，而且放弃了所有的小亚细亚以及托罗斯山脉以北和以西地区。他必须赔偿1.5万塔兰特的欧波亚白银，而且还要支付战争费用，但最关键的是，他必须把汉尼拔作为国家的敌人交给罗马。安条克被迫同意惩罚性条款。[29]

汉尼拔和大西庇阿曾在地中海东部再次短暂相遇，一般认为是在以弗所，不过会见的时间和地点都存在争议。公元前190年，大西庇阿曾与他的兄弟卢基乌斯（Lucius）一道参加了罗马对安条克的战争，地点应该在敏德尔河边的马格尼西亚城，靠近爱奥尼亚的以弗所。但一般认为，这两位伟大将军之间会面的时间略早于此，至少应该在公元前192年左右。尽管两人都很尊重对方，但当二人谈起谁是有史以来最伟大的军事统帅时，大西庇阿认为自己当之无愧，但汉尼拔并不认同他的说法。这场对话在不同的古代史料中曾反复出现。[30]

因为汉尼拔和大西庇阿二人都喜爱文史，因此他们对史书中对过去战争的记载都很了解。大西庇阿对此回想了一下，然后让汉尼拔仔细想想，谁是史上最伟大的将军。汉尼拔不假思索地说，亚历山大是最伟大的将军，皮洛士位居第二，他自己应列在第三位。大西庇阿显然很得体地问道："如果我没有打败你，你会怎么说呢？"汉尼拔回答说："如果我没有败给你，我不会把自己排在第三位，而是第一位。"即使到了那个时候，汉尼拔仍然否认大西庇阿是一位伟大的将军，不过尽管他的回答充满了骄傲，但也可能是在开玩笑。在这个时候，我们已经听不出他们之间还有什么敌意，而以后再不会有敌意了。

但汉尼拔知道，罗马的手伸得越来越长了，他必须再次逃跑，以免被擒。

关于汉尼拔在克里特岛设下骗局的轶事

有一个故事在古代一再被人讲述，因而有一定的可信度。故事说在罗马要求安条克交出汉尼拔后，汉尼拔从叙利亚逃到了克里特岛。有几种史料都记载了这个事件[31]，一些史家认为大部分的故事是真实的。[32]如果属实，那么汉尼拔隐姓埋名地居住在无法无天的克里特岛，因为该岛住满了海盗和土匪，当时罗马基本上无法管辖。他住在克里特岛中部的格尔提纳山谷，但不信任当地人放荡的民风，于是在阿耳忒弥斯神庙里展示并存放了许多大的陶器。他这样做并没有什么不寻常，因为许多希腊神殿里都有一个宝库（"贮藏室"），由祭司及其工作人员守卫，小心翼翼地保护起来，以表示对神明的尊敬，免得惹动其愤怒，招致报复。这种赠予主要是为了向神灵祈愿，但也可能有其他目的，可能长期存放在那里，也可能是短期存放。可能含有与神殿私下商定的某种形式的抵押品性质。[33]

但是如果这个故事是真实的，那么在这里汉尼拔再一次显示了他的狡黠性格。他的陶罐可能是克里特岛很普通的陶缸，一种用黏土烧制而成的储存容器，体积非常大，装得下一个成人，但通常用来盛液体或者固体。汉尼拔在表层装的实际上是碎金属，可能主要是铅，万一有人搜查的话，从表层向下探几掌的深度，便是混合金银、珠宝、银锭或硬币等。但他却把真正的银子藏在他租用的房子里的青铜雕塑里。古代采用青铜蜡铸法，可以把青铜雕像做成空心的。但这种古老的铸造方法已失传。这种铜像中间是空的，头部连接在颈部，手臂固定在肩膀上，关节用铅做成，最后镀上深色的硫化铜。[34]似乎没有任何克里特人猜到了这个骗局。因为他的财富可能会给他带来危险，克里特人可能会对他下手。汉尼拔精通希腊文化，因此可能知道奥德修斯与特洛伊木马的精彩故事，在这个故事中，希腊人用木马装着礼物送到特洛伊城，但木马里装的却是希腊勇士。

公元前189年，昆图斯·费边·拉贝奥（Quintus Fabius Labeo）率领一支罗马舰队终于到达了克里特岛，可能是为了强化克里特岛的治安，也可能是为了寻找汉尼拔。于是汉尼拔再次逃走，并带走了他藏有神秘宝藏的青铜雕像。那些诡诈而贪婪的克里特人听说汉尼拔已经离去，却把他的财富留在并不太安全的神殿金库里，也许很想偷一些。不过他们肯定会感到惊讶，因为当他们把沉重的陶器颠倒过来时，却发现里面装的主要是铅，这不能不让他们感到失望。即使这个故事是虚构的，它也基本上符合汉尼拔的狡猾性格。

汉尼拔当上了比提尼亚国王的军事幕僚

虽然我们不能确定汉尼拔离开克里特岛之后去了什么地方，什么时候去的，但他很快又向东走了，可能再一次经过推罗。由于安条克实力已被削弱，而别迦摩人是罗马的盟友，因此汉尼拔只好向东走得更远，造访遥远的亚美尼亚，那里基本上不承认罗马的统治。如果普鲁塔克和希腊历史学家斯特拉博的记载正确的话，那么汉尼拔似乎已经成了亚美尼亚国王阿尔塔什斯（Artaxias）的座上宾，在那里，他可能在帮助该国国王设计建造一座都城。据斯特拉博描述，此地山区地势非常陡峭，暴风雪极为猛烈，以至于人们需要预备一根长杆防身，在遇到雪崩时也可以用作呼吸管。因此该国国王打算在气候比较宜人的阿塔克萨塔建一个王都，这里位于平原上，四面河流环绕，保护着这座城。[35]汉尼拔当然是一个利用自然条件设计城防的专家。

但是不管阿尔塔什斯国王的故事是真还是假，可以确认的是，在公元前186年，汉尼拔成为比提尼亚国王普鲁西阿斯（Prusias）的军事幕僚，帮助他抗击罗马的盟友——别迦摩的欧迈尼斯二世，但最终没有取得成功。普鲁西阿斯甚至受到罗马的拉拢，但关键是别迦摩和比提尼亚都声称拥有米西亚（Mysia）

的领土。汉尼拔鼓励比提尼亚抵抗，据说他甚至帮助普鲁西阿斯在马尔马拉海附近的丘陵地带普鲁萨（Prusa，今天的布尔萨）建造一个新都城，正如普林尼所说的，汉尼拔负责监督该城的建造，这进一步证明他拥有组织和监督建造防御工事的专长。[36]

汉尼拔的生物战

关于汉尼拔还有一件轶事值得一提，这件轶事在几种比较晚近的古代史料中一再提及[37]，但准确与否难以考证。当汉尼拔为四面楚歌的普鲁西阿斯而战的时候，别迦摩的欧迈尼斯二世把自己的海军在海上布好了阵势。别迦摩舰队的规模比汉尼拔的大，但他别无选择，被迫在马尔马拉海应战。故事说，因为汉尼拔知道自己的战舰数量不及敌方，于是他设了一个计谋，取得了奇效，当然也可以说是魔鬼般的效果。无论真实与否，这个故事经常被今人引述为有记录的最早的生物战实例之一。[38]在海战开始之前，汉尼拔让他的部队尽可能多地搜集毒蛇，把它们装进篮子里，一旦甩出去，绳子松开，篮子盖子打开，毒蛇就会爬出来。然后，当欧迈尼斯占优势的舰队接近汉尼拔的舰队开始作战时，所有装满毒蛇的篮子顷刻间扔到了别迦摩人的战舰上，特别是扔到了桨手中间。

也许别迦摩人一开始对这些用篮筐制造的武器大加嘲讽，但当他们意识到从篮筐里爬出来的是什么东西时，很快便恐惧万分，毒蛇在船舱里来回滑行，吓得他们魂飞魄散。一些别迦摩人放弃了任何作战计划，一头扎进了大海，其余的人试图尽快把船划到岸边清空船舱。惊慌失措的别迦摩海军在混乱和恐惧中逃离了战场，而汉尼拔的舰队紧追不舍。内有毒蛇啮人，外有敌舰追击，别迦摩人遭遇了"双重危险"（double peril，杰斯丁尼斯·肯纳的用语）。这使得汉尼拔取得了一场短暂的海战胜利，同时也使他在传说中的早期生物战史上占了一席之地。不过，即使这一事件并没有像传说的那样发生，即使汉尼拔没有干过这样的坏事，但古代史料证实，把毒蛇倾倒进敌人战舰的事不仅可能发生，而且一定在遥远的过去曾经发生过。汉尼拔在军事战略方面总是独树一帜，别出心裁，那么这件事为什么不可能发生呢？

比提尼亚最后的背叛

当汉尼拔为比提尼亚国王效力时，他肯定知道罗马咄咄逼人的侵略行动的目的是要控制东方，而当安条克被迫放弃小亚细亚的领土后，这一切已经变得很明显了。他也知道，虽然普鲁西阿斯可以自己抵抗别迦摩，但比提尼亚是无法抵御别迦摩和罗马的联合进攻的。汉尼拔明白，尽管他在为普鲁西阿斯建造新都城方面发挥了作用，使他能够更安全地抵御入侵，但不管他多么有才能，普鲁西阿斯都不会真心对待他，因为他是一个流亡者。

到了公元前183年，罗马说服普鲁西阿斯放弃与别迦摩的战争，接受罗马霸权。元老院派出了提图斯·昆克蒂乌斯·弗拉米尼努斯为特使。这个罗马人就是那位曾击败过马其顿国王菲利普五世的将军，在处理希腊和东方阴谋方面很有技巧，而且雄心勃勃，是一颗在罗马晋升体系中快速升起的新星。[39]但这位特使真的是来抓捕汉尼拔的吗？罗马对普鲁西阿斯的怀疑包括三个方面：一是因为他与马其顿的菲利普五世家族联姻[40]，二是他曾和罗马的盟友别迦摩打仗，三是因为他收留了前来投靠的汉尼拔。

不管这个罗马人的访问是以什么样的外交幌子进行的，汉尼拔都意识到自己将面临的巨大风险。作为一个颠沛流离20年的流亡者，他对这样的威胁极为敏感。普鲁西阿斯背叛了汉尼拔，也许是被弗拉米尼努斯说服的。据普鲁塔克记载，弗拉米尼努斯愤怒地说，汉尼拔是"所有活着的人中对罗马最危险的"，也许普鲁西阿斯试图讨好罗马，于是打算先对汉尼拔采取打击行动，把他关押起来。[41]无论出于何种动机，甚至是二者兼而有之，普鲁西阿斯决定把汉尼拔转交给罗马。

汉尼拔服毒身亡

汉尼拔的仆人报告说，比提尼亚士兵已经驻守在汉尼拔居住的比提尼亚半岛利比萨镇（Libyssa，今天的盖布泽）要塞的入口处。汉尼拔检查了每个秘密出口和避难穴，看到每个出口确实都有一个武装士兵在警戒。汉尼拔不愿被活捉。因为他一直做好了最后的准备，于是吞下了一直带在身边的致命毒药，结束了自己的生命，以此来拒绝弗拉米尼努斯的企图。不过大西庇阿并不想让他死。后来至少有一位罗马史家记载，汉尼拔总是戴着一枚戒指，宝石下藏有毒药，正是为了这一时刻所用的。他一直预备着这一时刻的到来，现在这个时刻终于到来了。[42]几个世纪后，普林尼声称，在利比萨镇，除了汉尼拔的坟墓之外，什么也没有留下[43]，但有人推测当地也许曾建有一个真正的纪念碑。

这一次，李维和普鲁塔克一样，对汉尼拔在生命的最后时刻表现出的人格尊严表示了悲哀，他声称，他的死是因为普鲁西阿斯背信弃义，而汉尼拔之死则是对罗马所谓的"迦太基诚信"（背叛）的一种驳斥。[44]大多数罗马作家甚至称赞大西庇阿的克制，而这种克制恰恰是野心勃勃的弗拉米尼努斯所缺乏的。大西庇阿的仁慈和宽宏大量与弗拉米尼努斯的挟嫌报复形成了强烈对比。科尔奈利乌斯·奈波斯说，汉尼拔死了，世上再也没有如此勇敢的男人了。[45]汉尼拔在公元前183年服毒身亡时年约64岁。罗马最大的敌人和它最大的恐惧已经不复存在了。

第二十四章
汉尼拔的遗产

并非所有罗马人都像李维一样试图贬低汉尼拔的成就,尤其是目睹过坎尼战役之后罗马荣耀失色、疆域萎缩的人们,更不会这样做。可能是由于罗马的衰落,罗马作家弗拉维乌斯·维盖提乌斯(P. Flavius Vegetius,约400—450)以比较低调的态度回顾了罗马军事史。他强调军事纪律是成就罗马终极辉煌的因素,但在最初罗马与邻国的争夺中,它并没有成就这种辉煌。

"战争的胜利并不完全取决于人数,也不完全依靠勇气;只有技能和纪律才能确保胜利。我们发现,罗马人之所以能够完成对世界的征服,依靠的是坚持不懈的军事训练、严明的军纪,以及孜孜不倦的各种战术教育,除此以外,别无他法。如果没有这些,罗马军队微不足道的人数与人多势众的高卢人相比还有什么优势可言呢?再说,他们矮小的身材与人高马大的日耳曼人相比还有什么优势可言呢?而西班牙人不仅比我们人数多,而且比我们力量大。至于在财富方面我们总是远不如非洲人,在玩弄骗术和诡计方面更不是他们的对手。"[1]

出于谨慎，弗拉维乌斯·维盖提乌斯并没有提到汉尼拔的名字，但他在描述非洲人的骗术和诡计时其实指的就是他。罗马史学家（特别是李维）在写作时往往不愿谈论这两种战法，认为这是懦夫的战法，非传统罗马战法。像大西庇阿和凯撒这样出色的将领都很善于施展诡计，布设陷阱，而且都以汉尼拔为战术大师，而现代军队也将其视为必要的心理战。但即便如此，罗马史学家仍不认可这种战术。

大西庇阿也流亡

对汉尼拔的同时代人来说，他人生的最后几年具有极大的讽刺意味，他的影响力不仅没有失去，反而日渐增长，尤其是在他自己的祖国，他的政敌心怀恐惧，因为他们知道他的领导力能够挑战他们的权力，他将带来不符合他们利益的改革。甚至连大西庇阿也遭到了流放，因为罗马并不完全赞赏他的所作所为。有谣言说他在东部作战时曾有贪污行为，也有人诬告他曾有贿赂行为。在他被罗马元老院逐出权力圈子之前，他选择了退休，搬到了坎帕尼亚的库迈附近，在那不勒斯的利特努姆庄园居住。大西庇阿于公元前183年在流亡中死去，与汉尼拔死于同年，据说瓦莱里乌斯·马克西姆斯很久以后为他写下了有名的充满怨恨的墓志铭："忘恩负义的祖国，您不能拥有我的尸骨。"[2]迦太基和罗马在对待其最杰出的将军方面有着惊人的一致性，都很不客气，这提醒人们，那些心胸狭窄、头脑简单的人在对付绝顶天才时总是觉得不安全，因为他们总是不容易控制，也不容易被搞倒。

罗马人对汉尼拔的另类评论

李维对汉尼拔的评价最毒辣，尤其是指责他的许多缺德行为，说他在战场上的残忍近乎无耻。但李维并不是唯一将汉尼拔妖魔化的人。古罗马政治家塞内卡也把汉尼拔描写为残酷和没有人道（拉丁语"crudelitas"）的典型，嗜血好杀，据说当他看到一个巨大的沟渠灌满了鲜血时，惊呼道"奇哉！妙哉！"。[3]罗马诗人霍雷斯和尤维纳在诗中描写汉尼拔时，常使用的形容词是"可怕的、可恶的"（拉丁语"dirus"）。[4]奥维德曾列举了腓尼基背信弃义的许多例证，并指出，罗马总是不太愿意提及汉尼拔的"言而无信"[5]，不守约，也不太愿意谈论汉尼拔究竟在战术中使用多少诡计。正如一位学者指出的那样，"这里的整个背信弃义问题是罗马强加在迦太基人身上的偏见"[6]。

普鲁塔克在描述弗拉米尼努斯的生平时，也使用了修饰语"可怕的"，将汉尼拔描述成一个造成了巨大恐惧（希腊语"phoberòn"）的人。他也用这个词语来描述不容易上当受骗的费边，以及一生中总是采用伏击和诡计的马塞拉斯。[7]西西里岛的狄奥多罗斯把汉尼拔描绘成一个"野蛮残酷"的人，他告诉人们，他如何在一场战斗中让俘虏的家庭成员互相残杀，直到死亡，他如何满不在乎地杀害了两万名不想跟他回非洲的士兵，连同他不想落入罗马人手中的3000匹战马和无数驮畜，并在"狂怒"中屠杀了4000名逃跑的努米底亚骑兵。[8]卡西乌斯·狄奥详细描述了汉尼拔如何故意把坎尼的土地翻了个遍，卷起漫天灰尘，吹在罗马军人的脸上，并把杀死的罗马侦察兵扔进奥菲都斯溪流里来污染罗马人的饮用水。[9]我们在本书中也谈到，甚至连波里比阿也提到了汉尼拔的一位名叫莫诺马克的谋士在翻越阿尔卑斯山时提出的一个可怕建议，他教他的军人吃死去战友的尸体以免饿死，尽管波里比阿坚持说汉尼拔认为这是一个糟糕的建议，拒绝了这样的暴行。[10]总的来说，这些连篇累牍的故事中究竟有多少是真实的,我们很难判断,但历史学家布利兹认为,许多罗马史料都记述了汉尼拔的暴行,已足以证明其真实性[11],因为无风不起浪。

在《埃涅阿斯纪》中,维吉尔记述了狄多对埃涅阿斯及其罗马后裔的诅咒。狄多要求她未来的提尔人同胞"迫害此族类,世世代代与之为仇"。这在哈米尔卡让他儿子发誓的事件中得到了反映。在《埃涅阿斯纪》中,狄多从她的"骨灰"中召唤出"无名的复仇者"。从骨灰或尸骨中复活的观念暗示了一个双重隐喻,一方面指神话中的凤凰（Phoenix）涅槃,实际上指的是腓尼基人（Phoenician）。所有的人都认为汉尼拔就是这个无名的复仇者,一个"以火和剑骚扰（罗马）"的腓尼基后裔,这正是他在第二次布匿战争中所成就的。[12]

尽管瓦莱里乌斯·马克西姆斯称汉尼拔为罗马的"死敌",但也称赞了他高尚的仁慈行为。在瓦莱里乌斯·马克西姆斯记载的轶事中,汉尼拔搜寻了埃米利乌斯·保卢斯的尸体,并没有让他暴尸在坎尼战场上。同样,他也把被卢卡尼亚人杀死的年迈的提贝里乌斯·格拉古的尸体交还给了罗马,而在布鲁蒂亚,他给马库斯·马塞拉斯的尸体披上一领迦太基斗篷,戴上一个金环,体面地火葬了他,然后把他埋葬。[13]

当诡计和诈术不再被鄙视后,塞克都斯·朱理乌斯·弗罗伦蒂努斯在他军事战略史书《战略学》中多次记录了汉尼拔的事迹,认为他的战术很出色。[14]瓦莱里乌斯·马克西姆斯也说汉尼拔"用许多狡黠的绞索纠缠罗马人"。[15]瓦莱里乌斯·马克西姆斯也讲述了比提尼亚国王普鲁西阿斯的故事,说此人宁可用动物内脏来观兆,也不愿听从汉尼拔的建议。而汉尼拔则感叹道:"你宁愿相信一块小牛肉,也不愿相信一位老将军?"他久经考验的荣耀竟然还不如一块牺牲的肝脏,对此汉尼拔无法平静地忍受。瓦莱里乌斯说:"事实上,如果要探索谋略并评价军事指挥能力,那么汉尼拔的大脑肯定比比提尼亚所有的火盆和祭坛都要强,战神玛尔斯自己可以判断。"[16]

汉尼拔对罗马的直接影响已被罗马历史学家翻来覆去地研究过无数次,这种影响在某种程度上可以根据公元前218年—前202年期间,以及之后罗马战争政策和行为所发生的变化加以考量。有一种说法把汉尼拔称为"罗马最好的军事导师之一"[17],这样的说法不无道理。几个世纪以来,人们一直在讨论他经常采用的出其不意的战略战术,这种战术大概怎么估计都不会过分。正如一位历史学家所说:"在战争中,出其不意是制胜法宝。但在备战时,意料之外的事从来没有得到应有的重视。"[18]

塞姆普罗尼乌斯在特雷比亚河战役中遭到惨败,弗拉米尼乌斯在特拉西梅诺湖战役中遭遇惨败,瓦罗在坎尼战役中遭到惨败,自此以后,由民众投票选出的平民执政官的权力被削弱,这一切都是由汉尼拔引起的,因为他了解他们的根本弱点。与第一个问题相关的第二个问题是,虽然军事领袖和政治领袖之间相互制衡的基本目标本来可能是一个好主意,但汉尼拔证明了,作战指挥权频繁更换,今天由这个强将指挥,明天由另一个弱将指挥,在3场典型的战役中都带来了灾难。

在汉尼拔证明这些挫敌的策略的确有效之后,当时的罗马人,如克劳狄乌斯和大西庇阿,都在意大利、西班牙和北非成功地采用了欺骗和计谋。正如弗罗伦蒂努斯指出的,克劳狄乌斯·尼禄可能曾欺骗过汉尼拔和哈斯德鲁巴·巴卡:第一次是在意大利南部的营地,他在夜间点燃足够的篝火,这样汉尼拔就不会知道他已经撤走了数千名士兵;第二次是在哈斯德鲁巴·巴卡没有警觉之前,趁着夜色掩护悄悄来到梅陶罗河附近的李维·撒里纳托尔的罗马军营。[19]大西庇阿还赞赏过心理战的巨大潜力,特别是当敌人心存他望时,就更有效。李维虽然对诡计很不屑一顾,但并不妨碍他对大西庇阿称赞有加。与假情报有些相似,汉尼拔在攻占坎帕尼亚后大肆洗劫,却故意没有动费边·马克西姆斯在当地的房产,试图使罗马元老院怀疑费边的诚实,以此达到削弱敌人的目的。[20]

与汉尼拔训练有素、久经战阵的雇佣军相似的罗马职业军人最终将填补以前由罗马公民组成的军团,尽管后者绝对忠于家园,但他们的军纪和训练总是大打折扣。在罗马战争政策的所有变革中，受汉尼拔启发而作出的最具戏剧性也是最重要的一个改变，就是逐步过渡到比较专业化的军队，而不是仅仅依靠征兵或民兵以及拉丁盟军。汉尼拔迫使罗马不断寻找兵源，甚至征募男孩子、债务人以及开释的罪犯填补新的军团[21]，从而为后来在罗马将军盖乌斯·马略领导下进行的变革铺平了道路，罗马甚至放弃了服兵役的财产要求，并放弃了"财产保证了一个人对国家忠诚"的观念。[22]

波里比阿曾经指出过，努米底亚骑兵使得汉尼拔在坎尼战役中拥有战斗优势，"它向后人表明，作战时，最好只用敌军一半的步兵，但投入压倒性的骑兵对敌作战，而不是在所有方面都一对一地对等"[23]。公元前218年，当汉尼拔从西班牙的卡塔赫纳出发时，他的骑兵部队拥有远超罗马军队的巨大优势，在横渡罗讷河时，他仍然拥有9000名骑兵，主要是努米底亚骑兵，这个数量在其他骑兵部队中是闻所未闻的。[24]

努米底亚骑兵是汉尼拔骑兵中最让人望而生畏的。大西庇阿仿效汉尼拔，也提高了轻骑兵，尤其是努米底亚骑兵的地位。大西庇阿巧妙地使用他们，从而在扎马之战中取得了战场优势，在此战中，他的骑兵人数首次超过了汉尼拔的骑兵人数，正如海兰指出的："西庇阿·阿非利加努斯很快便利用努米底亚骑兵，以子之矛，攻子之盾，在扎马之战中战胜了汉尼拔。"[25]后来的罗马军队都采用了大西庇阿的骑兵模式，而这种模式来自汉尼拔。[26]

汉尼拔无与伦比的战术包括：善于利用地形作战、在冬季作战、夜间突袭、切断敌人的水源，以及利用其他环境因素作为秘密武器等，而这些战术最终成为罗马战术的一部分。一些罗马将军，如大西庇阿，在第二次布匿战争之初就开始模仿这些战术了。汉尼拔曾迫使罗马人在严寒的冬季穿越冰冷的特雷比亚河，结果军人被冻僵，失去了战斗力，特别是因为他们没有吃早饭，不得不饿着肚子作战。在特拉西梅诺湖战役中，他用雾作为武器。[27]在沃勒图尔努斯河战役中，汉尼拔利用沼泽地和夜色做掩护，驱使带着火把的牛群冲入敌阵，在罗马阵中造成混乱。而在坎尼战役中，他迫使罗马人迎着阳光和尘土作战。[28]他阻止罗马军队从奥菲都斯河汲水，甚至可能故意污染罗马人的水源。[29]当大西庇阿得知卡塔赫纳的浅"潮汐"可以渡过时，他使用了类似的战术，却归功于神明的帮助。[30]他利用黑暗掩护纵火焚烧了西法克斯和哈斯德鲁巴·吉斯戈在尤蒂卡附近的营地，并趁着混乱发起攻击。在扎马战役之前，他控制了周围的水源。克劳狄乌斯·尼禄同样展示了一个新罗马人愿意完全照抄汉尼拔战术的意愿，在意大利南部，他也采用了汉尼拔的夜间行动策略，[31]在黑暗的掩护下静静地离开营地。[32]

汉尼拔大量使用军事情报，他从意大利招募凯尔特人为侦察员和告密者，在当地搜集情报，并一直使用间谍刺探情报，这些间谍身着罗马服装，操拉丁语，在罗马领土上和军队里活动。[33]很少有人像汉尼拔那样懂得可靠情报的重要性，而他拥有西班牙白银，可以收买这些情报。[34]罗马人似乎并没有效仿汉尼拔在收集军事情报方面的经验，直到大西庇阿才作出改变。

公元前3世纪以及之后罗马政策上的变化并不都是因汉尼拔而引起的，实际上罗马的一些变化对汉尼拔自己产生了很大的影响，而他直到扎马战役才真正理解罗马军事策略的变化。罗马在第一次和第二次布匿战争中所遵循的交战规则有一个巨大的不同，显示这是一个长期演变的结果：罗马不会因为遭受失败而放弃。在罗马的敌人中，汉尼拔一定是第一个认识到罗马永远不会认为自己已被打败的人；汉尼拔还是最先见证罗马军事扩张计划的统帅之一，它势将征服意大利领土以外的土地：包括西班牙、北非、凯尔特人的土地，以及希腊和亚洲，都是罗马拓疆扩土计划的一部分。罗马在征服迦太基后就利用它作为食物（和奴隶）的来源地，同时也把它作为已知世界北非防线上的一个边界堡垒。[35]

汉尼拔入侵意大利也产生了一个意外后果。他在抵达意大利时发现，那"是一个在罗马霸权下各自独立和相互激烈竞争的政体的集合体"，双方结成了联盟，而他希望打破这个联盟。但在第二次布匿战争结束时，这些社区被罗马重新征服，在苛刻的条件下它们最终失去了独立[36]，成为罗马的一部分。汉尼拔的意大利南部的凯尔特盟友付出了代价，罗马残酷地惩罚了他们，然后同化了他们。

最终，尽管罗马不太情愿，但也不得不从汉尼拔那里学会了如何进行战争。尤维纳利斯描写汉尼拔的朦胧诗句生动地说："置汉尼拔于天平之上；这位绝世悍将如今还有多重？……曾为祸人类之剑戟、石头或标枪，今已不再杀人。"[37]但汉尼拔并非没有缺点。尽管他一般被认为是古代史上三位伟大的将军之一，与亚历山大和凯撒比肩[38]，但德克斯特·奥约斯说得对，汉尼拔作出了"地缘战略、外交和军事上的误判，而这些经常被低估"。随着现代学术研究的发展，学者们可以获得充分的资料，对汉尼拔的研究也比以往更深入，虽然他的战术天才和历史影响已得到承认，但我们仍然不能轻易地断定他作为一个战略家总体来说究竟有多么伟大。

德克斯特·奥约斯指出，汉尼拔入侵意大利是一场冒险，他错误地认为罗马人会在他取得决定性胜利后屈服投降，同时也找不到真正的证据证明迦太基对汉尼拔充满敌意并破坏了他的冒险计划。奥约斯发现，在攻下卡普亚和锡拉库萨后，汉尼拔已经骑虎难下了。他不能放手不管，也无法取得更多进展。奥约斯的结论是，总的来说，汉尼拔很有天分，很杰出，但还不够杰出。奥约斯坚称，汉尼拔最关键的决定是在坎尼大捷后，没有乘胜向罗马进军，这也是其他学者共同的判断。

汉尼拔能够攻占罗马吗？他能取得扎马之战的胜利吗？他能胜利结束第二次布匿战争吗？[39]对具有天才军事头脑的汉尼拔来说，这通常并不会成为一个悬而未决的问题。如果说过高的野心毁了凯撒，但也许还不足以阻止汉尼拔。

虽然总是有人企图否定汉尼拔是个天才，将扎马战役后迦太基陷落，并最终在公元前146年惨烈亡国作为证据，但是，汉尼拔既没有促成也没有加快上述悲剧的发生，他的遗产仍完好无损。两千年后，他仍然激发着人们巨大的好奇心，希望研究他勇敢坚韧的行为，而这一切仍将继续下去。汉尼拔知道，仅靠他一个人无法击败罗马，他对占领罗马也缺乏信心，也许历史让他对此负责是不公平的，因为在特拉西梅诺湖战役和坎尼战役之后，他根本没有打算进军罗马，即使在他自己看来也是不合情理的。他的性情总是深藏不露，关于他的许多事情仍然是待解之谜。有时，他刻意展现出令敌人恐惧的无情外表，并坚定果敢地指挥部下作战，百折不挠。这是历史留下来的汉尼拔的形象。

鸣　谢

　　这本书的写作得到了许多个人和机构的帮助，这里不可能把所有的名字及其贡献都罗列出来。我也感谢那些有远见的机构，包括国家地理探险协会和斯坦福大学的领导层，他们鼓励我进行现场考察，从而使我的大部分研究工作得以进行。几十年来，这些机构通过系里的学生奖学金和其他研究基金，提供了从1994年到2012年的正式资助，以及至今都有的非正式资助，使我能够组建并指导优秀的研究团队。自2009年以来，美国考古研究所也赞助了我作为全美建筑师协会讲师前往许多学术机构演讲，我曾与许多大学和博物馆同行进行学术交流，从中学到了很多东西。我还要感谢列支敦士登国家博物馆提供机会，让我到瑞士的多个小行政区分享我在不同阶段的研究成果，包括瓦莱州、圣加仑州和格劳宾登州，以及意大利的皮埃蒙特考古学总部、皮埃蒙特和瓦莱达奥斯塔文化遗产活动监督局，以及法国萨瓦的布拉曼斯社区等。国家地理学会及其合作伙伴圣智学习也慷慨地发表了我们的部分实地考察报告，并提供演讲机会让我分享研究成果。

　　在罗德岛州纽波特的美国海军战争学院也多次慷慨地邀请我向军事史同行

和研究生发表演讲；该院的《海军战争学院评论》也发表了我的一些评论。军事史学会（我是该学会会员，也是其学报不定期刊物的评论家）和皇家地理学会（我是该学会成员）鼓励与地形和战争有关的地理研究。Wiley的《古代历史百科全书》和《大英百科全书》也为我提供了一个关于古代历史简明介绍的学术版面，特别是后者收入了我撰写的关于汉尼拔的相关词条。

斯坦福大学的同事为我的汉尼拔研究提供了巨大的帮助，包括Charles Junkerman和Dan Colman（他们二人为我提供了为研究生授课的机会），Susan Treggiari（古典研究，罗马生活），Antony Raubitschek（古典研究，希腊金石学），Josh Ober（古典研究，政治理论和汉尼拔），Michael Wigodsky（古典研究，波里比阿的希腊研究），Richard Martin（古典研究，希腊人），Walter Scheidel（古典研究，古代经济和奴隶制），Ian Morris（古典研究，战争），Adrienne Mayor（古典研究），Richard Saller院长（古典研究，罗马）。这些同行都曾鼓励过我的研究。Victor Davis Hanson（斯坦福的胡佛学院）也在古代战争研究方面给了我很大的帮助。在其他地方，我很感激在不列颠哥伦比亚省大学的Roger Wilson（罗马史）；鲁汶的天主教大学的Edward Lipiński（腓尼基研究）；已故的利物浦大学名誉教授和剑桥彼得豪斯研究员Frank W. Walbank（波里比阿研究）；牛津大学的Andrew Wilson（考古学）。美国海军战争学院的Timothy Demy，Michael Pavković，Yvonne Masakowski，以及Jeffrey Shaw，他们在军事史方面的深刻见解使我受益匪浅。

在我自己的老师中，我还要感谢剑桥大学的Anthony Snodgrass，当时他在加州大学伯克利分校任萨瑟教授并短期教授研究生研讨班，他对希腊战争的认识激发了我对古代战争的许多思考。在我的研究过程中，我在英国博物馆座谈会上认识了Frank Walbank，我曾应邀于1996年在那里发表演讲；当我在伦敦大学考古研究所攻读博士学位时，我认识了格拉斯哥大学的Lawrence Keppie，并从他那里学到了许多有关罗马军事专业知识。在斯坦福大学，我也有幸参加了John Boardman爵士著名的埃特纳讲座，和他共进晚餐并进行了有关的交谈。

多年来为我的研究提供了更多帮助的其他同事和合作者还包括：François Wiblé、考古研究办公室、瓦莱州、Martigny、Switzerland、John Hoyte和Richard Jolly爵士，有的是我的朋友、论文合作撰稿人，有的是我的登山同伴，在1959年，他们带来了一头大象，和我一起翻越阿尔卑斯山，登山途中我们谈了许多相关问题。我还要感谢在伦敦大英博物馆的考古学家和朋友Ian Jenkins（中东系），Ian Jenkins（希腊和罗马文物系）和Jonathan Tubb博士（中东研究系主任）等。我还要感谢格勒诺布尔圣洛朗考古博物馆和多菲内博物馆的馆长Jean-Pascal Jospin，他对阿洛布罗热凯尔特人的研究工作非常有用。此外，考古学家Paolo Visonà对迦太基钱币的研究；牛津大学的John Boardman爵士对罗马史的研究，纽约大学的Lionel Casson对古代航海和旅行的研究，列支敦士登国家博物馆馆长Rainer Vollkommer，瑞士格劳宾登州托马斯考古服务局的Thomas Reitmaier，瑞士圣加仑行政区考古服务处的Martin Schindler，等等，都对我的研究大有助益。

韦尔切利的考古学家Davide Casagrande对皮埃蒙特人的考古学研究；瓦莱达奥斯塔管理处的考古科学家Lorenzo Appolonia；历史学家Geoffroy de Galbert，他的对汉尼拔的研究著作和假说具有重要参考价值；法国沃雷普历史学会的官员，以及Samuel Wolff和Lawrence Stager在进行迦太基陀斐特发掘之后都加入了哈佛犹太博物馆。我所知道和尊重的其他研究汉尼拔的作者还包括具有洞见的Andreas Kluth；John Prevas，一位杰出的作家和朋友；以及荣休教授William Mahaney，一位孜孜不倦的科学家。尽管我们可能在具体细节方面观点会有分歧，但这些人和我一样痴迷于汉尼拔研究。我和阿德里安·戈兹沃西的谈话总是使我深受教益。

还有许多专家学者，虽然不曾谋面，但他们对汉尼拔的研究成果对我多有启发，我对他们极为尊敬。其中包括Dexter Hoyos、Nigel Bagnall、Giovanni Brizzi、Barry Strauss、Richard Miles、Robert Garland、Richard Gabriel、Robert O'Connell、Michael Fronda、Everett Wheeler、Paul Erdcamp、Nic Fields、Eve

MacDonald、Peter van Dommelen and Mark Healy。我还从一些军事历史学家那里学到了许多，例如John Lazenby、H.H.Scullard、Basil Liddell Hart和Serge Lancel。虽然所有这些作者各自持有不同的观点，但他们已经作出了宝贵的不可磨灭的贡献。如果我忽略或忘记了提及他们的研究成果，那也不是故意的。虽然拿破仑和卡尔·冯·克劳塞维茨早已作古，但我承认，他们在我自己的汉尼拔研究中也发挥了作用；这两人都对汉尼拔的战术很感兴趣，拿破仑甚至在多个阿尔卑斯山路口尝试跟随汉尼拔的脚步，试图做到未雨绸缪，防患于未然，他在行军和演习方面也模仿了汉尼拔。

最后，同样重要的是，我要感谢Simon & Schuster出版社的整个出版团队，包括副总裁和本书的执行编辑Bob Bender，他以非凡的耐心等了我长达10年之久，在此期间，在我进行实地考古的季节，在我进行研究和本书的写作过程中，他都给了我很大鼓励。我也感谢副主编Johanna Li的高效率和对细节惊人的敏感；我还要感谢校对部的副主任Phil Metcalf极为认真细致的校对。书中所有疏忽和失误都是我自己的；如果这些疏忽只是由于不同解读引起的，也许将来能解决一些分歧，而有些则可能难以解决。即使我在野外考察不在家，或者深夜还在仔细钻研细节时，我的家人仍然大力支持我，尤其是我的妻子Pamela，我永远不会忘记她的温柔劝告，我也永远难以偿还欠她的情。对所有这些人，我都感激不尽，他们都以各种方式丰富了我的生命。

斯坦福，2017年

译后记

　　汉尼拔·巴卡是古代世界最伟大的军事战略家之一。这位杰出的迦太基统帅率领他的军队和战象历尽艰险，成功地翻越天堑阿尔卑斯山，并在接下来的一系列战役中击败了罗马军队，一度使罗马到了生死存亡的边缘。

　　汉尼拔于公元前247年生于迦太基，他的父亲哈米尔卡也是一个伟大的战略家和大师级战术家，在第一次布匿战争中，哈米尔卡率领迦太基军队与罗马军队作战，功勋卓著。但奉行重商主义的迦太基领导层目光短浅，在战争尚未结束时便把大批战舰召回，改装成商船从事贸易。因此第一次布匿战争以迦太基的失败而告结束。哈米尔卡在祖国郁郁不得志，于是率军前往西班牙，确立了迦太基在西班牙的统治，并主持开采当地丰富的银矿资源，用于偿还战争赔款。汉尼拔从小在军中长大，饱受战争熏陶。当哈米尔卡在与西班牙当地部落的冲突中战死后，汉尼拔继承父亲的遗志，经过充分的历练，终于担当起军事重任，率领大军翻越阿尔卑斯山，发动了针对罗马的第二次布匿战争。

　　汉尼拔施展独特的兵法，巧妙地利用地理和气候条件，在意大利北部取得了一系列重大胜利，战胜了人数占优势的罗马军队，其中最著名的是公元前216

译后记

年的坎尼战役，此战确立了汉尼拔军事天才的历史地位。这一战，他不仅消灭了5.5万名罗马军人，包括大部分罗马将领，而且消灭了一大批罗马精英，罗马军队主帅战死，48位保民官中有29位被杀，80位元老或经由选举产生的元老级别的行政长官被杀，200多位戴金戒指的罗马骑士战死。巨大的损失一度使罗马陷入亡国灭族的绝望之中。用作者的话说，汉尼拔入侵意大利的主要目的就是"攻击和羞辱罗马人"，这个目的他已经达到了。任何城市在经历坎尼战役这样的惨败后都会承认失败，委屈求和，但罗马人生性倔强，决不屈服。尽管汉尼拔派使者前往罗马，要求签订城下之盟，但罗马拒不投降，反而大肆征兵，并在接下来的几年当中用谨慎接战的费边战术逐渐消耗汉尼拔的实力。最后，罗马采用围魏救赵战术，派名将大西庇阿率军攻入北非，威胁迦太基，汉尼拔被召回保卫迦太基，被迫永远离开了意大利，并在决定性的扎马战役中败给了大西庇阿，第二次布匿战争再次以迦太基的失败而告终。迦太基被迫接受严苛的投降条款，不仅要支付巨额战争赔款，而且要烧毁绝大多数战舰。作为第二次布匿战争的始作俑者，汉尼拔受到许多迦太基人的指责，最后被人诬告，险遭逮捕，被迫流亡他乡，直至自杀身亡，落了个悲情英雄的下场。

作为败军之将，汉尼拔在历史上颇多争议，但直到今天，汉尼拔仍然被视为军事天才，得到了后世许多著名将领的敬仰和效法，如拿破仑、乔治·巴顿将军和诺曼·施瓦茨科普夫将军等。世界著名军事院校仍在教授他的战略战术，他的生平事迹仍在吸引着人们研究探索，历史学家帕特里克·亨特教授就是其中之一。作者在序言中告诉我们，他花了他一生的大部分时间研究汉尼拔。作为古代战争史专家和汉尼拔研究权威，他曾多次领导在阿尔卑斯山和其他地方的考古发掘工作，取得了汉尼拔研究宝贵的第一手资料。这部汉尼拔传记就是他长期辛苦研究工作的结晶。

在这部学术性和故事性并重的历史巨著中，作者用事实阐明了为什么汉尼拔是世界历史上当之无愧的最伟大的军事奇才之一，但同时也很注意观点的平衡，避免把主人公神化。作者分析了促使汉尼拔取得成功的各种因素，包括他惊人的军事战略智慧，他父亲对他的影响，他在士兵面前表现出来的必胜信心和勇气，他身先士卒，与部下同甘共苦的作风，以及他细致缜密的后勤管理技巧等。用罗马史家李维的话说：

> "从来没有一个更名副其实的天才像他那样懂得如何赢得部下的尊重和服从……也没有任何其他领袖像他那样善于鼓励部下，使他们充满勇气和胆识……此外，他身体强壮，精力充沛，与部下同甘共苦，不搞特殊化。事实上，人们总是看见，他在晚上裹在毯子里睡觉，就像他的一个下级侦察兵一样。他的穿着也与他的部下完全相同，使他与众不同的并不是他的装束，而是他的战马和武器，最重要的是他身先士卒，总是冲锋在前，最后一个撤出战斗。"

尽管汉尼拔有着杰出的军事智慧和指挥才能，但他最终还是失败了。他赢得了几乎所有的战役和战斗，但仍然没有赢得第二次布匿战争。而正是他的失败使他成为一个难解之谜。本书作者清楚地表明，汉尼拔具有无与伦比的适应不断变化的环境的能力，他在制订作战计划时能够充分考虑并巧妙地利用不同的地形、气候等因素。但是，在他取得坎尼战役的巨大成功，达到自己军事生涯巅峰之后，这种非凡能力似乎逐渐失去了，他的命运之轮开始走下坡路了。这一点颇令人困惑。

另外还有一个困扰很多人包括汉尼拔自己的问题是，在连连取得大捷之后，他是否应该进攻罗马？

如果汉尼拔攻占罗马，世界历史将会改写。但汉尼拔在坎尼大捷之后并没有选择进攻并摧毁罗马，反而希望与罗马达成某种和平协议。很多人，包括汉尼拔手下的将军，后世的一些著名将军，以及一些历史学家，都认为汉尼拔没有抓住机会进攻罗马是一个战略失误，汉尼拔手下的骑兵将领马哈巴尔就指责他道："你知道如何取得胜利，却不懂得如何利用胜利。"但作者的解释是，汉

译后记

尼拔有一个新的战略构想，就是先在意大利进行策反工作，争取把尽可能多的城市纳入自己的控制之下，也许打算先孤立罗马，在条件成熟后转过头来再围攻罗马。

汉尼拔并非没有攻城经验，他在西班牙曾攻占了罗马的结盟城市萨贡托，但整个攻城战耗时长达8个月，城破之后萨贡托人的惨状令人震惊。此后他又围攻过许多城市，如那不勒斯、布伦迪西姆和雷朱姆，但每次攻城都是一次痛苦的经历。他知道，如果没有攻城器械，防守严密的城市是不可能攻破的。而罗马城防坚固，人口众多，兵源充足，凭借汉尼拔的实力恐怕难以攻取。此外，在旷日持久的攻城战中如何养活他的军队也是一个大问题，毕竟他是在敌方领土上作战，获得充分的后勤供给总是一个难题。坎尼战役后，罗马的战略战术作出了重大调整，发生了重要变化，但汉尼拔似乎难以适应这种变化。罗马军队在费边率领下采用费边战术，用消耗战拖垮汉尼拔，拒绝以汉尼拔设定的条件来和他作战。而汉尼拔对此似乎无计可施。罗马战略战术的变化最终导致了汉尼拔的衰落和失败。作者指出："虽然他的战术天才和历史影响已得到承认，但我们仍然不能轻易地断定他作为一个战略家总体来说究竟有多么伟大。"

译完本书之后，掩卷静思，译者对汉尼拔这个传奇人物的悲剧人生有了一些思考。汉尼拔的命运在他少年时在神殿祭坛前手按牺牲对父亲起誓那一刻就已经注定了，从此他的使命只有一个：仇恨罗马、毁灭罗马。他带着复仇的渴望率军攻入意大利，将罗马的精锐部队毁灭殆尽，使罗马一度处于亡国灭种的危机之中。但毁灭罗马并不意味着把罗马夷为平地，使罗马亡国灭种。汉尼拔可能根本没有这样的野心，也没有制定过如此宏大的战略规划，因为第一次布匿战争之后罗马并没有彻底毁灭迦太基，因此汉尼拔也没有理由彻底毁灭罗马。坎尼战役后，汉尼拔明确告诉罗马人，他不是在发动一场灭绝罗马的战争，而仅仅是为了恢复迦太基的尊严，保证迦太基的生存和它在地中海地区的地位。他要求罗马达成和平条约，弥补迦太基在西西里岛和撒丁岛的屈辱和损

273

失，免除哈米尔卡从西班牙支付的战争赔款。该和约将把迦太基的地位恢复到公元前241年夺走了迦太基的海上贸易的《卢塔提乌斯条约》签订之前。此外并无其他奢望。

至于迦太基人，他们的注意力一直放在贸易和积累财富方面，许多迦太基领导人并不支持汉尼拔的战争。作为一个奉行重商主义的海洋城邦国家，即使汉尼拔攻下罗马，迦太基领导层恐怕也没有兴趣统治以农业为立国之本的罗马。因此，公元前214年之后，汉尼拔几乎没有得到他的祖国的任何援助。在迦太基元老议会的很多人看来，汉尼拔并不一定是在为迦太基而战，而是在为巴卡家族而战，他们甚至把第二次布匿战争称作"汉尼拔的战争"。

随同汉尼拔作战的军人中很少有迦太基人，他的大多数士兵都是雇佣军，是为军饷和战利品而战的。反观罗马军队，情况则截然不同。战争初期，罗马的士兵大多是来自乡村的小农场主，他们是为了保家卫国和迦太基入侵者作战的。罗马人在战争初期犯了很多错误，遭到了重大挫败，但他们很快就从失败中汲取了教训。作者特别解释了汉尼拔对罗马军队的深刻影响。随着第二次布匿战争的深入进行，罗马军事观念发生了重大变化，一是接受了兵不厌诈的观念，允许罗马将领模仿汉尼拔使用诈术，不再视之为非罗马的不道德战法；二是改变了"财产保证了一个人对国家忠诚"的观念，放弃了服兵役的财产要求，扩大了兵源。汉尼拔教出了一批罗马高徒，他的一整套兵法被罗马将领照搬了来对付迦太基军队。到了战争结束时，罗马已建成了一支训练有素的专业军队。最终，罗马培养出了自己的军事天才大西庇阿，他首先把迦太基军队赶出了西班牙，随后又攻入北非，在扎马之战中击败了汉尼拔，结束了第二次布匿战争。虽然汉尼拔没有毁灭罗马的计划，但若干年后罗马最终彻底毁灭了迦太基，一代海上强国从此灰飞烟灭。这是一个历史悖论，有待历史学家进一步探讨。

本书作者吸收了古代和现代的研究成果，对围绕汉尼拔的军事历史进行了全面概述，文中对地形地貌、参战部队的数量和背景，以及布匿和罗马文明的差异和冲突的描写细致入微，对古代军事史的研究和撰写具有参考和借鉴价值。尽管本书学术上非常严谨，但避免了学术上的枯燥，作者尽量用通俗易懂的语言解释复杂的概念，用简洁生动的笔触还原汉尼拔不可思议的恢宏的人生故事，情节跌宕起伏，充满了悬疑，读来引人入胜。我相信热爱军事史的读者将会非常喜欢这本书。

对译者来说，本书的翻译工作很具有挑战性。一方面是因为这是一个全新的领域，需要边学习边翻译，非常费时费力；另一方面是因为作者旁征博引，引文几乎遍及古今欧洲各主要语言资料，非常繁杂。原文语句相当凝练、古雅，甚至用词用语冷僻，译者尽量在保持原意的前提下用比较通俗的语言译出，很多时候不得不彻底打乱文章的语句结构才可能用汉语比较准确地表达出作者的意思。文中有大量注释，过长的注释根据需要节译或意译。这部著作的翻译难度很大，尽管译者做出了巨大努力，反复核对，但相信错误之处仍在所难免，希望读者予以指正。

赵清治

2018年秋于多伦多大学

参考资料

古代史料

Ammianus Marcellinus. *Res Gestae (History of Rome) vols. 1–3*. Translated by J. C. Rolfe. Cambridge, MA: Harvard Loeb Classical Library, 1939–50.

Appian of Alexandria (Appianus Alexandreus, Appianus Alexandrinus). *Roman History 1*. Bk. 6, *The Wars in Spain*; bk. 7, *The Hannibalic War*, 52–58; bk. 8, *The Punic Wars*, 28, 70–136; bk. 11, *The Syrian Wars*, 9–11. Translated by Horace White. Cambridge, MA: Loeb Classical Library, Reprint of Cambridge, MA: Harvard University Press, 1912 edition.

Augustine of Hippo (Aurelius Augustinus Hipponensis), *De Civitate Dei*, bk. 3, 20. Translated by Henry Bettenson, 1972. New York, New York: Penguin Books, 1984 edition.

Aulus Gellius. *Noctes Atticae (Attic Nights)*. 5.v.5. Translated by J. C. Rolfe. Cambridge, MA: Loeb Classical Library, Reprint of Cambridge, MA: Harvard University Press, 1927 edition.

Sextus Aurelius Victor. *De Caesaribus* 37.2–3. Translated by H. W. Bird. Liverpool University Press, 1994.

参考资料

Caesar, Julius. *The Gallic Wars*. Bk. 4, 35. Translated by H. J. Edwards. Cambridge, MA: Loeb Classical Library, 1966, 224–5, Reprint of Cambridge, MA: Harvard University Press, 1946 edition.

Cato (Marcus Porcius Cato). *Origines*. Translated by M. Chassignet. *Caton: Les Origines*. Fragments. Paris: Collection Budé, les Belles Lettres, 1986.

Cicero (Marcus Tullius Cicero). *De Divinatione (On Divination)*. Translated by W. A. Falconer. Cambridge, MA: Loeb Classical Library, 1996), 277–78. Reprint of Cambridge, MA: Harvard University Press, 1923 edition.

———.*de Oratore (On the Orator)*. 2.18.74–75. Translated by J. S. Watson. Published by George Bell, London, 1896, text in Perseus Digital Library, Tufts University.

Lucius Coelius Antipater. *Second Punic War* (fragmentary, mainly lost), referenced at times by Cicero, among others. Hans Beck. "Lucius Coleus Antipater" in Wiley-Blackwell Encyclopaedia of Ancient History, 2012.

Dio Cassius (Cassius Dio). Fragments, Book 11. 10–13, 15 Translated by Earnest Cary. Cambridge, MA: Loeb Classical Library, Reprint of Cambridge, MA: Harvard University Press, 1914 edition.

Diodorus Siculus. *Bibliotheca Historia (Library of History)*. 12 vols. Translated by C. H. Oldfather, Charles Sherman, Russell Geer, C. Bradford Welles, Frances Walton. Cambridge, MA: Loeb Classical Library, Reprint of Cambridge, MA: Harvard University Press, 1933–1963.

Frontinus, Sextus Julius. *Strategems, Aqueducts of Rome*. Translated by C. E. Bennett. Cambridge, MA: Loeb Classical Library, Reprint of Cambridge, MA: Harvard University Press, 1925.

———. *Stratagemata*. Bks. 1–4. Translated by Charles E. Bennett. New York, New York: Palatine Press, 2015.

Horace (Quintus Horatius Flaccus). *Epode 9, Ode 3*. Translated by C. E. Bennett. Cambridge, MA: Loeb Classical Library, 1995). Reprint of Cambridge, MA: Harvard University Press, 1968.

Justin (Marcus Junianus Justinus). *Epitome of Pompeius Trogus*. 29.3.7, 30.3.2, 4.14, 31.1–7.9, 32.4.1–12. Translation by J. C. Yardley. American Philological Association Classical Resources 1st Edition, Book 3. Atlanta: Scholars Press and Oxford University Press, 1994.

Juvenal. *Satires*. Bk. 3, 126ff.; bk. 7, 161; bk. 10, 147–188. Juvenal, *The Sixteen Satires*. Translated by Peter Green, 1982 reprinting. New York, New York: Penguin Books, 1967 edition.

Livy (Titus Livius). *Ab Urbe Condita (The History of Rome)*. Bks. 21–22, edited by T. A. Dorey. Leipzig, Ger.: Teubner, 1971.

———. *Ab Urbe Condita*. Bks. 23–25, edited by T. A. Dorey. Leipzig, Ger.: Teubner, 1976.

———. *Ab Urbe Condita*. Bks. 26–27, edited by P. G. Walsh. Leipzig, Ger.: Teubner, 1989.

———. *Ab Urbe Condita*. Bks. 27–30, edited by P. G. Walsh. Leipzig, Ger.: Teubner, 1986.

———. *Hannibal's War*. Bks. 21–30. Translated by J. C. Yardley. Introduction and notes by Dexter Hoyos. Oxford: Oxford University Press, 2009.

———. Livy. *The War with Hannibal*. Translated by Aubrey de Selincourt. Middlesex, UK: Penguin Books, 1983. Reprint of Baltimore: Penguin Books, 1965 edition.

Lucan *(Marcus Annaeus Lucanus), Pharsalia*. Bk. 1, line 38. Translation by Jane Wilson Joyce. Ithaca: Cornell University Press, 1993, 4.

Nepos, Cornelius (Cornelius Nepos). *Vitae (Life of Hannibal 1–13)*. Albert Fleckeisen, ed. Leipzig, Ger.: Teubner, 1886.

Ovid (P. Ovidius Naso). *Fasti*. Translated by Sir James G. Frazer. Cambridge, MA: Loeb Classical Library, 1987). Reprint of Cambridge, MA: Harvard University Press, 1931 edition.

———. *Metamorphoses*, 1983 reprinting. Translation by Mary Innes. New York, New York: Penguin Books, 1955 edition.

Plato (Platon). *Laws* I.625e. Translated by Thomas Pangle. Chicago: University of Chicago Press, 1988.

Pliny the Elder (Gaius Plinius Secundus). *Naturalis Historia (The Natural History)* .*Natural History: A Selection*. Translated by John F. Healy. New York: Penguin Classics, 1991 reprint.

———. Translated by H. Rackham, vols, 1–5, 9; W. H. S. Jones, vols. 6–8; D. E. Eichholz, vol 10. Cambridge, MA: Loeb Classical Library, Reprint of Cambridge, MA: Harvard University Press, 1938–62.

Plutarch (Plutarchos, later Lucius Mestrius Plutarchus). Plutarch, *Lives*, vol. 6. *Life of Aemilius Paullus*. Translated by Bernadotte Perrin. Cambridge, MA: Loeb Classical Library, Reprint of Cambridge, MA: Harvard University Press, 1918.

———. *Life of Fabius Maximus*. Plutarch, *Lives*, vol. 3. Translated by Bernadotte Perrin. Cambridge, MA: Loeb Classical Library, Reprint of Cambridge, MA: Harvard University Press, 1916.

———. Life of Flamininus. Maximus. Plutarch, Lives, vol. 10. Translated by Bernadotte Perrin. Cambridge, MA: Loeb Classical Library, Reprint of Cambridge, MA: Harvard University Press, 1921.

———. *Life of Lucullus*. Plutarch, *Lives*, vol. 2. Translated by Bernadotte Perrin. Cambridge, MA: Loeb Classical Library, Reprint of Cambridge, MA: Harvard University Press, 1914.

———. *Life of Marcellus*. Plutarch, *Lives*, vol. 5. Translated by Bernadotte Perrin. Cambridge, MA: Loeb Classical Library, Reprint of Cambridge, MA: Harvard University Press, 1917.

———. *Plutarch's Lives.* Vol. 1. Edited by Arthur Hugh Clough. New York: Modern Library, 1992.

Polybius (Polybios). *The Histories*. Bks. 3–12. Translated by W. R. Paton. Revised by F. W. Walbank and Christian Habicht. Cambridge, MA: Harvard Loeb Classical Library, 2010.

———. *The Histories*. Translated by Robin Waterfield. Notes by Brian McGing. New York: Oxford University Press, 2010.

Seneca. *De Ira (On Anger)*. Seneca: Moral and Political Essays. Translated by John M. Cooper. Cambridge Texts in the History of Political Thought. Cambridge: Cambridge University Press, 1995.

Silenus Calatinus (of Caelacte). *Frag.Gr.H.*175 (preserved mostly via Cicero). Felix Jacoby. *Die Fragmente der greichischen Historiker*, 1923–59 (also on http://www.attalus.org/translate/fgh.html#175.0).

Silius Italicus. *Punica.* Bks. 1–17. vols. 1–2. Translated by J. D. Duff. Cambridge, MA: Harvard Loeb Classical Library, Reprint of Cambridge, MA: Harvard University Press, 1934.

Sosylus of Lacedaemon. *Frag.*Gr.H 176. Felix Jacoby. *Die Fragmente der greichischen Historiker*, 1923–59 (also on http://www.attalus.org/translate/ fgh.html#176.0).

Stesichorus. Frag. 4. *Greek Lyric*, vol. 3. Translated by David A. Campbell. Cambridge, MA: Loeb Classical Library, Reprint of Cambridge, MA: Harvard University Press, 1991 edition.

Strabo (Strabon). *Geography*. Bks. 5 and 11. *The Geography of Strabo*. Translated by Duane Roller. Cambridge: Cambridge University Press, 2014.

Thucydides (Thoukudides). *History of the Peloponnesian War*. Bks. 3, 7, and 8. Translated by Rex Warner. London: Penguin Classics, 1954.

Valerius Antias. Fragments. T. J. Cornell ed. *The Fragments of the Roman Historians*. Oxford: Oxford University Press, 2014.

Valerius (Valerius Maximus). *Factorum ac dictorum memorabilium. (Memorable Doings and Sayings)* Bks. 1–9. (vols, 1–2). Translated D. R. Shackleton Baily. Cambridge, MA: Loeb Classical Library, Reprint of Cambridge, MA: Harvard University Press, 2000.

Vegetius (Publius Flavius Vegetius Renaus. *De Re Militari (The Military Institutions of the Romans)*, 1. John Clarke, tr. 1767. M. Brevik update, 2001 (http: // www.digitalattic.org/home/war/vegetius/).

Marcus Velleius Paterculus. *History of Rome (Res Gestae Divi Augusti)* 1.2.3. Translated by Frederick W. Shipley. Cambridge, MA: Loeb Classical Library, Reprint of Cambridge, MA: Harvard University Press, 1924.

Virgil (Publius Vergilius Maro). *Eclogues, Georgics, Aeneid 1–6. Aeneid*. Bk. 4. Translated by H. R. Fairclough. Cambridge, MA: Loeb Classical Library, Reprint of Cambridge, MA: Harvard University Press, 1916.

Xenophon. *Hipparchikos.(The Art of Horsemanship)*. Translated by Morris H. Morgan. Mineola, New York: Dover Publications 2006 revised edition (originally Boston: Little Brown and Company 1893).

现代史料

Abelli, Leonardo, ed. "···*de Cossurensibus et Poenis navalem egit*···" *Archeologia subaquea a Pantelleria*, Ricerca series maijor 3. Ante Quem, Sicilia, 2012.

Adams, Colin, and Ray Laurence, eds. *Travel and Geography in the Roman Empire*. London: Routledge, 2001.

Adkins, Roy, and Leslie Adkins. *Dictionary of Roman Religion*. New York: Oxford University Press, 2001.

Adcock, F. E. *The Greek and Macedonian Art of War*. Sather Classical Lectures. Berkeley: University of California Press, 1957. See esp. chap. 4, "Cavalry, Elephants, and Siegecraft."

Ager, Derek. "From Where Did Hannibal's Elephants Come?" *New Scientist 103*, no. 1420 (September 6, 1984): 37.

Alfieri, N. "Sena Gallica." In *Princeton Encyclopedia of Classical Sites*, edited by Richard Stillwell, William L. MacDonald, and Marian Holland McAlister. Princeton, NJ: Princeton University Press, 1976.

Africa, Thomas W. "The One-Eyed Man Against Rome: An Exercise in Euhemerism." *Historia: Zeitschrift für Alte Geschichte* 19, no. 5 (1970): 528–38.

Allan, Nigel J. R. "Accessibility and Altitudinal Zonation Models of Mountains." Mountain Research and Development 6, no. 3 (1986): 185–94.

Allen, Stephen. *Celtic Warrior 300 BC–AD 100*. Oxford: Osprey, 2001.

Ameling, Walter. *Karthago: Studien zu Militär, Staat und Gesellschaft. Vestigia: Beiträge zur Alten Geschichte* 45. Munich: C. H. Beck Verlag, 1993.

Amoros, J. L., R. Lunar, and P. Tavira. "Jarosite: A Silver-Bearing Mineral of the Gossan of Rio Tínto (Huelva) and La Unión (Cartagena)." *Mineralium Deposita* 16 (1981): 205–13.

Annequin, C., and G. Barruol. "Les grandes traversées des Alpes: l' itinéraire d' Hannibal." In *Atlas Culturel des Alpes Occidentales: de la Préhistoire à la fin du Moyen Age*, edited by C. Annequin and M. Le Berre. Paris: Picard, 2004.

Arnold, M. "The Radiative Effects of Clouds and Their Impact on Climate." *Bulletin of the American Meteorological Society 72* (June 1991): 795–813.

Arnold, Thomas. *The Second Punic War Being Chapters of the History of Rome*. Edited by William T. Arnold. London: Macmillan, 1886.

Ascoli, Albert R. "Pyrrhus' Rules: Playing with Power from Boccaccio to Machiavelli." *Modern Language Notes* 114, no. 1 (1999): 14–57.

Astin, A. E. "Saguntum and the Origins of the Second Punic War." *Latomus* 26, no. 3 (July–September 1967): 577–96.

Aubet, M. E. *The Phoenicians and the West: Politics, Colonies and Trade*. 2nd ed. Cambridge: Cambridge University Press, 1991.

Austin, N. J. E., and N. B. Rankov. *Exploration: Military and Political Intelligence in the Roman World from the Second Punic War to the Battle of Adrianopole*. London: Routledge, 1998.

Azan, Paul. *Hannibal dans les Alpes*. Paris, 1902.

Bagnall, Nigel. *The Punic Wars: Rome, Carthage, and the Struggle for the Mediterranean*, London: Macmillan, 2005.

Baker, G. P. *Hannibal*. New York: Cooper Square Press, 1999.

Bamford, Andrew. *Sickness, Suffering, and the Sword: The British Regiment on Campaign, 1808–1815*. Norman: University of Oklahoma Press, 2013.

Barceló, Pedro. *Hannibal: Stratege und Staatsman*. Stuttgart, Ger.: Klett-Cotta, 2004.

Baronowski, D. W. "Roman Military Forces in 225 BC (Polybius 2.23–24)." *Historia: Zeitschrift für Alte Geschichte* 42 (1993): 183–202.

Bath, Tony. *Hannibal's Campaigns*. Cambridge: Patrick Stephens, 1981.

Batty, Roger. "Mela's Phoenician Geography." *Journal of Roman Studies* 90 (2000): 70–94.

Beck, Hans. "The Reasons for the [Second Punic] War." Chap. 13 in *A Companion to the Punic Wars*, edited by Dexter Hoyos. Malden, MA: Wiley-Blackwell, 2011.

Bell, M. J. V. "Tactical Reform in the Roman Republican Army." *Historia: Zeitschrift für Alte Geschichte* 14, no. 4 (October 1965): 404–22.

Ben Khader, Aicha Ben Abed, and David Soren. *Carthage: A Mosaic of Ancient Tunisia*. New York: American Museum of Natural History in association with W. W. Norton, 1987.

Benz, Franz. *Personal Names in the Phoenician and Punic Inscriptions*. Rome: Pontifical Institute, 1982.

Berlin, Andrea J. "From Monarchy to Markets: The Phoenicians to Hellenistic Palestine." *Bulletin of the American Schools of Oriental Research* 306 (May 1997): 75–88.

Berneder, Helmut. *Magna Mater-Kult und Sibyllinen: Kulttransfer und annalistische Geschichtsfiktion*. Innsbruck, Aus.: Institut für Sprachen und Literaturen de Universität Innsbruck, 2004.

Berrocal Caparros, María del Carmen. "Poblamiento romano en la Sierra Minera de Cartagena, " *Pallas* 50 (1999): 183–93.

Beschaouch, Azedine. "De l' Africa latino-chrétienne à l' Ifriqiya arabo-musulmane: questions de toponymie." *Comptes-rendus des séances de l' Académie des Inscriptions et Belles-Lettres* (CRAI) 130, no. 3 (1986): 530–49.

Bickerman, Elias J. "An Oath of Hannibal." Transactions and Proceedings of the American Philological Association (TAPA) 75 (1944): 87–102.

Billot, Frances. "Representations of Hannibal: A Comparison of Iconic Themes and Events from the Life and Times of Hannibal." PhD diss., University of Auckland, 2009.

Blanco, A., and J. M. Luzón. "Pre-Roman Silver-Miners at Riotinto." Archaeology 43 (1969): 124–31.

Boardman, John, Jasper Griffin, and Oswyn Murray, eds. *The Oxford History of the Roman World*. Oxford: Oxford University Press, 2001. Reprint of New York: Oxford University Press, 1986 edition.

Boccaccio, Giovanni. *De Casibus Virorum Illustrium*. Vol. 9. *Tutte le opere di Giovanni Boccaccio under guidance of Pier Giorgio Ricci and Vittorio Zaccaria*, ed. Vittore Branca, 12 vols. I Classici Mondadori. Milan, It.: Arnoldo Mondadori, 1983.

———. "Hannibal." *The Fates of Illustrious Men*. Bk. 5. Translated by Lewis Brewer Hall. New York: Frederick Ungar, 1965.

Bocquet, Aimé. *Hannibal chez les Allobroges* (Le grand traversée des Alpes, deuxième partie). Montmélian, Fr.: La Fontaine de Siloé, 2009.

Bonnet, Corinne. "On Gods and Earth: The Tophet and the Construction of a New Identity in Punic Carthage." In *Cultural Identity in the Peoples of the Ancient Mediterranean*, edited by Erich Gruen. Los Angeles: Getty Research Institute, 2011.

Booms, Dirk, Belinda Crerar, and Susan Raikes. *Roman Empire: Power and People*. London: British Museum Press, 2013.

Boularès, Habib. *Hannibal*. Paris: Librairie Académique Perrin, 2000.

Bradford, Ernle. *Hannibal*. London: Folio Society, 1998. Reprint of New York: McGraw-Hill, 1981 edition.

Brizzi, Giovanni. "Carthage and Hannibal in Roman and Greek Memory." Chap. 27 in *A Companion to the Punic Wars*, edited by Dexter Hoyos. Malden, MA: Wiley-Blackwell, 2011.

———. *I sistemi informativi dei Romani*. Historia Einzelschriften 39. Wiesbaden, Ger., 1982.

———. "L'armée et la guerre." In *La civilization phénicienne et punique: Manuel de recherche*. Handbuch der Orientalistik, sec. 1: Near and Middle East. Vol. 20. Edited by V. Krings. Leiden, Neth.: E. J. Brill, 1995.

———. *Scipione e Annibale*. Rome: Editori Laterza, 2007.

Brody, Aaron. "From the Hills of Adonis Through the Pillars of Hercules: Recent Advances in the Archaeology of Canaan and Phoenicia." *Near Eastern Archaeology* 65, no. 1 (2002): 69–80.

Brown, F., S. R. Driver, and C. A. Briggs. *A Hebrew and English Lexicon of the Old Testament*. Oxford: Clarendon Press, 1951.

Brown, S. *Late Carthaginian Child Sacrifice and Sacrificial Monuments in Their Mediterranean Context*. Sheffield: JSOT Press, 1981.

Bruscino, Thomas. "Naturally Clausewitzian: U.S. Army Theory and Education from Reconstruction to the Interwar Years." *Journal of Military History* 77, no. 4 (2013): 1251–75, esp. 1252–53.

Cairns, Francis. "Horace Epode 9: Some New Interpretations." *Illinois Classical Studies* 8, no. 1 (1983): 80–93.

"Casilinum." In *Brill's Encyclopaedia of the Ancient World (Brill's New Pauly)*, edited by H. Cancik, H. Schneider, and M. Landfester. Leiden, Neth: E. J. Brill, 2012.

Casson, Lionel. *Travel in the Ancient World*. Baltimore: Johns Hopkins University Press, 1994.

Caven, Brian M. "Hannibal." In *The Oxford Companion to Classical Civilization*, edited by Simon Hornblower and Antony Spawforth. Oxford: Oxford University Press, 1998.

———. *The Punic Wars*. London: Weidenfeld and Nicholson, 1980.

Chamorro, Javier G. "Survey of Archaeological Research on Tartessos." *American Journal of Archaeology* 91, no. 2 (April 1987): 197–232.

Champion, Craige B. "Polybius and the Punic Wars." Chap. 6 in *A Companion to the Punic Wars*, edited by Dexter Hoyos. Malden, MA: Wiley-Blackwell, 2011.

Charles, Michael B., and Peter Rhodan. "Magister Elephantorum: A Reappraisal of Hannibal's Use of Elephants." *Classical World* 100, no. 4 (2007): 363–89.

Chevallier, Raymond. Review of *Hannibal*, by G. C. Picard. *L' Antiquité Classique* 36, no. 2 (1967): 730–33.

Christ, Karl, ed. *Hannibal*. Darmstadt, Ger.: Wissenschaftliche Buchgesellschaft, 1974.

———. "Probleme um Hannibal." In *Hannibal*, edited by Karl Christ. Darmstadt, Ger.: Wissenschaftliche Buchgesellschaft, 1974.

———. "Zur Beurteilung Hannibals." *Historia: Zeitschrift fur Alte Geschichte* 17 (1968):

463–65.

Christman, Bruce. "The Emperor as Philosopher." *Bulletin of the Cleveland Museum of Art* 74, no. 3 (1987): 100–13.

Claerhout, Inge, and John Devreker. Pessinous: *Sacred City of the Anatolian Mother Goddess—An Archaeological Guide*. Istanbul: Homer Kitabevi, 2008.

Clifford, Richard, "Phoenician Religion, " *Bulletin of the American Society of Oriental Religion* 279 (1990).

Colin, Jean Lambert Alphonse. *Annibal en Gaule*. Charleston, SC: Nabu Press, 2010. Reprint of Paris: Librairie Militaire R. Chapelot et cie, 1904 edition.

Collins, Roger. *Spain: An Oxford Archaeological Guide*. Oxford: Oxford University Press, 1998.

Connolly, Peter. *Greece and Rome at War*. London: Greenhill Books, 2006. Reprint of Greenhill Books, 1998 edition.

Cooke, George Albert. *A Textbook of North Semitic Inscriptions: Moabite, Hebrew, Phoenician, Aramaic, Nabataean, Palmyrene, Jewish*. "Suffete." Oxford: Clarendon Press, 1903.

Cooper, Emmanuel. *Ten Thousand Years of Pottery*. 45th ed. Philadelphia: University of Pennsylvania Press, 2000.

Cornell, T., B. Rankov, and P. A. G. Sabin, eds. "The Second Punic War: A Reappraisal." Special issue, *Bulletin of the Institute of Classical Studies* 41, no. S67 (February 1996): vii–xv, 1–117.

Coss, Edward J. "Review of A. Bamford. *Sickness, Suffering and the Sword*, Oklahoma, 2013." Journal of *Military History* 78. no. 1 (2014): 366–67.

Cramer, J. A. *A Dissertation on the Passage of Hannibal over the Alps*. London: J. W. Parker and G. and W. B. Whittaker, 1820, xix.

Crocq, Marc-Antoine, and Louis Crocq. "From Shell Shock and War Neuroses to Posttraumatic Stress Disorder: A History of Psychotraumology." *Dialogues in Clinical Neuroscience* 2, no. 1 (2000): 47–55.

Cunliffe, Barry. *The Ancient Celts*. Oxford: Oxford University Press, 1997.

———, ed. *The Oxford Illustrated Prehistory of Europe*. Oxford: Oxford University Press, 1994.

D'Amico, Robert, Dennis Lynn, and Eric S. Wexler. "Munitions of the Mind: Strategic

Information Operations." *Strategic Review* 29, no. 1 (2001): 49–57.

Dalaine, Laura, and Jean-Pascal Jospin. *Hannibal et les Alpes: une traversée, un mythe*. Grenoble, Fr.: Musée Dauphinois, 2011. (Also see Jospin.) ———. "Mais par où est donc passé Hannibal?" *L'Alpe 54* (Autumn 2011): 70–76.

Daly, Gregory. *Cannae: The Experience of Battle in the Second Punic War*. London: Routledge, 2002.

Dangréaux, Bernard. "Irréductibles Gaulois des Alpes." *L'Alpe 54* (Autumn 2011): 18–21.

David, Jean-Michel. *The Roman Conquest of Italy*. Translated by Antonia Nevill. Oxford: Blackwell, 1996. First published 1994 by Paris: Aubier.

Davidson, James. "The Gaze in Polybius' Histories." Journal of Roman Studies 81 (1991): 10–24.

Davies, Penelope J. E. "Pollution Propriety and Urbanism in Republican Rome." In Rome, Pollution and Propiety: Dirt, Disease and Hygiene in the Eternal City from Antiquity to Modernity, edited by M. Bradley. Cambridge: Cambridge University Press for the British School at Rome, 2012.

Davis, Paul K. 100 *Decisive Battles: From Ancient Times to the Present*. Oxford: Oxford University Press, 2001.

———. *Masters of the Battlefield: Great Commanders from the Classical Age to the Napoleonic Era*. Oxford: Oxford University Press, 2013.

Dawson, A. "Hannibal and Chemical Warfare." *Classical Journal* 63, no. 3 (1967): 117–25.

de Beer, Gavin. Alps and Elephants: Hannibal's March (London: Bles, 1955).

———. *Hannibal: The Struggle for Power in the Mediterranean*. London: Thames and Hudson, 1969.

Delbruck, Hans. *Warfare in Antiquity*. Vol. 1. Lincoln: University of Nebraska Press, 1990.

Denholm, Justin, and Patrick Hunt. "Hannibal's Ophthalmia." Unsubmitted article under peer review by various medical journals, 2014.

Derow, P. S. "Polybius, Rome and the East." *Journal of Roman Studies* 69 (1979): 1–15.

Desmond, William. "Lessons of Fear: A Reading of Thucydides." *Classical Philology* 101, no. 4 (2006): 359–79.

Diakonoff, I. M. "The Naval Power and Trade of Tyre." *Israel Exploration Journal* 42, nos. 3/4 (1992): 168–93.

Diana, Bettina. "Annibale e il Passagio degli Apennini." *Aevum* 61 (1987): 108–12.

Dietler, Michael, and Carolina López-Ruiz. *Colonial Encounters in Ancient Iberia: Phoenician, Greek and Indigenous Relations*. Chicago: University of Chicago Press, 2009. See esp. chaps 7–9 on Phoenicians.

Dixon, K. R., and Pat Southern. *The Roman Cavalry: From the First to the Third Century AD*. London: Batsford, 1992.

Dodge, Theodore Ayrault. *Hannibal*. New introduction by Ian M. Cuthbertson. New York: Barnes & Noble Books, 2005. Reprint of Cambridge, MA: Riverside Press, 1891 edition.

Domergue, C. *Les mines de la Péninsule Ibérique dans l' antiquité romaine. Collection de l' École française de Rome*, 127, Rome, 1990.

Dommelen, Peter van. "Carthago Nova (Cartagena)." In *The Encyclopedia of Ancient History*, edited by Roger S. Bagnall, Kai Brodersen, Craige B. Champion, Andrew Erskine, and Sabine R. Huebner. Malden, MA: Wiley-Blackwell, 2012.

Dorey, T. A. "Macedonians at the Battle of Zama." *American Journal of Philology* 78, no. 2 (1957): 185–87.

Drews, Robert. "Phoenicians, Carthage and the Spartan Eunomia." *American Journal of Philology* 100, no. 1 (Spring 1979): 45–58.

Clausewitz, General Carl von. On *War*. Berlin, Ferdinand Dümmler, 1832.

Dunbabin, T. J. *The Western Greeks: The History of Sicily and South Italy from the Foundation of the Greek Colonies to 480 BC*. Oxford: Oxford University Press, 1999. Reprint of Oxford: Clarendon Press, 1948 edition.

Dunkle, J. Roger. "The Greek Tyrant and Roman Political Invective of the Late Republic." *Transactions of the American Philological Association* (TAPA) 98 (1967): 151–71, esp. 156–57.

Dvornik, Francis. *Origins of Intelligence Services: The Ancient Near East, Persia, Greece, Rome, Byzantium, the Arab Muslim Empires, the Mongol Empire, China, Muscovy*. New Brunswick, NJ: Rutgers University Press, 1974.

Eckstein, A. M. Review of Hannibal's Dynasty, by B. D. Hoyos. *Classical Review* 55, no. 1, new series (2005): 263–66.

———. "Hannibal at New Carthage: Polybius 3.15 and the Power of Irrationality." *Classical Philology* 84, no. 1 (1989): 1–15.

———. *Rome Enters the Greek East: From Anarchy to Hierarchy in the Hellenistic*

Mediterranean 230–170 BC (Malden, MA: Wiley-Blackwell, 2012).

———. "Rome, Saguntum and the Ebro Treaty." *Emerita* 55 (January 1, 1984): 51–68.

Edmonson, J. C. *Two Industries in Roman Lusitania: Mining and Garum Production*. International Series 362. Oxford: British Archaeological Reports (BAR), 1987.

Edwards, Jacob. "The Irony of Hannibal's Elephants." *Latomus* 60, no. 4 (2001): 900–905.

Elting, Colonel John R. The Super-Strategists: Great Captains, Theorists and Fighting Men Who Have Shaped the History of Warfare. New York: Charles Scribner's Sons, 1985.

Elton, Hugh. *Frontiers of the Roman Empire*. Bloomington: Indiana University Press; London: Batsford, 1996.

Engels, Donald. *Alexander the Great and the Logistics of the Macedonian Army*. Berkeley: University of California Press, 1978.

Ennabli, A. *Carthage: Le site archéologique*. Tunis: Cérès, 1993.

———, ed. Pour Sauver Carthage: Exploration et conservation de la cité punique, romaine et byzantine. Tunis: UNESCO, 1992.

Erdkamp, Paul, ed. *A Companion to the Roman Army*. Oxford: Wiley-Blackwell, 2010. First published 2007 by Malden, MA: Blackwell.

———. *Hunger and the Sword: Warfare and Food Supply in the Roman Republican Wars 264–30 BC*. Dutch Monographs on Ancient History and Archaeology 20. Leiden, Neth.: E. J. Brill, 1998.

———. "Manpower and Food Supply in the First and Second Punic Wars." Chapter 4 in *A Companion to the Punic Wars*, edited by Dexter Hoyos. Malden, MA: Wiley-Blackwell, 2011.

———. "Polybius, the Ebro Treaty and the Gallic Invasion of 225 BCE." *Classical Philology* 104 (2009): 495–510.

Errington, R. M. "Rome Against Philip and Antiochus." Chap. 8 in The Cambridge Ancient History. 2nd ed. Vol. 8, *Rome and the Mediterranean to 133 BC*. Edited by A. E Astin, F. W. Walbank, M. W. Frederiksen, and R. M. Ogilvie. Cambridge: Cambridge University Press, 1990.

Erskine, Andrew. "Hannibal and the Freedom of the Italians." *Hermes* 121, no. 1 (1993): 58–62.

Evans, Harry B. *Water Distribution in Ancient Rome: The Evidence of Frontinus*. Ann Arbor: University of Michigan Press, 1997.

Fagan, Garrett, and Matthew Trundle, eds. *New Perspectives on Ancient Warfare*. History of Warfare 59. Leiden, Neth.: E. J. Brill, 2010.

Fantar, M'hamed-Hassine. *Carthage: Approche d' une civilization*. Vols. 1 and 2. Tunis: ALIF, 1993.

——. *Carthage: La cité punique*. Túnez/ALIF: les Éditions de la Méditerranée, 1995.

——. "Death and Transfiguration: Punic Culture After 146." Chap. 25 in *A Companion to the Punic Wars*, edited by Dexter Hoyos. Malden, MA: WileyBlackwell, 2011.

Fields, Nic. Carthaginian Warrior 264–146 BC. Oxford: Osprey, 2010.

——. *Hannibal*. Oxford: Osprey, 2010.

——. *The Roman Army of the Punic Wars 264–146 BC*. Oxford: Osprey, 2007.

Finsinger, Walter, and Willy Tinner. "Holocene Vegetation and Land-Use Changes in Response to Climatic Changes in the Forelands of the Southwestern Alps, Italy." *Journal of Quaternary Science* 21, no. 3 (March 2003): 243–58.

Fliegel, Stephen. "A Little-Known Celtic Stone Head." *Bulletin of the Cleveland Museum of Art* 77, no. 3 (March 1990): 82–103.

Framarin, P. "La ripresa defli scavi e l' aggiornamento della topographia del sito di Plan de Jupiter. I sondaggi 2000 e 2007." In *Alpis Poenina, Grand SaintBernard: Une Voie À Travers l' Europe*, edited by L. Appolonia, F. Wiblé, and P. Framarin. Aosta, It.: Interreg IIIA, Italia-Svizzera, 2008.

Francese, Christopher. *Ancient Rome in So Many Words*. New York: Hippocrene Books, 2007.

Freedman, Lawrence. *Strategy: A History*. Oxford: Oxford University Press, 2013.

——, ed. *War*. Oxford Readers. Oxford: Oxford University Press, 1994.

Fronda, Michael P. *Between Rome and Carthage: Southern Italy During the Second Punic War*. Cambridge: Cambridge University Press, 2010.

——. "Hannibal: Tactics, Strategy, and Geostrategy." Chap. 14 in *A Companion to the Punic Wars*, edited by Dexter Hoyos. Malden, MA: Wiley-Blackwell, 2011.

——. "Hegemony and Rivalry: The Revolt of Capua Revisited." *Phoenix* 61, nos. 1/2 (Spring/Summer 2007): 83–108.

——. Review of *Hannibal*, by Robert Garland. *Mouseion: Journal of the Classical Association of Canada* 10, no. 3 (2010): 454–56.

Gabriel, Richard. *Hannibal: The Military Biography of Rome's Greatest Enemy*.

Washington, DC: Potomac Books, 2011.

———. *Scipio Africanus: Rome's Greatest General*. Washington, DC: Potomac Books, 2008.

Galbert, Geoffroy de. *Hannibal en Gaul*. Grenoble, Fr.: Éditions de Belledonne, 2006.

———. *Hannibal et César dans les Alpes*. Grenoble, Fr.: Éditions de Belledonne, 2008.

———. *Hannibal, Scipion et les Guerres Puniques dans l' Art et L' Archéologie*. La Buisse, Fr.: Edition La Magnanerie, 2013.

Garland, Robert. *Hannibal*. Ancients in Action. London: Bristol Classical Press, 2010.

Gascó, C. A. "Saguntum [Sagunto]." In *The Encyclopedia of Ancient History*. Malden, MA: Wiley-Blackwell, 2012.

Gastaldi, Enrica Culasso, and Giovanella Cresci Marrone. "I Taurini ai piedi delle Alpi." In *Storia di Torino dalla Preistoria al commune medievale*, vol. 1, ed, Giuseppe Sergi (Torino, It: Accademia della Scienze di Torino, 1997), 95–134, esp. Gastaldi, "Annibale e i Taurini, " 116–21.

Gattinoni, F. Landucci. "Annibale sulle Alpi." *Aevum* 43 (1984): 38ff.

Gibbon, Edward. *The History of the Decline and Fall of the Roman Empire*. Vols. 1–4. New York: Harper & Brothers, 1836. First published 1776–1788 by London: Strahan & Cadell.

Gibbons, Wess, and Teresa Moreno. *Geology of Spain*. Bath, UK: Geological Society of London, 2002.

Giumlia-Mair, Alessandra. "Techniques and Composition of Equestrian Statues in Raetia." In *From the Parts to the Whole*, vol. 2, *Acta of the 13th International Bronze Congress at Cambridge, Massachusetts*, 1996, supplement 39, Journal of *Roman Archaeology* (2002): 93–97, esp. 95.

Glover, R. F. "The Tactical Handling of the Elephant." *Greece & Rome* 17 (1948): 1–11.

Golden, Gregory K. "Emergency Measures: Crisis and Response in the Roman Republic (From the Gallic Sack to the Tumultus of 43 BC)." PhD diss., Classics, Rutgers University, 2008.

Goetzmann, William N. and K. Geert Rouwenhorst, eds. *The Origins of Value: The Financial Innovations That Created Modern Capital*. New York: Oxford University Press, 2005.

Goldsworthy, Adrian. *Cannae: Hannibal's Greatest Victory*. London: Cassell, 2001.

———. *The Fall of Carthage*. Phoenix, 2003.

———. *The Punic Wars*. London: Cassell, 2000.

Goukowsky, P. Appien, *Livre Hannibal.* Paris: CUF (Collection des Universités de France), 1998.

Grant, Michael. *The Army of the Caesars.* New York: Evans, 1974.

Granzotto, Gianni. *Annibale*. Milan, It.: Arnoldo Mondadori Editore, 1980.

Gray, Colin S. *Modern Strategy*. Oxford: Oxford University Press, 1999.

Green, Miranda. "A Carved Stone Head from Steep Holm." *Britannia* 24 (1993): 241–42.

———. "The Religious Symbolism of Llyn Cerrig Bach and Other Early Sacred Water Sites." *Holy Wells Journal* 1 (1994).

Green, Peter. *Alexander of Macedon, 356–323* B.C.: A Historical Biography. Berkeley: University of California Press, 1992. Reprint of Pelican Books, 1974 edition.

Grimal, Pierre. *Le siècle des Scipions: Rome et l' hellénisme au temps des guerres puniques*. 2nd ed. Paris: Aubier, 1975.

Grossman, Janet B. *Greek Funerary Sculpture: Catalogue of the Collections at the Getty Villa*. Los Angeles: J. Paul Getty Museum (Getty Trust), 2002.

Gruen, Erich S. "The Advent of the Magna Mater." Chap. 1 in *Studies in Greek Culture and Roman Policy*. Berkeley: University of California, 1996. First published 1990 by E. J. Brill.

———, ed. *Cultural Identity in the Peoples of the Ancient Mediterranean*, Los Angeles: Getty Research Institute, 2011.

———. *Rethinking the Other in Antiquity. Martin Classical Lectures*. Princeton, NJ: Princeton University Press, 2012.

Haley, S. P. "Livy, Passion and Cultural Stereotypes." *Historia: Zeitschrift für Alte Geschichte* 39, no. 3 (1990): 375–81.

Handel, Michael I. *Masters of War: Classic Strategic Thought*. 3rd ed. London: Routledge, 2000.

Hanson, Victor Davis. *Carnage and Culture: Landmark Battles in the Rise of Western Power*. New York: Anchor Books, 2002. See esp. chap. 4 on Cannae.

Hardie, Colin. "The Origin and Plan of Modern Florence." *Journal of Roman Studies* 55, nos. 1/2 (1965): 122–40.

Hardie, Philip. *Ovid's Poetics of Illusion*. Cambridge: Cambridge University Press, 2002.

Healy, Mark. *Cannae 216 BC: Hannibal Smashes Rome's Army*. Oxford: Osprey, 1994.

Herm, Gerhard. *The Celts*. New York: St. Martin's Press, 1976.

Herschel, Clemens. *Frontinus and the Water Supply of Rome*. New York: Longmans, Green, 1913.

Hitchner, R. Bruce. "Review: Roman Republican Imperialism in Italy and the West." *American Journal of Archaeology* 113, no. 4 (2009): 651–55. See esp. 654.

Hoyos, Dexter. "The Age of Overseas Expansion." In *A Companion to the Roman Army*, edited by Paul Erdkamp. Oxford: Wiley-Blackwell, 2010. First published 2007 by Malden, MA: Blackwell.

———. "Cannae, Battle of." In *The Encyclopedia of Ancient History*. Malden, MA: Wiley-Blackwell, 2012.

———. *The Carthaginians*. New York: Routledge, 2010.

———, ed. *A Companion to the Punic Wars*. Malden, MA: Wiley-Blackwell, 2011.

———. "Crossing the Durance with Hannibal and Livy: The Route to the Pass." *Klio: Zeitschrift für Alte Geschichte* 88 (2006): 408–65.

———. "Hannibal." In *The Encyclopedia of Ancient History*. Malden, MA: WileyBlackwell, 2012.

———. *Hannibal: Rome's Greatest Enemy*. Liverpool: Liverpool University Press, 2008.

———. "Hannibal: What Kind of Genius?" *Greece & Rome* 30, no. 2 (1983): 171–80.

———. *Hannibal's Dynasty: Power and Politics in the Western Mediterranean, 247–183 BC*. London: Routledge, 2003.

———. *Mastering the West: Rome and Carthage at War*. Oxford: Oxford University Press, 2015.

———. "Sluice-gates or Neptune at New Carthage, 209 BC?" *Historia: Zeitschrift für Alte Geschichte* 41 (1992): 124–28.

———. "Trasimene, Battle of." In *The Encyclopedia of Ancient History*. Malden, MA: Wiley-Blackwell, 2012.

———. "Zama, Battle of." In *The Encyclopedia of Ancient History*. Malden, MA: Wiley-Blackwell, 2012.

Hoyte, John. *Trunk Road for Hannibal: With an Elephant over the Alps*. London: Geoffroy Bles, 1960.

Hunt, Patrick. *Alpine Archaeology*. New York: Ariel Books, 2007.

———. "Alpine Archaeology: Some Effects of Climate and Altitude." Archaeolog, a website of Stanford University, last modified December 5, 2005, https: // web.stanford.edu/ dept/archaeology/cgi-bin/archaeolog/?p=17.

———. "Alps." In *The Encyclopedia of Ancient History*. Malden, MA: WileyBlackwell, 2012, 340–41.

———. "Battle of Trasimene." In *Encyclopaedia Britannica*, 2014.

———. "Battle of the Trebbia River." In *Encyclopaedia Britannica*, 2014.

———. "Celtic Iron Age Sword Deposits and Arthur's Lady of the Lake." Archaeolog, a website of Stanford University, last modified February 26, 2008, https: //web.stanford. edu/dept/archaeology/cgi-bin/archaeolog/?p=181.

———. "Ebro River." In *The Encyclopedia of Ancient History*, edited by Roger S. Bagnall. Malden, MA: Wiley-Blackwell, 2012.

———. "Gaius Claudius Nero." In *Encyclopaedia Britannica*, 2014.

———. "Hannibal's Engineers and Livy (XXI.36–7) on Burned Rock—Truth or Legend?" Archaeolog, a website of Stanford University, last modified June 6, 2007, https: // web.stanford.edu/dept/archaeology/cgi-bin/ archaeolog/?p=127.

———. "Hannibal's Theophoric Destiny and the Alps." *Archaeolog*, a website of Stanford University, 2006.

———. "Lichenometry Dating in the Alps with Hannibal Route Implications." *Atti Accademia Roveretana degli Agiati*, a 265. Series 9. Vol. 5. B. Rovereto, Italy: 2015.

———. "The Locus of Carthage: Compounding Geographical Logic." *African Archaeology Review* 26, no. 2 (2009): 137–54.

———. "Maharbal." In *Encyclopaedia Britannica*, 2014.

———. "Mt. Saphon in Myth and Fact." In *Studia Phoenicia XI: Orientalia Lovaniensia Analacta* 44, edited by E. Lipinski. Leuven, Bel.: Peeters, 1991.

———. "Quintus Fabius Maximus Verrucosus." In *Encyclopaedia Britannica*, 2014.

———. "Rhône." In *The Encyclopedia of Ancient History*. Malden, MA: WileyBlackwell, 2012.

———. "Rubicon." In *The Encyclopedia of Ancient History*. Malden, MA: WileyBlackwell, 2012.

———. "Scipio Africanus the Elder." In *Encyclopaedia Britannica*, 2014.

———. "Subtle Paronomasia in the *Canticum Canticorum*: Hidden Treasures of the Superlative Poet." *Goldene Äpfel in silbernen Schalen. Beiträge zur Erforschung des Alten

Testaments und des Antiken Judentums 20 (1992): 147–54.

———. "Summus Poeninus on the Grand St. Bernard Pass." *Journal of Roman Archaeology* 11 (1998): 265–74.

———. *Ten Discoveries That Rewrote History.* New York: Penguin/Plume, 2007.

———. "Via Appia." In *The Encyclopedia of Ancient History.* Malden, MA: WileyBlackwell, 2012.

———. *When Empires Clash: Twelve Great Battles in Antiquity.* Newport, RI: Stone Tower Books, 2015.

Hunt, Patrick, and Andreea Seicean. "Alpine Archaeology and Paleopathology: Was Hannibal's Army Also Decimated While Crossing the Alps?" Archaeolog, a website of Stanford University, 2007.

Hurst, Henry. "The Sanctuary of Tanit at Carthage in the Roman Period: A Reinterpretation, " supplementary series 30, *Journal of Roman Archaeology* (1999).

Hyde, W. W. *Roman Alpine Roads.* Philadelphia: American Philosophical Society, 1935.

Hyland, A. *Equus: The Horse in the Roman World.* New Haven, CT: Yale University Press, 1990.

Isayev, Elena. "Identity and Culture." Chap. 2 in "Inside Ancient Lukania: Dialogues in History and Archaeology, " supplement 90, *Bulletin of the Institute of Classical Studies* (2007).

Jaeger, Mary K. "Livy, Hannibal's Monument and the Temple of Juno Lacinia at Croton." *Transactions of the American Philological Association (TAPA)* 136 (2006): 389–414.

Jannelli, Lorena, and Fausto Longo, eds. *The Greeks in Sicily.* San Giovanni Lupatoto, It.: Arsenale Editrice, 2004.

Jiménez-Martínez, J., L. Candela, J. L. García-Aróstegui, and R. Aragón. "Campo de Cartagena, SE Spain 3D Hydro-geological Model: Hydrological Implications." *Geologica Acta* 10, no. 1 (2012): 49–62.

Jolly, A. Richard. "Hannibal's Pass: Results of an Empirical Test." *Alpine Journal* 67, nos. 304/305 (1962): 243–49.

Jospin, Jean-Pascal. *Allobroges, Gaulois et Romains des Alpes.* Grenoble, Fr.: Les Patrimoines, Dauphiné Libéré, 2009.

———. "Des Allobroges Alpins: Souverainetés, Résistances et Autonomies." *Rester Libres! Les expressions de la liberte des Allobroges a nos jours.* Grenoble, Fr.: Musee

Dauphinois, 2006.

———. "Les Allobroges: des Gaulois d' Italie du Nord?" *Un air d' Italie: La présence italienne en Isère*. Grenoble, Fr.: Musée Dauphinois, 2011.

———. "Grenoble de Cularo à Gratianopolis." In *Atlas culturel des Alpes occidentales*, edited by C. Jourdain-Annequin. Paris: Picard, 2004.

Jospin, Jean-Pascal, and Laura Dalaine. *Hannibal et les Alpes: une traversée, un mythe*. Grenoble, Fr.: Musée Dauphinois, 2011. (Also see Dalaine.)

Keay, S. J. Review of *Roman Spain: Conquest and Assimilation*, by L. A. Curchin. Britannia 24 (1993): 332–33.

———. *Roman Spain: Exploring the Roman World*. Berkeley: University of California Press, 1988.

Keegan, John. *A History of Warfare*. London: Hutchinson, 1993.

Keitel, Elizabeth. "The Influence of Thucydides 7.61–71 on Sallust Cat. 20–21." *Classical Journal* 82, no. 4 (1987): 293–300.

Kennedy, Paul. *Grand Strategies in War and Peace*. New Haven, CT: Yale University Press, 1991.

Keppie, Lawrence. *The Making of the Roman Army: From Republic to Empire*. Norman: University of Oklahoma, 1998. First published 1984 by London: B. T. Batsford.

Kimyongür, A. "The Beast Never Dies: Maurice Gouiran and the Uses of War Memory." *Journal of War and Culture Studies* 4, no. 3 (2011): 372–81.

Kleu, Michael. "Prusias I of Bithynia." In *The Encyclopedia of Ancient History*. Malden, MA: Wiley-Blackwell, 2012.

Kluth, Andreas. *Hannibal and Me: What History's Greatest Military Strategist Can Teach Us About Success and Failure*. New York: Riverhead Books, 2011.

Koch, John T. *Celtic Culture: A Historical Encyclopedia*. Santa Barbara, CA: ABCClio, 2006.

Koon, Sam. *Infantry Combat in Livy's Battle Narratives*. British Archaeological Reports (BAR) International Series 2071. Oxford: Archaeopress, 2010.

Koortbojian, Michael. "A Painted Exemplum at Rome's Temple of Liberty." *Journal of Roman Studies* 92 (2002): 33–48.

Kuhle, M., and S. Kuhle. "Hannibal Gone Astray? A Critical Comment on W. C. Mahaney Et Al: 'The Traversette (Italia) Rockfall: Geomorphological Indicator of the Hannibalic

Invasion Route' (*Archaeometry* 52, 1 [2010]: 156–72)." *Archaeometry* 54, no. 3 (June 2012): 591–601.

———. "Lost in Translation or Can We Still Understand What Polybius Says About Hannibal's Crossing of the Alps?—A Reply to Mahaney (*Archaeometry* 55 [2013]: 1196–204)." *Archaeometry* 57, no. 4 (August 2015): 759–71.

Lancel, Serge. *Carthage: A History*. Translated by Antonia Nevill. Oxford: Blackwell, 1995.

———. *Hannibal*. Translated by Antonia Nevill. Oxford: Blackwell, 1998. First published 1995 by Paris: Librairie Arthème Fayard.

Laufer, Robert S., M. S. Gallops, and Ellen Frey-Wouters. "War Stress and Trauma: The Vietnam Vet Experience." *Journal of Health and Social Behavior* 25, no. 1 (1985): 65–85.

Laursen, Larry, and Marc Bekoff. "Loxodonta Africana." *Mammalian Species* 92 (January 6, 1978): 1–8.

Lavis-Trafford, M. A. de. *Le Col Alpin Franchi par Hannibal: son identification topographic*. St. Jean-de-Maurienne, Fr.: Libr. Termignon, 1958.

Lazenby, John F. *Hannibal's War: A Military History of the Second Punic War*. Warminster, UK: Aris and Phillips, 1978.

———. "Was Maharbal Right?" In "The Second Punic War: A Reappraisal, " edited by T. J. Cornell, B. Rankov, and P. Sabin. Special issue, *Bulletin of the Institute of Classical Studies* 41, no. S67 (February 1996): 39–48.

Lendon, J. E. "The Rhetoric of Combat: Greek Military Theory and Roman Culture in Julius Caesar's Battle Descriptions." *Classical Antiquity* 18, no. 2 (1999): 273–329.

Lewis, Charlton T., and Charles Short. *A Latin Dictionary: Founded on Andrews' Edition of Freund's Latin Dictionary*. Oxford: Oxford University Press, 1956.

Libourel, Jan. "Galley Slaves in the Second Punic War." *Classical Philology* 68, no. 2 (April 1973): 116–19.

Liddell Hart, B. H. "Roman Wars, Hannibal, Scipio, and Caesar." Chap. 3 in *Strategy: The Classic Book on Military Strategy*. 2nd rev. ed. New York: Meridian, 1991. First published 1954 by London: Faber & Faber.

———. *Scipio Africanus: Greater Than Napoleon*. Cambridge, MA: Da Capo Press, 2004. Reprint of Edinburgh: W. Blackwood & Sons, 1926 edition.

Liddell, H. G., and R. Scott. *Greek-English Lexicon*. Oxford: Clarendon Press, 1996.

Lillo, A., and M. Lillo. "On Polybius X.10.12: The Capture of New Carthage." *Historia:*

Zeitschrift für Alte Geschichte 37 (1988): 477–80.

Linders, Tullia. Studies in the Treasure Records of the Temple of Artemis Brauronia Found in Athens. Stockholm: Svenska Institutet i Athen, 1972.

———. "The Treasures of Other Gods in Athens and Their Functions." *Beiträge zur klassischen Philologie* 62 (1975).

Lintott, Andrew W. *The Constitution of the Roman Republic.* Oxford: Oxford University Press, 1999.

———. "Electoral Bribery in the Roman Republic." *Journal of Roman Studies* 80 (1990): 1–16.

———. "Novi Homines." *Classical Review*, 24, no. 2 (1974): 261–263.

Ligt, Luuk de. "Roman Manpower and Recruitment During the Middle Republic." In *A Companion to the Roman Army*, edited by P. Erdkamp. Oxford: Wiley-Blackwell, 2010. First published 2007 by Malden, MA: Blackwell.

Lipinski, E., ed. dir. *Dictionnaire de la civilisation phénicienne et punique.* Paris: Brepols (Turnhout), 1992.

———. *Itineraria Phoenicia.* Leuven, Bel.: Peeters, 2004.

———, ed. *Studia Phoenicia VI: Carthago.* Orientalia Lovaniensia Analecta 26. Leuven, Bel.: Peeters, 1988.

———, ed. *Studia Phoenicia XI: Phoenicians and the Bible.* Orientalia Lovaniensia Analecta 44. Leuven, Bel.: Peeters, 1991.

Lo Cascio, E. "Recruitment and the Size of the Roman Population from the Third to First Century BCE." In *Debating Roman Demography*, edited by Walter Scheidel. Leiden, Neth.: E. J. Brill, 2001.

Lowe, Benedict J. "Polybius 10.10.2 and the Existence of Salt Flats at Carthago Nova." *Phoenix* 54, nos. 1/2 (2000): 39–52.

Ludwig, Emil. *Napoléon.* Translated by Eden and Cedar Paul (New York: Boni and Liveright, 1926).

MacDonald, Eve. *Hannibal: A Hellenistic Life.* New Haven, CT: Yale University Press, 2015.

Machiavelli, Niccolò. "Of Cruelty and Clemency, and Whether It Is Better to Be Feared Than Loved," chap. 17 in *The Prince.* Cambridge, MA: Harvard Classics, 1914.

Madden, Thomas F., *Empires of Trust: How Rome Built—and America Is Building—a New*

World. New York: Penguin, 2008.

Mahaney, William. *Hannibal's Odyssey: Environmental Background to the Alpine Invasion of Italia*. Piscataway, NJ: Gorgias Press, 2009.

Mahaney, William, Barbara Kapran, and Pierre Tricart. "Hannibal and the Alps: Unraveling the Invasion Route." *Geology Today* 24, no. 6 (2008): 223–30.

Mahaney, W., V. Kalm, R. W. Dirszowsky, M. W, Milner, R. Sodhi, R. Beukens, R, Dorn, P, Tricart, S. Schwartz, E. Chamorro-Perez, S. Boccia, R. W. Barendregt, D. H. Krinsley, E. R. Seaquist, D. Merrick, and B. Kapran. "Hannibal's Trek Across the Alps: Geomorphological Analysis of Sites of Geoarchaeological Interest." *Mediterranean Archaeology and Archaeometry* 8, no. 2 (2008): 39–54.

Mahaney, W. C., C. C. R. Allen, P. Pentlavalli, A. Kulakova, J. M. Young, R. W. Dirszowsky, A. West, B. Kelleher, S. Jordan, C. Pulleyblank, S. O' Reilly, B. T. Murphy, K. Lasberg, P. Somelar, M. Garneau, S. A. Finkelstein, M. K. Sobol, V. Kalm, P. J. M. Costa, R. G. V. Hancock, K. M. Hart, P. Tricart, R. W. Barendregt, T. E. Bunch, and M.W. Milner. "Biostratigraphic Evidence Relating to the Age-Old Question of Hannibal's Invasion of Italy, I: History and Geologic Reconstruction." *Archaeometry* (March 8, 2016): 1–15.

Marconi, Clemente. "Sicily and South Italy." In *A Companion to Greek Art. Blackwell Companions to the Ancient World*. Vol. 1. Edited by T. J. Smith and D. Plantzos. Malden, MA: Wiley-Blackwell, 2012.

Martin, James W., George W. Christopher, and Edward M. Eitzen. "History of Biological Weapons: From Poisoned Darts to Intentional Epidemics." In *Medical Aspects of Biological Warfare*, edited by Z. F. Dembek. Washington DC: Borden Institute, Walter Reed Army Medical Center, 2007.

Mattingly, David J., and R. Bruce Hitchner. "Roman Africa: An Archaeological Review." *Journal of Roman Studies* 85 (1995): 165–213. See esp. 200 and 204.

Mattusch, Carol. *Greek Bronze Statuary: From the Beginnings Through Fifth Century B.C.* Ithaca, NY: Cornell University Press, 1989.

Matusiak, Frederick Charles. *Polybius and Livy: The Causes of the Second Punic War*. PhD diss., University of Nebraska, 1992.

Mayor, Adrienne. *Greek Fire, Poison Arrows, and Scorpion Bombs: Biological Warfare in the Ancient World*. London: Duckworth, 2009.

———. *The Poison King: The Life and Legend of Mithradates, Rome's Deadliest Enemy*. Princeton, NJ: Princeton University Press, 2011.

McCall, Jeremiah B. *The Cavalry of the Roman Republic: Cavalry Combat and Elite Reputations in the Middle and Late Republic*. London: Routledge, 2002.

McDonald, A. H. "Hannibal's Passage of the Alps." *Alpine Journal* 61 (1956): 93–101.

McGing, Brian. "Polybius and Herodotus." In *Imperialism, Cultural Politics and Polybius*, edited by Christopher Smith and Liv Mariah Yarrow. Oxford: Oxford University Press, 2012.

Meijer, F. J. "Cato's African Figs." *Mnemosyne: A Journal of Classical Studies* 37, nos. 1/2 (1984): 117–24.

Meister, K. "Annibale in Sileno." *Maia* 22 (1971): 3–9.

Meredith, Martin. *Elephant Destiny: Biography of an Endangered Species in Africa*. New York: Public Affairs, 2001.

Merglen, Albert. *Surprise Warfare: Subversive, Airborne and Amphibious Operations*. Translated by K. Morgan. London: George Allen and Unwin, 1968. First published as *La Guerre de l'Inattendu* 1966 by Paris: Arthaud.

Mertens, Joan R. "Greek Bronzes in the Metropolitan Museum of Art." *Metropolitan Museum of Art Bulletin*, 43, no. 2 (1985): 5–66, esp. 13.

Meyer, Ernst. "Hannibal and Propaganda." Chap. 15 in *A Companion to the Punic Wars*, edited by Dexter Hoyos. Malden, MA: Wiley-Blackwell, 2011.

———. "Hannibals Alpenübergang." In *Hannibal*, edited by Karl Christ. Darmstadt, Ger.: Wissenschaftliche Buchgesellschaft, 1974. Reprint of 1964 and 1958 editions. (Also see Christ.)

———. "Hasdrubal." In *The Encyclopedia of Ancient History*. Malden, MA: Wiley-Blackwell, 2012. "Hannibals Alpenübergang." *Museum Helveticum* 15 (1958): 227–41.

———. "Noch einmal Hannibals Alpenübergang." *Museum Helveticum* 21 (1964): 99–102.

Miles, Richard. *Carthage Must Be Destroyed: The Rise and Fall of an Ancient Civilization*. New York: Viking, 2011.

Millar, Fergus. *The Crowd in Rome in the Late Republic*. Ann Arbor: University of Michigan Press, 1998.

———. "The Phoenician Cities: A Case-Study of Hellenization." *Proceedings of the Cambridge Philological Society* 209 (1983): 55–71.

Mineo, Bernard. "Principal Literary Sources for the Punic Wars (Apart from Polybius)." Chap. 7 in *A Companion to the Punic Wars*, edited by Dexter Hoyos. Malden, MA: Wiley-Blackwell, 2011.

Minunno, G. "Sul passaggio del Rodano da parte degli elefanti di Annibale." *Révue des Études militaires anciennes (RÉMA)* 5 (2005–08).

Mommsen, Theodor. *History of Rome*. 5 vols. Translated by William Purdie Dickson. 1901. First published 1854–56 as *Römische Geschichte*.

Montgomery, Bernard (Field-Marshal Viscount Montgomery, Victor of El Alamein). *A History of Warfare*. Cleveland: World, 1968.

Mosca, P. G. *Child Sacrifice in Canaanite and Israelite Religion*. Cambridge, MA: Harvard University Press, 1975.

Moscati, Sabatino. *I Cartagi nesi in Italia*. Milan: A. Montadori, 1977.

———. "Il sacrificio punico dei fanciulli: realta o invenzione?" *Quaderni dell' Accademia Nazionale dei Lincei* 261 (1987): (Problemi attuali di scienza e di cultura) 4–15.

Müller, H. "Tombes gauloises de la Tène II, découvertes au pied des Balmes de Voreppe, " *Bibliothèque municipal de Grenoble, Fonds Dauphinois*, 1909.

Negbi, Ora. "Early Phoenician Presence in the Mediterranean Islands: A Reappraisal." *American Journal of Archaeology* 96, no. 4 (October 1992): 599–615.

Norman, Naomi. "Carthage." In *An Encyclopedia of the History of Classical Archaeology*, edited by Nancy Thomson de Grummond. Westport, CT: Greenwood Press, 1996.

Ober, Josh. "Hannibal: How to Win Battles and Lose Wars." *Military History Quarterly* 2, no. 4 (1990): 50–59.

O' Bryhim, S. "Hannibal's Elephants and the Crossing of the Rhone." *Classical Quarterly* 41, no. 1 (1991): 121–25.

O' Connell, Robert. *The Ghosts of Cannae: Hannibal and the Darkest Hour of the Roman Republic*. New York: Random House, 2011.

O' Connor Morris, William. *Hannibal: Soldier, Statesman, Patriot, and the Crisis of the Struggle Between Carthage and Rome*. 1937. Reprint of New York: G. P. Putnam's Sons, 1897 edition.

O' Gorman, Ellen. "Cato the Elder and the Destruction of Carthage." *Helios* 31 (2004): 97–122.

Orejas, A., and F. J. Sanchez-Palencia. "Mines, Territorial Organization and Social

Structure in Roman Iberia: The Example of Carthago Nova and the Peninsular Northwest." *American Journal of Archaeology* 106, no. 4 (2002): 581–99.

Pauly-Wissowa. *Realencyclopädie der classischen Altertumswissenschaft*. Vols. 4, 5. Edited by G. Wissowa, W. Kroll et al. Stuttgart, Ger. (n.d.).

Peddie, John. *Hannibal's War*. Thrupp, Stroud, Gloucestershire, UK: Sutton, 1997.

Pedley, John Griffiths, ed. *New Light on Ancient Carthage*. Ann Arbor: University of Michigan Press, 1980.

Perez-Juez, Amalia. "Gades/Gadir." In *The Encyclopedia of Ancient History*. Malden, MA: Wiley-Blackwell, 2012.

Perrin, M. *Marche d' Annibal des Pyrenees au Po. Paris*, 1887.

Picard, G. C. *Hannibal*. Paris: Hachette, 1967.

Plácido, Domingo, ed. *Historia de Espana, Hispania Antigua*. Vol. 1. Madrid: Critica / Marcial Pons, 2009.

Pollak, Martha D. "From Castrum to Capital: Autograph Plans and Planning Studies of Turin, 1615–1673." *Journal of the Society of Architectural Historians* 47, no. 3 (September 1988): 263–80.

Pollard, Nigel, and Joanne Berry. *The Complete Roman Legions*. London: Thames and Hudson, 2012.

———. "Hannibal." In *Dictionnaire de la civilisation phénicienne et punique*, edited by E. Lipinski. Paris: Brepols [Turnhout], 1992.

Pomeroy, Arthur J. "Hannibal at Nuceria." *Historia: Zeitschrift für Alte Geschichte* 38, no. 2 (1989): 162–76.

Potter, Timothy W. *Roman Italy: Exploring the Roman World*. Berkeley: University of California Press, 1987.

Powell, Thomas George Eyre. *The Celts*. London: Thames and Hudson, 1995. Reprint of London: Thames and Hudson, 1958 edition.

Prevas, John. *Hannibal Crosses the Alps: The Invasion of Italy and the Punic Wars*. Cambridge, MA: Da Capo Press, 2001. Reprint of Rockville Centre, NY: Sarpedon, 1998 edition.

Proctor, Dennis. *Hannibal's March in History*. Oxford: Clarendon Press, 1971.

Quinn, Josephine Crawley. "The Cultures of the Tophet: Identification and Identity in the Phoenician Diaspora." In *Cultural Identity in the Peoples of the Ancient Mediterranean*, edited by Erich Gruen. Los Angeles: Getty Research Institute, 2011.

Rawlings, Louis. "The Carthaginian Navy: Questions and Assumptions." Chap. 8 in *New Perspectives on Ancient Warfare*. History of Warfare. Vol. 59. Edited by Garrett Fagan and Matthew Trundle. Leiden, Neth.: E. J. Brill, 2010.

———. "Hannibal the Cannibal? Polybius on Barcid Atrocities." *Cardiff Historical Papers* 9 (2007): 1–30.

———. "The War in Italy, 218–203." Chap. 17 in *A Companion to the Punic Wars*, edited by Dexter Hoyos. Malden, MA: Wiley-Blackwell, 2011.

Ray, John. *The Rosetta Stone and the Rebirth of Ancient Egypt*. Cambridge, MA: Harvard University Press, 2007.

Rey, Fernando Echeverría. "Weapons, Technological Determinism, and Ancient Warfare." Chap. 1 in *New Perspectives on Ancient Warfare. History of Warfare*. Vol. 59. Edited by Garrett Fagan and Matthew Trundle. Leiden, Neth.: E. J. Brill, 2010.

Richardson, J. S. *Hispaniae: Spain and the Development of Roman Imperialism, 218–82 BC*. Cambridge: Cambridge University Press, 2004. First published 1986 by Cambridge: Cambridge University Press.

———. Review of *Roman Spain: Conquest and Assimilation*, by L. A. Curchin. Brittania 24 (1993): 332–33.

———. "The Spanish Mines and the Development of Provincial Taxation in the Second Century BC." *Journal of Roman Studies* 66 (1976): 139–52.

Richmond, J. A. "Spies in Ancient Greece." *Greece & Rome* 45, no. 1 (April 1998): 1–18.

Ridley, R. T. "Was Scipio Africanus at Cannae?" *Latomus* 34, no. 1 (1975): 161–65.

Roberts, Paul. "Mass-Production of Roman Finewares." In *Pottery in the Making: World Ceramic Traditions*, edited by Ian Freestone and David Gaimster. London: British Museum Press, 1997.

Rosenstein, Nathan. "Italy: Economy and Demography After Hannibal's War." Chap. 23 in *A Companion to the Punic Wars, edited by Dexter Hoyos*. Malden, MA: Wiley-Blackwell, 2011.

———. *Rome at War: Farms, Families, and Death in the Middle Republic*. Chapel Hill: University of North Carolina Press, 2004.

Rossi, Andreola. "Parallel Lives: Hannibal and Scipio in Livy's Third Decade." *Transactions of the American Philological Association (TAPA)* 134, no. 2 (2004): 359–81.

Roux, Georges.

Russell, F. M. "The Battlefield of Zama." *Archaeology* 23, no. 2 (1970): 120–29.

Sabin, Philip. "The Face of Roman Battle." *Journal of Roman Studies* 90 (2000): 1–17.

Sanctis, Gaetano De. *Storia dei Romani*. Florence, It.: La Nuova Italia, 1964.

Sage, Michael M. "The De Viris Illustribus: Chronology and Structure." *Transactions of the American Philological Association (TAPA)* 108 (1978): 217–41, esp. 219, 222.

Sanz, Fernando Quesada. *Arma y Símbolo: la Falcata Ibérica*, Instituto de Cultura Juan Gil-Albert, Diputación de Alicante, 1992.

———. "Patterns of Interaction: 'Celtic' and 'Iberian' Weapons in Iron Age Spain." In *Celtic Connections. Papers from the Tenth International Congress of Celtic Studies, Edinburgh 1995. Vol. 2: Archaeology, Numismatics, Historical Linguistics*, edited by W. Gillies and D. W. Harding. Edinburgh, Scot.: International Congress of Celtic Studies, 2006.

Scarborough, John. *Arma y Símbolo: la Falcata Ibérica*. Instituto de Cultura Juan Gil-Albert, Diputación de Alicante, 1992

———. Review of *The Elephant in the Greek and Roman World*, by H. H. Scullard. Classical Journal 72, no. 2 (1976): 174–76.

Scheidel, Walter. "Human Mobility in Roman Italy I: The Free Population." *Journal of Roman Studies* 94 (2004): 1–26.

———. "Progress and Problems in Roman Demography." Chap. 1 in *Debating Roman Demography*, edited by Walter Scheidel. Leiden, Neth.: E. J. Brill, 2001.

Schmitz, Philip C. "The Phoenician Text from the Etruscan Sanctuary at Pyrgi." *Journal of the American Oriental Society* 115, no. 4 (1995): 559–75.

———. "A Research Manual of Phoenician and Punic Civilization." *Journal of the American Oriental Society* 121, no. 4 (2001): 623–36.

Schwartz, Jeffrey H., Frank Houghton, Roberto Machiarelli, and Luca Bondioli. "Skeletal Remains from Punic Carthage Do Not Support Systematic Sacrifice of Infants." *Public Library of Science* 5, no. 2 (February 17, 2010): e9177.

Scullard, Howard Hayes. "The Carthaginians in Spain." Chap. 2 in *The Cambridge Ancient History*. 2nd ed. Vol. 8, Rome and the Mediterranean to 133 BC, edited by A. E. Astin, J. Boardman, F. W. Walbank, M. W. Frederikson, and R. M. Ogilvie. Cambridge: Cambridge University Press, 1989.

———. *The Elephant in the Greek and Roman World*. Ithaca, NY: Cornell University Press,

1974.

———. "Hannibal's Elephants." *Numismatic Chronicle* 6, no. 8 (1948): 158–68.

———. *A History of the Roman World 753–146 BC*. London: Routledge, 2004. First published 1935 by London: Methuen.

———. *Scipio Africanus: Soldier and Politician*. Ithaca, NY: Cornell University Press, 1970.

Seibert, Jakob. *Hannibal*. Darmstadt, Ger.: Wissenschaftliche Buchgesellschaft, 1993.

———. *Hannibal: Feldherr und Staatsman*. Mainz, Ger.: Philip von Zabern, 1997.

Servadio, Gaia. *Motya: Unearthing a Lost Civilization*. London: Weidenfeld and Nicolson, 2000.

Shaya, Josephine. "The Greek Temple as Museum: The Case of the Legendary Treasure of Athena from Lindos." *American Journal of Archaeology* 109, no. 3 (2005): 423–42.

Shean, John. "Hannibal's Mules: The Logistical Limitations of Hannibal's Army and the Battle of Cannae, 216 BC." *Historia: Zeitschrift für Alte Geschichte* 45, no. 2 (1996): 159–87.

Sheldon, R. M. "Hannibal's Spies." *Espionage* 2, no. 3 (August 1986): 149–52.

———. "Hannibal's Spies." *International Journal of Intelligence and Counterintelligence (IJIC)* 1, no. 3 (1987): 53–70.

———. *Intelligence Activities in Ancient Rome: Trust in the Gods but Verify*. New York: Routledge, 2005, esp. chap. 3, "Hannibal's Spies."

Shoshani, Jeheskal, and J. K. Eisenberg. "Elephas Maximus." *Mammalian Species* 182 (1982): 1–8.

Silver, Morris. "Antonine Plague and the Deactivation of Spanish Mines." *Arctos: Acta Filologica Fennica* 45 (2011): 133–42.

Smith, Christopher, and Liv Mariah Yarrow, eds. *Imperialism, Cultural Politics, & Polybius*. Oxford: Oxford University Press, 2012.

Smith, Gene. *Mounted Warriors: From Alexander the Great and Cromwell to Stuart, Sheridan, and Custer*. Hoboken, NJ: John Wiley & Sons, 2009.

Smith, Patricia and Gal Avishai. "The Use of Dental Criteria for Estimating Postnatal Survival in Skeletal Remains of Infants." *Journal of Archaeological Science* 32, no. 1 (2005): 83–89.

Soren, David, Aicha Ben Abed Ben Khader, and Hedi Slim. *Carthage: Uncovering the*

Mysteries and Splendors of Ancient Tunisia. New York: Simon & Schuster, 1990.

Southern, Pat. *The Roman Army: A Social and Institutional History.* New York: Oxford University Press, 2007.

Spaeth, John W. "Hannibal and Napoleon." *Classical Journal* 24, no. 4 (January 1929): 291–93.

Spence, I. G. *The Cavalry of Classical Greece.* Oxford: Clarendon Press, 1993.

Stager, Lawrence. E. "Excavations at Carthage 1975. The Punic Project: First Interim Report." *Annual of the American Schools of Oriental Research* 43 (1978): 151–90.

———. "The Rite of Child Sacrifice at Carthage." In *New Light on Ancient Carthage*, edited by John Griffiths Pedley. Ann Arbor: University of Michigan Press, 1980.

———. "A View from the Tophet." In *Phönizier im Westen*, edited by H. G. Niemeyer. Mainz, Ger.: Philip von Zabern, 1982.

Stager, Lawrence E., and Samuel R. Wolff. "Child Sacrifice at Carthage: Religious Rite or Population Control?" *Biblical Archaeology Review* 10 (1984): 30–51.

Starks, John H. "Fides Aeneia: The Transference of Punic Stereotypes in the Aeneid." *Classical Journal* 94 (1999): 255–83.

Starr, Chester G. *A History of the Ancient World.* 4th ed. New York: Oxford University Press, 1991. First published 1965 by New York: Oxford University Press.

———. "Political Intelligence in Classical Greece, " supplement 31, *Mnemosyne: A Journal of Classical Studies* (1974).

Stephenson, Ian P. *Hannibal's Army.* Stroud, UK: Tempus, 2008.

Stevens, Susan T. "Carthage." In *The Encyclopedia of Ancient History.* Malden, MA: Wiley-Blackwell, 2012.

Stillwell, Richard, William L. MacDonald, and Marian Holland McAlister, eds. *Princeton Encyclopedia of Classical Sites.* Princeton, NJ: Princeton University Press, 1976.

Stoll, Oliver. "For the Glory of Athens: Xenophon's Hipparchikos 'Logos' —A Technical Treatise and Instruction Manual on Ideal Leadership." *Studies in History and Philosophy of Science* 43, no. 2 (2012): 250–57.

Strauss, Barry. *Masters of Command: Alexander, Hannibal, Caesar, and the Genius of Leadership.* New York: Simon & Schuster, 2012.

Strauss, Barry, and Josiah Ober. *The Anatomy of Error: Ancient Military Disasters and Their Lessons for Modern Strategists.* New York: St. Martin's Press, 1992.

Sumida, Jon. "A Concordance of Selected Subjects in Carl von Clausewitz's On War." *Journal of Military History* 78, no. 1 (2014): 271–331.

Sun Tzu. *The Art of War.* Translated by S. B. Griffith. New York: Oxford University Press, 1979.

Tarpin, M. "L' héroique et la quotidian. Hannibal et les autres dans les Alpes." Société d' Histoire du Valais Romand, Sion, Bibliotheque Cantonale: *Annales valaisannes* (2002): 7–19.

Taylor, Lili Ross. *Roman Voting Assemblies: From the Hannibalic War to the Dictatorship of Caesar.* Jerome Lectures, 8th series. Ann Arbor: University of Michigan, 1966.

Toynbee, Arnold J. *Hannibal's Legacy: The Hannibalic War's Effect on Roman Life.* 2 vols. Oxford: Oxford University Press, 1965.

Visona, Paolo. "A New Wrinkle in the Mid-Carthaginian Silver Series." *Numismatic Chronicle* 166 (2006): 15–23.

———. "The Punic Coins in the Collection of Florence's Museo Archeologico: Nonnulla Notanda." In *Rivista di Studi Fenici* 27 (1999): 147–49.

———. "The Serrated Silver Coinage of Carthage." *Schweizerische Numismatische Rundschau* 86 (2007): 31–62.

Walbank, F. W. *A Historical Commentary on Polybius.* Vol. 1 (1957), vol. 2 (1967), vol. 3 (1979). Oxford: Clarendon Press.

———. *Polybius, Rome and the Hellenistic World: Essays and Reflections.* Cambridge: Cambridge University Press, 2002.

———. "The Scipionic Legend." *Proceedings of the Cambridge Philological Society* 13 (1967): 54–69.

———. *Selected Papers: Studies in Greek and Roman History and Historiography.* Cambridge: Cambridge University Press, 2010.

———. "Some Reflections on Hannibal's Pass." *Journal of Roman Studies* 46 (1956): 37–45.

Waldman, C., and C. Mason. "Allobroges, " "Tricorii, " "Voconti, " and "Volcae." *Encyclopedia of European Peoples.* New York: Facts on File, 2006.

Walsh, P. G. "Massinissa." *Journal of Roman Studies* 55, nos. 1/2 (1965): 149–60.

Warmington, Brian H. *Carthage.* London: Penguin, 1960.

Warmington, Brian H., William Nassau Weech, and Roger J. A. Wilson. "Carthage." In *Oxford Companion to Classical Civilization.* Oxford: Oxford University Press, 1998,

141–44.

———. "Carthage." In *The Oxford Classical Dictionary*, 4th ed., edited by Simon Hornblower, Antony Spawforth, and Esther Edinow. Oxford: Oxford University Press, 2012.

Warry, John Gibson. *Warfare in the Classical World: An Illustrated Encyclopedia of Weapons, Warriors, and Warfare in the Ancient Civilisations of Greece and Rome*. London: Salamander Books, 1993.

Wayman, Erin. "On Hannibal's Trail: The Clues Are in the Geology." *Earth* (2010).

Wheeler, Everett L. "Methodological Limits and the Mirage of Roman Strategy, Part I." *Journal of Military History* 57, no. 1 (1993): 7–41.

———. "The Modern Legality of Frontinus' Stratagems." *Militärgeschichtliche Mitteilungen* 44, no. 1 (1988): 7–29.

———. "Ruses and Stratagems." In *International Military and Defense Encyclopedia*, vol. 5, edited by Trevor N. Dupuy. Washington, DC: MacmillanBrassey's, 1993.

———. "Stratagem and the Vocabulary of Military Trickery," supplement 108, *Mnemosyne: A Journal of Classical Studies* (1988).

Wilkinson, Spencer. *Hannibal's March Through the Alps*. Oxford: Clarendon Press, 1911.

Williams, J. H. C. *Beyond the Rubicon: Romans and Gauls in Republican Italy*. New York: Oxford University Press, 2001.

Wilson, Andrew. "Water Supply in Ancient Carthage." In "Carthage Papers: The Early Colony's Economy, Water Supply, a Public Bath, and the Mobilization of the State Olive Oil," edited by J. T. Peña, J. J. Rossiter, A. I. Wilson, and C. Wells, M. Carroll, J. Freed, and D. Godden, supplement 28, *Journal of Roman Archaeology* (1998): 65–102.

Wilson, Roger J. A. "Carthage." In *The Oxford Companion to Archaeology*, edited by Brian Fagan. Oxford: Oxford University Press, 1996.

———. "Why Did the Carthaginians Sacrifice Children?" In *The Seventy Great Mysteries of the Ancient World*, edited by Brian Fagan. London: Thames and Hudson, 2001.

Winters, Harold. *Battling the Elements: Weather and Terrain in the Conduct of War*. Baltimore: Johns Hopkins University Press, 1998.

Wise, Terence. *Armies of the Carthaginian Wars 265–146 BC*. Oxford: Osprey Books, 1982.

Wiseman, Timothy P. *New Men in the Roman Senate, 139 B.C. to A.D. 14*. London: Oxford

University Press, 1971.

———. "Roman Republican Road-Building." *Papers of the British School at Rome* 38 (1970): 122–52.

Woodward, Rachel. *Military Geographies*. Oxford: Blackwell / Royal Geographical Society (RGS-IBG), 2004.

Worley, Leslie J. *Hippeis: The Cavalry of Ancient Greece*. Oxford: Westview Press, 1994.

Zimmerman, Klaus. "Roman Strategy and Aims in the Second Punic War, " Chap. 16 in *A Companion to the Punic Wars*, edited by Dexter Hoyos. Malden, MA: Wiley-Blackwell, 2011.

注 释

第一章 誓 言

1 我们不知道汉尼拔的父亲为他安排前途的故事是否属实。最详细的资料来自瓦莱里乌斯，他提到哈米尔卡有4个儿子，参见Valerius Maximus, *Factorum ac dictorum memorabilium* (*Memorable Deeds and Words*), bk. 9, 3.2。但大多数历史学家只承认3个，即汉尼拔、哈斯德鲁巴和马戈，而汉尼拔似乎是几个兄弟中最年长的。

2 Patrick Hunt, "The Locus of Carthage: Compounding Geographical Logic", *African Archaeology Review* 26, no. 2 (2009): 137–54.

3 普布利乌斯·维吉利乌斯·马罗（Publius Vergilius Maro）在评论维吉尔的《埃涅阿斯纪》时讲述了另一个关于迦太基建国的故事。罗马人讲述的是一个家族恩怨故事，说推罗王被他的一个兄弟谋杀了。名为埃莉萨或狄多的寡妇王后率领她忠实的推罗人逃离并建立了迦太基。吝啬的非洲地方酋长勉强给了腓尼基流亡者名义上的避难许可，只答应给他们一个皮囊，或一块"牛皮"那么大的土地作为寄身之地。狄多的一位聪明的谋士充分利用了这个吝啬的土地许可，"背信弃义"地把牛皮割成一长条，足以量出整个堡垒的土地。就史实来说，更为可信的说法是本来就以航海为业的腓尼基人发现了这个有着深水港湾的地方，可以建成一个理想的海港，成为从非洲出发，经西西里横跨意大利的一个完美跳板，开辟新的海外贸易殖民地和市场。

4   Dexter Hoyos. *Hannibal's Dynasty: Power and Politics in the Western Mediterranean, 247–183 BC* (London: Routledge, 2003), 21.

5   Virgil, *Aeneid*, bk. 4, 248–49, "pine-wreathed head" Atlantis, cinctu······piniferum caput. 阿特拉斯山脉那时覆盖着森林,但自从进入罗马共和国后期,森林覆盖率已大大降低。有些城市后来逐渐被废弃,如西坡、哈德卢密塔姆、塞卜拉泰、莱普提斯·马格纳等,因为砍伐森林造成山坡上的冲积淤泥堵塞了河道。在北非随后发生的长期的沙漠化过程中,由于降雨大部分停止,水道最终停止了流动;这种变化很可能是人类活动造成的,或者是因为人类的影响,人口过剩和森林过度砍伐相结合造成的。

6   Raymond Chevallier, review of *Hannibal*, by G.C. Picard, L'Antiquité Classique 36, no. 2 (1967): 730–33, esp. 730.

7   See M. E. Aubet, *The Phoenicians and the West: Politics, Colonies and Trade*, 2nd ed. (Cambridge: Cambridge University Press, 1991), 1–5, 6–11ff.

8   Serge Lancel, *Hannibal*, trans. Antonia Nevill (Malden, MA: Blackwell, 1998), 23.

9   Polybius, *The Histories,* trans. W. R. Paton, bk. 3, 10.4.

10 Aaron Brody, "From the Hills of Adonis Through the Pillars of Hercules: Recent Advances in the Archaeology of Canaan and Phoenicia", *Near Eastern Archaeology* 65, no. 1 (2002): 69–80, esp. 76.

11 This needs further study. See F. Brown, S. F. Driver, and C. A. Briggs, *A Hebrew and English Lexicon of the Old Testament* (Oxford: Clarendon Press, 1951), 1075; H. G. Liddell and R. Scott, *Greek–English Lexicon* (Oxford: Clarendon Press, 1996), 1761.

12 腓尼基和迦太基宗教非常复杂。如何解释腓尼基和迦太基献祭中发生的事情是存在争议的。参见Richard Clifford, "Phoenician Religion", *Bulletin of the Ameri–can Society of Oriental Religion* 279 (1990): 55–64。关于位于迦太基的陀斐特,参见Lawrence E. Stager, "The Rite of Child Sacrifice at Carthage", in *New Light on Ancient Carthage*, ed. John Griffiths Pedley (Ann Arbor: University of Michigan Press, 1980), 1–11; Stager, "A View from the Tophet", in *Phönizier im Westen*, ed.H.G.Niemeyer (Mainz,Ger.:PhilipvonZabern, 1982), 155–66; Lawrence E. Stager and Samuel R. Wolff, "Child Sacrifice at Carthage: Religious Rite or Population Control?", *Biblical Archaeology Review* 10 (1984): 30–51; Patricia Smith and Gal Avishai, "The Use of Dental Criteria for Estimating Postnatal Survival in Skeletal Remains of Infants", *Journal of Archaeological Science* 32, no. 1 (2005): 83–89。关于活人祭的记载,另可参见Diodorus Siculus, Library of History (Bibliotheca Historia), bk. 20, 6–7。这个记载通常

被认为是罗马的宣传手段，但似乎是可信的。另一方面，也有很多学者反对劳伦斯·斯坦格和约瑟夫·格林及其对迦太基儿童祭祀的解释，其中就包括权威的意大利和突尼斯考古学家和历史学家，如萨巴蒂诺·莫斯凯狄、默罕默德·哈辛-范塔尔，以及皮耶罗·巴尔陀罗尼，以及最近的杰弗里·施瓦茨。突尼斯人和意大利人可能认为他们的祖先混有迦太基血统，因此否认这种儿童献祭经常发生的观点，也不认同儿童献祭可能偶尔发生的观点，这是可以理解的。相反的观点则认为，这些儿童骨骼只在儿童墓地发现，可能反映出高婴儿死亡率或疾病。但在可能只有十分之一的迦太基焚尸场，近7个世纪的考古证据层累积，发现了三千多个许愿缸里含有婴儿和动物遗骸，因此斯坦格认为，这是婴儿献祭的证据，许愿缸里不仅混杂有动物遗骸，而且有向坦尼特和巴力还愿的铭文，进一步证实了这种观点。此外，迦太基并不是发现这种焚尸场的唯一地点，在西西里的莫提阿、突尼斯的苏塞、撒丁岛的塔罗、苏尔奇斯以及蒙特希拉依等地也有发现。关键的问题是，这是一个惯常做法，还是仅仅偶尔为之？也许更重要的问题是，这是真正的儿童献祭呢，还是仅仅是死胎儿或者已经死去的年纪较大孩子的尸骨沉积？

13　Polybius, *Histories*, bk. 3, 11.5–8; repeated in Livy, *The History of Rome*, and Valerius, *Factorum ac dictorum memorabilium*, among others.

14　Polybius, *Histories*, bk. 2, 1.6.

第二章　少年汉尼拔

1　Polybius, *Histories*, bk. 3, 9.6, specifically the "wrath" (thumós) of Hamilcar.

2　Giovanni Brizzi, "L' armée et la guerre", in *La civilization phénicienne et punique: Manuel de recherche*, ed. V. Krings, Handbuch der Orientalistik, sec.1: Near and Middle East, vol. 20 (Leiden,Neth.: E. J. Brill, 1995), 303–15, esp. 303 and 304–6.

3　J. S. Richardson, "The Spanish Mines and the Development of Provincial Taxation in the Second Century BC", *Journal of Roman Studies* 66 (1976): 139–52.

4　Livy, *History of Rome*, bk. 21, From Saguntum to the Trebia, trans. Aubrey de Selincourt, 10.

5　Cassius Dio, fragment 46. 这个故事在其他任何地方都没有记录，其真实性似乎是可疑的。

6　许多历史学家都驳斥了亚历山大城的阿庇安（Roman History：Iberia 5）记载的故事，认为他记载的哈米尔卡之死难以置信。他的故事说凯尔特伊比利亚人纵火焚烧了哈米尔卡的马车，哈米尔卡葬身于大火之中。驳斥的内容参见Diodorus, *Library of*

History, bk. 25, 10.3–4; Polybius, *Histories*, bk. 2, 1.8; Cornelius Nepos, *Hamilcar* 4.2; Lancel, *Hannibal*, 37。

第三章　西班牙

1　Brizzi, "L'armée et la guerre", 303–4ff.

2　Polybius, *Histories*, bk. 3, 8.1–9.5.

3　Livy, *History of Rome*, bk. 24, 41.7.

4　Ibid., bk. 21, 4 (translation mine).

5　Richard Miles, *Carthage Must Be Destroyed: The Rise and Fall of an Ancient Civilization* (New York: Viking, 2011), 263–64.

6　Polybius, *Histories*, bk. 1, 68.6; Lancel, *Hannibal*, 12–19.

7　Ora Negbi, "Early Phoenician Presence in the Mediterranean Islands: A Reappraisal", *American Journal of Archaeology* 96, no. 4 (October 1992): 601.

8　Roger Collins, *Spain: Oxford Archaeological Guide* (New York: Oxford University Press), 1998, 13, 100, 104–6.

9　R. F. Glover, "The Tactical Handling of the Elephant", *Greece & Rome* 17, no. 49 (1948): 1–11; F. E. Adcock, *The Greek and Macedonian Art of War*, Sather Classical Lectures (Berkeley: University of California Press, 1957, esp. chap. 4, "Cavalary, Elephants, and Siegecraft"), 47–63.

10　Vicki Constantine Croke, *Elephant Company* (New York: Random House, 2014, chap. 26, "The Elephant Stairway"), 269–77. 关于大象和山脉，这里有关于亚洲象如何一步一步地在陡峭的悬崖上爬上非常狭窄的小路的极好的佐证，这是从第二次世界大战期间在缅甸的一次长途跋涉的经历中叙述的，同时以汉尼拔艰难的翻越山脉的经历为先例。

第四章　萨贡托战役

1　Polybius, *Histories*, bk. 3, 30.1.

2　Brian Caven, *The Punic Wars* (London: Weidenfeld and Nicolson, 1980), 88–99; Adrian Goldsworthy, *The Punic Wars* (London: Cassell, 2000), 144。两位作者都说，如果那时（公元前226年）罗马和萨贡托双方关系很好的话，在《埃布罗协议》中就应该包括

或者提及萨贡托。

3 Ernle Bradford, *Hannibal*, reprint (repr.) (London: Folio Society, 1998), 26.

4 Lancel, *Hannibal*, 47.

5 Polybius, *Histories*, bk. 3, 17.5–7.

6 John F. Lazenby, *Hannibal's War*: A Military History of the Second Punic War(Warminster, UK: Aris and Phillips, 1978), 25.

7 Polybius, *Histories*, bk. 3, 30.4.

8 Paul Erdkamp. "Polybius, the Ebro Treaty and the Gallic Invasion of 225 BCE", *Classical Philology* 104 (2009): 495–510, esp. 508.

9 Thomas F. Madden, *Empires of Trust: How Rome Built—and America Is Building—a New World* (New York: Penguin, 2008)。在2008年的私人通信中，本书作者回应了麦登的问题，并就此问题继续探讨。他指出：后来的罗马共和国以及最终建成的帝国是建立在信任基础之上的，而萨贡托战役是第一个失信的先例，需要付出巨大的努力进行修复才可能永远成为政策。

10 Silius Italicus, *Punica*, bk. 1, 350–64.

11 Polybius, *Histories*, bk. 3, 30.3.

12 Klaus Zimmerman, "Roman Strategy and Aims in the Second Punic War", chap. 16 in *A Companion to the Punic Wars*, ed. Dexter Hoyos (Malden, MA: Wiley–Blackwell, 2011), 280–98, esp. 281–82.

13 Lancel, *Hannibal*, 54.

第五章　翻越比利牛斯山

1 薛西斯在公元前480年入侵希腊，人数达到了30万人，而公元前5世纪的希腊历史学家希罗多德却声称超过了200万人，但这是根本不可能的，因为即使他所有的雇佣军，甚至奴隶都参加战争，也不可能有这么多人。在公元前333年的伊苏斯战役中，大流士三世率领的军队有10万人，而阿利安声称波斯军队拥有60万名士兵，但普遍认为这是不可信的，他只有区区1万名希腊雇佣军。狄奥多罗斯·西库洛斯声称大流士三世拥有40万名士兵，昆图斯·库尔提乌斯·鲁弗斯则说大流士三世拥有25万名士兵。可参考下列资料以作比较：Donald Engels, *Alexander the Great and the Logistics of the Macedonian Army* (Berkeley: University of California Press, 1978); Peter Green. *Alexander of Macedon, 356–323 B.C*, repr., *A Historical Biography* (Berkeley: University

of California Press, 1992; John Warry, *Warfare in the Classical World: An Illustrated Encyclopedia of Weapons, Warriors, and Warfare in the Ancient Civilisations of Greece and Rome* (Norman: University of Oklahoma Press), 1995。

2　Polybius, *Histories*, bk. 3, 40.2.

3　Patrick Hunt. "Ebro River", in *The Encyclopedia of Ancient History*, ed. Roger S. Bagnall et al. (Malden, MA: Wiley–Blackwell, 2012), 2259–60.

4　Polybius, *Histories*, bk. 3, 35.2.

5　Livy, *History of Rome*, bk. 21, 23.4–6.

6　Polybius, *Histories*, bk. 3, 43.14–16.

7　Ibid., 44.4–9.

8　Ibid., 40.7–8.

9　Francis Dvornik, *Origins of Intelligence Services: The Ancient Near East, Persia, Greece, Rome, Byzantium, the Arab Muslim Empires, the Mongol Empire, China, Muscovy* (New Brunswick, NJ: Rutgers University Press, 1974), esp.chaps. 3–5 on the ancient classical world。德沃尔尼克谈到了希腊和罗马的间谍种类；还可以参见Chester G. Starr, "Political Intelligence in Classical Greece", supplement (supp.) 31, *Mnemosyne: A Journal of Classical Studies* (1974); N. J. E. Austin and N. B. Rankov, *Exploration: Military and Political Intelligence in the Roman World from the Second Punic War to the Battle of Adrianople* (London: Routledge, 1995), esp. 10, 13, 35, 53, 60, 63, 90–91。

10　Polybius, *Histories*, bk. 3, 34.2 and 48.1–4.

11　Livy, *History of Rome*, bk. 22, *The Disaster of Cannae*, 33.1. 需要注意的是，间谍生活在人口密集的城市环境中，在那里他们可以混在人群中不被发现。Anon. Strat. 42.7 quoted in J. A. Richmond, "Spies in Ancient Greece", *Greece & Rome* 45, no. 1 (April 1998): 6.

12　Livy, *History of Rome*, bk. 22.1; Richard Gabriel, *Hannibal: The Military Biography of Rome's Greatest Enemy* (Washington, DC: Potomac Books, 2011), 239n36.

第六章　强渡罗讷河

1　Polybius, *Histories*, bk. 3, 42.1.

2　Ibid., 42.2–4.

3　Dexter Hoyos, *Hannibal: Rome's Greatest Enemy* (Liverpool: Liverpool University Press,

2008), 109. 书中提出的观点认为，沃尔卡人知道罗马军队正在开过来，于是离开了战场，企图让两支入侵的军队互相残杀，两败俱伤，而自己不受任何进一步的损失。

4　S. O' Bryhim, "Hannibal' s Elephants and the Crossing of the Rhone", *Classical Quarterly* 41, no. 1 (1991): 121–25.

5　Polybius, *Histories*, bk. 3, 44.5.

6　Ibid., 45.1–4.

7　Ibid., 49.1.

8　Hoyos, *Hannibal: Rome' s Greatest Enemy*, 109.

第七章　阿尔卑斯山的门户

1　Livy, *History of Rome*, 21, 31.9. 大多数最有声望并通晓希腊和拉丁语的严肃的语言学家（例如沃尔班克）和语言考古学家（例如兰兹）都不同意李维关于汉尼拔行走路线的说法。李维的说法存在明显的混乱，"现在转向左边"，仿佛他现在转向西边了。然后又说汉尼拔在转向北之后又通过其他山路返回到迪朗斯河流域。沃尔班克是研究波里比阿的杰出的现代历史学家；兰兹是最权威的古典考古学家之一，并且长期居住在这个地区，因此对此非常熟悉。他们都曾反驳加文·德·比尔（Gavin de Beer）在这个问题上的地理论点，坚持认为加文·德·比尔是完全错误的，因为他并不是一个受过严格训练的古典语言学家，却作出了站不住脚的语言论断。参见 Lancel, *Hannibal*, 74–76, and Walbank, "Hannibal' s Pass", 37–45, and Polybius, *Rome and the Hellenistic World: Essays and Reflections* (Cambridge: Cambridge University Press, 2002); Walbank, "Hannibal' s Pass" and Polybius, *Rome and the Hellenistic World*, 24, 164–68ff。

2　Polybius, *Histories*, bk. 3, 49.6.

3　Lancel, *Hannibal*, 74.

4　Jean–Pascal Jospin, "Grenoble de Cularo à Gratianopolis", in *Atlas culturel des Alpes occidentales*, ed. C. Jourdain–Annequin (Paris: Picard, 2004), 128–29; Jospin, Allobroges, *Gaulois et Romains des Alpes*.

5　Polybius, *Histories*, bk. 3, 49.5.

6　Hunt, "Rhône", 5843–44.

7　Polybius, *Histories*, bk. 3, 49.10–11.

8　Polybius, *Histories*, bk. 3, 49.7.

9 Jean–Pascal Jospin. "Des Allobroges Alpins: Souverainetés, Résistances et Autonomies", *Rester Libres! Les expressions de la liberte des Allobroges a nos jours* (Grenoble, Fr.: Musee Dauphinois, 2006), 13–21.

10 Polybius, *Histories*, bk. 3, 50.3.

11 Geoffroy de Galbert, *Hannibal en Gaule* (Grenoble, Fr.: Editions Belledone, 2007); Patrick Hunt, "Hannibal in the Alps: Alpine Archaeology, 1994–2006", chap. 8 in Alpine *Archaeology* (New York: Ariel Books, 2007), 97–108。经过法国历史学家德·盖尔波特（de Galbert）和其他人的细致研究，发现这里可能正是凯尔特小城堡所在地，因此此地成为法美合作研究计划的重点，其中包括一个由本书作者指导的斯坦福大学团队。

12 Barry Cunliffe, *The Ancient Celts* (Oxford: Oxford University Press, 1997), 76.

13 Stephen Allen, *Celtic Warrior 300 BC–AD 100* (Oxford: Osprey, 2001), 44.

14 Polybius, *Histories*, bk. 3, 52.1.

第八章　第二次伏击

1 Polybius, *Histories*, bk. 3, 34.2.

2 Ibid., 48.1–3.

3 Ibid., 34.6.

4 Walbank, "Hannibal's Pass", 37. 沃尔班克说，人们在这个问题上浪费了太多笔墨，然而过去半个世纪的研究仍然没有解决这个问题。

5 Polybius, *Histories*, bk. 3, 52.3–6.

6 这是可能的，今天的法国D215号国家公路贯穿莫达讷、圣戈班、维拉罗丁·博尔盖特和欧苏瓦，在那里，一支军队可以很容易地从东部下山，大致上沿着法国D83国道返回地势较低的阿克河，但在布拉芒西边，蒂涅格里尔斯附近，瑞索·阿姆宾河和阿克河汇合处下了高原。

7 当地的索里耶考古博物馆已经收集了一些文物（很多都是从鲍姆斯洞窟采集的至少6000年前的文物）；莫里耶讷历史与考古学会的法国考古学家勒内·彻民（René Chemin）详细记录了在瓦塞尼斯地区（在布拉芒和朗斯理维亚德之间）的埃尔特人活动。

8 Livy, *History of Rome*, bk. 21, 32.

9 Polybius, *Histories*, bk. 3, 53.6. "leukopetron" 在希腊语中指的是"白色岩石"。虽然

在阿尔卑斯山的许多地方可能会出现这种白色岩石的景观，但最有可能是黑森林环绕的巨大岩石的奇特地形特征。这表明，第二次伏击仍然发生在林木线以下，通常在阿尔卑斯山6000—7000英尺之间，如果一个地方被命名为"白色（或裸露）岩石"，那么那里将不会再有积雪。

10 我们斯坦福大学的研究小组根据石头的化学溶解度，证明了这个古峡谷是层状白云岩和石膏石的外露背斜。理查德·乔利认为，"白岩"的位置在乐舍—隆峡谷（L'Echeillon Gorge）附近，在布拉芒峡谷西边1.5英里的地方，两个峡谷的地质环境相似。参见Richard A. Jolly, "Hannibal's Pass: Results of an Empirical Test", *Alpine Journal* 67, nos. 304/305 (1962): 246, 248。

11 Livy, *History of Rome*, bk. 21, 35.

12 Shean, "Hannibal's Mules", 175.

13 Polybius, *Histories*, bk. 9, 24.4–8.

14 Giovanni Brizzi, "Carthage and Hannibal in Roman and Greek Memory", chap. 27 in *A Companion to the Punic Wars*, ed. Dexter Hoyos (Malden, MA: Wiley–Blackwell, 2011), 483–98.

第九章　阿尔卑斯山之巅

1 Lazenby, Hannibal's War, 45.

2 Polybius, Histories, bk. 3, 53.6. "阿尔卑斯山最高通道"的说法引起了几乎无休止的争论。自从加文·德·比尔之后，一些学者使用的其中一个最薄弱的论据是，波里比阿的意思肯定是指特拉佛斯特隘口（Col de la Traversette），但如果罗马人，尤其是波里比阿根本不知道它的存在，那么这种观点就是站不住脚的。古人，尤其是罗马人，对山地地理的认识是有限的，而在地质学上，按照目前的退化率，特拉佛斯特隘口甚至可能并不那么古老：它的小山口不超过100英尺宽，到处散落着刚掉落的石头。该山在中世纪晚期才首次被探险者发现，当年的铭文题字有一半已被侵蚀剥落了。即使在中世纪晚期，也必须在该山口下开凿隧道以便"安全"通行。正如波里比阿所说，山顶上狭小的地方使得军队无法在那里扎营，而且在那样的高度（9600英尺）没有任何植被和牲口，尤其是胃口极大的大象，好几天根本不可能找到东西吃。更合理的解释是长满草的萨湾湖山谷（Lac du Savine summit valley），位于克莱皮耶尔-萨文·可彻山口。斯坦福大学的二十人考察队，其中包括工程系的学生，曾于2006年徒步穿越特拉佛斯特隘口，并没有发现和波里比阿的描写有任何相匹配之处。

3　Polybius, *Histories*, bk. 3, 53.9–54.1.

4　这是事实。在 2000 年，我们的斯坦福大学考察队与大奥斯塔山谷的管理局合作，由辛琦亚·约里斯博士（Dr. Cinzia Joris）和达维德·卡萨格兰德（Davide Casagrande）联合主持，在2450米高的大圣伯纳山口进行考察。我们沿着古罗马阿尔卑斯·彭妮娜大道（Alpis Poenina）行走，发现了一具用散落的石头草草掩埋的男尸，但胳膊和腿只覆盖着泥土。狼挖出了胳膊和腿，叼走了骨头；我们在周围几米的半径内只发现了一只上臂（肱骨），有狼牙咬穿的洞。参见P. Framarin, "La ripresa defli scavi e l' aggiornamento della topographia del sito di Plan de Jupiter. I sondaggi 2000 e 2007", in *Alpis Poenina, Grand Saint-Bernard: Une Voie À Travers l' Europe*, ed. L. Appolonia, F. Wiblé, and P. Framarin (Aosta, It.: Interreg IIIA, Italia-Svizzera, 2008), 33–39; for context, also see fig.2 in Stefano Galloro, 40。

5　M. Arnold. "The Radiative Effects of Clouds and Their Impact on Climate", *Bulletin of the American Meteorological Society* 72 (June 1991): 795–813; Patrick Hunt, "Alpine Climate and Its Effects on Archaeology", chap. 2 in *Alpine Archaeology* (New York: Ariel Books, 2007), 19–28; also Hunt, "Alpine Archaeology: Some Effects of Climate and Altitude", Archaeolog, a website of Stanford University, last modified December 5, 2005, https://web.stanford.edu/dept/archaeology/cgi-bin/archaeolog/?p=17.

6　Polybius, *Histories*, bk. 3, 54.2.

7　Livy, *History of Rome*, bk. 21, 35.

8　Polybius, *Histories*, bk. 3, 54.2–3.

9　Ibid., 54.7. 库何乐（Kuhle）从希腊语角度有力地论证道，这不是从上面分层雪崩沉积物形成的碎石斜坡，而是碎裂的岩石滚落形成的。参见 "Hannibal Gone Astray?"，591–601, and "Lost in Translation", 759–71。

10　Livy, *History of Rome*, bk. 21, 37.

11　Lancel, *Hannibal*, 78–79; Patrick Hunt, "Hannibal' s Engineers and Livy (XXI.36–7) on Burned Rock—Truth or Legend?", Archaeolog, a website of Stanford University, last modified June 6, 2007, https://web.stanford.edu/dept/archaeology/cgi-bin/archaeolog/?p=127; Erin Wayman, "On Hannibal' s Trail: The Clues Are in the Geology", Earth (2010).

12　Polybius, *Histories*, bk. 3, 54.8.

13　Livy, *History of Rome*, bk. 21, 37.2; Lancel, *Hannibal*, 78–79.

注　释

14　Polybius, *Histories*, bk. 3, 56.1; Lazenby, *Hannibal's War*, 46.
15　Ibid., 60.5.
16　Ibid., 60.6.
17　Louis Rawlings, "The War in Italy, 218–203", chap. 17 in *A Companion to the Punic Wars*, ed. Dexter Hoyos (Malden, MA: Wiley-Blackwell, 2011), 299–319, esp. 305.

第十章　提契诺河战役

1　拉曾比认为应该重新评估这15天翻越阿尔卑斯山的行程，15天可能只是整个行程的一部分时间。他还指出，波里比阿可能想说，这是从艰难的通道开始登山到下山所需要的时间。参见Lazenby, *Hannibal's War,* 47–48。

2　Livy, *History of Rome*, bk. 21, 43.

3　Andreas Kluth, *Hannibal and Me: What History's Greatest Strategist Can Teach Us About Success and Failure* (New York: Riverhead Books, 2011), 92–93.

4　Polybius, *Histories*, bk. 3, 56.4.

5　Lazenby, *Hannibal's War*, 48.

6　Enrica Culasso Gastaldi and Giovanella Cresci Marrone, "I Taurini ai piedi delle Alpi", in *Storia di Torino dalla Preistoria al commune medievale*, vol. 1, ed. Giulio Einaudi Editore (Torino, It.: Accademia della Scienze di Torino, 1997), 95–134, esp. Gastaldi, "Annibale e i Taurini", 116–21. 另外参见皮埃蒙特考古博物馆的藏品；F. Landucci Gattinoni, "Annibale sulle Alpi", Aevum 43 (1984): 38ff; Walter Finsinger and Willy Tinner, "Holocene Vegetation and Land-Use Changes in Response to Climatic Changes in the Forelands of the Southwestern Alps, Italy", *Journal of Quaternary Science* 21, no. 3 (March 2003): 243–58, esp. 254, discussing anthropogenic change in the history of the region; Martha D. Pollak, "From Castrum to Capital: Autograph Plans and Planning Studies of Turin, 1615—1673. *Journal of the Society of Architectural Historians* 47, no. 3 (September 1988): 263–80。

7　Livy, *History of Rome*, bk. 21, 38.6.

8　Polybius, *Histories*, bk. 3, 60.9.

9　John Prevas, *Hannibal Crosses the Alps: The Invasion of Italy and the Punic Wars* (Cambridge, MA: Da Capo Press, 2001), 178.

10　A. E. Astin, "The Second Punic War", *Cambridge Encyclopedia of Ancient History*, vol. 8

(Cambridge: Cambridge University Press, 1977), 76.

11 Gastaldi, "Annibale e i Taurini", 118–20.
12 O' Connell, *Ghosts of Cannae*, 90, 107.
13 Polybius, *Histories*, bk. 3, 64.1–11.
14 Ibid., 62.1–14; Livy, *History of Rome*, bk. 21, 44.9.
15 Livy, *History of Rome*, bk. 21, 45.
16 Polybius, *Histories*, bk. 3, 61.1–6.
17 Bradford, *Hannibal*, 69–70.
18 Livy, *History of Rome*, bk. 21, 46.
19 Lancel, *Hannibal*, 84.
20 Ibid.
21 "Placentia–Piacenza, Italy", in *Princeton Encyclopedia of Classical Sites*, ed. Richard Stillwell, William L. MacDonald, and Marian Holland McAlister (Princeton, NJ: Princeton University Press, 1976).
22 Livy, *History of Rome*, bk. 21, 47.1.
23 Polybius, *Histories*, bk. 3, 68.8.
24 "斩首敌人证明了战士的英勇，证实了他在战斗中杀死敌人的数量。"参见John T. Koch, *Celtic Culture: A Historical Encyclopedia* (Santa Barbara, CA: ABC–Clio, 2006), 895。但从凯尔特文学记载中出现斩首的频率我们惊奇地发现，这不仅仅是要核实消灭的敌人数量，而且显然是与凯尔特人的仪式密切相关的。坎里夫也指出："一个经常性的主题是罗克佩托塞砍头仪式（在柱状雕塑上展示），砍掉的头颅放在柱上的托架上。"参见 Cunliffe, *Ancient Celts*, 127–28。
25 托马斯·乔治·鲍威尔和葛尔哈·赫姆都指出："在希腊历史学家的眼中，最可怕的凯尔特风俗是猎头。"赫姆还引述："狄奥多罗斯曾经看到凯尔特勇士把一串人头挂在他们的马辔头上。"参见Thomas George Eyre Powell, *The Celts*, repr. (London: Thames and Hudson, 1995), 130; Gerhard Herm, *The Celts* (New York: St. Martin's Press, 1976), 54。
26 "从古典文艺资料以及有代表性的考古学证据可知，凯尔特人有过举行斩首仪式的传统，也就是说，从死尸上砍掉头部的行为。""凯尔特人很重视搜集头颅，尤其重视重要的敌人首级。狄奥多罗斯（在《历史图书馆》第29卷中）解释，拥有这些头颅的人会自豪地向陌生人展示。"参见 Galbert, *Hannibal et César dans les Alpes* (Grenoble, Fr.: Editions de Belledonne, 2008), 158–59; H. Müller, "Tombes gauloises

de la Tène II, découvertes au pied des Balmes de Voreppe", *Bibliothèque municipal de Grenoble*, Fonds Dauphinois, 1909; Stephen Fliegel, "A Little-Known Celtic Stone Head", *Bulletin of the Cleveland Museum of Art* 77, no. 3 (March 1990): 89, 91。

27 Astin, "Second Punic War", 76.

第十一章 特雷比亚河战役

1 Polybius, *Histories*, bk. 3, 68.9; Michael P. Fronda, "Hannibal: Tactics, Strategy, and Geostrategy", chap. 14 in *A Companion to the Punic Wars*, ed. Dexter Hoyos (Malden, MA: Wiley–Blackwell, 2011), 243.

2 Polybius, *Histories*, bk. 3, 68.11.

3 A maniple (*speira* in Polybian Greek) is a term for a fighting military unit of sixty to a hundred men and is often confused with the Latin word *cohors* (cohort). See M. J. V. Bell. "Tactical Reform in the Roman Republican Army", *Historia: Zeitschrift für Alte Geschichte* 14, no. 4 (October 1965): 404–22.

4 William O' Connor Morris, *Hannibal: Soldier, Statesman, Patriot, and the Crisis of the Struggle Between Carthage and Rome* (1937), 127.

5 Livy, *History of Rome*, bk. 21, 53; Lazenby, *Hannibal's War*, 55; O' Connell, *Ghosts of Cannae*, 112.

6 Livy, *History of Rome*, bk. 21, 51.6ff.

7 这种观点有充分的理由，因为此时并非地中海一年中的安全航行季节，地中海航线通常在9月下旬就关闭了。李维版的故事与波里比阿的相比可信度较低。参见O' Connell, *Ghosts of Cannae*, 111。

8 J. A. Cramer, *A Dissertation on the Passage of Hannibal over the Alps* (London: J. W. Parker and G.and W. B. Whittaker, 1820), xix.

9 Goldsworthy, *Punic Wars*, 173.

10 Livy, *History of Rome*, bk. 21, 17.

11 Livy, *History of Rome*, bk. 21, 53.6–15.

12 两千年后，拿破仑一世试图在帕达纳地区沿着特雷比亚河采用汉尼拔同样的战术。参见John Peddie, *Hannibal's War* (Thrupp, Stroud, Gloucestershire, UK: Sutton Publishing, 1997), 32。

13 Polybius, *Histories*, bk. 3, 70.12.

14　Ibid., 70.11.

15　许多严谨的历史学家认为，里韦尔加罗是普布利乌斯·西庇阿和塞姆普罗尼乌斯的罗马联军在特雷比亚河东部的军营所在地（距离在坎内托附近的战场大约5.5英里）。特雷比亚河战役最可能的战场位置是在坎内托以北，特雷比亚河的西边。汉尼拔的营地在坎内托战场稍远的西北（约1.75英里），坎普列莫尔多·德·索普拉附近，在特雷比亚河西侧。参见 Goldsworthy, *Punic Wars*, 174。

16　Goldsworthy, *Punic Wars*, 177.

17　Polybius, *Histories*, bk. 3, 72.13.

18　汉尼拔似乎经常用这种方式使用他的凯尔特人盟友，把他们放在中心位置，在那里他们会承受最大的损失。他可能是利用他们作为"炮灰"，尽管他毫无疑问地承诺，将重奖他们的蛮勇，因为他们在战斗中首当其冲。

19　Polybius, *Histories*, bk. 3, 74.11.

20　Bradford, *Hannibal*, 79.

21　Goldsworthy, *Punic Wars*, 180.

22　Polybius, *Histories*, bk. 3, 77.5–6.

23　Polybius, *Histories*, bk. 3, 75.1–2.

24　Peddie, *Hannibal's War*, 58.

25　李维说，塞姆普罗尼乌斯成功地助战攻击汉尼拔的兄弟，并迫使他离开卢卡尼亚。塞姆普罗尼乌斯的儿子，同名，在公元前194年当选执政官，在高卢部分地区监督罗马殖民者的活动，也算是恢复了家族名誉。参见 Livy, *History of Rome*, bk. 21, 15 and 63. Note bk. 23, *Hannibal at Cannae*, 37. 可参考比较 Livy, *History of Rome*, bk. 34, *Close of the Macedonian War*, 42。

第十二章　亚平宁山脉和阿诺沼泽

1　Lancel, *Hannibal*, 91; Miles, *Carthage Must Be Destroyed*, 270.

2　Polybius, *Histories*, bk. 3, 78.1–4; Livy, *History of Rome*, bk. 22, 1.

3　Lancel, *Hannibal*, 90; Goldsworthy, *Punic Wars*, 181–82.

4　虽然波里比阿的记载是我们可资利用的最好史料，但他的历史镜头有时是不完美的，甚至不符合事实。

5　Giovanni Brizzi, *Scipione e Annibale: La Guerre per Salvare Roma*. (Rome: Bari: Editore Giuseppe Laterza e Figli, 2007), 48: "il quale partiva per raggiungere il fratello Cneo in

注 释

Spagna."

6 包括属于罗马盟友凯尔特人的设防城镇维克土穆雷。李维说，汉尼拔甚至还与塞姆普罗尼乌斯进行了另外一次战斗，但这并没有被公认为事实。参见Livy, *History of Rome*, bk. 21, 57。

7 Lancel, *Hannibal*, 91.

8 Livy, *History of Rome*, bk. 21, 58.

9 Colin Hardie, "The Origin and Plan of Modern Florence", *Journal of Roman Studies* 55, nos. 1/2 (1965): 122–40.

10 Livy, *History of Rome*, bk. 21, 62.

11 Ibid.

12 Lazenby, *Hannibal's War*, 60.

13 Polybius, *Histories*, bk. 3, 78.6.

14 Lazenby, *Hannibal's War*, 11. 拉曾比还认为汉尼拔走的是穿过伊特鲁里亚内部的路线，希望沿途的伊特鲁里亚人能叛变归向他。

15 根据几位学者的观点，应为这条通道或波雷塔通道。参见Lazenby, *Hannibal's War*, 61; Goldsworthy, *Punic Wars*, 184; and O'Connell, *Ghosts of Cannae*, 117。

16 从技术上讲，波雷塔和科里纳的道路基本上沿着意大利亚平宁国道SS-64和雷诺河，直到格拉纳廖内镇。然后雷诺河基本上沿着SP-632其余的路到雷诺河的源头。波雷塔通道在亚平宁路线的北半部（艾米利亚·罗马涅），科里纳在南半部（托斯卡纳）。雷诺河的源头大约2390英尺（745米）高，大约在科里纳通道以西3英里处。因此，如果汉尼拔沿着波雷塔-科里纳道路行进，那么他将沿雷诺河分水岭行进，最后攀登亚平宁山脉并到达一个稍高的地方。

17 Mark Healy, *Cannae 216 BC: Hannibal Smashes Rome's Army* (Oxford: Osprey, 1994), 52.

18 Polybius, *Histories*, bk. 3, 79.4–5.

19 O'Connell, *Ghosts of Cannae*, 117.

20 Polybius, *Histories*, bk. 3, 79.1–12.

21 Atkins, 270.

22 Shean, "Hannibal's Mules", 159–87.

23 Livy, *History of Rome*, bk. 22, 2.

24 Ibid.

25 参见Justin Denholm and Patrick Hunt, "Hannibal's Ophthalmia" (unsubmitted article

manuscript under peer review in various medical journals, 2014)。德诺姆是澳大利亚的一名医生，任职于墨尔本皇家医院和墨尔本大学维多利亚传染病服务机构。本文作者认为，汉尼拔的眼疾可能是细菌或病毒感染所致，可能是结膜炎，也可能是其他眼疾，都可能导致失明。本文指出：" 希波克拉底告诉我们，在春天，眼疾更常见，而汉尼拔穿过沼泽地时正是春天。希罗多德在他的《历史》一书中也记载了两名斯巴达人在塞莫皮莱战役前曾受眼疾之苦。"

26　Thomas W. Africa, "The One-Eyed Man Against Rome: an Exercise in Euhemerism", *Historia: Zeitschrift für Alte Geschichte* 19, no. 5 (1970): 528–38.

27　也有人说，他只是失去了部分视力。参见Robert Garland, *Hannibal*, Ancients in Action Series (London: Bristol Classical Press, 2010), 75。

28　Pliny the Elder, *Natural History*, vol. 8, 5.11.

29　De Beer, 96.

30　Polybius, *Histories*, bk. 3, 79; Livy, *History of Rome*, bk. 22, 2.

31　Goldsworthy, *Punic Wars*, 184.

32　汉尼拔在穿过阿诺沼泽地之后究竟走的是哪条路线在学界存在相当大的争论。一方面，如果汉尼拔试图避免遭遇弗拉米尼乌斯和他的军队，他可能会沿着富饶肥沃的瓦尔迪佩萨平原，走瓦尔埃尔莎路（这条路比较好走，也容易被敌人料到），即从今天的史勘迪奇到波吉邦西和阿雷佐西部的锡耶纳出发，然后转向东到今天的锡纳伦加和瓦尔奇亚纳。或者，在到达费苏莱以后，他可能向南，从今天的巴尼奥阿里波到科里纳的多纳蒂，或顺着弯曲的阿诺河谷向东南，从庞塔西乌到菲利内瓦尔达诺，蒙泰瓦尔基，佩尔吉内-瓦尔达诺等等（在巴尼奥阿里波大部分路线与今天的A1高速公路平行），然后到瓦尔蒂扎纳，不过这条路也有相当一部分的沼泽地，这些沼泽直到19世纪才消失。瓦尔迪佩萨和瓦尔埃尔莎的路线穿过富饶的农田，他可以悠闲地绕过阿雷提乌姆以南，而完全没有必要与弗拉米尼乌斯作战。另一方面，由于春季洪水泛滥，敌人不会想到他会走阿诺河谷的道路，但这条路会把汉尼拔直接带往阿雷提乌姆，除非他走到最后偷偷地从靠近今天的布奇内的西南方向到圣萨维诺山周围的拉波拉诺泰尔梅。弗拉米尼乌斯驻扎在阿雷提乌姆，在战略上可以向西迎击翻越亚平宁山脉，从伊特鲁里亚平原而来的汉尼拔；如果汉尼拔已向东沿着波河河谷到亚得里亚海沿岸，他也可以向北援助在阿里米努姆的塞尔维利乌斯·格米努斯。我发现，2013年波河流域在佛罗伦萨和阿雷佐之间的大部分地区都发了大水，尽管在过去几个世纪里的土木工程和排水工程已经排出了很多洪水，但仍有大量洪水涌入了很多河流的河套里。

33 Michael P. Fronda, *Between Rome and Carthage: Southern Italy During the Second Punic War* (Cambridge: Cambridge University Press, 2010), 14.

34 Lazenby, *Hannibal's War*, 60.

第十三章 特拉西梅诺湖战役

1 Bettina Diana, "Annibale e il Passagio degli Apennini", *Aevum* 61 (1987): 108–12.

2 Polybius, *Histories*, bk. 3, 82.1–3.

3 O'Connell, *Ghosts of Cannae,* 118.

4 Healy, *Cannae 216 BC*, 52.

5 Lancel, *Hannibal*, 93.

6 Timothy P. Wiseman, *New Men in the Roman Senate, 139 B.C. to A.D. 14* (London: Oxford University Press, 1971); also see Andrew W. Lintott, "Novi Homines", Classical Review 24, no. 2 (1974): 261–63.

7 字面意思是"荣耀之路"。这是元老阶级出身者参选官职的序列,其中最高官职为执政官。参见Lily Ross Taylor, *Roman Voting Assemblies: From the Hannibalic War to the Dictatorship of Caesar*, Jerome Lectures, 8th series (Ann Arbor: University of Michigan, 1966); also see (although it concentrates on the first century BCE) Fergus Millar, The Crowd in Rome in the Late Republic (Ann Arbor: University of Michigan Press, 1998)。

8 安德鲁·林托特一开始就把波里比阿所谓的罗马的终极"卓越的军事成功与她的宪法的优异"以及"第二次布匿战争带来的宪政创新"和不成文的传统和先例联系起来。参见Andrew W. Lintott, *The Constitution of the Roman Republic* (Oxford: Oxford University Press, 1999), 1–4。

9 Livy, *History of Rome*, bk. 21, 62.

10 Ibid.

11 戈兹沃西提到了"将灾难的唯一责任归咎于指挥官的传统",但他并不一定认同这种传统。参见Goldsworthy, *Punic Wars*, 185。

12 Polybius, *Histories*, bk. 3, 80.3–4.

13 Garland, *Hannibal*, 75.

14 Livy, *History of Rome*, bk. 22, 4.

15 Polybius, *Histories*, bk. 3, 83.3–4.

16 记载的时间是6月21日,不过,根据布里斯科的说法,"第二次布匿战争"

（Briscoe,"Second Punic War"），在朱利安日历改革之前，这个日子实际可能是在 5 月，而不是夏至。参见 Ovid, *Fasti*, bk. 6, 767–68. Lancel, *Hannibal*, 93。

17 参见 Goldsworthy, *Punic Wars*, 187. 但是请注意，向前推进的罗马军队能看见他们的敌人。在这种情况下，唯一可见的队伍是谷底的非洲和西班牙重装步兵，在战斗即将开始之前很难"侦察"。

18 Peddie, *Hannibal's War*, 69.

19 O' Connell, *Ghosts of Cannae*, 119.

20 Polybius, *Histories*, bk. 3, 84.4–5.

21 Ibid.

22 O' Connell, *Ghosts of Cannae*, 119.

23 参见 Polybius, *Histories*, bk. 3, 84.9–10。波里比阿还说，当罗马士兵看到周围同伴被无情地杀死，也恳求自己的战友尽快处死自己，无疑是害怕汉尼拔的军队，并知道凯尔特人的斩首习俗。

24 Livy, *History of Rome*, bk. 22, 6.1.

25 Polybius, *Histories*, bk. 3, 84.6.

26 Livy, *History of Rome*, bk. 22, 6.1–2.

27 Ibid, 6.4–6.

28 Lazenby, *Hannibal's War*, 64.

29 参见 Livy, *History of Rome*, bk. 22, 6。我推断有 3 万人战死，1 万人被俘或逃跑，如果这个推断准确的话，那么 75% 的伤亡率是正确的。

30 O' Connell, *Ghosts of Cannae*, 118.

31 Polybius, Histories, bk. 3, 85.5；Livy, *History of Rome*, bk. 22, 7.

32 Briscoe,"Second Punic War", 49.

33 Lazenby, *Hannibal's War*, 65.

34 萨宾认为 14% 的伤亡率更符合早期古典希腊甲兵的失败，但在罗马步兵战役中，超过 50% 的伤亡率并非不寻常。参见 Sabin,"Face of Roman Battle", 4. 但是，在特拉西梅诺湖战役中罗马的伤亡率高达 75%，而在接下来的骑兵战中竟达到 100%，只能说是灾难性的。拉曾比认为，在特拉西梅诺湖战役中，汉尼拔的军队，包括盟友在内，大约为 6 万人。参见 Lazenby, *Hannibal's War*, 65。

35 Livy, *History of Rome*, bk. 22, 7.

36 Ibid.

第十四章　费边·马克西姆斯及其避战术

1　Lazenby, *Hannibal's War*, 67.

2　Goldsworthy, *Punic Wars*, 191.

3　Garland, *Hannibal*, 78.

4　Ibid.

5　Polybius, *Histories*, bk. 3, 90.4–6.

6　Hoyos, *Hannibal's Dynasty*, 117.

7　B. H. Liddell Hart, *Strategy: The Classic Book on Military Strategy*, 2nd rev. ed. (New York: Meridian, 1991), 26–27.

8　Polybius, *Histories*, bk. 3, 89.9.

9　Walter Scheidel, "Human Mobility in Roman Italy, I: The Free Population", *Journal of Roman Studies* 94 (2004): 1–26, esp. 4. 沙伊德尔注意到了人口数据方面的问题，他参考了学者对他以及其他人的推断，提出了若干质疑和保留意见，对自己的估计数字进行了修正，结果显示与波里比阿的叙述相一致。另外参见D. W. Baronowski, "Roman Military Forces in 225 BC (Polybius 2.23–24)", *Historia: Zeitschrift für Alte Geschichte* 42 (1993): 183–202。

10　Polybius, *Histories*, bk. 3, 90.11ff.

11　Fronda, "Hannibal: Tactics, Strategy, and Geostrategy", 250.

12　Rawlings, "War in Italy, 218–203", 305.

13　Paul Erdkamp, "Manpower and Food Supply in the First and Second Punic Wars", chap. 4 in *A Companion to the Punic Wars*, edited by Dexter Hoyos (Malden, MA: Wiley-Blackwell, 2011), 68–69.

14　Livy, *History of Rome*, bk. 21, 23.4.

15　O'Connell, *Ghosts of Cannae*, 127.

16　"Casilinum", in *Brill's Encyclopaedia of the Ancient World* (Brill's New Pauly), ed. H. Cancik, H. Schneider, and M. Landfester (Leiden, Neth: E. J. Brill, 2012); cross-referenced to Livy, *History of Rome*, bk. 23, 17.

17　Peddie, *Hannibal's War*, 83.

18　Polybius, *Histories*, bk. 3, 93.2.

19　Livy, *History of Rome*, bk. 22, 17.

20　Ibid., 18; Lazenby, *Hannibal's War*, 71.

21 Lancel, *Hannibal*, 100. 兰兹认为汉尼拔以前也曾在阿尔卑斯山上成功地对凯尔特人实施过这项策略，可能是在一次山上伏击战之后。

22 Polybius, *Histories*, bk. 3, 94.4–5.

23 Bradford, *Hannibal*, 99.

24 Kluth, *Hannibal and Me*, 149.

25 Fronda, *Between Rome and Carthage*, 41.

第十五章　坎尼战役

1 Polybius, *Histories*, bk. 3, 113.5.

2 Livy, *History of Rome*, bk. 22, 41.

3 Gregory Daly, *Cannae: The Experience of Battle in the Second Punic War* (London: Routledge, 2002), 16.

4 保卢斯于公元前219年回到罗马后，有人指责他没有公平地分享战利品，并因此被起诉，但他和他的同僚马库斯·李维·撒里纳托尔都被宣告无罪。参见Livy, *History of Rome*, bk. 22, 35。

5 Goldsworthy, *Punic Wars*, 198–99.

6 Lancel, *Hannibal*, 103.

7 Goldsworthy, *Punic Wars*, 199.

8 兰兹引述了李维的辱骂，说瓦罗"不仅下贱，而且肮脏下流"。参见Lancel, *Hannibal*, 103。

9 Livy, *History of Rome*, bk. 22, 39.

10 Polybius, *Histories*, bk. 3, 110.3, 116.13.

11 Erdkamp, "Manpower and Food Supply", 69.

12 Polybius, *Histories*, bk. 3, 108.3–109.13；Livy, *History of Rome*, bk. 22, 39。李维和波里比阿不同，并没有说这是保卢斯对他的部下作出的告诫，而是说费边在罗马对保卢斯作出的告诫。

13 根据布拉德福德（Bradford）原话的转述，参见Bradford, *Hannibal*, 115。

14 Livy, *History of Rome*, bk. 22, 43.

15 Silius Italicus asserts it in his epic poem *Punica*, vol. 1, trans. J. D. Duff (Cambridge, MA: Harvard Loeb Classical Library, 1961), bk. 8, 663–64 and bk. 9, 495, as well as in his notes, 440.

16　Lancel, *Hannibal*, 105.

17　Polybius, *Histories*, bk. 3, 110.2.

18　Goldsworthy, *Punic Wars*, 200.

19　Polybius, *Histories*, bk. 3, 110.3.

20　Lazenby, *Hannibal's War*, 77ff.

21　Polybius, *Histories*, bk. 3, 113.3.

22　Goldsworthy, *Punic Wars*, 205.

23　李维说指挥努米底亚骑兵的是马哈巴尔，但波里比阿说是汉诺。参见Livy, *History of Rome*, bk. 22, 46；Polybius, *Histories*, bk. 3, 114.7。

24　Goldsworthy, *Punic Wars*, 207.

25　Ibid., 208.

26　Livy, *History of Rome*, bk. 22, 47.

27　Fernando Quesada Sanz, pers. comm., February 21, 2011. Also see Sanz, "Patterns of Interaction:'Celtic' and 'Iberian' Weapons in Iron Age Spain", in *Celtic Connections: Papers of the Tenth International Congress of Celtic Studies, Edinburgh*, 1995, vol. 2, *Archaeology, Numismatics, Historical Linguistics*, ed. W. Gillies and D. W.Harding (Edinburgh, Scot.: International Congress of Celtic Studies, 2006), 56–78. 奎索德·桑兹（Quesada Sanz）指出，"西班牙钩刀被接受为伊比利亚的'民族'武器"。根据他的说法，西班牙钩刀重点分布在安达卢西亚和卡塔赫纳周围，那里正是迦太基人集中的区域。

28　Polybius, *Histories*, trans. Paton, bk. 3, 114.3.

29　Ibid., 115.3.

30　O'Connell, *Ghosts of Cannae*, 141.

31　Dexter Hoyos, "The Age of Overseas Expansion", in *A Companion to the Roman Army*, ed. Paul Erdkamp (Malden, MA: Wiley–Blackwell, 2010), 63–80. Hoyos discusses Cannae especially in 66–69 and notes the old phalanx on 68.

32　William Desmond, "Lessons of Fear: A Reading of Thucydides", *Classical Philology* 101, no. 4 (2006): 359–79. 修昔底德泛泛谈到了政治潮流的恐惧气氛，但也谈到了具体细节，并认为"战争是暴力大师（或教师）"。参见Thucydides, *History of the Peloponnesian War*, bk. 3, 82.2。

33　Daly, *Cannae*, 167–68.

34　Lazenby, *Hannibal's War*, 83.

35　O' Connell, *Ghosts of Cannae*, 91.

36　西班牙钩刀在坎尼战役中是否使用及其作用仍存在争论。马德里自治大学的伊比利亚铁器时代武器专家费尔南多·奎索德·桑兹（Fernando Quesada Sanz）指出，西班牙钩刀在坎尼战役中的作用并不比其他武器更重要。按照一些学者认为的曾在坎尼之战中使用过的伊比利亚西班牙钩刀，洛杉矶的现代武器制造商戴夫·贝克在他的工作室铸造车间仿制了这种武器。我曾举起并挥舞过其中一把，并看到它砍过整个猪脖子，然后猪肉横飞。因为这种武器是使用优质西班牙钢打造的，因此刀锋异常锋利，削铁如泥，并且从中间到刀尖部分逐渐变大，砍杀力更加致命。假如当年这种武器真的在坎尼战役中使用过，光想一想它被握在经验丰富的战士之手，真就足以令人不寒而栗。

37　Daly, *Cannae*, 167. 戴利还提到，这可能同样耗尽在战场另一侧的利比亚重型步兵的体力。

38　Polybius, *Histories*, bk. 3, 117.6. 波里比阿记载的具体人数是4000名凯尔特人，1500名西班牙人和非洲人，以及200名骑兵。这里我比较倾向于认同波里比阿的记载，因为李维引述在梅陶罗河战役中相同数量的迦太基士兵（5.5万人）被消灭，他可能试图创造得失相等的概念，即罗马在这次战役中的胜利和在坎尼战役中的损失相等。

39　Livy, *History of Rome*, bk. 22, 49. 李维计算了罗马俘虏，包括1万名守卫大军营而没有参加战斗的士兵，7000名逃到小军营被俘虏的，以及2000名逃到坎尼附近设防的村子寻求避难并在那里被俘虏的。

40　Patrick Hunt, *When Empires Clash: Twelve Great Battles in Antiquity*, 88.

41　O' Connell, *Ghosts of Cannae*, 160.

42　Healy, *Cannae 216 BC*, 69. 希里还指出，波里比阿需要竭力维护他的最终赞助者埃米里家族的荣誉。

43　Livy, *History of Rome*, bk. 22, 51.6ff.

44　Goldsworthy, *Punic Wars*, 215.

45　Livy, *History of Rome*, bk. 22, 51.2.

46　Bernard Montgomery (Field–Marshal Viscount Montgomery, Victor of El Alamein), *A History of Warfare* (Cleveland: World, 1968), among them.

47　Lazenby, *Hannibal's War*, 88, referring to Livy, *History of Rome*, bk. 23, 14.7, and bk. 24, 2.8, respectively.

48　O' Connell, *Ghosts of Cannae*, 174.

49　Fronda, *Between Rome and Carthage*, 46. 弗龙达暗示汉尼拔可能从皮洛士的例子得

出了不同的结论，例如需要在意大利战斗并且留在那里，此外，罗马如果得不到援助，也可能投降。另外参见Kluth, *Hannibal and Me*, 123。

50　Polybius, *Histories*, bk. 3, 117.4.

第十六章　意大利南部之战役

1　Polybius, *Histories*, bk. 3, 118.5.

2　Healy, *Cannae 216 BC*, 94.

3　Lancel, *Hannibal*, 110.

4　Livy, *History of Rome*, bk. 22, 61.

5　Elena Isayev, "Identity and Culture", chap. 2 in "Inside Ancient Lukania, Dialogues in History and Archaeology", supp. 90, *Bulletin of the Institute of Classical Studies*, 2007: 25–26.

6　Livy, *History of Rome*, bk. 22, 58.6–7.

7　Bradford, *Hannibal*, 129. 这类招募虽然看似绝望之举，但在历史上是一种并不鲜见的征兵方法，特别是那些被判犯有轻罪但无法获得自由的人，部分原因是由于贫穷，罗马需要的是有能力的人，而不是道义上的正确。

8　O' Connor Morris, *Hannibal*, 194–95.

9　Livy, *History of Rome*, bk. 25, 5.

10　Jean-Michel David, *The Roman Conquest of Italy*, trans. Antonia Nevill (Oxford: Blackwell, 1996), 61.

11　Lancel, *Hannibal*, 113.

12　Healy, *Cannae 216 BC*, 87.

13　Cassius, fragment 57.30; Appian, *Punica*, 63; Valerius, *Factorum ac dictorum memorabilium*, 9.6.

14　Livy, *History of Rome*, bk. 23, 15.

15　Goldsworthy, *Punic Wars*, 222.

16　Polybius, *Histories*, bk. 3, 118.10.

17　Miles, *Carthage Must Be Destroyed*, 16.

18　李维在谈到迦太基军队时说，"（他们）在骄奢淫逸和亚平宁恶习中失去了元气，一个冬天他们都在酗酒，眠花宿柳，放荡无度，弄得精疲力尽……他们曾凭着强壮的四肢和坚定的意志翻越阿尔卑斯山和比利牛斯山脉，可如今却四肢乏力，意志衰退。当初那些人是战士，而现在这些人只是他们的行尸走肉和影子……在卡普亚，他们的英勇，他们的纪律，他们往昔的英名，他们对未来的希望统统破灭了"。参见Livy, *History of Rome*, trans. Aubrey de Selincourt, bk. 23, 45.3–4。

19 Lancel, *Hannibal*, 116.

20 Goldsworthy, *Punic Wars*, 225–26.

21 Lancel, *Hannibal*, 112–13.

22 Bradford, *Hannibal*, 124–25.

23 Kluth, *Hannibal and Me*, 174.

24 Healy, *Cannae 216 BC*, 87.

25 Plutarch, *Life of Marcellus*, 10.1.

26 Livy, *History of Rome*, bk. 23, 32.

27 Lorena Jannelli and Fausto Longo, eds., *The Greeks in Sicily* (San Giovanni Lupatoto, It.: Arsenale Editrice, 2004), 61; Lancel, *Hannibal*, 118.

28 Bradford, *Hannibal*, 136. 这很有意思，因为布拉德福德认为情况应当如此，即当时在南意大利的个人农场业主的境况已发生变化，他们的生计在第二次布匿战争中被摧毁了，因此他们的农场便作为战利品成为国有土地，导致了土地政策的变化，这可能为后来在麦格纳格雷西亚的大型奴隶庄园农场铺平了道路。一些历史学家对这一假设的某些方面提出了质疑。这些大型奴隶庄园农场也引来了老普林尼的一个悲观的评论。他指出，在共和国里，军队的支柱本来是由在土地上劳作的独立的农民组成的，但在他的时代，在这些土地上劳作的又成了奴隶了。他声称，"大型奴隶庄园农场毁灭了意大利"。这也很有趣，因为即使在今天，阿普利亚也是由大型企业庄园经营的意大利最大的葡萄生产基地。但新的研究反驳了阿普利亚被毁灭，附近地区个体农民流失的观点。参见Pliny the Elder, *Natural History*, bk.18,35; Christopher Francese, *Ancient Rome in So Many Words* (New York: Hippocrene Books, 2007),79,on fundus; Nathan Rosenstein, "Italy: Economy and Demography After Hannibal's War", chap.23 in *A Companion to the Punic Wars*, ed. Dexter Hoyos (Malden, MA: Wiley-Blackwell, 2011), 412–29, esp.416–19。

29 Erdkamp, *Hunger and the Sword*, 161.

30 Cicero, *De Divinatione* (On Divination), bk. 1, 24.49, trans. W. A. Falconer, repr. (Cambridge, MA: Loeb Classical Library, 1996), 277–78.

31 Pliny the Elder, *Natural History*, bk. 3, 103; Appian, *The Hannibalic War*, bk. 7, 43, in *History of Rome*.

32　Lancel, *Hannibal*, 124; Gabriel, *Hannibal*, 14.

33　Polybius, *Histories*, bk. 8, 24–34.

34　Timothy W. Potter, *Roman Italy: Exploring the Roman World* (Berkeley: University of California Press, 1987), 127–30; Patrick Hunt, "Via Appia", in *Encyclopedia of Ancient History*, ed. Roger S. Bagnall et al. (Malden, MA: Wiley-Blackwell, 2012).

35　Livy, *History of Rome*, bk. 25, 9.

36　兰兹指出，这里过去叫塔兰托大道，现在称为克尔索多玛丽。这条大道现在也是新海岛的边界，原始的半岛被19世纪末建成的运河分为两半，中间由庞特吉列福尔（Ponte Girevole）桥连接。参见Lancel, *Hannibal*, 129; Livy, *History of Rome*, bk. 25, 11。

37　Livy, *History of Rome*, bk. 25, 11.

第十七章　进军罗马

1　Plutarch, *Life of Marcellus*, 9.4. 在这里，他引用的是波赛东尼奥的话。

2　Ibid., 13.2. 最详尽的叙述和分析参见O' Connell, *Ghosts of Cannae*。

3　由1978年诺贝尔奖获得者物理学家彭齐亚斯、数学家和计算机科学家罗伯·库克以及本书作者率领的一支考察队，从2009年开始，在锡拉库萨进行了合作现场研究，并从2012年开始重建了阿基米德在锡拉库萨的部分防御装置。

4　波里比阿详细介绍了阿基米德为防御锡拉库萨发明的各种作战装置。其中有一种装置被他命名为"铁手"，连接在链子上，它可以把罗马战舰垂直地吊起，然后重重地放下，用以倾覆罗马战舰。波里比阿还描述了阿基米德发明的战争机器"小蝎子"，究竟为何不得而知。参见Polybius, *Histories*, bk. 8, 5–6。

5　Plutarch, *Marcellus*, 17.1.

6　Livy, *History of Rome*, bk. 25, 31.

7　Nigel Bagnall, *The Punic Wars: Rome, Carthage, and the Struggle for the Mediterranean* (London: Macmillan, 2005), vii; Lancel, *Hannibal*, 133.

8　Chester G. Starr, *A History of the Ancient World*, 4th ed. (New York: Oxford University Press, 1991), 486. 斯塔尔还指出，公元前212年是"罗马征兵的高峰"。

9　Michael P. Fronda, "Hegemony and Rivalry: The Revolt of Capua Revisited", *Phoenix* 61, nos. 1/2 (Spring/Summer 2007): 83–108.

10　Livy, *History of Rome*, bk. 26, 7; Lancel, *Hannibal*, 130.

11 Gregory K. Golden, "Emergency Measures: Crisis and Response in the Roman Republic (From the Gallic Sack to the Tumultus of 43 BC)" (PhD diss., Classics, Rutgers University, 2008), 163.

12 Livy, *History of Rome*, bk. 26, 9.

13 Erdkamp, *Hunger and the Sword*, 178.

14 Livy, *History of Rome*, bk. 26, 10.

15 Augustine of Hippo, *De Civitate Dei*, bk. 3, 20.

16 Polybius, *Histories*, bk. 9, 7.3.

17 Bagnall, *Punic Wars*, 259.

18 Livy, *History of Rome*, bk. 27; *Scipio in Spain*, 16.

19 Caven, *Punic Wars*, 201.

20 Dexter Hoyos, *The Carthaginians* (New York: Routledge, 2010), 67.

21 Barry Strauss, *Masters of Command: Alexander, Hannibal, Caesar, and the Genius of Leadership* (New York: Simon & Schuster, 2012), 7–8.

第十八章　西班牙战争

1 O' Connor Morris, *Hannibal: Soldier, Statesman*, Patriot, 259.

2 Hoyos, *Hannibal's Dynasty*, 117–18. 奥约斯也指出，费边战略一开始就引起了汉尼拔的警惕。事实肯定如此，部分原因是，他作为侵略者面对的是由分裂的领导统率的一支笨拙的军队，但费边战略将消除他的闪电战优势。时间和损耗都不利于他；他需要战斗，在战场上他可以以狡猾取胜，暴露并利用罗马的弱点。

3 Fronda, *Between Rome and Carthage*, 235.

4 Hunt, "Ebro River".

5 罗马舰队在公元前255年第一次布匿战争期间占领了潘泰莱里亚，然后在公元前254年又失去了这个城市，但在公元前217年收复了它。在蓬塔特拉茨诺和潘泰莱里亚的卡拉黎凡特庇护港，考古发现了至少30个匆匆遗弃的锚和3500枚青铜硬币。

6 Polybius, *Histories*, bk. 3, 97.3; also see Howard Hayes Scullard, "The Carthaginians in Spain", chap. 2 in *Cambridge Ancient History*, 2nd ed., vol. 8, *Rome and the Mediterranean to 133 BC*, ed. A. E. Astin et al. (Cambridge: Cambridge University Press, 1989), 56.

7 Lancel, *Hannibal*, 135. 但李维声称他只有17岁，参见 Livy, *History of Rome*, bk. 24, 49。

8 Livy, *History of Rome*, bk. 25, 33. 这个故事可能是真的，也可能不是真的。哈斯德鲁

注 释

巴掌握着卡塔赫纳银子，当然能够这样做。

9　Ibid., 36.

10　Howard Hayes Scullard, *A History of the Roman World 753–146 BC* (London: Routledge, 2004), 225.

11　Livy, *History of Rome*, bk. 26, 17.

第十九章　大西庇阿夺取卡塔赫纳

1　*Paulys Real–Encyclopädie der classischen Altertumwissenschaft*, ed. G. Wissowa et al. [n.d.] (Stuttgart), 7, cols 1462–70.

2　Polybius, *Histories*, bk. 10, 3.3–6.

3　Livy, *History of Rome*, bk. 22, 53.

4　R. T. Ridley, "Was Scipio Africanus at Cannae?", *Latomus* 34, no. 1 (1975): 161–65.

5　《拉丁铭文集成》（Corpus Inscriptorum Latinarum）中的碑文并没有显示确切的日期，参见 CIL I,1, 280 (201) [P. Cornelius P. f.] *Scipio Africanus cos bis censor aedilis curulis trib mil*。

6　Livy, *History of Rome*, bk. 26, 19；Polybius, *Histories*, bk. 10, 2.

7　其他许多学者也讨论过这个问题，参见Theodor Mommsen, *History of Rome*, 5 vols., trans. William Purdie Dickson (1901), vol. 2, 160；Arnold, 300–302；Theodore Ayrault Dodge, *Hannibal*, new introduction by Ian M. Cuthbertson, repr. (New York: Barnes & Noble Books, 2005), 571–72；O' Connor Morris, *Hannibal: Soldier, Statesman, Patriot*, 256；B. H. Liddell Hart, *Scipio Africanus: Greater Than Napoléon*, repr. (Cambridge, MA: Da Capo Press, 2004), 7；Lazenby, *Hannibal's War*, 136–37；Bradford, *Hannibal*, 170；Lancel, *Hannibal*, 138；Goldsworthy, *Punic Wars*, 271, among many others，等等。

8　Livy, *History of Rome*, bk. 26, 19. 李维列举了在大西庇阿的母亲庞波妮娅的卧室里看到的巨大的蛇和其他奇观，相当荒诞。

9　Liddell Hart, *Scipio Africanus*, 5.

10　Polybius, *Histories*, bk. 10, 2.12–13.

11　Goldsworthy, *Punic Wars*, 270.

12　李维说是在萨贡托附近，但这将阻止大西庇阿从埃布罗河南部行军到卡塔赫纳，拉曾比正确地指出了这一点。参见Livy, *History of Rome*, bk. 26, 20.6；Lazenby, *Hannibal's War*, 134。

13　Polybius, *Histories*, bk. 10, 2.13; Ridley, "Was Scipio Africanus at Cannae?", 161.

14　Peter van Dommelen, "Carthago Nova (Cartagena)", in *Encyclopedia of Ancient History*, ed. Roger S. Bagnall et al. (Malden, MA: Wiley–Blackwell, 2012).

15　Polybius, *Histories*, bk. 10, 8.1.

16　Peddie, *Hannibal's War*, 149.

17　Goldsworthy, *Punic Wars*, 271.

18　Polybius, *Histories*, bk. 10, 9.7; Livy, *History of Rome*, bk. 26, 42.6.

19　其周长约1.3万英尺，参见Polybius, *Histories*, bk. 10, 11.4。

20　Lazenby, *Hannibal's War*, 136–37.

21　Polybius, *Histories*, bk. 10, 8.4.

22　Polybius, *Histories*, bk. 10, 10.10–12; Livy, *History of Rome*, bk. 26, 45.

23　A. Lillo and M. Lillo, "On Polybius X.10.12: The Capture of New Carthage", *Historia: Zeitschrift für Alte Geschichte* 37 (1988): 477–80; Dexter Hoyos, "Sluice-gates or Neptune at New Carthage, 209 BC?", *Historia: Zeitschrift für Alte Geschichte 41* (1992): 124–28; Benedict J. Lowe. "Polybius 10.10.2 and the Existence of Salt Flats at Carthago Nova", *Phoenix* 54, nos. 1/2 (2000): 39–52.

24　Lowe, "Polybius 10.10.2", 49.

25　Sheldon, *Intelligence Activities in Ancient Rome*, 7 and esp. chaps. 12–13.

26　表面弯曲的大盾牌，举在头顶可以保护一两名士兵。

27　Polybius, *Histories*, bk. 10, 15.4–6.

28　Ibid., 18.1–2.

29　Jan Libourel, "Galley Slaves in the Second Punic War", *Classical Philology* 68, no. 2 (1973): 116–19, esp. 117.

30　Lazenby, *Hannibal's War*, 139; Livy, *History of Rome*, bk. 26, 50.

31　Garland, *Hannibal*, 102.

32　R. Bruce Hitchner, "Review: Roman Republican Imperialism in Italy and the West", *American Journal of Archaeology* 113, no. 4 (October 2009): 651–55, esp. 654. 希赤纳尔指出，这是"有意打击"，这3个地方也是主要的种族社区——凯尔特伊比利亚人在塔拉科，迦太基人在新迦太基，希腊人在埃姆珀龙——但同时也认为最初的罗马利益是在军事和战略方面。

33　Miles, *Carthage Must Be Destroyed*, 301.

34　Scullard, *History of the Roman World*, 227.

35. J. S. Richardson, *Hispaniae: Spain and the Development of Roman Imperialism, 218–82 BC* (Cambridge: Cambridge University Press, 2004), 60–61；S. J. Keay, *Roman Spain: Exploring the Roman World* (Berkeley: University of California Press, 1988), 50；Keay, review of *Roman Spain: Conquest and Assimilation*, by L. A. Curchin, Brittania 24 (1993): 332–33.

36. 当然，还应该考虑的因素是，罗马收回了流通中的所有迦太基银币，重新铸造成罗马银币。

37. 卡塔赫纳考古博物馆有一个非常有用的永久性展览，展出从迦太基到罗马时期在该地区的采矿经济史；发现有银子的地方必然也会有铅矿石（银和铅在火成岩硫化物金属沉积层总是伴生的），罗马也充分利用了这一金属，铅氧化物的历史痕迹甚至在格陵兰的冰川中也得到了证明。

第二十章　梅陶罗河战役

1. Bradford, *Hannibal*, 186.

2. 哈斯德鲁巴·巴卡在行进路上和在梅陶罗河战役的军队人数引起了极大的争论。巴格诺尔说他们在梅陶罗河战役之前总数为3万。如果阿庇安在《罗马史》中的记载可信的话，那么哈斯德鲁巴·巴卡在穿过高卢途中又招募了凯尔特新兵，因此他的军队人数可能膨胀到4.8万人，不过有许多人怀疑这个数字。戈兹沃西认为，哈斯德鲁巴·巴卡的兵力"在梅陶罗河战役中明显地少于罗马队伍力量的4万兵力"，并说，尽管哈斯德鲁巴·巴卡慷慨花费了很多金子招募凯尔特雇佣军，但他并没有取得人数上的优势。拉曾比在《汉尼拔的战争》第190页也表明，哈斯德鲁巴·巴卡的军队有2万到3万士兵。李维居然说哈斯德鲁巴·巴卡士兵人数远远超过6万，这个说法很不可靠，布拉德福德更是称这一数字为"臆想"。具体参见Bagnall, *Punic Wars*, 263；Appian, *Roman History*, bk. 8, 52；Goldsworthy, *Punic Wars*, 239；Lazenby, *Hannibal's War*, 190；Livy, *History of Rome*, bk. 27, 49；Bradford, *Hannibal*, 193。

3. Polybius, *Histories*, bk. 11, 1.1.

4. Appian, *Hannibal's War*, 52.

5. Patrick Hunt, "Rubicon", in *Encyclopedia of Ancient History*, ed. Roger S. Bagnall et al. (Malden. MA: Wiley-Blackwell, 2012).

6. Livy, *History of Rome*, bk. 27, 39. 这一点目前有争论，参见Lazenby, *Hannibal's War*, 189。

7 "Grumentum", in *Princeton Encyclopedia of Classical Sites*.

8 Livy, *History of Rome*, bk. 27, 44.

9 Garland, *Hannibal*, 105.

10 根据奥斯汀和兰金的观点，罗马人正在学习汉尼拔的军事情报收集手段。参见 Austin and Rankin, *Exploration*, 90–91。

11 Goldsworthy, *Punic Wars*, 239.

12 Bagnall, *Punic Wars*, 263.

13 Livy, *History of Rome*, bk. 27, 38.

14 行政官是在完成裁判官任期后获得任命的一个省的首席行政长官，通常是作为军事指挥官或民选的政务官。参见 Pat Southern, *The Roman Army: A Social and Institutional History* (New York: Oxford University Press, 2007), 331, 339。

15 Pauly–Wissowa, *Realencyclopädie der classischen Altertumswissenschaft*, vol. 4, ed. G. Wissowa et al. (Stuttgart, Ger., n.d.), 7, 246.

16 Plutarch, *Life of Marcellus*, 11.3–12.3.

17 李维说汉尼拔损失了8000人和6头大象。虽然他说这些士兵是迦太基人，但他们更可能是布鲁蒂亚人或其他部族的人。

18 Ibid., 46. 李维没有清楚地说明在（皮塞努姆的）皮切尼人和普拉斯图族人（在阿普鲁提乌姆附近或普莱图提乌姆地区，靠近今天的阿布鲁佐）身后的路线。参见 Colin Adams and Ray Laurence, eds, *Travel and Geography in the Roman Empire* (London: Routledge, 2001), 74. 最新资料参见 Sonia Antonelli, *Il Territorio di Aprutium, Aspetti e forme delle dinamiche insediative tra Ve XI seculo* (Palombi Editore, 2010)。

19 Strabo, *Geography*, bk. 5, 4.2.

20 Lancel, *Hannibal*, 147.

21 Potter, *Roman Italy*, 135–37.

22 N. Alfieri, "Sena Gallica", in *Princeton Encyclopedia of Classical Sites*.

23 Warry, *Warfare in the Classical World*, 128.

24 Elizabeth Keitel, "The Influence of Thucydides 7.61–71 on Sallust Cat. 20–21", *Classical Journal* 82, no. 4 (1987): 293–300, esp. 295n8. 伊丽莎白·凯特尔指出了5种独特的修辞叙事要素：反思、长论、劝诫、总结和重复。

25 Livy, *History of Rome*, bk. 27, 47.

26 Bradford, *Hannibal*, 192.

27 凯文认为此战是在圣天使城堡附近或上边。参见 Caven, *Punic Wars*, 214。

28　Lazenby, *Hannibal's War*, 188.
29　Peddie, *Hannibal's War*, 179.
30　Livy, *History of Rome*, bk. 27, 47.
31　Polybius, *Histories*, bk. 11, 3.1.
32　Ibid., 1.12；Livy, *History of Rome*, bk. 27, 49.
33　Polybius, *Histories*, bk. 11, 1.11.
34　虽然波里比阿没有给出哈斯德鲁巴·巴卡的军队统计数字，但他估计在梅陶罗河仅1万伤亡。李维则声称，57 000名迦太基军人死在了那里。这个数字是难以置信的，特别是因为早些时候（第25卷，第6节），他说，坎尼战役（他坚持认为在此战中5万罗马人死亡）的血仇已报。李维似乎试图让迦太基在梅陶罗河战役中多死7000人，加上他们的将军（哈斯德鲁巴·巴卡）阵亡，这样就和罗马人在坎尼战役的死亡人数加上他们的将军（埃米利乌斯·保卢斯）扯平了。他可能想减轻坎尼战役对罗马的羞辱，就像一本阴间的平衡书一样，但这在意大利并没有完全发生，这可能使李维感到沮丧。参见 Polybius, *Histories*, bk. 11, 3.2–3；Lazenby, *Hannibal's War*, 190。
35　Lazenby, *Hannibal's War*, 190.

第二十一章　罗马从意大利到西班牙全面大捷

1　Bagnall, *Punic Wars*, 89.
2　Philip C. Schmitz, "The Phoenician Text from the Etruscan Sanctuary at Pyrgi", *Journal of the American Oriental Society* 115, no. 4 (1995): 559–75.
3　在《埃涅阿斯纪》第4卷中，维吉尔演绎了女神朱诺和迦太基皇后狄多之间的密切关系，他让狄多成为朱诺的女祭司，似乎为了女神而牺牲自己。由于皇后死前的诅咒，女神朱诺在愤怒中追逐埃涅阿斯。维吉尔对迦太基和罗马之间敌意的部分解释是埃涅阿斯遗弃了狄多。亨利·珀塞尔在歌剧《狄多和埃涅阿斯》中有一首著名的悲歌《狄多的哀叹》，描写了女王在自杀时的哀痛。
4　Livy, *History of Rome*, bk. 28；*Final Conquest in Spain*, 46.16.
5　波里比阿写道："事实是，我在拉西尼姆角发现了一个青铜匾额，上面刻着汉尼拔自己在意大利时所列出的清单，我认为这是一流的权威资料，故决定按照这份文件叙述。"参见Polybius, *Histories*, trans. Paton, bk. 3, 33.18。
6　Lancel, *Hannibal*, 157.

7　Mary K. Jaeger, "Livy, Hannibal's Monument and the Temple of Juno Lacinia at Croton", *Transactions of the American Philological Association* (TAPA) 136 (2006): 389–414, esp. 390；其他人则认为李维的句子在这里有一个"停顿"。

8　Livy, *History of Rome*, bk. 27, 12.

9　Polybius, *Histories*, bk. 11, 21.2.

10　Lancel, *Hannibal*, 150.

11　Liddell Hart, *Scipio Africanus*, 58.

12　Livy, *History of Rome*, bk. 27, 13.

13　Polybius, *Histories*, bk. 11, 22.3.

14　Polybius, *Histories*, trans. Robin Waterfield, notes Brian McGing (New York: Oxford University Press, 2010), xiv.

15　Polybius, *Histories*, bk. 11, 24.3.

16　Lancel, *Hannibal*, 150.

17　Polybius, *Histories*, bk. 11, 25–33.

18　Livy, *History of Rome*, bk. 28, 16.

19　Lancel, *Hannibal*, 159.

20　Livy, *History of Rome*, bk. 28, 18. 李维说，两位将军这样做是为了取悦西法克斯。

21　Ibid., 18.9.

22　Richard A. Gabriel, *Scipio Africanus: Rome's Greatest General* (Washington, DC: Potomac Books, 2008), 139.

23　Livy, *History of Rome*, bk. 28, 38.

24　Lancel, *Hannibal*, 161. 蒂纳尔是罗马共和国的一种银币名称。

25　Polybius, *Histories*, bk. 10, 5.6.

26　安德鲁·林托特使用了"贿选"（ambitus）指称选举贿赂，这在罗马是非法的，同时指出了大西庇阿的宽宏大量；另外，林托特的用词很中肯。"ambitus"是从动词"ambire"而来的，意思是"四处活动"和"争取支持"，而"ambitio"是（也许是过分地）"追求官职和政治声望"。参见Andrew W. Lintott, "Electoral Bribery in the Roman Republic", *Journal of Roman Studies* 80 (1990): 1–16, esp. 4。

27　Helmut Berneder, *Magna Mater-Kult und Sibyllinen* (Innsbruck, Aus.: Institut für Sprachen und Literaturen der Universität Innsbruck, 2004).

28　Livy, *History of Rome*, bk. 29, 10, 14.

29　例子参见Juvenal, *Satires*, bk. 3, 126ff; Appian, *Hannibalic War*, 56 (a source for the story of Claudia pulling the boat stuck in the river)。

30　Livy, *History of Rome*, bk. 29, 14.9; Lancel, *Hannibal*, 163.

31　Liddell Hart, *Scipio Africanus*, 83.

第二十二章　扎马战役

1　Livy, *History of Rome*, bk. 28, 44.

2　F. W. Walbank, *Selected Papers: Studies in Greek and Roman History and Historiography* (Cambridge: Cambridge University Press, 2010), 328.

3　Polybius, *Histories*, bk. 12, 56.

4　Goldsworthy, *Punic Wars*, 287–88. 如果算上马西尼萨增援的努米底亚骑兵和军人，似乎在扎马之战中大西庇阿军队的人数接近3.4万人。

5　Bradford, *Hannibal*, 206.

6　Frontinus, *Strategemata*, bk. 1, 12.1.

7　Hunt, "Locus of Carthage", 137–38.

8　Polybius, *Histories*, bk. 14, 3.

9　Livy, *History of Rome*, bk. 21, 4.9; bk. 22, 6.12; bk. 28, 44.4; also see Erich S. Gruen, *Rethinking the Other in Antiquity*, Martin Classical Lectures (Princeton, NJ: Princeton University Press, 2012), 13ff.

10　Azedine Beschaouch, "De l' Africa latino-chrétienne à l' Ifriqiya arabomusulmane: questions de toponymie", *Comptes-rendus des séances de l' Académie des Inscriptions et Belles–Lettres* (CRAI) 130, no. 3 (1986): 530–49.

11　罗马人认为努米底亚人是一个部落而非民族，而对努米底亚人来说，偷窃妻子显然不是什么稀奇的事。虽然偷妻是野蛮人的做法（罗马正是把努米底亚人看作野蛮人的），但罗马作家，如李维则暗示，努米底亚人的既成习俗非常不同于讲究法律的罗马人。参见P. G. Walsh, "Massinissa" *Journal of Roman Studies* 55, nos. 1/2 (1965): 149–60; Haley, "Livy, Passion and Cultural Stereotypes", 375–81。

12　Appian, *Punic Wars*, 28.

13　Fronda, *Between Rome and Carthage*, 36–37.

14　Diodorus, *Library of History*, bk. 27, 9. 狄奥多罗斯说汉尼拔屠杀了3000匹战马。另外参见Garland, *Hannibal*, 108。

15　Livy, *History of Rome*, bk. 30, 20.

16 D. L. Stone, D. J. Mattingly, and N. Ben Lazreg, eds., *Leptiminus (Lamta): The Field Survey*, Report No. 3, supp. 87, Journal of Roman Archaeology(2011).

17 Paul Davis, *100 Decisive Battles: From Ancient Times to the Present* (Oxford: Oxford University Press, 2001), 51.

18 Fronda, *Between Rome and Carthage*, 237. 弗龙达以及其他被认为最客观的历史学家，都怀疑李维所作的戏剧性断言，即意大利人在拉齐尼亚的朱诺神殿拒绝跟随汉尼拔出征，然后被屠杀，并推断重复这些的人只是试图强调汉尼拔所谓的暴行。参见 Diodorus, *Library of History*, bk. 27, 9.1；Appian, *Hannibalic War*, 59。

19 Livy, *History of Rome*, bk. 30, 20.

20 戴维斯认为在扎马战役中汉尼拔有4.5万名步兵和3000名骑兵。其他人，如兰兹认为他有一支5万人的军队，可能也算上了他的骑兵，与皮卡估计的数字一致。他根据阿庇安的说法把人数调整到了5万。如果我们可以相信波里比阿的话，那么最好的估计可能是4万人，正如戈兹沃西的看法。参见Davis, *100 Decisive Battles*, 47；Lancel, *Hannibal*, 175；G. C. Picard, *Hannibal* (Paris: Hachette, 1967), 206；Goldsworthy, *Punic Wars*, 307。

21 欧康奈尔对此有最好的叙述，参见 O' Connell, *Ghosts of Cannae*, 13, 245–52。

22 Polybius, *Histories*, bk. 15, 5.

23 P. S. Derow, "Polybius, Rome and the East", *Journal of Roman Studies* 69 (1979): 1–15, esp. 3–4.

24 Davidson, "Gaze in Polybius Histories", 10–24, esp. 12.

25 Liddell Hart, *Sherman: Soldier, Realist, American, Boston: Da Capo*, 1993 (originally Dodd, Mead & Co., 1929), x.

26 Livy, *History of Rome*, bk. 22, 53.

27 Polybius, *Histories*, bk. 14, 9.6；Davidson, "Gaze in Polybius' Histories", 20.

28 Livy, *History of Rome*, bk. 30, 30.

29 Polybius, *Histories*, bk. 15, 7.

30 Livy, *History of Rome*, bk. 30, 31.

31 Ibid., bk. 31–32.

32 Hoyos, *Hannibal's Dynasty*, 177.

33 Polybius, *Histories*, bk. 15, 10–11.

34 F. M. Russell, "The Battlefield of Zama", *Archaeology* 23, no. 2 (1970): 120–29；"Zama ('Aelia Hadriana Augusta') Tunisia", in *Princeton Encyclopedia of Classical Sites*,

1976.

35 T. A. Dorey, "Macedonians at the Battle of Zama", *American Journal of Philology* 78, no. 2 (1957): 185–87. 他们可能是在没有马其顿官方许可的情况下去到那里的。

36 Gabriel, *Scipio Africanus*, 187–88.

37 Peddie, *Hannibal's War*, 212.

38 Hoyos, *Hannibal's Dynasty*, 177–78.

39 Gabriel, *Scipio Africanus*, 188.

40 Caven, *Punic Wars*, 251.

41 Livy, *History of Rome*, bk. 39, 51.2.

42 Polybius, *Histories*, bk. 3, 112–13, 115–16. 波里比阿详细描写了埃米利乌斯·保卢斯多么不满意坎尼战役的潜在战场：罗马军队太靠近奥菲都斯河，连队拥挤在一起，缺乏空间，无法移动，最后被汉尼拔军队从四面八方挤压。

43 Livy, *History of Rome*, bk. 30, 34.

44 Polybius, *Histories*, bk. 15, 12.

45 Livy, *History of Rome*, bk. 30, 33.

46 Polybius, *Histories*, bk. 15, 14.

47 霍华德·海斯·苏拉尔德认为仅仅1500名罗马人在扎马战役中战死。参见Howard Hayes Scullard, *Scipio Africanus: Soldier and Politician* (Ithaca, NY: Cornell University Press, 1970), 154。

48 Hoyos, *Hannibal's Dynasty*, 178.

49 Polybius, *Histories*, bk. 15, 15.

50 Picard, *Hannibal*, 208.

51 Lazenby, *Hannibal's War*, 225.

52 Jakob Seibert, 474.

53 O'Connell, *Ghosts of Cannae*, 252n93 and 286. 这里是按2009年每盎司13.25美元的现货价格估计的，在2016年，每盎司现货价格为16.62美元。

54 Lancel, *Hannibal*, 182.

55 请注意，1919年《凡尔赛条约》判定德国为一战的爆发负主要责任。两年后，经过谈判，伦敦的付款时间表评估的赔偿金为1320亿德国金马克（相当于330亿美元），要分期支付，不过最终实际付款额微不足道。参见 William N. Goetzmann and K. Geert Rouwenhorst, eds., *The Origins of Value: The Financial Innovations That Created Modern Capital* (New York: Oxford University Press, 2005), 329。

56 O' Connell, *Ghosts of Cannae*, 252. 欧康奈尔认为汉尼拔没有军队是"一个军事上的矛盾"。

57 J. Roger Dunkle, "The Greek Tyrant and Roman Political Invective of the Late Republic", *Transactions of the American Philological Association* (TAPA)98 (1967): 151–71, esp. 156–57.

58 Livy, *History of Rome*, bk. 28, 42. 费边这里的意思是,大西庇阿幻想自己更像是国王,而不是执政官;如果大西庇阿的性格不同,特别是在扎马战役之后,这的确是可能的。

59 Lancel, *Hannibal*, 179.

60 Livy, *History of Rome*, bk. 30, 37.7.

61 Ibid., bk. 30, 44.4–11.

62 Polybius, *Histories*, bk. 3, 8.6–10. A. 如本书开头所述,甚至连波里比阿也把这场战争称作"汉尼拔战争"。但他肯定不是第一个这样称呼的。

63 Ibid., bk. 15, 15.

第二十三章　流　亡

1 Liddell Hart, *Strategy*, 33.

2 Serge Lancel, *Carthage: A History*, trans. Antonia Nevill (Oxford: Blackwell, 1995), 118–19.

3 David J. Mattingly and R. Bruce Hitchner, "Roman Africa: An Archaeological Review", *Journal of Roman Studies* 85 (1995): 165–213, esp. 200 and 204.

4 Aurelius Victor, *De Caesaribus*, 37.2–3.

5 Virgil, *Aeneid*, bk. 4, 60ff.

6 Walter Ameling, *Karthago: Studien zu Militär, Staat und Gesellschaft. Vestigia: Beiträge zur Alten Geschichte 45.* Munich: C. H. Beck Verlag, 1993, 82.

7 E. Lipinski, ed. (dir.), "Suffète", *Dictionnaire de la civilisation phénicienne et punique* (Paris: Brepols, [Turnhout] 1992), 429. 利平斯基也引用了一个较早的来自阿卡德语的犹太词"部落酋长"。

8 F. Brown, S. R. Driver, and C. A. Briggs, *Hebrew and English Lexicon of the Old Testament* (Oxford: Clarendon Press, 1951), 1047: "judge, lawgiver" with Punic cognate sufet noted. 其中也提到了迦太基语同源词"sufet"。

9 Robert Drews, "Phoenicians, Carthage and the Spartan Eunomia", American Journal of Philology 100, no. 1 (Spring 1979): 45–58, esp. 54.

10 G. C. Picard, "Hannibal", in Dictionnaire de la civilisation phénicienne et punique, ed. (dir.) E. Lipinski (Paris: Brepols, [Turnhout] 1992), 207.

11 Cornelius Nepos, Life of Hannibal, 7.4. 这位罗马传记作者也把这个职位等同于罗马的执政官。

12 Hoyos, Hannibal's Dynasty, 210.

13 Livy, History of Rome, bk. 33, 46.

14 Bradley, 228.

15 Nepos, Life of Hannibal, 7. 7.

16 Hoyos, Hannibal's Dynasty, 129ff.；Fronda, Between Rome and Carthage, 298.

17 Livy, History of Rome, bk. 33, 47.

18 Lancel, Hannibal, 192.

19 Nepos, Life of Hannibal, 7.10ff. 奈波斯的说法不太可信之处在于，他顺着这些细节描写汉尼拔在3年逃亡期间带着5艘船返回到昔兰尼（古利奈）。

20 John Ray, The Rosetta Stone and the Rebirth of Ancient Egypt (Cambridge, MA: Harvard University Press, 2007), 133–34；Patrick Hunt, Ten Discoveries That Rewrote History (New York: Penguin/Plume, 2007), 4–5.

21 Gabriel, Hannibal, 221.

22 《圣经·旧约·以西结书》概述了公元前6世纪推罗的繁盛时期，并以哀歌形式预言了推罗未来的毁灭。参见I. M. Diakonoff. "The Naval Power and Trade of Tyre." Israel Exploration Journal 42, nos. 3/4 (1992) 168–93。

23 Roger Batty, "Mela's Phoenician Geography", Journal of Roman Studies 90 (2000): 70–94, esp. 79–83.

24 Fergus Millar, "The Phoenician Cities: A Case-Study of Hellenization", Proceedings of the Cambridge Philological Society 209 (1983): 55–71；Andrea J. Berlin, "From Monarchy to Markets: The Phoenicians to Hellenistic Palestine", Bulletin of the American Schools of Oriental Research 306 (May 1997): 75–88, esp. 76–77.

25 Lancel, Hannibal, 193.

26 Aulus Gellius, Noctes Atticae (Attic Nights), V.v.5.

27 Lancel, Hannibal, 203.

28 很多人对此有记载。参见Livy, History of Rome, bk. 35, 14；Plutarch Flamininus, 21.3–

4； Appian, *The Syrian Wars*, bk. 11 in Roman History.

29 Arthur M. Eckstein, *Rome Enters the Greek East: From Anarchy to Hierarchy in the Hellenistic Mediterranean 230–170 BC* (Malden, MA: WileyBlackwell, 2012).

30 R. M. Errington, "Rome Against Philip and Antiochus", chap. 8 in *Cambridge Ancient History*, 2nd ed., vol. 8, *Rome and the Mediterranean to 133 BC*, ed. A. E Astin et al. (Cambridge: Cambridge University Press, 1990), 285–86.

31 Nepos, *Life of Hannibal*, 9; Justin (Marcus Junianus Justinus), *Epitome of Pompeius Trogus*, bk. 32, 4.3–5; Horace (Quintus Horatius Flaccus), Epode 9；Lancel, *Hannibal*, 205. 兰兹认为，这个故事应该打很大折扣，参见Lancel, *Hannibal*, 205。

32 Francis Cairns, "Horace Epode 9: Some New Interpretations", *Illinois Classical Studies* 8, no. 1 (1983): 80–93; Bradley, 235.

33 许多文献都记录了寺庙库房和随后的还愿礼物清单。参见Tullia Linders, *Studies in the Treasure Records of the Temple of Artemis Brauronia Found in Athens* (Stockholm: Svenska Institutet i Athen, 1972); Linders. "The Treasures of Other Gods in Athens and Their Functions", *Beiträge zur klassischen Philologie* 62 (1975); Meisenheim; Georges Roux, "Trésors, Temples, Tholos", in *Temples et Sanctuaires*, ed. Roux (Lyon, Fr.: Travaux de la Maison de l' Orient 7, 1984), 153–72; Josephine Shaya, "The Greek Temple as Museum: The Case of the Legendary Treasure of Athena from Lindos", *American Journal of Archaeology* 109, no. 3 (2005): 423–42, esp. 425–27ff。"希腊化"指在亚历山大大帝统治之后，希腊城市中受了希腊和东方文化的影响。

34 Joan R. Mertens, "Greek Bronzes in the Metropolitan Museum of Art", *Metropolitan Museum of Art Bulletin*, 43, no. 2 (1985): 5–66, esp. 13; Bruce Christman, "The Emperor as Philosopher", *Bulletin of the Cleveland Museum of Art* 74, no. 3 (1987): 100–13; Carol Mattusch, *Greek Bronze Statuary: From the Beginnings Through Fifth Century B.C.*, Ithaca, NY: Cornell University Press, 1989, 15–17ff.; Alessandra Giumlia–Mair, "Techniques and Composition of Equestrian Statues in Raetia", in *From the Parts to the Whole*, vol. 2, *Acta of the 13th International Bronze Congress at Cambridge, Massachusetts, 1996*, supp. 39, *Journal of Roman Archaeology* (2002): 93–97, esp. 95.

35 Strabo, *Geography*, bk. 11, 14.6; Plutarch, *Life of Lucullus*, 31.4–5.

36 Pliny the Elder, *Natural History*, bk. 5, 148.

37 Nepos, *Life of Hannibal*, 10; Justin, *Epitome*, bk. 32, 4.6.

38 Gavin de Beer, *Hannibal: The Struggle for Power in the Mediterranean* (London: Thames

and Hudson, 1969), 299; James W. Martin, George W. Christopher, and Edward M. Eitzen, "History of Biological Weapons: From Poisoned Darts to Intentional Epidemics", in *Medical Aspects of Biological Warfare,* ed. Z. F. Dembek (Washington DC: Borden Institute, Walter Reed Army Medical Center, 2007), 1–20, esp. 2; also see Adrienne Mayor, *Greek Fire, Poison Arrows, and Scorpion Bombs: Biological Warfare in the Ancient World* (London: Duckworth, 2009), 188: "the Carthaginian general had many ad hoc animal tricks."

39　Plutarch, *Flamininus,* 2.1–2.
40　Eckstein, 89. 普鲁西阿斯的妻子阿帕玛是马其顿的菲利普五世的同父异母姐姐或妹妹。
41　Livy, History of Rome, bk. 39, 51.2.
42　Flavius Eutropius (or Victor), *De Viris Illustribus,* 4.42.
43　Pliny the Elder, *Natural History,* bk. 5, 43.
44　Lancel, *Hannibal,* 210.
45　Livy, *History of Rome,* bk. 39, 51.9–11; Plutarch, *Flamininus,* 20.5, 21.1–3; Appian, *Syrian Wars,* 11; Nepos, *Life of Hannibal,* 13.

第二十四章　汉尼拔的遗产

1　Vegetius (Publius Flavius Vegetius Renaus), *De Re Militari* (The Military Institutions of the Romans), bk. 1, 1.
2　瓦莱里乌斯评论说："他并没有让自己的祖国化为灰烬，但他拒绝把自己的骨灰交给祖国。"参见Valerius, *Factorum ac dictorum memorabilium,* V.3.2b。
3　Seneca, *De Ira* (On Anger), bk. 2, 5.4.
4　Horace, *Ode* 3, 6.36; Juvenal, *Satires,* bk. 7, 161.
5　Ovid, *Fasti,* bk. 3, 148, bk. 6, 242.
6　Miles, *Carthage Must Be Destroyed,* 375n2.
7　Plutarch, *Life of Flamininus,* 21.2, *Life of Fabius,* 5.3, *Life of Marcellus,* 24.6.
8　Diodorus, *Library of History,* bk. 36, 14.2; bk. 27, 9.1–10.1.
9　Cassius, fragment, 15.57.25.
10　Polybius, *Histories,* bk. 9, 24.4–8; Rawlings, "Hannibal the Cannibal?", 1–30.
11　Brizzi, "Carthage and Hannibal in Roman and Greek Memory", 483–98, esp. 484.
12　Garland, *Hannibal,* 136–37; Virgil, *Aeneid,* bk. 4, 622–26. 对维吉尔的一些解释取自菲尔克劳夫，其他部分是作者自己的想法。骨头和骨灰之间有关凤凰的典故和转喻是

347

一个双关语，称为隐喻或隐藏的谐音双关。在公元1世纪，斯塔提乌斯还知道凤凰城建造了一个火葬坛。凤凰的后代每隔几百年才会从骨头中出现。真实的凤凰和汉尼拔都是无名的，这加强了这一精彩的文字游戏，也因为维吉尔知道，提汉尼拔是不合时宜的。参见Patrick Hunt, "Subtle Paronomasia in the Canticum Canticorum: Hidden Treasures of the Superlative Poet", *Goldene Äpfel in silbernen Schalen. Beiträge zur Erforschung des Alten Testaments und des Antiken Judentums* 20 (1992): 147–54; Ovid, *Metamorphoses*, bk. 15, 393; Pliny the Elder, *Natural History*, bk. 10, 2.4。

13　Valerius, *Factorum ac dictorum memorabilium*, bk. 5, 1.6, putting these honorable acts in a different light than Livy, *History of Rome*, bk. 22, 52.6 (Aemilius Paullus), bk. 35, 17.4–7 (Tiberius Gracchus), and bk. 27, 28.2ff. (M. Marcellus).

14　Frontinus, *Strategemata*, bk. 1, 5.28 (Volturnus), bk. 1 7.2 (Rhone?), bk. 1, 8.2 (slander Fabius), bk. 2, 2.6 (choosing topography at Numistro against Marcellus), bk. 2, 3.7 (Cannae), bk. 2, 3.9 (topography against Marcellus), bk. 2, 3.16 (Zama), bk. 2, 5.13 (against Romans gorging), bk. 2, 5.21 (against Fulvius), bk. 2, 5.22 (against Minucius), bk. 2, 5.23 (Trebia), bk. 2, 5.24 (Trasimene), bk. 2, 5.25 (againstJunius), bk. 2, 5.27 (Numidians at Cannae), bk. 2, 6.4 (Trasimene), bk. 2, 7.7 (Carpetani in Italy), bk. 3, 2.3 (Hannibal spies), bk. 3, 3.6 (Tarentum), bk. 3, 9.1 (Cartagena), bk. 3, 10.3 (Himera), bk. 3, 10.4 (Saguntum), bk. 3, 16.4 (deserters), bk. 4, 3.7 (Hannibal's self-discipline), bk. 4, 3.8 (Hannibal's self-discipline), bk. 4, 7.10 (vipers in sea battle), bk. 4, 7.25 (Hannibal at Trasimene). 这里仅列出少数几处。

15　Valerius, *Factorum ac dictorum memorabilium*, bk. 7, 4.2.

16　Ibid., bk. 3, 7.6.

17　Colonel John R. Elting, *The Super-Strategists: Great Captains, Theorists and Fighting Men Who Have Shaped the History of Warfare* (New York: Charles Scribner's Sons, 1985), 17.

18　Albert Merglen, *Surprise Warfare: Subversive, Airborne and Amphibious Operations*, trans. K. Morgan (London: George Allen and Unwin, 1968), 11.

19　Frontinus, *Strategemata*, bk. 1, 1.9.

20　Valerius, *Factorum ac dictorum memorabilium*, bk. 7, 3.8.

21　Valerius, *Factorum ac dictorum memorabilium*, bk. 6.1b.

22　Michael Grant, *The Army of the Caesars* (New York: Evans Books, 1974), 4.

23　Polybius, Histories, bk. 3, 117.4–5.

24　Leslie J. Worley, *Hippeis: The Cavalry of Ancient Greece* (Oxford: Westview Press, 1994), 59.

25 海兰指出，"努米底亚人在提契努斯河（提契诺河）战役中是最有成效的，在此次战役中，他们横扫了罗马的高卢侧翼"；汉尼拔在特雷比亚河战役中如何使用努米底亚骑兵渡过冰冷的河流骚扰并击打罗马人；他在特拉西梅诺湖战役中如何雇用骑兵；汉尼拔在坎尼战役中如何利用努米底亚和其他骑兵从后方成功地实施包抄。海兰还解释了努米底亚骑兵如何利用较小较灵活的战马实施冲锋和分散战术，以及努米底亚人如何骑马时不用缰绳，而是使用长而灵活的柳枝套住马的脖子，以便控制。参见A. Hyland, *Equus: The Horse in the Roman World* (New Haven, CT: Yale University Press, 1990), 74, 123, 129, 174–75。

26 Liddell Hart, *Strategy*, 40.

27 Harold Winters, *Battling the Elements: Weather and Terrain in the Conduct of War* (Baltimore: Johns Hopkins University Press, 1998), 47, 164.

28 Valerius, *Factorum ac dictorum memorabilium*, bk. 7, 4.2.

29 Cassius, fragment, bk. 15, 57.25.

30 Frontinus, *Strategemata*, bk. 3, 9.1.

31 Valerius, *Factorum ac dictorum memorabilium*, bk. 7, 4.4.

32 O' Connell, *Ghosts of Cannae*, 212.

33 Frontinus, *Strategemata*, bk. 3, 2.3.

34 R. M. Sheldon, "Hannibal' s Spies", Espionage 2, no. 3 (August 1986): 149–52; Sheldon, "Hannibal' s Spies", *International Journal of Intelligence and Counterintelligence* (IJIC) 1, no. 3 (1987): 53–70.

35 Paul Kennedy, *Grand Strategies in War and Peace* (New Haven, CT: Yale University Press, 1991), 79.

36 Fronda, *Between Rome and Carthage*, 330.

37 Juvenal, *Satires*, bk. 10, 147–48, 161–62.

38 Dexter Hoyos, "Hannibal", in *Encyclopedia of Ancient History*, ed. Roger S. Bagnall et al. (Malden, MA: Wiley-Blackwell, 2012), 3057. 奥约斯正确地指出了其他学者的重要评价，并列出了其他学者的赞赏：Lazenby, *Hannibal' s War*; Lancel, *Hannibal*; Goldsworthy, *The Fall of Carthage* (Phoenix, 2003); and Barceló, *Hannibal—with Picard' s 1967 Hannibal* as adulatory。

39 "无论如何，汉尼拔不可能赢。我们必须意识到这一点，即使承认他无疑是一个优秀的天才。如果说汉尼拔很伟大，那么罗马更伟大。"参见Gianni Granzotto, *Annibale* (Milan, It.: Arnoldo Mondadori Editore, 1980), 310。

图书在版编目（CIP）数据

西方战略之父：汉尼拔的一生 /（美）帕特里克·亨特著；赵清治译 . -- 北京：北京日报出版社，2020.10
　　ISBN 978-7-5477-3680-7

　　Ⅰ . ①西… Ⅱ . ①帕… ②赵… Ⅲ . ①汉尼拔（Hannibal 前 247- 前 182）- 传记 Ⅳ . ① K834.145.2

　　中国版本图书馆 CIP 数据核字 (2020) 第 108373 号

HANNIBAL
Original English Language edition
Copyright © 2017 by Patrick N. Hunt
Published by arragement with the origianl publisher, Simon & Schuster, Inc.
Through Andrew Nurnberg Associates International Limited
All Rights Reserved.

中文版权：© 2020 读客文化股份有限公司
经授权，读客文化股份有限公司拥有本书的中文（简体）版权
图字：01-2020-4533号
审图号：GS (2020) 4592号

西方战略之父：汉尼拔的一生

作　　者：	（美）帕特里克·亨特
译　　者：	赵清治
责任编辑：	王　莹
特邀编辑：	徐　成　　沈　骏
封面设计：	陈　晨　　张斌斌
出版发行：	北京日报出版社
地　　址：	北京市东城区东单三条8-16号东方广场东配楼四层
邮　　编：	100005
电　　话：	发行部：（010）65255876
	总编室：（010）65252135
印　　刷：	北京中科印刷有限公司
经　　销：	各地新华书店
版　　次：	2020年10月第1版
	2020年10月第1次印刷
开　　本：	710毫米×1000毫米　1/16
印　　张：	23
字　　数：	312千字
定　　价：	79.90元

版权所有，侵权必究，未经许可，不得转载
凡印刷、装订错误，可联系调换，联系电话：010-87681002